王朝风云 之

西汉王朝

XIHAN
WANGCHAO

李 楠 —— 编著

历史度尽劫波
文明生生不息

中国文史出版社

图书在版编目（ＣＩＰ）数据

　　西汉王朝 / 李楠编著 . -- 北京 : 中国文史出版社，2021.1

　　（王朝风云；4）

　　ISBN 978-7-5205-2259-5

　　Ⅰ . ①西… Ⅱ . ①李… Ⅲ . ①中国历史—西汉时代—通俗读物 Ⅳ . ① K234.109

　　中国版本图书馆 CIP 数据核字 (2020) 第 174214 号

责任编辑：詹红旗　　戴小璇

出版发行：中国文史出版社

社　　　址：北京市海淀区西八里庄 69 号院　邮编：100142

电　　　话：010- 81136606　81136602　81136603(发行部)

传　　　真：010-81136655

印　　　装：廊坊市海涛印刷有限公司

经　　　销：全国新华书店

开　　　本：1/16

印　　　张：22

字　　　数：338 千字

版　　　次：2021 年 3 月北京第 1 版

印　　　次：2021 年 3 月第 1 次印刷

定　　　价：66.00 元

　　"凤凰台上凤凰游，凤去台空江自流。吴宫花草埋幽径，晋代衣冠成古丘。"李白一首《登金陵凤凰台》，可生动反映中国历代王朝的没落与沧桑。

　　中国是一个拥有 5000 年悠久历史的文明古国，王朝众多，更迭频繁。其间上演过无数令人感慨的悲喜剧，也创造了举世瞩目的中华文明。

　　这套《王朝风云》丛书，旨在全景展现中华民族从原始社会、奴隶社会到封建社会的历史跨越，以真实丰富的史料，鲜活生动的叙述，让一个个风格迥异的王朝如戏剧般轮番登场，上演从夏商周到晚清近代历史的荣光与波折。使读者从王朝演变的故事中深刻地体味历史的魅力，领悟中华文明博大精深的文化内涵。

　　丛书着重讲历史脉络，以历代政权更迭及政治、军事斗争为主，努力把中国历史中最精彩、最生动的内容奉献给广大读者。同时，为增强系统性，一定程度地反映历朝历代的掌故、习俗、科技、文化等内容。

　　《王朝风云》丛书共 15 部，此为第四部《西汉王朝》，主要讲的是从公元前 209 年项羽刘邦起义反秦到楚汉相争，再到公元 9 年新莽建政 200 多年间里中国历史上发生的那些丰富多彩的历史故事与波澜壮阔的历史画卷。

　　秦始皇的暴政直接引发了各地人民的反秦斗争。起义军领袖陈胜、吴广牺牲后，刘邦和项羽继续领导起义并最终推翻了秦朝。又经过四年的楚汉战争，刘邦打败项羽，建立起中国历史上第二个统一的封建王朝——西汉。

汉朝是中国历史上最辉煌的朝代之一。公元前206年，刘邦建立汉朝。汉朝自建立之初，就被刘邦的一曲《大风歌》激出了它狂狷的气质。虽初始无为安养，亦未能耐得住中原的寂寞，在汉武帝的激情当中，实现了金戈铁马、觥筹交错的旷世风流。而汉朝的雄风所鼓动起的，不只是汉代人的气度，更有后代人的狂想。

刘邦很注意吸取秦末农民战争的教训，当上皇帝以后采取了相对宽松的统治政策。在他的继承人汉文帝和汉景帝时，出现了"文景之治"的盛世。到汉武帝时，西汉王朝空前强大，周边少数民族纷纷臣服、纳贡，汉帝国成为当时世界上最强大的封建国家。

西汉末年，土地都集中在大官僚、大地主的手中，农民背井离乡，流离失所。混乱的局面当中，大官僚王莽趁机废掉汉朝皇帝，自己当上了皇帝，并且把国号也改成了"新"，西汉王朝结束了，开始了王莽新朝短暂的统治时期。

强盛的西汉王朝在中国历史上创造了辉煌灿烂的文化。西汉时期，出现了著名的历史学家司马迁、著名的文学家司马相如和贾谊等科学和文化巨匠。今天我们所说的"汉族""汉字"等，都反映了汉帝国在中国历史上产生过深远的影响。

了解历史，反思历史，是为了更好地借鉴历史、把握未来。

目 录

第二编　汉宫风云

第一章　皇位更替

第二章　宫闱恩怨

第三章　钩心斗角

第三编　风流人物

第一章　军事将帅

第 三 章 科技文化

第一编

楚汉相争

　　随着陈胜、吴广在大泽乡打响了农民起义的第一枪之后，各地造反的人立即响应号召，纷纷揭竿而起，造就了一个风云际会、英雄辈出的乱世格局。俗话说得好，不是冤家不聚头。后世两个最著名的人物——项羽和刘邦，也在起义后不久开始了一段从战友到仇敌的争雄路程。

　　刘邦烧掉栈道，使西楚霸王相信自己已经安于现状。但一年不到刘邦便再入关中，而此时东边的战况又让项羽无暇西顾。刘邦明修栈道，暗度陈仓，自此拉开了四年楚汉战争的序幕。

第一章 / 起义烽火

一、名将之后据吴中，项梁起兵抗暴秦

项梁（？—公元前208年），秦代下相（今江苏宿迁）人。他的父亲就是原楚国著名的大将、被王翦所打败的项燕。项家在楚国世代为将，有着很久的尚武传统。因战功显赫，被封于项（今河南沈丘），成为楚国的贵族。

秦始皇二十四年（公元前223年），楚国被秦军攻灭。项燕战死。项家随即成为秦朝政府的打击对象。项梁万不得已，带着自己的侄子项羽逃到栎阳（今陕西临潼北）。这里距秦都咸阳很近，反而比较安全。可项梁在栎阳出了事，被栎阳县官抓起来，关进了栎阳狱，后被救出。但没过多久，项梁又杀了人，因而不得不带着项羽离开关中，逃到了几千里外的吴中（今江苏南部）。当时，六国诸侯虽然被秦吞灭，但六国贵族的后代时刻都在寻找时机，准备恢复自己昔日的割据局面，项梁也不例外。到达吴中后，项梁表面上和吴中的士大夫阶层处得非常好，暗中却交结豪杰，利用给别人主办徭役和丧事的机会，用兵法"部勒宾客及子弟"，还要项羽学习兵法。而"吴中贤士大夫皆出项梁下"，由此，项梁集结了一定的力量，为起兵反秦打下了基础。

秦二世元年（公元前209年）七月，陈胜在大泽乡起义，天下纷起响应。秦会稽郡守殷通见天下义军蜂起，秦亡势成必然，也想乘机捞点利益。他素知项梁之能，便把项梁找来商议，欲以项梁和另一个豪杰桓楚为将。但项梁有自己的打算。他向殷通谎称，只有他侄子一个人知道当时逃亡在外的桓楚的下落，然后以商议军情为名，让项羽持剑闯入，杀了殷通，夺取了印绶。"乃召故所知豪吏"，告诉他们，自己要起兵反秦。"遂举吴中兵，

使人收下县，得精兵八千人"，公开打起了起义的大旗。很快占领了吴中地区。

陈胜吴广起义旧址

是年腊月，陈胜被章邯军击败。广陵（今江苏扬州）人召平奉陈胜之命攻广陵，未能下。听说陈胜败走，不知下落，秦军很快就要打来，局势严重。他当机立断，渡江到吴中，"矫陈王命"，拜项梁为楚王上柱国，并令他"急引兵西击秦"。项梁乃受命，以8000人渡江而西。一路上，他陆续收编了陈婴、黥布和蒲将军等人领导的几支义军。等到下邳（今江苏睢宁北）时，兵力已达六七万人。

项梁军下邳时，广陵人秦嘉已经立景驹为楚王，驻扎在彭城（今江苏徐州）东。他听说项梁接受陈胜的指挥，便欲进兵攻击项梁。项梁大怒，谓军吏曰："陈王先举事，战不利，未闻所在。今秦嘉背叛陈王而立景驹，逆无道。"随即挥军进击，击败秦嘉，追击至胡陵，杀死了他。

项梁消灭秦嘉后，准备挥兵向西。这时，章邯率领的秦军攻了过来。项梁派别将朱离石和余樊君二人率兵迎战。但二人被秦军打败，余樊君战死，朱离石逃了回来。项梁大怒，杀掉了朱离石，引兵入薛（山东滕州）。这时，陈胜牺牲的消息传来。项梁感到有必要重新树立一面反秦的大旗，便召集各路将领至薛商议大事。刘邦此时已在沛起兵，也参加了这次会议。会上，居鄹人范增劝项梁立原楚国王室之后，认为"秦灭六国，楚最无罪。自怀王入秦不反，楚人怜之至今，故楚南公曰：'楚虽三户，亡秦必楚'"。立楚王之后，具有更大的号召力。项梁听从了范增的意见，乃求楚怀王的孙子、在民间为人牧羊的熊心立为楚王，仍号楚怀王，以从民望，而项梁自号为武信君。

在薛休整数月之后，项梁引兵西攻，在东阿（今山东东阿）大败秦军。他又派刘邦和项羽二人率军进攻定陶（今山东曹县），向西攻至雍丘（今河南杞县），在这里大败秦军，杀死了秦丞相李斯的儿子、三川郡守李由。

接连获得几次胜利之后，项梁对秦军轻视起来，认为秦军不足惧。部卜宋义劝项梁提高警惕，认为秦军在几次失败之后，必然要增加兵力，寻机反扑。但项梁听不进去，并派宋义出使齐国。

秦军在几次失利之后，见项梁指挥的义军如此强大，便把进攻的重点对准了项梁。秦二世二年（公元前208年）九月，秦朝政府调集了所有的精锐部队，由章邯指挥，开始向义军反扑。这时，项梁还沉浸在胜利的欢乐中，对敌军的动向注意不够。章邯在做了充分准备之后，在一天晚上，趁着夜色急行军，令人马皆"衔枚"，向项梁的义军发起突然袭击。毫无准备的义军被打得大败，项梁也在混战中牺牲。

项梁虽然死了，但他领导的义军主力并未被消灭。项羽和刘邦当时正率军在外，逃过了这场大难。以后，他们成为反秦、灭秦的主力。项梁的功绩是不可磨灭的。

二、万人敌项羽扬名，刘亭长斩蛇起义

项羽（公元前232—公元前202年），名籍，天赋异禀，身材魁梧，又很聪明，项梁视如己出，亲自教他念书识字，精心培养他。可项羽才学了几天，就不愿学下去。

项梁也不生气，心想，文的不成，那就武吧！于是又教项羽剑术。项羽学了一阵子，也扔下了。

文不成武不就，你这小子究竟想要干什么？项梁很生气，可项羽满不在乎地说：念书识字用处不大，学会了，不过会写自己的名字罢了。剑学好了，大不了跟几个人对杀，也没什么大不了的。

项梁就问："那你小子究竟要学什么呢？"

项羽回答说："要学，咱就学万人敌的本领。"

项梁于是把祖传的兵书拿出来，亲自为项羽讲解。项羽聪明，一听就懂，可只是略略懂得个大意，又不肯深入钻研，最后只弄得知其然而不知其所以然。项梁无法，干脆任由他发展。

项梁本是下相人，因为跟人

项　羽

结了仇，害怕报复，索性避到会稽郡吴中这个地方。吴中的年轻人见他能文能武，颇有侠义之风，都很敬佩，把他当老大哥看待。项梁本着授人以鱼不如授人以渔的态度，也如同教导自己的侄儿项羽那样教他们学兵法，练本领。

他们听到陈胜在大泽乡揭竿而起并取得了胜利，觉得扬名立力的机会来了，就杀了会稽郡守，占领了会稽郡。

由于项梁久负盛名，在他号召下，几天工夫就拉起了一支8000人的队伍。由于这支队伍里大都是当地的青年，所以称为子弟兵。

项梁、项羽带领8000子弟兵雄赳赳、气昂昂渡过乌江，很快打下了广陵，接着又渡过淮河，继续进军。一路上又有各地方的起义队伍来投奔项梁，和他们联合。

第二年，一支100多人的队伍来投奔项梁。这支队伍在当时并不起眼，首领不是别人，正是后来的汉高祖刘邦。

刘邦是沛县人，在秦朝统治下，做过一任亭长。

有一次，刘邦要押送一批农民到骊山去做劳役。他们一天天赶路，每天总有几个农民开小差逃走，刘邦要管也管不住。但是这样下去，到了骊山也不好交差。

有一天，他和农民们一起坐在地上休息。就对大家说，你们到骊山去做苦工，不是累死也是被打死。就算不死，也不知道哪年哪月才能回乡。我现在把你们放了，你们自己去找活路吧！

农民们感激得眼泪哗哗的，有人就问，放走了我们，那你怎么办呢？

刘邦回答说，我也不能回去，回去必死无疑，只好逃到哪算哪了。

农民兄弟都是血性汉子，一听救命恩人为了救他们要浪迹天涯，立即就有十几个农民要跟随他。患难见真情，于是刘邦就同十几个农民逃到芒砀山躲了起来。从这点看来，刘邦的心胸确实很宽广。

躲入芒砀山后，众人的心里也是十分惊惧，但事已至此，干脆放开心怀，一路饮酒高歌。就在这时，发生了一件奇怪的事。

趁着酒意，刘邦一行人趁黑越过沼泽地。这时有人通报说前方有白蛇挡路，问是否回去。刘邦早已大醉，喝道，大丈夫行路，有何可惧，说罢赶上前去，挥剑就斩了白蛇。

刘邦经这么一运动，酒劲顿时就上来了，躺倒在地上便睡了过去。后边的人赶上来，忽然看见一老妇人瘫坐在死蛇旁边哭泣，于是便问她为什么哭。老妇人说我的孩子是白帝之子，如今被赤帝之子所杀，我就是为这个哭啊。

众人一听心底悚然，又是大半夜的，以为这老妇人在故意吓唬他们，于是便要上前打她，老妇人却忽然不见了。

刘邦醒后，大家忙把这件怪事告诉他。刘邦一听，嘿，原来我是赤帝之子，心里乐开了花，更是自负了。而那些追随他的人，也从心底里臣服了他。

几年后，公元前209年陈胜、吴广率领的秦末农民起义爆发，在这个大背景下，沛县的县令也知道他难以掌控沛郡政权了，只有起来响应。

这时他手下的文书萧何和监狱官曹参就给县令出主意说，我们县小力薄，不如把本县流亡在外的人召集回来，既能够增强力量，也可以杜绝被报复的后患。

县令听后，觉得在理，便让人给刘邦送消息，说你回来吧，我不追究你责任了。

刘邦一听这好事，连忙带人往回赶。但这边县令却又后悔了，害怕刘邦回来后不好控制，弄不好还是引狼入室，弄来杀身之祸。

所以他干脆关了城门，并派人捉拿萧何和曹参。还好萧何和曹参听到消息早，先一步跑了。

刘邦一回来，见到这情况大怒，于是将信绑在箭支上，射入城中，鼓动城中的百姓起来杀掉出尔反尔的县令，一起保卫家乡。百姓对这县令本就不满，于是一起杀了县令，然后推举刘邦为首领，称为沛公，领导大家。

刘邦当仁不让，自称赤帝的儿子，领导民众举起了反秦大旗。

刘邦在沛县起兵后不久，就召集了两三千人，在攻占了自己的家乡丰乡后，接着他带了一部分队伍便去攻打别的县城，不料留在丰乡的部下却忽然叛变了。

刘邦得知这个消息，要回去攻打丰乡，可是自己兵力又不足，只好往别处去借兵。到了留城，正好张良也带着一百多人想投奔起义军。两人遇到一起，很谈得来。他们一商量，觉得附近的起义队伍中，只有项梁声势最大，于是就去投奔项梁。

项梁见刘邦也是一个人才，可堪重用，当即就拨给他人马，帮助他收回丰乡。从此，刘邦、张良都成了项梁的部下。

陈胜、吴广等主要起义领袖死了后，各地起义军的领导权都落入了旧六国贵族手里，彼此争夺地盘，闹得四分五裂。秦国的大将章邯、李由就想趁机把起义军各个击破。

在这紧要关头，项梁在薛城召开了会议，决心把起义军整顿一下。为了扩大号召，项梁听了谋士范增的意见，把流落在民间的楚怀王的孙子熊心找来，立为楚王。因为楚国人对当年楚怀王受骗死在秦国，一直颇为不平，为了提高号召力，就把他的孙子仍称作楚怀王。

三、破釜沉舟勇项羽，巨鹿大战败章邯

章邯杀死项梁后，认为楚军主帅已死，不足为患了，于是撇开黄河以南的地方，率秦军北上进攻赵国。

此时的赵国可不是战国时代的赵国，而是一支新建立的政权，章邯没费多大工夫就攻下了赵国，赵王歇逃到巨鹿。章邯派秦将王离把巨鹿围了起来，自己则领军驻扎巨鹿南面的棘原。

赵王歇被围，只得派人向楚怀王求救。

此时楚怀王正为派谁西进攻打咸阳犯愁，由于项羽急于为叔父报仇，主动请战。但怀王身边几个老臣暗地对怀王说，项羽性子太暴躁，杀人太多，刘邦倒是个忠厚人，不如派他去。

此时，赵国正好来讨救兵，楚怀王就任宋义为上将军，项羽为副将，领六万大军到巨鹿去救赵国。所以项羽不仅没能带兵攻打咸阳，最后还成了副将。

宋义领着大军去救赵，到了安阳听说秦军势大，就命令军队停下，想等秦军和赵军打上一阵，消耗掉一些兵力后，再进攻过去。

这一停就是整整46天，项羽耐不住性子，找宋义说，秦军包围巨鹿，形势危急，我们只要渡河跟赵军里外夹击，一定能够打败秦军。

宋义却和军官们喝着美酒，吃着酱肉说，我们还是等秦军和赵军决战以后再说吧。然后还讥讽项羽道，上阵杀敌，我比不上你，但说坐在帐篷里筹谋，你却拍马都赶不上我。

宋义还就地下了一道明显针对项羽的命令：将士如敢不服指挥者，按军法处置。

这时已经是十一月的天气，北方天冷，又降大雨，楚营里军粮早已接济不上，兵士们都在受冻挨饿。宋义的话让项羽大怒，质问他军营里早没了粮食，但你一停月余，自己喝酒作乐，却不顾军情，不谅将士，这哪里像个大将的样子？

结果自然是被宋义一番冷嘲热讽。

第二天，愤怒的项羽趁着朝会之际，忽然拔剑斩杀了宋义。他提着宋义的头对将士说，宋义背叛大王，我奉大王之命，将他处死。

这些将士大多是项梁的老部下，宋义在他们中本就没什么威信。大家见项羽杀了宋义，都表示愿意听从项羽指挥。

项羽把处死宋义的消息，报告了楚怀王。楚怀王虽然不满，也只好封项羽做了上将军。

杀掉宋义，项羽便紧锣密鼓地开始行军。一边派部将英布、蒲将军率领两万人为先锋，渡过漳水，切断秦军运粮的道路，把章邯和王离的军队分割开来。然后，亲自率领楚军主力渡河。

一过河，项羽就下令，将士带足三天干粮，然后把军队做饭的锅全砸了，把渡河船只全凿沉了。又对将士说，这次打仗，有进无退。三天内，要么击退秦军，要么死在这里。这就是历史上不留退路的经典战例"破釜沉舟"的由来。

摆在项羽面前的不利因素有很多，就如是一场有败无胜，毫无悬念的赌局。

这无疑是场豪赌，项羽是赌客，他的赌注就是自己的性命加上几万楚军。败，则全军覆没，身死当场。胜，则将得到整个大秦天下……

首先，项羽的对面是大秦王朝最后的两支铁血精锐。

这两支秦军，一支是由秦已故名将蒙恬打造的边防军，这支军队久经沙场，驻守北疆，为抵御匈奴立下了赫赫战功，带领他们的是当年蒙恬的副手大将王离，曾被封为武城侯，多次随秦始皇东巡，功名赫赫。这支大军负责围困巨鹿，兵力大致为20多万。

另一支是由多次围剿诸侯起义军的章邯带领。虽整体素质低于王离军，但也是百战之师。

对于这支军队的组成，许多人认为是由骊山劳役组成的。当年周文带几十万起义军扣关时，秦庭毫无准备，只好发动骊山劳役抵抗义军，这支军队便是如此而来。

但是想想，后来章邯多次作战，伤亡者无数，留下的自然是百战精英，而耗费的兵员又屡屡得到支援。其内部早已由骊山劳役渐渐变成了正规军。所以，这支军队的战斗力同样不可小觑。

破釜沉舟

章邯在对项梁作战时，屡次为项梁所败，在得到援军后一举而破项军，杀项梁。后来章邯投降了项羽，从"秦吏卒多窃言曰：'章将军等诈吾属降诸侯，今能入关破秦，大善。即不能，诸侯虏吾属而东，秦必尽诛吾父母妻子'"可以看出章邯的军队的组成早有了本质的变化。

所以说，当时站在项羽对面的是40多万精锐的秦朝正规军，带领他们的都是一代名将。

而项羽的军队组成却很驳杂，这支军队组成要上溯到项梁时代。项梁和项羽早年在江东培养了一支精锐项家军。项羽曾带着这支8000人的子弟军渡淮攻秦。后来项梁与陈婴的几万起义军合并，称秦嘉军，收编各路杂牌义军，组成了楚军。

当时的项羽则带着少量子弟兵和刘邦军一起合为了一偏师，在别处进攻秦军。

项梁死后，楚军汇集彭城。项羽统率的就是项梁残军和自己的偏师。而怀王趁机把项羽的军队和另一个大将吕臣的军队合并，夺了两人的兵权。

所以，这支救赵主力，不仅有项羽的子弟兵，有项梁的杂牌军，还掺杂了吕臣的农民起义军。也就是说，项羽率领的完全是个大杂烩军队，不仅战斗力不详，指挥起来也很有难度。

这支军队中作为先锋的2万，《史记》明载的是英布和蒲将军的军队，而项羽掌控的主力只有3万—4万。面对于10倍于己的敌军，即使在今天看来，也是一个让人心惊胆战的局面。

但项羽却毅然断了军队后路，没有后勤补给，军队自然不能久战，项

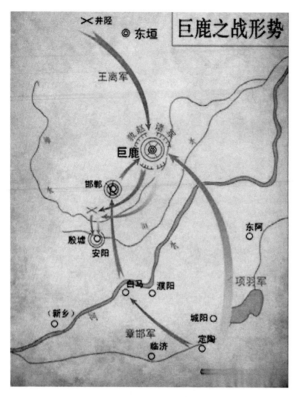

巨鹿之战形势

巨鹿之战示意图

羽面临着空前压力。如果秦军战败，还可逃跑再来。但项羽战败，只有死路一条。就算侥幸逃脱，楚怀王也不会放过他。

此时的大秦便如一条将死巨龙在苦苦挣扎，各路诸侯援军都知道天下之势在此一举。但又心思各异，谁也不愿把自己当作这条巨龙的陪葬品。所以，项羽想指望诸侯协同，基本上比自己登天还难。

面对这样一个险恶局势，项羽却赌了，赌得坦坦荡荡，浩然正气。古人中也唯有项羽能当得起"霸王"二字，也唯有在他身上，从不缺少那股凛然霸气。

以少量杂牌军快速击破几倍于己的精锐，无疑是痴人说梦！但天才就是天才，天才就是要打破常规，天才就是要从不可能中创造奇迹。

项羽用决心和勇气证明了他天才的能力，凭借着他独特的人格魅力，让手下的将士甘愿为他舍生忘死，同进共退。

项羽率领楚军把王离的军队重重包围，楚军将士士气振奋，越战越勇。他们悍不畏死的气势，直杀得秦军胆战心寒。

就这样，经过九次激烈交锋，楚军气势如虹，一路杀入秦营，并活捉了大将王离。

大秦这条巨龙翻身的两只利爪，让项羽狠狠给斩下了一只。这支北疆精锐，就这样被项羽带领的杂牌军瓦解。

当时，各路救赵的有十几路人马，他们害怕秦军的强大，远远扎下营寨，却不敢跟秦军交锋。这时听到楚军震天动地的喊杀声，连忙挤在壁垒上张望。当他们瞧见旗帜鲜明的楚军，一路横冲直撞，径直冲入秦营的情景，吓得伸直舌头，屏住了呼吸。

等到项羽打垮秦军请他们进楚营来相见的时候，他们都跪在地上，连头都不敢抬起来。

项羽的神勇吓破了他们的胆，于是他们合计后对项羽道：上将军神威，自古到今无人能出其右，我们情愿听从您的指挥。也从这时起，项羽实际变成了各路反秦军首领。

王离所部是原来蒙恬统领的抗击匈奴的精锐部队，这时全被项羽歼灭，秦军士气大减。章邯所部久战疲困，经此打击更无斗志。他派司马欣回到咸阳汇报，赵高拒不接见，吓得司马欣抄小路逃回军中对章邯说，现在赵高当权，下面再怎么努力也是搞不好的。就算打了胜仗，赵高必然嫉恨，打了败仗更免不了受惩罚，希望你慎重考虑。陈馀也派人送信给他，指出秦国必亡，他的处境更困难，"有功亦诛，无功亦诛"，只有同诸侯军联合反戈击秦才是唯一出路。章邯这时更加动摇，狐疑不决，便派人同项羽接头。项羽乘机连续进击，屡败秦军，章邯无法，决计投降。项羽因军粮缺乏，也愿意接受投降。秦二世三年（公元前207年）七月，双方在殷墟（今河南安阳）订盟。章邯被封为雍王，留在楚军中，司马欣为上将军，统领归降的秦军为前锋，与诸侯联军一同向关中进攻。

四、新安杀降防哗变，活埋秦卒二十万

汉王元年（公元前206年），项羽在取得巨鹿之战的巨大胜利后，率领包括秦降卒在内的60余万大军，浩浩荡荡地向关中进发，渡过黄河之后，到了新安（今河南渑池县东）。

秦统一全国后，曾在全国各地征调百姓去关中（今陕西西安一带）服徭役，修筑宫殿和秦始皇的陵墓，还征发百姓修长城和驰道，轮流屯戍边境。这些人在经过关中一带时，一些秦国的百姓以胜利者自居，曾对他们傲慢无礼，甚至进行侮辱。当时这些服徭役的人，处在被欺压的地位，表面上对这些秦人的侮辱无可奈何，但内心里很不服气。现在章邯被迫率领20万秦军投降了，他们大部分是关中一带的秦人，一直被迫参与镇压农民起义。本来这些秦的百姓，也是在被迫的情况下，或者是在被欺骗的情况

下，才做过一些欺压服徭役人的事，参加了镇压农民起义。他们远离家乡，去做一些自己不愿干的事，他们自己本身也是受害者。可是一些起义军将士并不理解这种情况，他们对这些投降者仍怀有敌对的情绪，所以经常借机向他们出气，指使他们干这干那，甚至当众侮辱谩骂他们，对他们进行各种各样的报复。

这些秦朝投降的将士，因为是失败者，虽然在表面上不敢公开反抗胜利者加给自己的各种欺侮，但内心都十分不满。他们常常在背后偷偷地议论说："章邯欺骗了我们。投降后他被封为王，我们却让人欺负。以后如果起义军能入关推翻秦的统治，我们的日子可能还好过；如果推不翻秦的统治，我们就要被迫随着起义军东撤，秦朝为了报复，会将我们留在关中的父母妻子全杀了。"这些投降的秦军将士，纷纷私下议论自己的前途，发泄自己的不满，散布对起义的动摇情绪。

项羽的部下听到了秦降卒中的这种不满的议论，将它报告给项羽。项羽把英布和蒲将军叫来商量，以防不测。他们觉得这20万秦降卒，如果发生意外，很难对付。这些人心里还不服气，思想情绪很动荡，如果进入关中地区后，万一又反叛回去，会给推翻秦的统治带来困难。他们最后秘密决定，只留下章邯和他的助手司马欣和董翳，以利用他们在秦统治中的影响，其他投降的秦将士，一个不留，找机会把他们全部干掉。

一个漆黑的夜里，在秦投降士卒的兵营里，静悄悄地大家全睡了；而在项羽的兵营里，将士们都全副武装，英布和蒲将军在秘密地给他们布置

秦代大型无辐弩机

任务。到了半夜，当人们都熟睡的时候，英布和蒲将军带领这批起义军将士，突然袭击秦降卒的兵营，趁他们毫无准备，将他们杀的杀，缚的缚，全部在新安的城南活埋了。这就是历史上有名的"新安杀降"的事件。

秦的20万降卒有

不满和动荡的迹象，这是投降者常见的情形。项羽本来可以采取更好的办法处理这个问题，而不应该用活埋这种残酷的手段。这批降卒，大部分也是秦统治的受害者，只要教育起义将士正确对待他们，再给他们进行一些反秦斗争意义的宣传，组织上还可以采取一些分散治理的办法，本来可以将这批降卒的大部分，教育为反秦斗争的将士。如果措施得当，是不会发生大规模倒戈问题的，因为当时秦的统治已经摇摇欲坠，这是大部分人都看清楚的，秦的降卒中大部分人也会很快认清这个形势，走在反秦斗争的第一线。可是项羽没有这样做，他似乎还没有完全认识到反秦起义的威力，结果采取了这种处理问题的下策。这是巨鹿之战以后，他所犯下的第一个大错误。

杀降者，而且是杀20万降者，这是一件很不得人心的事。在任何的战争中，杀降者只会孤立自己，促使未降之敌采取更加顽强的反抗态度。活埋了这20万秦降卒，就等于把他们的父母妻儿以及亲戚朋友，都推向了反秦斗争的对立面，增加了关中百姓对起义军的对抗情绪。项羽的军队入关之后，之所以遭到了关中百姓的抵制，有人讽刺他是"沐猴而冠"，与这次活埋降卒有很大的关系。

活埋秦降卒这件事，看来是英布和蒲将军出的主意。从巨鹿之战前后项羽在处理一系列军事和政治问题中，所表现出来的才能看，他为什么会采纳英布和蒲将军的这个错误意见，实在令人费解。当然，他的那些高明的决策，从后来的情况看，也可能是范增出的主意，这次杀降卒是背着范增干的。可范增是项羽的第一助手，决定这么大的事，为什么不征求范增的意见，这也是个谜。从后来项羽与范增的关系看，也可能这时他俩已发生了矛盾，他俩的矛盾甚至可能就是从这件事开始的，所以范增才无法制止项羽的这一野蛮行动。

五、刘邦西征屡克敌，攻破武关占峣关

1. 鏖战黄河南岸

刘邦占领陈留后，因为郦食其献计有功，封他为广野君。郦食其的弟弟郦商，在陈胜起义之后，也在当地聚众4000人响应起义，这时也在陈留参加了刘邦的起义军。刘邦在陈留经过一段时间休整后，就继续开始西征。

陈留西边的一个重要城市是开封（今河南尉氏县北），刘邦进攻开封，

秦代鹿纹瓦当

未能攻克。这时郦商率领一支军队进攻开封西的长社（今河南长葛市东），取得胜利，被封为信成君。

刘邦西进在开封受阻，就向北移动，在黄河边上的白马（今河南滑县东）与杨熊率领的秦军相遇，经过激战，杨熊军败走曲遇（今河南中牟县）。刘邦追至曲遇东，又大败杨熊军，杨熊退守荥阳（今河南荥阳市）。秦二世认为杨熊军一败再败，有失军职，派使者在荥阳将他处死。

荥阳是秦在函谷关外设的军事重镇，有重兵把守。刘邦没有再追击退守荥阳的秦军，而是绕开这一带秦军主力，突然南下进攻颍阳（今河南襄城县北），这一带因为有张良活动的基础，所以很快就将它占领了。刘邦攻占颍阳的目的，看来主要是与在这里进行游击的张良会合。

刘邦与张良在颍阳研究了下一步作战的方案。张良向刘邦建议，绕过敌军重兵据守的荥阳，移军西北，攻占战略要地轘辕关（今河南偃师市东南），然后再从那里西进入关。刘邦接受了张良的意见，移兵攻占了轘辕关。

这时赵国的将领司马卬，正率领一支军队准备渡过黄河，西进入关。刘邦怕他先入关抢了自己的功劳，就占领了黄河的渡口平阴（今河南孟津县），以阻击赵军渡河。

从轘辕关西进的一个主要敌军据点是洛阳（今河南洛阳市东），刘邦在洛阳东郊与秦军接战，刘邦军队失利。刘邦如果再绕过洛阳西进，那么他的后方就有占据荥阳、洛阳的敌军，易受前后夹攻，处于被动。如果强攻洛阳后再西进，又会延误西进的时间。刘邦和张良研究后决定，改变入函谷关的打算，而改由敌军防守比较薄弱的武关（今河南西峡县西）进入关中。刘邦及时地改变西进的路线，看来是完全正确的。

刘邦决定改变西进的路线后，就由洛阳东郊向南进至阳城（今河南方城县）。这里是韩国的故地，他趁机和张良攻占了10余城后，就让韩王成留守阳翟（今河南禹县），以牵制这一带的秦军，帮助自己稳定后方，然后请张良与自己一起，参加西征的战斗。刘邦的部下，善战的武将多，而

函谷关

缺乏懂兵法的高级参谋人员，张良对兵法很有研究，他提出的一些战略战术思想，也很适合刘邦的口味，刘邦这次请张良跟着自己西征，是很有远见的。张良在西征中，也给刘邦出了很多高明的主意,对刘邦很快进入关中，推翻秦朝的统治，起了很好的作用。

秦朝的时候，从当时的关东（今河南、山东一带）进入关中平原，主要有两条道路：一条经过函谷关，另一条经过武关。从函谷关进入关中，路途较短，路也比较好走，是当时的主要通道，所以秦统治者在关内外都设有重兵把守。陈胜起义之后，先派吴广率主力西征，结果在荥阳城下受阻，未能进入函谷关；随后陈胜又派周文率第二支西征军，他绕过荥阳等秦军的据点，很快就进入了函谷关，可惜孤军深入，后来被迫退出关中。这两支西征军都在函谷关附近被敌人消灭了。

从武关进入关中，虽然路远难走，可秦军的防守较弱。陈胜曾派宋留率一支西征军想从武关进入关中，军事进展很顺利，很快就叩武关的大门，可惜宋留中途动摇降秦，也未能进入武关。刘邦一开始也想从函谷关入关，可当他遇到在那里防守的秦兵阻击后，很快改变了入函谷关的决定，而准备由武关入关中。刘邦在兵力有限而时间又很紧迫的情况下，避开敌人重兵防守的地方，改攻其薄弱地方的决定是正确的。

2. 攻破武关和峣关

武关在河南和陕西的交界处。刘邦占领了南阳郡以后，武关就完全暴露在刘邦军队的面前。

武 关

刘邦正准备进攻武关的时候，章邯的大军向项羽投降了。这两件事都促进和加剧了秦最高统治集团内部的矛盾和斗争。秦的丞相赵高为了控制秦二世，达到他专权的目的，一直不把秦军在前线失利的情况告诉秦二世。章邯的投降，对秦统治者震动很大，赵高怕再也瞒不住秦二世了，就制造了一次宫廷政变，先发制人，杀了秦二世，立他哥哥的儿子子婴为秦王。赵高为了求得缓兵之计，就派使者到刘邦处，表示愿意和他分王关中。

刘邦研究了秦使者的意见，认为赵高在耍花招，并不是真心想投降，决定不予理睬，继续进攻武关。

在研究进攻武关的战术时，张良认为，武关地形险要，一夫当关，万夫难攻，不宜采取强攻的办法。他建议让郦食其和陆贾带着大量财宝，去贿赂守武关的秦将，松懈其斗志后，趁其不备，再突然进攻，可能比较省力。刘邦采用了张良的办法，果然一举攻下了武关，打开了进入关中平原的南部大门。

新立的秦王子婴，听说赵高与刘邦相约，要消灭秦宗室子孙，与刘邦分王关中，就设计诱杀了赵高，并纠集最后的一点兵力，在峣关（今陕西蓝田县东南）设防，企图作阻止刘邦西进的最后挣扎，但是已经太晚了。

峣关前据峣岭，后枕黄山，关城设在山口的险要处。刘邦破武关以后，一路没有遇到秦军的阻击，进展很顺利，见到峣关有秦军把守，就想派两万人马，立即强攻。

张良认为峣关很险要，秦又派重兵把守，他们必然会做殊死战，不同意立即派兵强攻。张良先派人做了一些侦察以后，就对刘邦说："秦的守军作战力很强，不可轻视敌人，强攻会使我们受到损失。我了解到峣关的守将是个屠夫的儿子，商人都很看重利。你最好留在大营中坚守，派出少量的先头部队，让他们带 5 万人的食具，以为疑兵；再在周围的山上，张旗鼓噪，做出要大举进攻的样子；然后再派郦食其带上重金，去见秦的守将，以利引诱他投降。"

张良的计谋果然很灵。秦将是个贪财之徒，他得了郦食其送来的大量财宝，又看到刘邦军队咄咄逼人的进攻之势，觉得坚守不如投降对自己有利，就表示愿意投降，与刘邦合军西击咸阳。

刘邦听到不费兵力，峣关的秦军就投降了，很高兴，准备举办投降的仪式。但是张良觉得其守将虽然被收买而叛秦，可他的部下不一定服从。如果部下继续抵抗，打起来就要拖延时间。于是他又向刘邦建议说："不如趁秦将欲投降，军事上松懈无戒备的时候，突然发动进攻，必然可以很快击败秦军，拿下峣关。"

刘邦认为张良说的有理，就一方面与秦将继续谈判有关投降的事宜；另一方面偷偷派兵从小路绕过峣关，爬上峣关后的黄山，然后突然前后夹攻峣关的秦军，很快占领了峣关。

峣关败退的秦军，又匆匆在蓝田（今陕西蓝田县）设防，准备再作垂死的挣扎。刘邦的军队追到蓝田北，再次击败秦军。刘邦消灭了秦朝的最后一支防卫军队后，进军咸阳的路就全部打开了。

刘邦拿下武关和峣关，都是按照张良的意见，用重金贿赂了守将后，趁其松懈而不备，突然发动进攻，在军事上取得胜利的。武关和峣关对秦朝统治者来说，是至关紧要的军事要地，其守将一定也是经过严格挑选的，可是他们在大敌当前时，都置秦统治者于不顾，接受了敌方的贿赂。按秦律，守将接受敌人送的东西是要处死刑的，可是他们在金钱的诱惑下，都敢犯这条法律，这说明秦统治集团已经非常腐败了。看来张良对秦统治集团中的这一腐败情况是非常清楚的，所以才一而再地建议刘邦采取这个办法，而且都收到了效果。

刘邦在西征中，遇到的都是秦的地方守军，所以没有像项羽率领的北援军那样，与秦军的主力进行大规模的决战。刘邦的军队直到进入咸阳的时候也只有 10 万余人，他之所以能用这点兵力就长驱直入，一路上没有

遇到大的抵抗就打到秦的首都咸阳，正是因为项羽在巨鹿击败和歼灭了秦军的主力，才给他创造了这样的有利条件。项羽不服气他首先进入咸阳也就是这个原因。

六、兵进咸阳灭大秦，约法三章安民心

项羽在巨鹿大败了王离的秦军，而赶来支援王离的章邯也被随后的起义军重创，这让摇摇欲坠的大秦帝国恍若西山落日，眼见得便要西沉归去。

此时秦朝能够匹敌项羽的，只剩下了章邯的那20多万军马。项羽领着各路起义军直奔章邯而来。

章邯足智多谋，深知此时气势低迷的秦军不能和气势汹汹的项羽对抗，只好上了一份奏章，向秦廷讨要救兵。

秦二世和赵高看着已是疮痍满目的国家，心急如焚。而这时又接到章邯的求援军报，赵高不但不给章邯救兵，反而要查办他。赵高迫害人的毒辣手段，让章邯彻底断了企盼，在漳污之战中被项羽击败，最终率部向项羽投降。

章邯投降的消息传到咸阳，秦王朝内顿时大乱。

此时是公元前206年，刘邦的人马攻破了武关，离咸阳已是不远。

赵高用指鹿为马之计党同伐异，把持秦国朝政，打那以后，宫内宫外大小官员都害怕赵高，再没有人在秦二世面前说赵高的不是。

面对这溃烂的局面，秦二世吓得直打哆嗦，连忙派人叫赵高发兵抵抗。赵高知道，如果被秦二世知道自己做的那些勾当，在秦廷肯定就混不下去了，于是派心腹把秦二世逼死了。

赵高弑主后，召集秦国大臣，对他们说，现在六国都已复辟，秦国也不能够再挂个皇帝头衔当六国的目标了，应该像以前那样称王，我看秦二世的侄儿子婴可以立为秦王。

赵高说话了，底下大臣连忙表示同意。

子婴便是这大秦朝最后一位统治者，他性格仁爱且节制，如果不是秦皇朝败亡，自然轮不到他登上这王位。子婴自知赵高杀害秦二世后拥立自己，只是因为赵高自己想做王，但又怕大臣和诸侯反对，所以才假意让自己承袭。

子婴并不是一个无胆之人，相反他还有着坚毅一面。在即位的当天，

子婴忽然派人告诉赵高,推说生病不去。都这时候了,赵高自然急不可耐,虽然实权是他掌握,但表面功夫还是要做的,就算病了也要起来先把样子做了。

丁是亲自上门催促,就在这时,埋伏在子婴家中的家将,四下冲出,乱刀便将赵高杀死在了府中。

子婴杀死赵高,又将他全家赐死,然后派出五万兵马守住峣关,抵挡刘邦率领的楚军。

刘邦领军到了峣关,看到这里被秦军重兵守卫,如果强攻必会损失惨重。所以用了张良的计策,派兵在峣关周围的山头上遍插旗子,布作疑兵。然后派出将军周勃带领全部人马绕过峣关正面,从东南侧面杀了进去。

峣关的秦军不知是计,重兵全部集中在正面方向,当发现中计已是不及,被刘邦的军队攻入关内,两面夹攻,彻底消灭。

刘邦的军队攻入峣关,然后一路来到霸上。而此时的子婴手中已无兵可用,颓废的王朝在他的手中并没有发生奇迹,子婴最后选择了投降。

进入咸阳后,刘邦手下的将军们主张把子婴杀死。但是刘邦说,楚怀王派我攻咸阳,就因相信我能待人宽厚。再说,人家已经投降,再杀他也不好。于是,刘邦收了玉玺,把子婴交给将士看管起来。

这样,随着子婴投降的那一刻起,自秦始皇建立起来的强大的王朝,仅仅维持了 15 年时间,便在这场农民起义的浪潮中宣告结束。

进入咸阳后,刘邦在将士的陪同下,来到了豪奢的阿房宫内。

富丽的宫殿,华美的装饰,曼妙的幔帐,还有那件件金帛玉器,美丽宫女,刘邦被这晃眼的富贵迷了双眼,他在宫里待了一会儿,便不想再离开了。

但萧何却不稀罕这些东西,他一个人跑到秦朝的丞相府,把有关户口、地图等文书档案都给收了起来,然后派人保管起来。

咸阳古城

这些东西在当时虽然没有看到作用，但在日后，却为刘邦在制定正确方针政策和律令制度上，找到了可靠的依据。对于日后西汉政权的建立和巩固，功不可没，这也足见萧何的深谋远虑，连日后刘邦都忍不住感叹道，萧何确是异才。

这时刘邦的部将樊哙正有事找他，闯进来一看到刘邦悠闲惬意的模样就急了，拉着刘邦说，沛公要打天下，还是要当个富翁？这些奢侈华丽的东西，使秦朝亡了，您还要这些干吗？还是赶快回到军营里去吧！

刘邦却借口说，让我先歇歇吧。

恰巧这时张良也走了进来，听到樊哙的话，便转身对刘邦说，俗话说忠言逆耳利于行，良药苦口利于病。樊哙的话说得很对，还希望您听从他的劝告呀。

刘邦一向很尊敬张良，听了他的话，马上醒悟过来。急忙吩咐将士封了仓库，带着将士仍旧回到了霸上。到了霸上，刘邦专心处理政务，也知道了下面士兵的情况，连忙加以约束。

之后又召集咸阳附近各县的乡绅、头领，安抚他们道：你们被秦朝残酷的法令害苦了。今天我跟诸位父老约定三条法令：杀人者死，伤人及盗抵罪。除了这三条，其他秦国的法律、禁令，一律废除，这即是著名的“约法三章”。

虽仅仅 10 个字，却树立起了新政权威严公正、取信于民的形象，这也是我国历史上最早的安民告示了。

附近的百姓听到了刘邦的约法三章，高兴得不得了。打那时候起，刘邦的军队给关中百姓留下了很好的印象。

第二章 刘项斗智

一、鸿门霸上双对峙，结交项伯面战端

刘邦进入咸阳后，一位姓解的儒生向他建议说："关中是天下最富庶的地方，地形也有利于攻守。听说章邯已率秦军投降项羽，被封为雍王，就要王关中。他们来了，关中恐怕你就王不成。为了占有关中，你应急派重兵占领函谷关，不让项羽的军队进关，然后再征发关中兵以增强力量，就可以拒项羽于关外，关中就是你的地方了。"刘邦听了他的建议，就派兵去镇守函谷关。

项羽在新安活埋秦降卒 20 万后，就直奔函谷关而来。刘邦派来守关的军队，发现项羽的军队后，就紧闭关门，不让项羽的军队入关。

项羽见关门紧闭，派人一打听，知道刘邦已破咸阳，推翻了秦的统治，函谷关的守军正是刘邦所派。项羽见刘邦公然敢拒自己于关外，十分愤怒。他知道函谷关十分险要，正面强攻会延误入关的时间，就派英布率领一支小分队，由小道绕到关后，突然从关后发动袭击，前后夹攻刘邦在函谷关的守军，很快就攻占了函谷关。

项羽的军队入关后，就再也没有遇到任何的抵抗，急行军至咸阳郊区的戏下，驻军鸿门（今陕西临潼县东项王营村），和驻军霸上的刘邦形成对立之势。

项羽消灭刘邦镇守函谷关的军队，这是项羽和刘邦之间对立的起始，也是他们之间进行军事战斗的开始。在项梁领导反秦斗争时，经常派刘邦和项羽配合起来进行军事行动，他们之间合作得很好，成为反秦斗争的战友。以后奉楚怀王之命，一个率军北上救赵，一个率军西征，从总的战略

刘邦

上说，这两支军队在反秦斗争上也是密切配合的。可是秦的统治推翻不久，这两支反秦斗争的主力军队一接触，马上就变友为敌，成为新的敌对力量。

如果刘邦不听解生的建议，不派兵去镇守函谷关，刘邦和项羽就不会发生敌对的军事行动吗？其实，不然。因为它只可能延缓他们之间的对立，而不可能消除这种对立。推翻秦的统治之后，谁是未来王朝的统治者？刘邦和项羽作为当时两支最大的军事力量，谁也不会甘心服从对方的指挥，他们必须经过一番军事和政治上的较量后，胜利者才有可能成为新的王朝的统治者，而失败者也才能退出历史的竞争舞台。所以即使刘邦没有派兵镇守函谷关，项羽在进到咸阳之前没有与刘邦发生军事冲突，他们之间的矛盾也不能缓和或消除，迟早会发生大规模的军事冲突。除非刘邦放弃争夺天下的念头，甘愿臣属于项羽。刘邦当然是不会放弃他的政治抱负而屈从于项羽的，所以刘邦与项羽之间的斗争，显然是不可避免的。刘邦派兵镇守函谷关，只是提前触发了他们之间的矛盾。

可是刘邦既然接受解生的意见，派兵去镇守函谷关，为什么又没有派得力的将领率领一支比较强大的军队，甚至在关内外的一些军事要地都没有驻兵把守呢？这说明刘邦在作出这一决定时，思想上是犹豫不定的。

从刘邦进入关中后的一系列措施看，他是想占领关中，解生的意见正合他的口味。可是他也知道，从当时的力量对比看，他想把项羽拒之关外，还做不到。正是在这种矛盾的心情下，他才一方面派了一支军队去驻守函谷关，又知道这支军队抵抗不住项羽的入关，所以并未派重兵把守，因而项羽才能一攻就破关。

刘邦的这种做法，显然是不明智的。既然知道无法抵抗项羽入关，就不应该派兵据守关口，过早地挑起与项羽的矛盾，这对处于劣势的刘邦是不利的。刘邦在占领咸阳后，为了安全上的需要，当然可以派一支军队去镇守函谷关。在项羽来到关门后，如果打开关门对项羽表示欢迎，就可能不会发生以后的鸿门宴，刘邦与项羽矛盾的爆发可能延缓或推迟，从而刘邦也就能取得更加有利的斗争环境和条件。

曹无伤是刘邦的左司马，听说项羽对刘邦不满，要发兵进攻刘邦时，为了给自己找后路，就想暗中巴结项羽，取得项羽的好感。

当时项羽有兵40万，号称百万；刘邦虽然自称有20万人马，实际上只有10万。曹无伤估计，如果项羽和刘邦打起来，刘邦肯定敌不过项羽，为了趁早讨好项羽，求得项羽对自己的理解，以后项羽能封自己官职，就偷偷派人去对项羽说："刘邦想当关中的王，让投降的秦王子婴为相；秦朝的珍宝都归他所占有了。"

曹无伤的话更激怒了项羽，这时范增也趁机劝项羽说："刘邦在山东的时候，贪财好色，没有大的政治抱负；可是他进入关中后，一反常态，秦朝的大量珍宝，他一点儿也没有动；秦宫中的数千美女，他一个也没有要。从这个变化看，他已经立下大志，想当皇帝。现在他羽翼尚未丰满，要尽快对他发动攻击，消灭他的力量，千万不可失去这个时机。"项羽接受范增的意见，下令连夜给将士们开饭，准备天一亮就进击刘邦。

项羽的叔父项伯，年轻时因为杀人，逃到张良处，曾受到张良的保护，所以一直很感激张良。他见项羽连夜备战，准备第二天攻打刘邦，担心在刘邦那里的张良跟着刘邦受害，就连夜偷偷跑到张良那里，告诉他项羽要攻打刘邦的情况。项伯估计刘邦打不过项羽，为了免于受害，劝张良连夜跟着自己逃走，不要跟着刘邦送死。

张良一听项伯的劝告，十分吃惊。他觉得刘邦对自己不错，在他危急的时候逃走，太不够朋友。张良就对项伯说："我受韩王命令跟着刘邦反秦，现在刘邦危急，不告诉他一声而自己逃走，太不够义气。"于是张良马上去见刘邦，把项伯讲的情况报告给他。

刘邦听了张良讲的情况，大惊失色，不知如何是好。他问张良："这该怎么办呢？"张良反问他："你真想背叛项羽吗？"刘邦老实回答："解生对我说，派兵守住函谷关，不要让项羽入关，我就可以在关内称王。我是听了他的话才干的。"张良又问："你自己考虑，能敌过项羽吗？"刘邦反复考虑了很久才回答说："敌不过项羽。可事已至此，又有什么办法呢？"张良说："没有别的办法。只有请你去见项伯，说明你并没有背叛项羽之意，

不知他信不信？"刘邦又问："你怎么与项伯认识的？"张良说："我们在秦朝统治时就是好朋友。有次项伯杀了人，是我救了他。现在有急事，所以特意来告诉我，怕我受害。"刘邦又问："项伯与你比谁的年纪大？"张良说："项伯比我大。"刘邦说："你把项伯请进来，我要以兄长的礼对待他。"

张良出来请项伯去见刘邦。项伯因为是偷偷来关照张良的，怕见了刘邦后张扬出去，项羽知道了对自己不利，所以不愿见刘邦，但张良硬是带着他去了。刘邦见了项伯，对他很恭敬，以兄长礼对待，向他敬酒祝寿，还答应把自己的女儿嫁给项伯的儿子为妻，两人结为亲家。

刘邦与项伯客套了一番交情后，就向他表白自己的心意说："我进入关中后，安定吏民，封存府库，什么东西都没有敢动，就是等候项羽进关后处理。之所以派兵去把守函谷关，目的并不是抗拒项羽，而是防备其他的盗贼。我日夜都在盼望着项羽的到来，哪能反对他呀！请你代我向项羽言明，我决不会背叛他。"项伯觉得刘邦说得很诚恳，就相信了他的话，并表示愿意向项羽转达他的意思。可是项伯觉得如果刘邦不亲自向项羽解释，还是难于消除项羽对他的误会，所以他向刘邦建议："明日一早来拜会项羽，亲自向他说明情况。"刘邦答应了。

项伯连夜又从刘邦那里返回鸿门，找到项羽，把自己会见刘邦的情况向他做了报告，转达了刘邦的意思，还帮着刘邦对项羽说："如果刘邦不先攻击关中的秦军，你能这么顺利地进入关中吗？刘邦在反秦斗争中有大功，你出兵攻他是不义之举，不如解除误会，还是与他和解为好。"项羽这时显得很没有主见，他听了项伯的一番话后，就相信了刘邦，决定第二天不再出兵打刘邦。

从当时军队的数量和战斗力来看，刘邦远不是项羽的对手，所以项羽出兵打刘邦，刘邦十有九会被击败，甚至可能溃不成军，再也形不成一支力量。如果是那样的话，项羽分封之后与他对抗的，就不再是刘邦，而是其他的力量了。只是因为项伯与张良的私人交情，项伯连夜采取了一些个人的行动，他的行动是违反当时的军纪的。可正是这一违纪的偶然行为，消除了迫在眉睫的一场大战，才使刘邦的力量得以保存下来，成为项羽日后的主要劲敌。

这场战争的消除虽然有很大的偶然性，但从刘邦与项羽来说，也有一定的必然因素。刘邦的最大优点是能屈能伸，当他估计到形势对自己不利时，可以做出低三下四的屈辱可怜样子，以取得对方的同情。在这次事件中，他一听到项羽打自己，而自己又不是项羽的对手时，他可以马上降低身份，对项伯献各种殷勤，争取项伯的同情；接着又冒可能被项羽扣留或杀头的危险，亲自去拜见项羽，以求得项羽的信任。而项羽是一个在性格上没有主见的人，容易感情激动，也易于轻信人言，改变自己的主意。他听了曹无伤的话，马上就要发兵打刘邦；听了项伯的话后，又立刻改变了打刘邦的决定。项羽在性格上的这种不坚定性，与刘邦的善于随机应变一接触，项羽就会因为轻信刘邦的花言巧语而受骗上当，而刘邦却可以利用项羽的不坚定性，投其所好，轻而易举地改变项羽的决定。刘邦与项羽在性格上的这种不同反差，是导致刘邦以弱胜强的一个重要心理原因。

二、鸿门宴刘项斗智，得益助沛公脱身

刘邦自知不是项羽的对手，为了求得项羽的谅解，按照项伯的意见，第二天一早就赶到鸿门，亲自来拜见项羽。他怕引起项羽的猜疑，所以只带了100多名卫士。

项羽接见刘邦的时候，刘邦不等项羽发问，就主动地向项羽解释说："我与将军协力攻秦，你率军北上解了赵国之围，我率军西征，想不到能先进入关中，推翻秦的统治，在咸阳与将军会面。我们本应在一起庆贺反秦斗争的胜利，可现在有小人制造谣言，挑拨我们两人之间的关系，使我们之间产生了误会。"

项羽听了刘邦的这番自我表白，就相信了刘邦不会反对自己，解除了对刘邦产生的误会，他坦率地对刘邦说："你的左司马曹无伤对我讲，你反对我进入关中，所以我才信以为真。不然的话，我怎么会对你产生这些误会呢？"项羽过于天真，他这么一说，等于把信任自己的曹无伤送上了死地，以后刘邦部下的人，谁还再敢向他通风报信呢？项羽从此断绝了来自刘邦阵营的情报来源。

刘邦的一番表白，消除了项羽的误会，项羽就宴请刘邦一行，以示双方的和解。宴会是在军帐中进行的，项羽和项伯是主人，坐在东边，范增南面陪坐；刘邦坐在北面的客人席上，张良陪坐在西边。

范增是项羽的主要谋士，项羽很尊敬他，以叔父辈称之。范增知道刘邦说的不是真话，他以后会成为项羽称霸天下的主要对手，所以想借机把

鸿门宴

刘邦除掉。他在宴会上，一再以目示意项羽，并举所佩的玉玦三次，要项羽按原定的计谋击杀刘邦，但项羽轻信了刘邦的解释，对范增的示意没有反应。

范增见项羽已被刘邦的花言巧语所迷惑，很着急，就借故离开宴席，把项羽的从弟项庄叫来，对他说："项羽不忍心杀刘邦，会为我们留下一大祸害。等一会儿你进来为大家祝贺，然后请以舞剑助酒兴，在舞剑的时候趁机杀了刘邦。如果不杀了刘邦，以后我们都会变成他的俘虏。"

项庄以善舞剑著名。他听了范增的话，就进入正在举行宴会的军帐，以祝贺反秦斗争取得胜利为名，向项羽和刘邦等人敬酒，然后对项羽建议："你在宴请刘邦，军中没有什么可助兴的，我愿献丑舞一段剑，以助大家的酒兴。"项羽不知道项庄的用意，就同意说："很好。"

项庄拔剑起舞，项伯见他的剑尖常指向刘邦，就感到其中含有杀意。他和刘邦已经结为亲家，怕伤害了刘邦于自己不利，也拔剑与项庄对舞，一再拨开项庄指向刘邦的剑锋，以身体来保护刘邦，项庄不能得手。

张良看见形势十分危急，项伯稍有疏忽，刘邦就会死在项庄的剑下。他借故离开军帐，见到在外面侍候的樊哙。樊哙不了解宴会上的情况，问张良："今天的事情怎么样？"张良说："十分危急！现在项庄舞剑，其目的是想借机杀害刘邦。"樊哙听了，也顾不得什么礼节，就边对张良说："紧迫了，不能再等，我进去与他们拼了。"边带着剑和盾闯进宴会的军帐。守门的卫士要阻止樊哙入内，樊哙以盾把卫士撞倒在地，闯进宴会的军帐中，站在张良的后边，怒目而视项羽。

项羽见突然闯入一个全副武装的壮士，对自己怀着敌意，不知是什么人，就手握剑柄跪起来厉声问："你是什么人？"张良怕发生冲突，赶忙向项羽解释说："他是刘邦的参乘樊哙。"

项羽见樊哙一表威武的勇士风度，称赞说："真是一名壮士，请他喝酒。"

把一斗酒送到樊哙面前，樊哙向项羽拜谢后，一饮而尽。项羽见他好酒量，又对部下说："送他一个猪肘子吃。"有人拿给樊哙一个生猪肘子，樊哙把盾放在地上，再把生猪肘子放在盾上，用剑切着把它吃了。项羽见他吃得痛快，就又问："壮士，还能喝酒吗？"樊哙趁机对项羽发了一番议论说："我死都不怕，还怕喝酒吗！秦的统治者心怀虎狼之心，杀人如麻，刑法残酷，所以大家都起义反秦。楚怀王在发兵前曾与诸将相约：'先破秦入咸阳者王之。'现在刘邦率军先破秦进入咸阳，封闭了秦的宫室和宝库，丝毫没有敢动它，驻军霸上，就是等待你的到来。所以派人镇守函谷关，是防备其他的敌人。刘邦有这么大的功劳，还没有得到什么封侯的报酬，而我却听人们在背后议论，你想杀这样有功之人。这是被推翻的秦统治者的做法，我想你不会这么办。"项羽听了樊哙的一番话，默然不语，好久才对樊哙说："请坐。"樊哙于是坐在张良的后面。

过了一会儿，刘邦见敌对的形势有所缓和，就借出去上厕所的机会，把张良和樊哙一起叫出来。樊哙建议刘邦马上离开这一险境，刘邦觉得出来是上厕所，并未向项羽辞行，擅自离开不合适。樊哙说："办大事就不能苛求细节，讲大礼就不拘小错。现在人家剑拔弩张要杀我们，我们像放在肉案上的鱼肉一样，人家随时可以任意宰杀，还讲什么辞行的礼节呢！"于是刘邦才决定不辞而别。

刘邦让张良留下来，对项羽的招待表示感谢，并解释他离去的原因。张良问："你带来什么礼物了吗？"刘邦说："我带来白玉璧一双，想送给项羽；玉斗一双，要送给范增。因为看见他们很愤怒，没有敢拿出来。请你代我送给他们吧。"张良说："很好。"

鸿门距霸上约40里地，刘邦为了行动迅速方便，不引人注意，不坐来时的车骑，只带着樊哙、夏侯婴、靳疆、纪信四人，持剑盾步行，穿过骊山上下的小道，平安返回了霸上的军营中。

刘邦怕项羽发现自己逃走后派兵追击，临行前对张良说："我从小道走，到我们霸上的军营不过20多里。你估计我们已经到了军营后，再进去向项羽说明。"

刘邦上厕所，项羽左等右等也不见他回来，就派都尉陈平去叫刘邦。这时张良估计刘邦已返回霸上，就进来向项羽道谢说："刘邦酒喝多了，不能来辞行。他让我代他向大王奉献白玉璧一双，向大将军范增奉献玉斗一

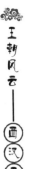

双，表示感谢！"项羽问："刘邦现在什么地方？"张良回答说："他听说你不能原谅他的过失，现在已独身返回霸上军营中。"项羽这时已经谅解了刘邦，不想再杀他，所以也没有责怪刘邦的不辞而别，就接受了刘邦送的一双白玉璧，把它放在案上。范增则对没有杀了刘邦，让他只身跑了，感到非常遗憾。他把刘邦送的一双玉斗放在地上，拔剑将它击碎，愤慨地说："唉！项羽这个人头脑太简单，不听我的计谋，受了刘邦的骗。今后与他争天下的，必定是刘邦。他斗不过刘邦，我们这些人今后都将成为刘邦的俘虏。"

秦代云纹瓦当

刘邦返回霸上的军中，立即将向项羽通风报信的曹无伤杀了，以泄心头之愤。

鸿门宴是刘邦与项羽斗争中具有戏剧性的一段插曲。如果项羽决心要杀刘邦，刘邦当时是无法逃脱的。看来，项羽是很重感情的，或者说是很讲义气的。他和刘邦在一起同生死、共患难地战斗过，刘邦在西征中又立下战功，虽然刘邦在函谷关设兵防守，曾使他对刘邦发生了猜疑，但他总认为刘邦还是反秦斗争中的盟友，所以一经解释就消除了误会，不忍对刘邦下杀手。如果项羽下了杀刘邦的决心，刘邦率百余骑进入敌营，怎么可能借上厕所的机会逃走，而项羽的部下都未能发现而加以阻拦呢？这说明项羽根本就没有采取任何防范的措施，所以刘邦才有可能只身逃走。

项羽是一个伟大的军事家，在巨鹿之战中表现出非凡的军事才干，但在政治上却很幼稚，远不如范增有眼光。推翻秦朝统治的是项羽和刘邦这两支主力军，现在摆在他们面前的是组建一个代替秦朝统治的新政权，谁是这个新政权的主人呢？从当时的力量和威望看，当然只能是项羽。可是范增已经看出，刘邦是项羽潜在的强大竞争对手，眼前他虽然力量还不足，不敢对项羽的地位提出挑战，但他的政治斗争经验，却远胜项羽，所以范增主张马上下手除掉这一潜在的竞争对手，否则以后可能败在他的手下。而项羽却没有认识到这一点，他不把刘邦看成是自己的敌手，而却看作是盟友，更不认为刘邦敢反对自己，和自己争夺天下。所以他很快就谅解了刘邦，不再同意范增杀刘邦的意见，让刘邦轻易地逃走了。这说明项羽还缺乏政治斗争的远见，过于迷信自己的武力，致使刘邦得以在困境中生存下来。这是项羽与刘邦对立之后，项羽在决策上的第一个大的失误。

三、蛮霸王火烧咸阳，自称王大封诸侯

鸿门宴后，项羽认为刘邦已经归服，自己理所当然地已成为反秦力量的主宰。于是，刘邦进入咸阳后没有敢干的事，他毫无顾忌地去办了。他带领自己的大军，以胜利者的姿态进入咸阳，放纵士兵进行烧杀抢掠。他杀了秦降王子婴和秦的全部宗室家族，对秦统治者进行了报复。他把秦宫室里的珠宝和后宫的美女据为己有，然后放了一把大火，全部烧了秦的宫室。大火烧了三个月才熄灭。

除了珍宝和美女外，他对秦的一切都很反感，都存在报复的心理，都想将它们毁掉。经过他的这一番烧杀，繁华壮丽的秦都咸阳，就变成了一片废墟。这时有人出来劝项羽说："关中土地肥沃，人口众多。东有函谷关，南面武关，西临散关，北隔萧关，四周都以山河为塞，退可以守，进可以攻，是建都称霸的好地方。"可是这个意见提得太晚了，经过项羽的一番报复性的烧杀抢掠，这时的咸阳已经残破不堪，富饶的关中也已非昔日。

项羽活埋了 20 万秦降卒，又在咸阳一带大肆烧杀抢掠，关中的父老兄弟当然对他很反感。这时有人说："人们都说楚国人像猕猴，性情暴躁不

咸阳宫

定，不能久着冠带，项羽果然是这样，他长久不了。"这个话传到了项羽的耳朵中，他很愤怒，找到了说这个话的人，把他杀了。

项羽觉得关中的百姓对他持敌视的态度，关中虽然富饶，但他不愿久留关中，而却很思念故乡，所以决定离开关中，东归故乡。他对别人说："一个人富贵了，如果不回到家乡，就像夜里穿着绣花的衣服行走一样，谁也看不见，那还有什么意思呢！"

项羽愿意不愿意留居关中，这本来是他个人的一种趋向。但是由于他不愿意留在关中，又对秦统治者的一些遗物采取了报复性的毁灭态度，结果将秦统一全国后集中在咸阳一带的大量经济和文化的财富，毁于大火，这对中华民族经济和文化的积累和发展，无疑是一个不可挽救的重大损失。特别是经过秦始皇的"焚书坑儒"之后，一些古代的文化典籍在民间流传已经很少，但在秦宫室和政府机构中，仍有大量的保存。如果项羽对咸阳秦的遗留物品，采取稍为克制和宽容的态度，不去有意用大火加以焚毁，就会有一部分保留下来，到了汉初开国之时，也就不会因为寻找和恢复一些古籍，要凭老儒靠记忆而口授，费那么大的劲，又给后世研究和校阅古籍造成那么大的困难了。所以项羽对咸阳的烧杀抢掠，不管是从政治上争取秦人的支持，还是从经济和文化的延续发展上，都是做了一件绝大的蠢事，对他自己和后世都产生了恶劣的影响。

项羽在得到楚怀王的同意后，自立为西楚霸王，封刘邦为汉王，章邯为雍王，司马欣为塞王，董翳（yì）为翟王，魏王豹为西魏王，申阳为河南王，司马卬为殷王，赵王歇为代王，张耳为常山王，当阳君英布为九江王，吴芮为衡山王，共敖为临江王，燕王韩广为辽东王，臧荼为燕王，齐王田市为胶东王，田都为齐王，田安为济北王等18个诸侯王。

项羽分封诸侯，诸侯各前往封国。项羽将义帝迁往长沙郴县，暗中令衡山王吴芮、临江王共敖于途中将义帝杀死。

四、烧栈道麻痹项羽，居汉中蓄势待发

项羽分封完之后，就要各个诸侯王去自己的封地就国。刘邦虽然受到不公正的分封，不想去就国，但又迫于项羽的威力，暂时还无法与项羽对抗，别无其他出路，只得去巴、蜀、汉中一带就汉王的封位。他任命萧何为丞相，带着自己的部下和亲信，从霸上出发，向汉中一带进发。

刘邦这时有 10 万大军，项羽为了限制刘邦的力量，只允许他带 3 万人马。可是刘邦的亲信和部下很多，他们都愿意跟随刘邦去汉中，还有一些楚国和各路诸侯中敬慕刘邦的人，也主动表示愿意跟他去，所以跟随刘邦去汉中就国的远远超过了项羽限定的 3 万人。

由关中进入汉中、巴、蜀一带，道路很难走，刘邦选择了由杜县（今陕西西安鄠邑区东）南下入蚀中（今陕西洵河上游）越过秦岭进入汉中平原的路。张良因为要随韩王成去就国，所以不能跟随刘邦到汉中。但张良对刘邦依依舍不得离开，一直把刘邦送到褒中（今陕西城固一带）。张良临别时，刘邦送给了他很多珠宝，张良后来都转送给了项伯。

到了褒中，刘邦一再请张良不要再远送，张良只得与刘邦告别。临别前他向刘邦建议说："你去汉中的路上，经过不少栈道，都是交通险要之处。你应把所过的栈道都烧绝，一方面可以防止项羽或其他人的军队再进入汉中；另一方面也可以示意项羽，你并无再返回来的打算，使项羽不再对你有所警惕。"刘邦接受了张良的意见，把所经过的栈道都烧毁了。消息传到项羽那里，他就开始放松了对刘邦的戒心，刘邦因而得以安心在汉中、巴、蜀一带蓄积力量。

栈道是秦岭山脉中一些险要的地方，人们难以通行，就旁凿山崖，铺以木头板梁，人工修筑的通道。刘邦把这种栈道的木制板梁烧毁，就可以断绝入汉中的通路。但是这些栈道也是人工修筑的，刘邦后来在进入关中的时候，又把这些栈道修复了。所以烧绝栈道，只是暂时迷惑项羽的缓兵之计。

项羽分封之后，一些不满分封的诸侯王，不去就国而反叛项羽，使项羽一开始就处在被动之中。而项羽的主要对手刘邦，却老老实实地去封地就国，还按照张良的意见，边走边烧绝栈道，以转移项羽的视线。这是刘邦的高明之处。

石城山古栈道

　　因为分封之后，项羽最注意的当然是刘邦的动向。刘邦如果不去就国，项羽马上就会集中力量对付刘邦。现在刘邦不但去就国，而且烧绝栈道以表示无归意，表面上服从项羽的分封，这就可以转移项羽对他的注意，使项羽误以为刘邦并无与自己争天下的意图，因而对刘邦失去警惕。后来的事实也证明，刘邦达到了麻痹项羽的目的。

　　其实，刘邦去汉中就国，本身就起到了消除项羽对他的敌意的作用，张良的建议烧绝栈道，只是进一步强化了对项羽的影响。即使刘邦不烧栈道，只要他去汉中就国，项羽也不会对他采取什么行动。因为项羽一到彭城，他就无暇顾及远在汉中的刘邦了。

第三章 楚汉相争

一、萧何月下追韩信，韩信登坛拜大将

1.萧何月下追韩信

刘邦到了南郑后，因为部下的将士大多数是山东一带的齐国和楚国人，他们不服这里的水土，又思念故乡，情绪很不稳定，一些人常聚会在一起齐唱家乡的歌曲。一些士兵不愿再跟着刘邦待在南郑了，纷纷逃亡，跑回了自己的家乡；将领逃亡的也有数十人。韩信见此情形，十分着急，就向刘邦建议说："项羽分封有功的诸将为王，而独封你来南郑这个边远的地方，这是对你的报复。你的将士都是太行山以东一带的人，他们日夜思念返归故乡，你利用将士们这种思乡的情绪，可以所向无敌，建立大功。等到天下安定，人们都想安居乐业生活的时候，就再也难组织起这么一支可战的军队了。你应当赶快决策东下，与项羽争天下。"韩信这时只是刘邦部下的一名治粟都尉，他的话没有引起刘邦的重视；韩信觉得跟着刘邦在南郑没有前途，也就随着别的将士逃亡了。

韩信是淮阳（今江苏清江市）人，自幼因为家贫，倍受人欺辱。项梁率起义军渡淮河时，韩信带着一把剑参加到项梁的起义军中，是一个无名小卒，一直未受重用。韩信曾多次向项羽献计策，都未被采纳，所以韩信对项羽很不满。刘邦去就汉王时，他听说刘邦很重视人才，就叛项羽而随刘邦到了南郑。他曾犯法当斩，刘邦的亲信夏侯婴恰好路过，韩信对夏侯婴大喊："刘邦不是想争天下吗？为什么要杀我这样的壮士！"夏侯婴停下来问了他几句话，觉得韩信很有才干和见识，就救他不死，并向刘邦推荐，

萧　何

当了治粟都尉。这是一个专管后勤粮草的小官，刘邦还未认识到他的才干。

刘邦的丞相萧何曾与韩信交谈过几次，认为韩信是一个奇才，很佩服，他曾几次向刘邦推荐加以重用，都未被刘邦所接受。萧何一听说韩信也逃走了，怕刘邦失去这一奇才，来不及向刘邦报告，马上亲自去追赶。有人见萧何向将士逃亡的方向赶去，不了解真相，就急忙向刘邦报告说："萧丞相也逃走了。"萧何一直是刘邦的左右手，得到刘邦的信任，去南郑就汉王位，也是萧何出的主意，刘邦料想不到现在萧何也逃走了，这无疑对刘邦是一个很大的损失和打击。刘邦觉得萧何太不够朋友了，所以听到萧何逃走的消息，心里十分愤慨。

过了两天，萧何回来了，他去拜见刘邦。刘邦一见萧何，心里十分高兴，外表又装出很愤怒的样子，责问萧何说："你为什么也要逃亡呢？"萧何回答："不是我逃亡，我是去追赶逃亡者。"刘邦又问："你追谁去了？"萧何答："韩信。"刘邦一听是追韩信，又火了，骂萧何说："将领逃亡的已经有数十个，你一个也没有去追赶过；你说是去追韩信，怎么会让人相信呢！"萧何趁机又向刘邦推荐韩信说："别的逃亡将领，都是普通的才干，容易得到，唯独韩信，在我们这里找不到第二个这样的人才。你如果想长期当汉王，就用不着韩信这样的人才；如果要争天下，没有人比韩信更值得依赖了。请你决定自己到底想走什么路，然后再决定用不用韩信。"刘邦说："我当然愿意东进而争天下，哪愿意长久待在这里呀！"

萧何将刘邦不重用韩信的军，看见已见成效，就趁热打铁地说："你既然决心东进争天下，如果能重用韩信，就能留住韩信；如果不加以重用，韩信迟早还会逃走的。"刘邦见萧何这么推重韩信，就向萧何保证说："好，我听你的话，这就任命韩信为将。"萧何认为刘邦虽然下决心要任命韩信为将，但并未充分认识韩信的价值，所以再将刘邦的军说："你下决心要任命韩信为将，虽然你认为已经给他很高的地位，够重用他的了，但我认为你这样做还是留不住韩信。"刘邦又提高一步说："那任命他为大将呢？"萧何认为将刘邦军的火候已到，就拍案说："你有这么大的气魄，太好了！"

西汉彩绘车马人物纹镜

刘邦为了向萧何表示自己重用韩信的诚意，就想说到做到，马上派人把韩信请来，任命他为大将。萧何见刘邦任命一个大将这么草率，说明他还没有充分认识韩信的可贵价值，就阻止他说："你的缺点是对人傲慢无礼，不太尊重人才。现在任命一位大将，就像召唤一个小孩一样，这么不严肃从事，韩信仍然会认为你并没有看重他，这正是韩信之所以要逃走的原因呀！你如果真心诚意认为韩信是个大将之才，不可多得，就应选择一个良辰吉日，亲自斋戒，设立坛场，用隆重的礼节拜韩信为大将。这样韩信才会认为你看重他，一心一意为你效力，再也不离开你。"

韩信确实是秦末战乱中一个难得的人才，以后的实践证明了这一点。但人们发现和认识人才有一个过程。萧何认识和发现韩信这一人才较早，但他的认识一直未被刘邦所接受。在秦末群雄竞争天下的情况下，一个人才的得失，往往可以决定一个竞争者的成功或失败。刘邦没有认识韩信，萧何认为如果再等待刘邦的认识，可能就会失去韩信，这对刘邦是个极大的损失。萧何为了让刘邦尽快认识韩信的价值，就借韩信逃亡的机会，一再将刘邦的军，迫使刘邦认识和重用韩信。从刘邦当时接受萧何重用韩信的建议看，刘邦显然还有不少勉强的成分，并没有在萧何的紧逼下完全认识韩信。但刘邦还是尊重了萧何的意见，答应隆重任命韩信为大将。以后的实践证明，萧何的意见完全正确，他没有看错韩信。刘邦的高明之处也在于，他虽然还不完全认识韩信的价值，但他相信萧何，尊重萧何对韩信的评价，因而挽留了韩信这一人才，为他以后的打天下起了重要作用。

后来的实践证明，韩信确实是一个不可多得的人才，但萧何是怎么认识这个人才的，历史无记载。一个人才的显露，无非在两个方面：一个是认识，另一个是实践。当时韩信在实践中还无突出的表现，因为他还没有得到实践的机会，所以韩信的表现主要在认识上。他的认识可能确有高明之处，所以夏侯婴和萧何一与他交谈，就认为是一个奇才，而一再向刘邦推荐。

2. 韩信拜将

刘邦令将士们清理出一片空旷的场地，用土筑成一个高坛，通知大家说准备拜大将用。一些有功的将领听到要拜大将，人人都以为自己有可能，所以大家都兴高采烈地去参加。到了拜大将的那一天，刘邦沐浴斋戒之后，到拜大将准备好的坛场，很隆重地把韩信请上坛台，宣布任命韩信为大将。别的将领一听，都大吃一惊，谁也没有想到会是韩信。因为他只是一个小小的治粟都尉，并没有立下多大的战功，平时也未露出有什么才华，刘邦为什么一下子看中了他，拜为大将呢！

举行完拜大将的仪式后，刘邦请韩信上坐，向他请教说："萧丞相一再向我推荐你，说你很有才干，不知将军有什么高明的计谋，可以供我采用？"韩信感谢了刘邦对自己的任命后，没有直接回答问题，而是反问刘邦："你东进争夺天下的对手，是不是项羽呀？"刘邦点了点头说："当然是项羽。"韩信接着又问："你自己敌得过项羽的勇敢强悍吗？"刘邦想了想回答说："不如项羽。"韩信听到刘邦敢于直说自己的弱点，十分高兴。他对刘邦说："我也认为你在这些方面不如项羽。但是我曾经当过项羽的部下，对他有所了解，请你听听我所知道的项羽为人，你就会增强战胜项羽的信心。"

韩信详细对刘邦分析了项羽的以下弱点：

第一，项羽勇敢善战，打起仗来，一声呼喊，能吓得敌人不寒而栗，但是他却不能重用好的将帅，所以他只是一个勇敢的战士，而不是一个好的统帅。

第二，项羽对部下很慈爱，说话和气，待人有礼貌，很关心部下，遇到有人生病，总是

拜将台

问长问短，把自己吃的东西分送给病人，如果病死了，他会很悲痛。可是对有功劳的将领，应当封赐爵位时，常常是印信都准备好了，就是拿在手中舍不得授人。所以他只是在小节上能关心和爱护部下，在大的政治上并不能关怀他们，可见他是一个没有政治远见的人。

第三，项羽虽然分封诸侯，称霸天下，但他不居关中这样的要地，反而去建都并不十分重要的彭城；他又背弃了楚怀王先入关者王之的约定，而分封了一批自己的亲信，因为分封不公平，造成了诸侯间的矛盾；各个诸侯见项羽把义帝赶到江南，他们也仿效他的做法，驱逐其主人，自己占领好的地盘称王。所以项羽的称霸，不可能持久。

第四，项羽的军队虽然很多，但纪律不好，所到之处，烧杀抢掠，激起了百姓的不满。他见百姓不支持，就用武力强制，施行高压政策。他虽然名义上称霸全国，实际上已经失去了天下民心，得不到百姓的支持。所以他现在是表面上显得很强大，实质上很脆弱。

韩信上述对项羽的分析，实际上是指明项羽个人虽然勇悍善战，但得不到部下的支持，所封诸侯也跟他离心离德，更得不到百姓的拥护，所以是不难战胜他的。

韩信在刘邦承认自己弱点的基础上，又用对比的方法，分析了刘邦的长处。认为他只要充分发挥自己的长处，就可以用己之长对敌之短，最终战胜项羽。

韩信把刘邦的长处，归结为以下几点：

第一，刘邦应一反项羽之道，广招天下武士，发挥他们的才能，充分予以信任；虽然个人不如项羽勇悍，但依靠大家的力量，还有什么不可攻克和战胜的地方。

第二，以天下的城邑，分封给有功的将士，不要像项羽那样舍不得分封和赏赐，那样你的将士就都会佩服你，听从你的命令和指挥，都肯为你打天下卖命。

第三，你的将士都是太行山以东的人。都很思念故乡，想打回老家去。如果能充分利用大家的这一思归故乡的情绪，把大家团结起来，就会战而无敌，败而不散。

第四，项羽在关中分封的三个王，都是秦的降将，他们率领秦兵镇压反秦斗争好几年，杀害了无数起义的将士和百姓，又欺骗秦的士兵投降了项羽，结果 20 万秦的士兵在新安被项羽活埋，唯独他们三个人不但无事，还被封为王，秦的父老兄弟认为他们出卖了秦的士兵，换取了自己的富贵，所以对他们恨之入骨。现在项羽虽然强封这三个人为王，但秦的百姓并不支持他们，他们的地位极不牢固，容易将他们击败。

第五，你入武关之后，军队的纪律一直很好，对秦百姓秋毫无所犯，又废除了秦苛法，与民约法三章，得到了秦百姓的拥护，都愿意你王关中。而且根据楚怀王之约，你本来应当王关中，这个关中的百姓都知道。项羽不封你王关中，反而失约分封你到汉中去，关中百姓无不对此失望，恨项羽的不公正。你只要率兵东进，关中一带用不着费很大的军事力量，就可以传檄而定。

韩信的上述分析很符合当时的实际，他既指出了刘邦的不足，又看到了刘邦的长处。只要刘邦充分发挥自己的长处，攻击项羽的短处，刘邦就有战胜项羽的可能。韩信的这一正确分析，对正在犹豫苦闷中的刘邦来说，无疑是给他吃了一剂兴奋剂，给他指明了下一步的出路，所以刘邦听了十分高兴，自认为了解韩信太晚了。他马上按照韩信的计策，部署部下做东进出击的准备。

其实韩信的分析，并没有出人意料的见解，他只不过进一步论证了刘邦东进取得胜利的可能性，强化了刘邦东进的决心。因为在汉中不能久留，必须尽快东进关中，否则刘邦的力量将会溃散，这是刘邦集团中上下一致的看法。但是什么时候东进，东进有没有取得胜利的把握，这在刘邦集团中却有不同的看法。一些将士的逃亡，就说明有些人再也等不得拖延了。刘邦和萧何等人，当然看出了这一点，但他们顾虑项羽力量的强大，拿不定出兵东进的机会。韩信的分析，只是使刘邦尽快地下定了马上出兵东进的决心。从时机上来说，当时的选择是恰当的。如果再拖延，刘邦的力量可能会进一步涣散，关中三个王的力量会得到加强，因而迅速占领关中地区就可能不那么容易。如果关中的三王得到项羽力量的支持，刘邦不能马上占领关中，再和项羽对峙也就相当困难了。

拜韩信为大将，这是刘邦东进的序幕。张良已经告别刘邦随韩王成去就国，而萧何、曹参等人又不善于军事，刘邦当时正缺乏有深谋远虑的将才，韩信的被发现和重用填补了这一空缺，对刘邦以后的军事行动有重大的意义。萧何那么重视和向刘邦推荐韩信，就有这方面的考虑，因为他深知自己不是将才，而刘邦身边又缺乏这方面的人才。尽管在韩信的将才尚未经过实践验证的情况下，这一决定显然具有很大的冒险性，但在当时不冒险就难以迈出第一步。

二、刘邦暗度据关中，项羽枉杀韩王成

1. 刘邦暗度陈仓

刘邦是汉元年（公元前 206 年）四月去南郑就汉王位的，到八月他就做好了东进的准备，开始向关中进军，破坏项羽分封所形成的政治格局了。

刘邦让丞相萧何留守巴蜀和汉中，经营后方，支援前线。他自己率大军出故道（今陕西宝鸡市南），暗度陈仓（今陕西宝鸡市东），突然进入关中。陈仓是雍王章邯的地盘，他急忙率兵迎敌，被刘邦在陈仓击败，章邯退守好畤（今陕西乾县），又被刘邦军所败，章邯再退守废丘（今陕西兴平市）。

刘邦没有再以主力围攻退守废丘的章邯，而是只派了一部分兵力加以牵制，使其困守废丘，不让其出兵干扰刘邦的其他军事行动，同时集中军力消灭了章邯的其他力量，占领了咸阳，全部控制了章邯的封地。这样，章邯在废丘就成了孤立无援的一个据点，无法再对刘邦形成威胁。

刘邦基本消灭了章邯的力量，解决了雍王的问题后，接着又迫使塞王司马欣和翟王董翳投降，不到一个月就基本占领了关中，设置了陇西、北地、上郡、渭南（后改名京兆）、河上（后改名冯翊）、中地（后改名扶风）等六郡。从此刘邦就以关中这六郡为根据地，再加上原来的汉中、巴、蜀等地，与项羽展开了全面的楚汉战争。

从刘邦暗度陈仓，率兵东进后的军事发展形势看，与韩信的估计完全一样。项羽分封的关中三王，都得不到当地百姓的支持，互相又不能协调力量联合起来对付刘邦。刘邦暗度陈仓以后，首先集中力量对付三王中力量最强的章邯，连续将其击败，迫使他退守废丘；然后再解决其他两个比较弱的

古汉台

封王的问题。除了退守废丘的章邯，一时未加以解决外，其他进军关中的问题都解决得比较顺利。仅用了不足一个月的时间，就突破了项羽设置的阻止刘邦进入关中的障碍。这不仅是项羽分封的时候没有想到的，连刘邦也没有预计到会这么顺利，但韩信事前却估计到了，这正是韩信比他们高明之处。

刘邦进占关中，这是他在与项羽斗争中具有决定意义的第一步。这一步选择的时机好，进展很顺利，没有费多大的力量，就占据了有利的地位。这也是他在与项羽的斗争中，由被动变主动的第一步，它对刘邦以后的胜利，具有关键性的意义。

项羽分封刘邦到巴、蜀一带，本来是为了借巴、蜀与关中的交通不便，将刘邦的力量封闭起来，让他无法再到中原地区与项羽争天下。项羽的这一策略如果执行得当，很可能从此就将刘邦的力量驱逐出中原，再也构不成对项羽的威胁。但可惜的是项羽在执行这一策略时，犯了几个重要的错误，使他未能达到原来设想的目的。

第一个错误是把汉中也封给刘邦。汉中是巴、蜀与关中来往必经的要地，如果项羽控制了汉中，就堵住了刘邦进出巴、蜀的咽喉，对刘邦十分不利；可如果刘邦控制了汉中，就让他掌握了进出关中的跳板，他随时可以通过汉中进入关中。项羽本来不打算把汉中封给刘邦，可经过项伯为刘邦说情后，作了让步，把汉中让给刘邦，这无疑给刘邦打通了进入关中的通道，破坏了自己封闭刘邦的策略。

第二个错误是分封三个秦降将王关中。关中是对刘邦逐鹿中原的第一道封锁线，如果在关中设置一个强大的诸侯王，用以扼制刘邦出汉中，那也可以把刘邦封闭在巴、蜀、汉中一带，使他无法进入中原争夺天下。当时只有项羽的力量可以起这个作用，所以如果项羽自己王关中，就会使刘邦进入关中遇到很大的困难。这是封闭刘邦力量的上策。即使项羽自己不愿王关中，他也应分封其他的得力将领如英布等王关中，更不应将关中分割为三块，削弱关中封王的力量。

特别是分封三个秦降将王关中，这是最不好的下策。因为这三个降将在关中百姓中既无威信，又无军事力量，只靠临时招募和组织起来的一点兵力，当然不是刘邦这支久经战斗的军队的对手。所以项羽分封这三个降将王关中，无异于把关中送给刘邦。而如果刘邦据有了关中，项羽再想收拾刘邦就不容易了。

项羽所犯的这两个错误，正好给处于劣势的刘邦以复苏的条件和机会。他到了汉中四个月，一举就成功地进入了关中。进入关中一个月，就基本消灭了三王的力量，占领了全部关中。从刘邦进入关中和占领了关中看，在军事上并没有遇到太大的阻力，总的说来比较顺利。这与半年前刘邦被迫就王汉中，项羽可以左右天下的形势，已经大不相同。为什么形势会发生这么快的变化，主要是由于项羽的一系列失误造成的。而其中项羽最大的一个失误，就是他自己不王关中，却把关中分封给三个秦降将。

2. 项羽杀韩王成

韩王成曾协助刘邦的西征军，他的丞相张良又跟随刘邦进入关中。项羽分封时虽然仍封韩王成为韩王，但认为他是刘邦的人，就以他无战功为名，不放他归封地，而把他带到彭城，先废为侯，后来干脆把他杀了。

项羽杀了韩王成后，听到刘邦占领关中的消息，就封原来秦的吴县（今江苏苏州市）令郑昌为韩王，要他去占领韩地，以抗拒刘邦的东进。刘邦派韩的太尉韩信（与刘邦授大将的韩信不是一个人，后来被刘邦封为韩王），率兵击郑昌，郑昌战败投降。因为韩王成已被项羽所杀，刘邦就立韩信为韩王。

张良与刘邦在褒中告别分手后，就随韩王成到了彭城，他对项羽说："刘邦去汉中就王时，烧绝了栈道，决心不再东还了。"又把他得到的齐国和赵国联合反对项羽的书信送给项羽，对他说："齐国和赵国想联合起来消灭项羽。"刘邦占领关中后，他又对项羽说："刘邦只想如楚怀王约定的那样，得到关中，他不会再东进了。"张良千方百计地想转移项羽的注意力，让他产生主要的对手是齐国而不是刘邦的错觉，以减轻刘邦的压力。

项羽是一个易于感情激动的人，他不认为这是张良的挑拨离间计，是在故意庇护刘邦，反而上了张良的当，果然认为齐国是自己的主要对手，集中力量先平息齐国的叛乱，因而为刘邦的发展争得了时间。

张良没有随刘邦到南郑，而随项羽到了彭城，是为了忠于韩王成。韩王成被项羽杀害后，他认为自己没有再留在彭城的必要，而且已受到项羽的猜疑，所以就逃出彭城，从小道偷偷跑回刘邦处，成为刘邦身边的重要谋士，这时刘邦已全部占领了关中。

张良是刘邦的忠实支持者，这一点项羽在鸿门宴上应当已经看得很清楚。可是项羽只认为韩王成是刘邦的人，不让他回到封地，还把他杀了。

而却轻信张良的一些话，上了他转移目标的当。这说明到这个时候为止，他还没有接受范增等人认为刘邦是他的主要竞争敌手的估价，因而一再在对待刘邦的问题上，做出错误的决策。没有充分认识刘邦的野心和力量，这是项羽一再失败的一个重要原因。

杀韩王成对项羽来说完全没有这个必要。项羽如果认为他是刘邦的亲信，当时可以不分封他为王，就是分封以后才发现他是刘邦的亲信，不让他回封地，在彭城将他控制起来也可以，何必非要杀他？张良是忠于韩王的，项羽只要不杀韩王成，他就不会回到刘邦那里，成为刘邦身边的谋士。而项羽杀了韩王成，不但把张良推向刘邦的身边，而且失去了一批韩王成的支持者。这对项羽来说，只能造成自己的孤立，并不能达到削弱刘邦势力的目的。

三、战彭城败退荥阳，阻井陉背水列阵

1. 彭城之战

项羽分封完诸侯，诸侯各前往封国，项羽将义帝迁往长沙郴县，暗中令衡山王吴芮、临江王共敖于途中将义帝杀死。

汉王元年（公元前206年）八月，齐、赵诸侯叛乱，项羽率军前往平乱，听闻刘邦已定关中，非常愤怒，封郑昌为韩王，派其前往阻挡刘邦，令萧公角阻击彭越。彭越击败萧公角后，张良伪作韩王书给项羽，说刘邦只想得关中，不会向东用兵，又伪作齐王、梁王书给项羽说齐王准备和梁王齐心协力灭掉楚国。于是项羽放心攻打齐国。项羽征召九江王英布，英布托病不出，派遣手下将领只率领几千人前往，项羽因此怨恨英布。

汉王二年（公元前205年）冬，项羽北至城阳，田荣引兵会战，被项羽击败，田荣逃往平原，被平原民杀死。项羽烧毁齐国房屋，将降卒全部坑杀。把掳掠的男女老幼全部迁往北海，被掳掠的大多数人都被残灭。齐国人因此聚在一起反叛，田横趁机收编齐兵数万反攻城阳，项羽久攻不下。

刘邦率领五路诸侯兵马有56万，向东攻打楚国，项羽听闻后，留部将继续攻齐，自己亲率精兵3万去救援彭城。刘邦攻下彭城后搜集珍宝美人，大摆宴会。项羽率军从早晨开始，由萧县从西打到东，中午时打到彭城，大破刘邦军，杀死汉兵10余万。刘邦军逃往南山，项羽率军追到灵璧东阻拦，汉兵落入睢水10余万，睢水为之不流。项羽把刘邦包围了三层，却被一

阵大风吹乱楚军，刘邦趁机率领数十骑兵走脱。

刘邦逃往下邑，收集败亡散卒至荥阳，各路败军先后前来会合，萧何也发动关中没有登记在册的百姓前来投奔刘邦，刘邦因此军势得以重振。项羽乘胜来战，无法取胜。刘邦彭城大败后，诸侯反叛刘邦，归附项羽。

汉王三年（公元前 204 年），刘邦在荥阳修筑甬道用以过河取敖地的粮食，项羽军多次侵夺甬道，刘邦军无法取得粮草补充，非常害怕，于是，与项羽议和，项羽同意。

2. 井陉之战

在彭城一战中，刘邦率领的汉、魏、河南、韩、殷等诸侯军队 50 多万人，被项羽率领的 3 万精兵打得大败，刘邦狼狈逃回荥阳，凭险据守。幸好此时韩信率领一支人马赶到，方挡住了楚军西进的步伐。

刘邦在彭城失败后，原来已投降刘邦的塞王司马欣、翟王董翳又背叛刘邦，投降了项羽。齐王田都、赵王歇等也反汉而与楚联合。刘邦一下子陷入困境。汉王三年（公元前 204 年）六月，一直跟着刘邦的魏王豹谎称要回家探望老人的疾病，向刘邦请假回家，一回到封地（在今山西南部），便派兵封锁了黄河渡口，而派人与楚联合。刘邦闻听后，派郦食其前去劝说，没有作用，因大怒，以韩信为左丞相，派他引兵击魏。

从整体战略上讲，进兵河东，并进而攻占河北，对刘邦来说非常重要，因为这样可以从侧翼对项羽形成威胁。而且，刘邦也急需利用河东和河北的人力、物力以和项羽抗衡。

同年八月，韩信率军从关中出发，兵临黄河。魏王豹急忙派遣大军驻扎到蒲坂（今山西永济蒲州），堵塞了从临晋（今陕西大荔）到蒲坂的黄河渡口。韩信将计就计，在黄河西岸布置下更多的疑兵，多陈渡船，摆出一副要从此渡河的架式。暗中却向北急行到夏阳（今陕西韩城），从这里"以木罂缻渡

井 陉

军"，到对岸后，直捣魏都安邑（今山西夏县）。魏王豹大惊，急忙引军回救，但军心已乱，被韩信打败。魏王豹也作了俘虏。魏地旋即被汉军占领，置为河东郡。韩信又挥兵北上，击败代王陈馀（赵王为感谢陈馀而划出一部分地盘封陈馀为代王）的守兵，并擒获了代相夏说。

此时，代王陈馀留在赵国辅佐赵王歇。韩信在击破代兵之后，和张耳引军东下，准备从井陉关（今河北井陉北）出击赵国。赵王歇和陈馀得知后，尽起国中兵，号称20万，聚兵井陉口，先抢占了有利地形，准备迎击韩信。陈馀的部下广武君李左车劝陈馀说：韩信和张耳二人去国远斗，锋不可挡。但其致命的弱点是离根据地太远，粮草不容易接济。而"井陉之道，车不得方轨，骑不得成列"，还要远行跋涉数百里。汉军的粮草必然在大军的后面。因此，他向陈馀请求假奇兵三万，从小路出击，切断汉军的粮草，而陈馀则"深沟高垒，坚营勿与战"。这样，汉军进不得前，退不得还，背后又有奇兵骚扰，粮绝无援。不出10天，必然把韩信、张耳击败。可是，陈馀是一个儒生，不懂得多少用兵之道，常称义兵不用诈谋奇计。听了李左车的建议，陈馀很不以为然，说："吾闻兵法十则围之，倍则战。而如今，韩信的部队虽然号称有几万人，实际上只有几千人。能够这样跋涉千里来袭击我们，已经把力量都用尽了。碰到这样的敌人，却躲避开去，不和他们交战。以后碰到更强大的敌人该怎么办呢？那时候，诸侯都会认为我们胆子小，会随便来攻伐我们。"便不听从李左车的计谋。

韩信派出的谍报人员探听到这个消息后，马上还报韩信。韩信一听大喜，方敢引兵东下，在离井陉关还有30里的地方，扎下营寨。当天半夜，韩信传令调动军队。他选了2000名轻骑，每人手持一面红旗，命令他们

井陉古战场

从小路赶往赵军大营。等到望见赵军的军营，便即隐蔽起来，勿让赵军发觉。韩信特别叮嘱他们："赵见我走，必定空壁逐我，你们疾入赵壁，拔赵帜，立汉赤帜。"这2000轻骑出发后，他又让裨将传令军中开饭，吃完饭后立即行

动，并宣布当日打败赵军后，举行大会餐。但诸将不相信会有这样轻而易举的事情，但都不敢违抗韩信的命令，只是口头上答应了。韩信又对军吏们分析说，赵军已经先抢占了有利地形，如果看不到汉军大将的旗帜，是不会轻易出击的，因为他们害怕汉军遇到险阻就往后退，他们打不着。准备停当后，韩信派1万名士兵先出发，走到井陉关下的绵蔓河边，背靠着河水摆开阵势。赵军从关上望见以后，都哈哈大笑，认为韩信不懂军事常识。因为背水为阵，根本没有退路。一旦不利，连逃的地方都没有。但他们并不理解韩信此举的深意。天刚亮，韩信建起了自己的大将旗鼓，鼓行而出，向井陉关上的赵军发起进攻。陈馀命令赵军打开营门，冲出去迎战。双方混战在一起，大战良久。韩信、张耳见时机已到，命令战士们假装战败，抛掉锣鼓旗帜，向在水边列阵的汉军那里撤退。在水边列阵的汉军把他们让过去后，迎着赵军冲了上去，双方又大战在一起。赵军看见汉军败退，锣鼓旗帜丢了一地，果然空壁而出，去抢汉军丢弃的旗帜锣鼓，并去追逐韩信、张耳，想立大功。韩信、张耳率军撤到水边以后，战士们见无路可走，便返回身去，和赵军殊死作战，赵军人数虽多，一时却难以打败他们。韩信派出去的2000轻骑在赵军营垒附近等了很久，早已急不可耐。赵军去追韩信、张耳，营壁一空，他们立刻驰入赵壁，把赵军旗帜全部抛掉，换上了汉军的红旗。赵军在河边和汉军激战了半天，还打不败汉军，捉不到韩信、张耳，斗志有些松懈，想撤回营壁。可他们一回头，见自己的营壁全部插上了汉军的红旗，不禁大吃一惊，认为汉军已经俘虏了赵王。赵军立刻陷入混乱，士兵们四散奔逃。赵军将领虽然杀了一些人，但仍然禁止不住。韩信见状，立即挥兵反攻，占领了赵军营壁的汉军也从后面夹攻，大败赵军。陈馀逃跑，至泜水（今河北境内的滏阳河）被杀，赵王歇被俘虏。李左车也被汉军抓获。韩信释放了他，待以上宾之礼。

战事结束后，汉军将领们打扫完战场，都来向韩信祝贺，并问韩信说："兵法右倍山陵，前左水泽，今天将军令我等反背水列阵，说破赵会食，我们不服。但竟然获胜，此何术也？"韩信回答说："这些兵法中是有的，只是诸君不理解罢了。兵法上不是说'陷之死地而后生，置之亡地而后存'吗？而且，我又不是平素深得众心。指挥他们打仗，实在是'驱市人而战之'，其势非置之死地，使他们人自为战，是根本不行的。给他们留下后路，他们就都逃跑了，还打什么仗？"诸将都大为佩服。

井陉之战后，汉军很快占领了赵地。河东和河北的大部分地区都落入刘邦的控制之下。而项羽的右侧翼便暴露在了汉军面前。这对刘邦在楚汉之争中从劣势转为优势起了决定性的作用。

四、离间计范增被斥，划鸿沟中分天下

公元前 204 年初，楚军数次切断汉军粮道，刘邦被困荥阳（今河南省荥阳市），于是向项羽请和。项羽打算同意，范增说："此时很容易就能击败汉军，如果现在把他们放走而去征服，以后一定会后悔的！"于是项羽与范增急攻荥阳。刘邦的谋臣陈平抓住了项羽多疑、自大的特点，利用反间计。离间了项羽同范增的君臣关系。项羽的使者来了，刘邦叫人准备丰盛筵席，捧着佳肴正要进献，细看使者，故意假装惊讶地说："我们以为是亚父的使者，没想到却是项王的使者。"便更换佳肴，改以粗食供项羽的使者吃。使者回来报告项羽，项羽就怀疑范增与汉有私情，渐渐夺去范增的权柄。范增没有想到项羽竟然会怀疑自己和刘邦有勾结，十分气愤，于是告老还乡，但在途中病死。

范增是居鄛人，平时在家，好出奇计。陈胜大泽乡起义时，他年届 70 岁。不久，项梁率会稽子弟兵渡江而西，成为反秦斗争的主力，范增前往投奔，希望在有生之年把自己的智慧贡献给反秦事业。

范增和项梁相会于薛地。当时陈胜已被杀害，张楚大旗已倒，反秦斗争陷于低潮，项梁、刘邦等义军首领正相会于薛地，商议挽救时局的方针和策略。范增的到来适逢其时。

范增见到项梁等将领，首先分析了陈胜所以失败的原因。他认为，秦灭六国，楚人的仇恨最深，人们至今还怀念被秦人冤死的楚怀王，因而"楚虽三户，亡秦必楚"的预言是有道理的。而陈胜失败的原因就是因为不立楚王之后而自立，不能充分利用楚国反秦的力量，导致其势不长。接着范增论证和提出了反秦的策略，他认为项梁渡江以来，楚地将领纷纷前

汉代龙纹瓦当

来依附，就是因为项氏世代为楚将，人们以为他能复立楚国社稷。他建议应该顺从民众愿望，扶立楚王的后裔。项梁等人毅然接受了范增的提议，找到了在民间替人放羊的楚怀王熊槐的孙子熊心，复立为楚怀王，草创了楚国政权。

苏轼曾评价说："增始劝项梁立义帝，诸侯以此服从。中道而弑之，非增之意也。夫岂独非其意，将必力争而不听也。不用其言，而杀其所立，羽之疑增必自此始矣。方羽杀卿子冠军，增与羽比肩而事义帝，君臣之分未定也。为增计者，力能诛羽则诛之，不能则去之，岂不毅然大丈夫也哉？增年七十，合则留，不合即去，不以此时明去就之分，而欲依羽以成功名，陋矣！虽然，增，高帝之所畏也；增不去，项羽不亡。亦人杰也哉！"

项羽将荥阳的刘邦四面围定攻打，刘邦军势非常危急，部将纪信于是引两千军乘黄车假扮刘邦出城，说刘邦愿意投降，项羽赶来见到纪信问刘邦在哪，纪信说刘邦已经逃走了，项羽于是将纪信烧死。

汉王四年（公元前 203 年），项羽攻下荥阳，处死荥阳守将周苛、枞公。而刘邦走宛、叶，派人说服英布背叛项羽，进入成皋。项羽得知后迅速率兵前来攻打，夺下成皋，一路西进。刘邦逃亡巩县，派重兵阻挡，项羽无法挺进。

此时，彭越渡河攻击东阿，楚将薛公兵败身死，项羽于是亲自率军攻打彭越，彭越败走，但成皋却被刘邦趁机夺下。项羽回军与刘邦对峙于广武，相持了几个月。项羽向刘邦单挑，但刘邦不肯，于是，项羽派壮士出来挑战，但被楼烦人射杀。项羽大怒，身披铠甲手持长戟来挑战，楼烦人准备射项羽，项羽怒目而视，将楼烦人吓得不敢出来。刘邦听闻后，出来和项羽对话，项羽又向刘邦挑战，刘邦不从，项羽以弩射伤刘邦，刘邦退入成皋。

韩信于河北攻破齐、赵等国，并准备进攻楚国，项羽派大将龙且前往进攻韩信，但却被韩信所破杀，这时，彭越又于上谷城复出，项羽大怒，亲自前往救援，留大司马曹咎原地待守，并告诫他不要出战，只需守住 15 日即可。项羽走后，刘邦军前来挑战，曹咎大怒，引兵渡汜水，刘邦军趁机发动进攻，大破曹咎军。项羽听闻曹咎兵败，引兵而回。这时，刘邦军正于荥阳东围攻钟离眜，听到项羽回来了，非常害怕，全部退走。

十月，刘邦与项羽相持广武（今河南荥阳东北）长达 3 月之久，项羽自知难以得到他人援助，粮食快要用尽，又遭韩信兵的攻击，被迫与刘邦

订立和约：以鸿沟（今荥阳东南）为界，中分天下，鸿沟以西属汉，以东属楚。项羽遵照和约，送还彭城大战后被俘而作为人质的太公、吕雉等刘邦家人，率军东归，返回楚地。

五、围垓下霸王别姬，愧江东乌江自刭

1. 垓下之战

汉王四年十一月，刘邦听计于张良、陈平背离楚汉盟约，对鸿沟以东的项羽发动突然攻势。项羽的军队退守垓下（今安徽灵璧县南），而遭刘邦的军队围困。他兵少食尽，外无援兵，处境十分困难。

项羽这时只有不到 10 万的军队，而韩信则有兵 30 万。刘邦又让韩信为前锋，韩信的部将孔熙和陈贺为左右军。刘邦居阵中，周勃殿后。韩信先率军向项羽进攻，战斗不利，暂时退却。这时孔熙和陈贺率左右翼的军队又向项羽军进攻，项羽军迎战不利，韩信趁机率前锋军又反攻，项羽军战败，只得坚壁据守垓下。刘邦的军队借助自己数量上的优势，将项羽的军队重重包围。

刘邦为了动摇项羽的军心，找了一批会唱楚国地方民歌的将士，让他们夜里在军营中大唱楚歌。项羽听到四面皆楚歌的声音，十分吃惊。他自问："难道刘邦已经全部占领了楚国吗？怎么会有这么多的楚人唱歌！"项羽被四面的楚歌声所感动，夜里起来在军帐中独自饮酒解闷。

项羽有一个喜爱的美人姓虞，常跟随在他身边；有一匹骏马名骓，是他常骑坐的。这时美人虞姬和名马骓，都在他身边，他听到四面的楚歌声，看着自己喜爱的美人和名马，心情十分悲痛，就自编自唱了一曲慷慨悲哀的楚歌。歌词是这样的：

力拔山兮气盖世，
时不利兮骓不逝。
骓不逝兮可奈何，
虞兮虞兮奈若何！

垓下遗址

项羽反复唱了几遍这首自编的歌，虞姬也和唱了一首自编的歌。

歌词是这样的：

> 汉兵已略地，
> 四方楚歌声。
> 大王意气尽，
> 贱妾何聊生。

霸王别姬雕像

虞姬唱完这首歌，就在项羽面前自杀而亡。项羽抚摸着虞姬的尸体，痛哭不已。左右的随从，听到项羽的歌声，都起来了。他们目睹了这幕悲痛离别的场面，都暗暗哭泣，不敢看项羽痛不欲生的样子。

项羽对自己的处境虽然很绝望，但他绝不是一个束手待擒的英雄，他还要为自己的命运去拼搏，去战斗。他骑上自己的名马骓，带领能跟随他战斗的骑兵800多人，夜里偷偷地从南部突围出来。到了天明的时候，刘邦的军队才发现项羽突围了。刘邦让骑将灌婴率5000骑兵去追击项羽。

项羽突围渡过淮河后，还剩下100多名骑兵跟着他。到了阴陵（今安徽淮南市东），迷失了道路。他们向一个田夫问路，这个田夫不知是出于对项羽的反感，还是不知道他是项羽，欺骗项羽说向左走。照他指的路走下去，结果陷入大泽中，行动很困难，所以被灌婴的骑兵追上。

项羽退出大泽后，带领部下东去，到了东城（今安徽定远县）时，只有28个骑兵还跟着他，而灌婴的数千骑兵这时已经追上来。项羽估计自己难于逃脱追兵，就停下来对他的28个部下说："我起兵反秦到现在已经八年，身经70余战，阻挡我前进的没有一个不被攻破，我所要攻取的没有一个不被征服，从来没有吃过败仗，所以才得以称霸天下。可现在我竟被围困在这里，这是上天要亡我，不是我打不胜的罪过。现在固然只有死路一条，但我愿再次快速决一死战，斩一敌将，断一敌旗，突破敌人的包围。好让你们知道，并不是我不能打胜仗，而是上天要灭亡我。"

项羽说完，就让仅存的28个骑兵，分为4队，组成一个方阵，灌婴的骑兵将他们围了数重。项羽对部下说："我为你们斩一敌将。"他下令28骑向四面驰出，约定到山的东部合为三处。项羽大呼驰下，灌婴的骑兵都被吓得连连后退，项羽趁势杀了一名敌将。

这时杨喜为灌婴的骑将，他见项羽杀了一名自己的战友，就愤而追杀项羽。项羽回头怒目斥之，杨喜人马俱惊，跑了数里才镇定下来。

项羽的骑兵在山的东部会合为三处，灌婴的军队不知项羽在哪一处，就把三处都包围起来。这时项羽又飞驰而出，斩了灌婴的一名都尉，杀了几十个骑兵。

项羽把分在三处的骑兵会合在一起，损失了两名骑兵，还剩下26骑。他对部下说："你们看，不是我不能打胜仗吧！"剩下的26名骑兵对项羽的勇敢善战十分佩服，他们齐声说："正像你说的那样。"

项羽在垓下决战时，仍有将近10万的军队，这些都是跟随他久经战场的精兵，当时虽然很疲惫，但仍有战斗力，固陵之战击败了刘邦，就说明了这个问题。项羽本应率领这支军队从固陵向彭城方向撤退，因为彭城是他的都城，一定还会有守军和物资储存，他应到彭城与留守的军队会合后，再决定下一步的战略。可他没有向彭城的方向撤退，而是到了垓下，其意图显然是想渡过淮河，撤退到江东另谋出路。这样的退却是不妥当的。

因为当时江东的经济发展还很落后，人口也稀少，如果退到江东，想依靠江东的力量与刘邦争天下，是很困难的。当然，刘邦要想渡江追击项羽，也不容易。结果可能是项羽割据江东一隅之地，老死在那里。这种结局与项羽的性格是不符合的。

项羽当然是想退到江东后，经过一番整顿和补充，像他开始和项梁率8000子弟兵渡江时一样，再返回来发展，与刘邦争天下。可此一时，彼一时，当时的情况已与项羽和项梁渡江北上时大不一样。这时刘邦已经基本上统一了中原地区，他哪能让项羽渡江后再发展，必然会集中力量一举加以消灭。

项羽未向彭城撤退，也可能彭城当时发生了变化。因为彭城一直在彭越活动的范围内，这时也可能彭越已包围彭城，或者已经占领了彭城。项羽是因为老窝被端，无处可退，才不得不退向江东。这是他不得已的选择。从项羽失败后，只有鲁地还坚守不降，没有提到彭城的战守情况看，也不是没有这种可能。

项羽当时后方的重要城市，除了彭城外，仍有不少，其中的一些还在项羽力量的手中，如鲁地的一些城市就是这样。项羽还拥有10万精兵，不管退守哪一个城市，刘邦也不易一时攻下。项羽为什么要选择退到江东的下策呢？这可能与他留恋故乡的家乡观念有关。他在进入咸阳后，就因为富贵要归故乡的思想作怪，不愿王关中，宁愿回到彭城。现在他在与刘邦争天下的斗争中失利了，可能也产生了失败也要回归故乡，宁愿葬身故土，也不愿流落他乡的想法。项羽这样留恋故乡，当然不是一个大政治家的风度。因为大丈夫应该以四海为家，这是我国优秀政治家的一贯传统，而项羽却做不到这一点。

2. 乌江自刎

项羽虽然只剩下 26 名骑兵跟着自己，但凭着他的勇敢，又从东城突围，向东南方向退至长江边的乌江（在今安徽和县北）。他想从这里渡过长江，就可以摆脱追兵，再以江东为据点，图谋再起。

他正在找船的时候，乌江亭长听说项羽战败，很可能从这里渡江，已准备好一条船在这里等他。他见项羽果然来到这里，就驾船迎着项羽说："江东虽然不算大，但也有土地千里，人口数十万，足以称王。这里现在只有我这条船，请你赶快乘船渡江。刘邦的追兵到了，他们找不到船，渡不过江去。"

项羽这时突然又改变了渡江的打算。他可能觉得在乌江亭长面前，自己乘船逃跑，有失自己的尊严，所以笑着对这位亭长说："上天要灭亡我，我何必还要渡江逃命呢！我率领八千江东子弟渡江而西，参加反秦斗争，现在没有一个人跟着我回来，即使江东父老兄弟可怜我，仍然拥戴我为王，可我还有什么脸面去见他们呢？就是他们看在我的面子上不说出来，我自己心里会不感到惭愧吗！"

项羽接着对这位亭长说："你是一位长者，我很感谢你的好意。这匹马我已经骑了五年，它是一匹好马，能日行千里，跟着我出生入死，没有打过败仗。我不忍心杀了它，把它送给你，请你好好养着它。"

项羽把他的名马骓送给乌江亭长，亭长带着马驾船渡江后，他就徒步持短兵器与追兵接战，一连杀了追兵数百人，他自己也受伤 10 余处。这时他看见刘邦的司马吕马童也在追兵中，吕马童曾是项羽的部下，后来背叛项羽投降了刘邦，项羽就指着他说："这不是我的老朋友吕马童吗？"吕马童因为过去项羽对他很好，可他背叛了朋友，现在见到项羽觉得很惭愧，就背过脸不敢正视项羽，对旁边的王翳说："他就是项羽！"

项羽已经无力再作最后的挣扎，他当然也不愿做敌人的俘虏，就对这些刘邦的追兵说："我听说刘邦悬赏千金，要购买我的头，还要封万户侯。现在我把头给你们，你们可以拿着去立功，成全了你们的心愿吧！"项羽说完，就拔剑自刎而死。

离项羽最近的王翳，见项羽自杀了，马上过去割取了他的头。别人也为了立功，争夺项羽的尸体，互相践踏、彼此残杀者有数十人。最后，杨喜、吕马童、吕胜和杨武，各争得一块项羽的尸体。他们四个人再加上取得首级的王翳，因为追杀项羽有功，后来都被刘邦封为列侯。

第二编

汉宫风云

▶▶▶　　经过楚汉之争，刘邦击败项羽，建立西汉。西汉诸多制度上承袭秦制，汉初实行轻徭薄赋、休养生息的国策，社会经济迅速恢复。汉武帝继位后，推行推恩令、独尊儒术、加强中央集权。对外开拓朝鲜、南据越南、西逾葱岭、北达阴山，奠定汉朝基本疆域；派张骞出使西域、沟通中原与西域各国的联系。西汉自汉武帝之后，皆以外戚辅政。汉昭帝继位后，霍光辅政。汉宣帝时期，设置西域都护府，正式将西域纳入版图。汉元帝即位后，皇权旁落、外戚与宦官势力兴起，西汉开始走向衰败。又历经汉成帝、汉哀帝、汉平帝，到公元 9 年王莽废除孺子婴太子之位，建立新朝，西汉灭亡。

　　皇帝更迭，围绕着权与利的流血斗争始终未休。与此同时，汉阙深宫里，也藏了无尽的悲欢离合。吕后的深思尚未结束，已然化作宫墙上沉静的驳影；卫子夫的柔软身姿已无法舞动，汉武帝的目光却永远也落不到金屋角落里的娇娘；窦氏深谋远虑，依然抵不过时间的打磨。

第一章 皇位更替

一、身经百战建大汉，软硬兼施固皇权

1. 平天下刘邦建汉

汉朝是中国以强大先进的面貌屹立在世界东方的开始。

汉朝的创立者是汉高祖刘邦，他生于公元前256年，死于公元前195年。刘邦的父亲是沛县（秦时泗水郡郡治，今属江苏）丰邑中阳里的普通农民，人称刘太公。母亲生有三子，长子刘伯，次子刘喜，三子刘季，即刘邦。刘邦还有一个同父异母的幼弟刘交。刘家人多地少，靠父耕母织勉强度日，家境清贫。

刘邦年轻时在家乡不像他的父兄那样老实务农。他好交游，爱喝酒，没钱买酒时就赊酒喝，常常喝得醉醺醺的。刘太公不喜欢这个儿子，等他成年时让他去试官。刘邦考试合格当上了沛县泗上亭的亭长。按照秦制，十里为一亭，十亭为一乡，亭长是掌管一亭道路、治安和劳役的小吏。

刘邦职位虽低，但他胸怀大志。有一次，刘邦奉命带人到秦都咸阳服劳役。看到帝国都城的繁华壮观和秦始皇出巡时的威武仪仗，他惊

刘　邦

叹不已，感慨地说："大丈夫就应当是这样的啊！"在亭长任上，刘邦看不起那些仗势欺民的贪官污吏，唯独与沛县主吏萧何和狱掾曹参志趣相投，来往密切。刘邦为人正直，常常嘲讽贪官污吏，萧何和曹参总是千方百计保护他。一次，刘邦奉派押送一批徒犯前往骊山，去给秦始皇修陵墓。路上，不断有人逃跑。刘邦想，这样走到骊山，人差不多跑完了，按照秦朝的法律，他也难免一死。因此，当队伍到达丰邑西部的泽中亭过夜时，刘邦果断地给所有徒犯松了绑，对他们说："你们赶快走吧！我也得跑掉，不能回去了！"徒犯们感激刘邦，有十几个人当场表示愿意跟他走，趁着夜色，刘邦带这些人来到南边的芒山和砀山一带藏身。在那里，刘邦等人一面耕田糊口，一面联络各地贫苦百姓，积蓄力量。萧何、曹参假作不知，暗中与刘邦往来。

秦二世元年（公元前 209 年）七月，陈胜、吴广在大泽乡发动反秦起义。义军所到之处，人民纷起响应。九月，沛县县令为保全自己，也想宣布起义。萧何、曹参趁机劝他说："你是秦朝的县令，沛县子弟不会听从你的命令，不如把逃亡在外的人召回来，取得他们的支持。"县令觉得有理，就派卖狗肉的樊哙去找刘邦。当刘邦带领数百人赶来时，县令又突然变卦，下令紧闭城门，并派人捕杀萧何、曹参。萧何、曹参二人连夜出城，与刘邦相会。刘邦让人在帛书上写下动员人民起义的文字，用箭射进城去。城中百姓见了帛书，杀死县令，打开城门。萧何、曹参等人共同拥戴刘邦为沛公，率领 3000 人一同起义。

就在刘邦宣布起义的同月，楚国旧贵族项梁和他的侄儿项羽也在吴县（秦时会稽郡郡治，在今苏州）起兵反秦。项梁、刘邦和随后起义的英布、彭越、陈婴等人，初奉陈胜为领袖，陈胜被杀后，共立楚怀王的孙子熊心为新的楚怀王。秦二世二年（公元前 208 年）九月，秦将章邯夜袭定陶，项梁疏于防备，被秦军杀死。章邯随即北攻赵王歇，赵王歇派人向楚怀王求救。楚怀王决定，由项羽率领义军主力北上救赵，派刘邦收拾陈胜和项梁残部西进关中，并与诸将相约，先入关中者封为关中王。项羽要求带兵西进，楚怀王未准。

刘邦率军从砀县出发，一路避实击虚，于次年四月攻占颍州。韩王成和司徒张良闻讯来归。张良出身于贵族家庭，幼读诗书，精通兵法。因对秦始皇并灭韩国心怀仇恨，张良曾以重金收买两名杀手，在阳武博浪沙行

刺秦始皇，但刺客投出的铁椎误中副车，谋杀未遂。归附刘邦后，张良协助刘邦过关斩将，连下十余城。秦二世三年（公元前207年）六月，刘邦军至南阳郡，南阳郡郡守吕龁退守宛城（今河南南阳）。刘邦急于进兵关中，想从宛城西边绕行。张良坚决反对，他对刘邦说："您虽然急于入关，但是前面秦军尚多，并且依险固守，如果不把宛城攻下，就会陷入腹背受敌、被动挨打的局面。"刘邦听后改变了主张。他连夜调集部队，偃旗息鼓，绕道回师，将宛城秦军团团围住。七月，吕龁不战而降。刘邦乘胜西进，收丹水、克胡阳、下析郦。八月，便攻进武关。把持秦朝朝政的赵高见大势已去，杀了秦二世，向刘邦求和。刘邦不为所动。九月，秦王子婴杀死赵高。十月，刘邦军抵霸上（在今陕西西安东南），子婴献城投降。刘邦只用一年时间，便占领了秦都咸阳。

刘邦进入咸阳城，看到秦宫奢华、美女如云，想留在宫中享乐。樊哙虽是卖狗肉出身，在这个问题上却很有见识。他对刘邦说："您是想得到天下呢，还是想当富翁呢？这些奢丽之物，正是秦朝灭亡的原因，您要它何用？还是赶快还军霸上，不要留在宫中。"刘邦不听。张良听说后，又劝刘邦说："正因为秦君无道，您才能来到这里。现在刚刚进关，您就贪图享受，乐而忘返，这是助桀为虐，会令天下百姓心寒。"刘邦幡然悔悟，下令封闭咸阳的宫室、府库，带兵回到霸上。十一月，刘邦召集咸阳城中百姓，宣布废除秦朝的苛刑酷法，并约法三章："杀人者死，伤人及盗抵罪。"咸阳百姓都拍手称快。

刘邦先入咸阳，按约应封关中王。但奉命北上救赵的项羽听说后大怒，他不顾起义军内部的团结，竟然挥师进攻刘邦派重兵把守的函谷关。十二月，函谷关破，项羽率军进驻鸿门（在今陕西临潼东北）。为了避免同室操戈，刘邦亲自带张良、樊哙到鸿门，向项羽解释误会。几天后，项羽领兵杀进咸阳。他处死了已经投降的秦王子婴，将秦宫美女和珍宝洗劫一空，又放火烧了华丽壮观的阿房宫，大火持续3个月之久，连绵数十里。咸阳百姓痛恨项羽的残暴行为，骂他是衣冠禽兽。

汉王元年（公元前206年）二月，项羽自立为西楚霸王，建都彭城，独占了北方九郡。同时分封刘邦、英布等17人为诸侯王，加封楚怀王为"义帝"，将他迁往郴县，后又派人将他杀死。项羽分封诸侯，破坏了自秦始皇以来的统一局面，恢复了战国时代的诸侯割据，违背了人民希望统一的愿望和要求。同时,他分封诸侯又不完全根据功劳大小,而是出于个人好恶,致使没有受封和封地不多的人深为不满,反楚战争一触即发。

为了限制刘邦的发展,项羽名义上封刘邦为汉王,却又把关中地区一分为三,分别送给秦朝降将章邯等人,而让刘邦去统领遥远的汉中、巴、蜀地区,建都南郑。当时刘邦属下的汉军有 10 多万人,军中有曹参、樊哙、灌婴等猛将,但缺乏指挥全军的统帅,无力与拥兵 40 多万的项羽相抗衡,只好接受分封。

四月,刘邦带兵前往南郑。项羽的侍卫韩信因屡次献计不被采纳,从楚营逃出,投奔刘邦。韩信从小丧父,家境贫寒,曾受胯下之辱,但他胆大心细,有勇有谋,是一位难得的帅才。丞相萧何多次向刘邦举荐韩信,刘邦未予理睬。一天夜里,韩信离营出走。萧何得知后,来不及禀报刘邦,便亲自去追赶韩信。刘邦不以为然,问韩信有何克敌制胜之策。韩信没有从正面回答这个战术问题,却从战略全局上分析了楚汉相争的形势,提出了灭楚兴汉的基本方略,即顺应民心,适时东征,平定三秦,再决雌雄。刘邦见韩信深谋远虑,当即设台拜帅。刘邦亲自授给韩信印信,封他为大将,令其带兵东征。

汉王二年(公元前 205 年)八月,刘邦任命东征凯旋的韩信为左丞相,讨伐投降项羽的魏王豹。韩信采取声东击西战法,巧妙地渡过黄河,生俘了魏王。九月,韩信向刘邦建议,让他带兵 3 万继续北上,进攻赵、代,讨伐燕国,向东平定齐地,向南切断楚军粮道,再与刘邦主力合围项羽,会师荥阳。这是一个颇有远见的战略部署,刘邦欣然应允。韩信带兵北上后,迅速平定了赵、代,迫使燕王臧荼归降。接着,韩信又向已经降汉的齐王田广进攻,生俘了田广,占领了齐地。到次年十一月,形成了韩信在齐、彭越在梁、刘邦在关中,三路会攻项羽的局面。

在战局对项羽不利的形势下,项羽以释放被俘的刘太公和刘邦的妻子吕雉为条件,与刘邦议和。汉王四年(公元前 203 年)八月,楚汉双方约定,以荥阳城东的鸿沟为界,沟东归楚,沟西归汉。项羽的目的是利用停战保存实力,整顿兵马,补充粮草,以便再战。刘邦的谋士陈平和张良看破了项羽的企图,向刘邦进言道:"汉已控制天下大半,诸侯都来归附,楚则兵疲粮尽,现在正是灭楚良机。如果放任项羽东归,那就是养虎贻患了。"刘邦听后,立即率军追击项羽。在此关键时刻,楚将周殷投降汉军,并动员九江王英布归汉，项羽完全陷入了孤军作战困境。十二月，刘邦、韩信、彭越、英布四路大军分进合击，将项羽围在垓下。项羽带800余骑突围南逃，逃到乌江口时，身边只剩下两人。项羽自觉无脸回见江东父老，遂拔剑自杀。

汉王五年（公元前202年）二月，刘邦登基称帝，建立汉朝。五月，刘邦在洛阳南宫大宴群臣，并与群臣总结楚败汉胜的经验。有人说："陛下能跟属下同利，谁能攻城夺地，您就封他为王。项羽残害功臣，猜忌贤者，所以会失去天下。"刘邦说："你们只知其一，不知其二。要说运筹帷幄之中，决胜千里之外，我不如张良；治理国家，安抚百姓，筹备粮饷，支援前方，我不如萧何；率领百万大军，战必胜，攻必克，我不如韩信。这三个人，都是当代的大豪杰，我能重用他们，就是战胜项羽、夺取天下的原因。"

2. 承帝制集权中央

汉王五年（公元前202）正月，刘邦按照与韩信、彭越的约定，立韩信为楚王，彭越为梁王。于是韩信、彭越和原已策立的淮南王英布、赵王张敖、燕王臧荼、韩王信以及前不久封为长沙王的吴芮上疏共尊为皇帝。刘邦推辞，他们都说："大王出身贫贱，讨灭乱秦，又以汉王诛灭不义，平定天下，立功臣，不为私，诸侯王不足称，唯称皇帝实宜。"高祖说："你们真认为这样会对天下人民有利，那就可以吧。"二月初三，高祖于山东定陶汜水之阳正式称皇帝，国号为汉。接着，他下诏尊王后吕雉为皇后，太子刘盈为皇太子。

高祖称帝后，定都洛阳。五月，在洛阳的南宫举行盛大的庆功宴会。会上，高祖让群臣畅所欲言，总结汉胜楚败的经验教训。当时高起、王陵认为：高祖能"与天下同利"，而项羽却"不予人利"，这是项羽所以失败的原因。高祖却认为他们只知其一，不知其二。他说："要讲运筹帷幄之中、决胜千里之外，我比不上张良；讲镇守国家安抚百姓，供给粮饷，我比不上萧何；讲率军百万，战无不胜，攻无不克，我比不上韩信。但我能任用他们发挥出他们的聪明才智，这才是取得胜利的原因。而项羽只有一个范增，却又不能善加任用，这是失败的原因。"对于高祖的分析，群臣都表示悦服。

这时，戍卒齐人娄敬从山东赶来洛阳，求见高祖。他认为高祖夺取天下的方式和周代不同，不应当像周那样定都洛阳，而应据秦之险，定都于关中。高祖把他的主张交给群臣讨论，许多人表示反对，认为还是在洛阳好。只有张良支持娄敬，对高祖说，关中是"金城千里，天府之国"，攻守兼备。

汉高祖

高祖非常赞成，于是即日起驾，西迁关中，定都于长安。因为长安地处西方，和后来光武帝定都洛阳重建的汉朝相对，所以后世史家称为"西汉"。

"汉承秦制"，西汉的政治制度，基本是继承了秦朝的制度。和秦一样，汉中央政府由皇帝总揽大权，下设各级官吏，主要是三公九卿。三公是丞相（汉初称相国）、太尉和御史大夫。丞相协助皇帝处理政务，是全国最高官员；太尉掌管全国军事，是最高军事长官；御史大夫主要是监察百官，是全国最高监察官。九卿：一是奉常（太常），掌管宗庙祭祀，朝廷礼仪；二是郎中令（光禄勋），掌管皇帝警卫和宫廷事务；三是卫尉（中大夫令），掌管皇宫门卫；四是太仆，掌管皇帝车马仪仗；五是廷尉（大理），掌管刑狱；六是典客（大行令、大鸿胪），掌管少数民族事务；七是宗正（宗伯），掌管皇帝亲属；八是治粟内史（大农令、大司农），掌管全国财政；九是少府（考工），掌管皇帝私人财政。

地方政府也基本上和秦一样，实行是郡县制。秦初分全国为36郡，末年又增设数郡。汉初，高祖在全国设置了15个郡。后来，高祖在消灭异姓王时陆续恢复了一些郡县，同时又从秦时的大郡中分设了一些小郡。这样，加上汉初的15个郡，一共是36个郡。郡设守、尉。郡守（太守）掌一郡政事，郡尉（都尉）掌一郡军事。与秦不同，汉代郡中不再设监御史。郡下设县，万户以上的大县设县令，万户以下的小县设县长，令、长下均设有丞、尉。令、长掌一县政事，丞协助令、长，尉则掌管一县军事。县下设乡，乡有三志、有秩、啬夫、游徼。三志掌教化，有秩或啬夫听诉讼，收赋税，游徼巡禁盗贼。乡下有亭，设亭长、求盗。亭长掌一亭事务，求盗掌追捕盗贼。亭下设里，里有里正、监门。最基层的乡村组织有什、伍。十家为什，有什长；五家为伍，有伍长。汉代乡的组织与秦略有不同，即规定在各乡的三老中，推选一人为县三老，其作用是要他们"与县令、丞、

尉以事相教"，加强县乡之间的联系。

与秦不同的是，高祖除了继续推行郡县制，还分封了一些诸侯王国。汉初，先是分封了七个异姓王国，后来除了长沙王吴芮，其余都被陆续消灭。但在削平异姓王的过程中，高祖又分封了九个同姓王，他们都是高祖的子、侄、兄弟。高祖规定：诸侯王国的地位与郡相等，王国的相国（后改为相）和太傅必须由中央委派，代表中央处理政务，没有中央的虎符，诸侯王不得擅自发兵，诸侯王不得违反中央政令等。在诸侯王国以外，高祖还分封了许多侯国。这些侯国的地位与县相等，大多是封赏给有功之臣的。这样一来，汉代的地方制度就是郡县制度和诸侯王国并行。

为了维护尊卑等级，高祖还沿用了秦的20级爵位制度。在秦朝法律的基础上，高祖也改制了新的法律，就是汉代著名的《九章律》。在制定法律的同时，高祖又仿效秦朝建立起一套礼仪制度。总之，通过以上一系列措施，统一的中央集权的封建大帝国又重新建立起来。

不过，汉承秦制集中体现在礼法制度方面，汉高祖刘邦的统治政策却与秦王朝多所不同，而这种不同，正是借鉴秦朝灭亡的教训而总结、制定、推行的。

3. 订律法恢复经济

汉朝建立后，简单的约法三章已经不能适应统治国家的需要。于是，刘邦让萧何制定刑律，让韩信整顿军法，让张苍改定历法和度量衡，让叔孙通制定礼仪规范。萧何在《秦律》六章基础上予以增删，订立《汉律》九章。叔孙通以秦朝礼仪为蓝本，制定了汉朝礼仪。《汉律》禁止诸侯王擅自增加赋税和徭役，对不依法向中央政府供应军需者规定严惩，突出了维护中央权威的内容。

由于农业在楚汉战争中遭到破坏，汉初经济十分困难，粮食严重不足，每石米价高至五千钱到一万钱。富商巨贾和大工商主趁机囤粮居奇，抬高粮价，牟取暴利。有的奸商用铅铁铸钱，冒充铜钱使用，更使货币泛滥，物价腾贵。刘邦认为，农为本，商为末，要想平抑物价、稳定人心，必须打击奸商，发展农业生产。因此，在登基之初，刘邦就采取了重农抑商政策。主要措施是：

（1）让大批士兵复员，并解放部分奴隶为平民，增加农业劳动力。刘邦宣布，因饥饿而自卖为奴婢的，全部解放为平民。士卒复员后留在关中从事农业生产的，免除徭役12年；回到家乡务农的，免除徭役6年。

（2）执行轻徭薄赋政策，让农民休养生息。秦时政府收取的田租，相当于农产物的一半还多；汉初政府大量减租，收取的田租只相当于农产物的1/15。除了轻徭薄赋，高祖还通过"赐爵""复爵"来调动农民的积极性。在重点发展农业生

汉代青铜器

产的同时，高祖也对工商业的政策作了调整。主要措施就是放宽对私人工商业的限制。结果不仅振兴了工商业，也促进了农业生产。

（3）从政治、经济和社会地位各方面，打击和压抑商贾。汉朝政府规定，不许商人及其子孙任官，不许商人佩带兵器，不许商人乘车骑马，不许商人穿绵帛等精细织物，商人和奴隶算赋加倍。由于执行了这样一些政策，农业经济得到迅速恢复。

经过长达八年的战乱，建国之初的汉朝人口锐减，经济凋敝。故此，汉高祖刘邦首先采取措施，解决劳力不足的问题：释放囚犯，流民返乡，军人复员，解放奴婢，鼓励生育。同时，调整土地，发展地主经济。

为了保证人民能有一个安定的环境从事生产，汉高祖还比较妥当地解决了与匈奴的关系问题。他采用"和亲"策略，以宗室女为公主嫁给冒顿单于，并送给匈奴大批财物。这样一来，匈奴对中原的骚扰大为减少，汉、匈之间的关系暂时出现了和平，从而给中原人民提供了一个相对安定的生产环境。

由于以上措施和政策的施行，汉初的农业生产大大发展，经济很快得到了恢复。到惠帝、吕后统治时期，已经是"衣食滋殖"。到武帝初年，更出现了"都鄙廪庾皆满，而府库余货财"的经济空前繁荣的景象。

4.固皇权软硬兼施

刘邦做了皇帝，难免有一些意骄志满。高祖九年(公元前198年)十月，他设宴招待英布等人时，就对父亲不无得意地说："早先您老人家总是说我无赖，不如我二哥能治产业，现在您再看看，是二哥的产业多，还是我的多？"他也尽情享受着皇帝的一切特权。口极其味，耳尽其声，怀拥爱姬，

恣其所欲。但是他也丝毫没有忘记：天下并不太平，隐患犹在：一是分封的异姓王，他们各自"拥兵据地"，擅长军事，不少人对中央怀有不轨之心。二是中小将领，他们都曾为高祖立过汗马功劳，虽然实力不强，但如果处理不当，也会起哄一番。三是六国残余贵族在地方很有势力，一有机会，还会死灰复燃。四是相权太重，人们忠君意识淡薄，以及同姓王的问题。为了巩固统一和强化皇权，高祖从称帝到去世前后八年间，始终都在致力于消除这些隐患。

汉高祖首先解决异姓诸侯王问题。而其中最酷烈的要算解决韩信。高祖六年（公元前 201 年）十二月，有人就揭发最大的异姓王韩信阴谋叛乱。高祖当时将信将疑，就问诸将怎么办好，诸将说："赶快发兵杀了他。"陈平却认为楚国兵精，韩信又善于用兵，如果发兵攻之，无异于自己挑起战端，不如假装巡狩云梦，通知各个异姓王到陈县（今河南淮阳）会面。韩信肯定会前来谒见，那时只要有一个力士，就可以不费事地把他抓起来。高祖照计实行。韩信一到陈县，当即被高祖逮捕。韩信大叫冤枉，他说："果然像人们说的那样：'狡兔死，走狗烹；高鸟尽，良弓藏；敌国破，谋臣亡。'天下已平定，我本来就该给烹了。"高祖对他说："你不要大声嚷，有人告你谋反。"然后就把韩信捆绑起来，押上囚车。但到了洛阳，因查无实据，高祖又赦了韩信，降为淮阴侯。这样一来，韩信对高祖非常怨恨。

高祖七年，韩信密谋让陈豨在外地造反，引得高祖亲自率兵平叛，自己在都城发兵袭击吕后和太子。不料被人告密，吕后采用萧何的计策，把他骗入宫中逮捕，然后斩首于长乐宫的钟室。

这样，经过七年不懈的努力，除长沙王吴芮作为点缀外，高祖终于削平了异姓王。

汉高祖在消灭异姓王的同时，较为妥当地解决了安置中小将领的问题。高祖六年，他分封萧何等大功臣 20 多人后，由于中小将领很多人都争功不决，暂时没有行封。有一次，高祖在洛阳南宫的阁道上，望见很多将领坐在沙地上窃窃私语，就问张良："这是在说什么？"张良说："你还不知道吗？他们是在谋反。"高祖有点不明白："天下已经安定，为什么还要谋反？"张良解释说："他们是怕你不能尽封，还怕你记仇杀掉他们。"高祖问怎么办，张良则问他平生最恨而又人所共知的人是谁。高祖说是雍齿，并说曾想把他杀掉，因为他功劳多、忍心少。张良便说："现在应赶快封雍齿为侯，大家看到雍齿都能先受封，自然人人安心，不会忧虑了。"不久，高祖大摆宴席，封雍齿为什方侯，并催促丞相、御史赶快"定功行封"。这一招果然很灵。酒后，大家都非常高兴地说："雍齿还能封侯，我们肯定也都能封侯了。"

至于对六国的残余贵族，汉高祖也同样没有忘记要消除他们。高祖九年（公元前198年），他接受娄敬的建议，并命娄敬把六国的残余贵族和各地的一些名门豪族十几万人都迁到了关中。这样一来，既便于高祖对他们进行控制，也使他们丧失了当地的社会基础。

为了更加稳固统治，高祖即位后还极力强化皇权。这是因为当时封建专制主义刚刚建立，不少人仍然保持着战国以来那种"士无常君，国无定臣"的旧观念。故此，必须从礼仪规制和观念道德上加以引导、整肃。在这方面，刘邦干了两件很漂亮的事情。一是尊父亲为太上皇。当时，父亲太公和刘邦住在一起。高祖为了表示孝顺，五天就去拜见一次太公。太公习以为常，可是他的属官却认为这不符合礼法，就对太公说："天无二日，地无二王。皇帝虽然是您的儿子，但是人主；您虽然是他父亲，却是人臣。怎么能让人主拜见人臣呢？这样的话，皇帝的威重就没法实行了。"于是高祖再来拜见时，太公就手持扫帚出门迎着退行，不再让高祖拜见。高祖看到大惊，赶快下车去扶着父亲。而太公说："皇帝是人主，怎么能为我乱了天下礼法！"高祖知道是太公的属官所劝后，对属官能够明白自己的心意很欣常，就赐给他们黄金500斤，然后下诏尊太公为太上皇。这样，他既可以名正言顺地拜见太上皇，又借机更加宣扬了皇帝的至高无上。

二是对季布、丁公的不同处理。季布和丁公两人是异父同母兄弟。楚汉战争时，他们都是项羽手下的大将。季布曾率兵几次把高祖打得很狼狈，手下一点不留情；丁公也曾率兵追击过高祖，但最后把他放了。高祖称帝后，想起季布给自己的难堪，就下令捉拿季布。可又一想自己也正需要忠臣来巩固统治，于是就改变初衷，下令赦免季布，拜季布为郎中。丁公听说季布

汉代青铜器

都能赦免拜官，自己曾对高祖有恩，如果去见高祖肯定更会受到重赏。因此他就去谒见高祖。但他没有想到，高祖却把他抓了起来，对群臣说："丁公这个家伙给项王做臣不忠，就是他使项王失去了天下。"接着就把他杀了，在军中示众，并对群臣说："让以后做人臣的都知道不要像丁公那样！"

不只是引导、整合，汉高祖也采取铁腕手段打击权臣，巩固皇权。萧何系狱就是一例。刘邦感到相权太重，对皇权已造成威胁。高祖十二年，高祖平定英布叛乱回到长安不久，萧何代表老百姓对他建议说："长安地方狭小，而上林苑中空地很多，已经废弃。希望陛下能下令允许百姓进去耕作，不要把它变成了养兽的场所。"高祖听了大怒，说他是受了商贾的贿赂，才来为他们请求开放上林苑的。因而不顾多年交情，下令把萧何逮捕，关进监狱。过了几天，有人问他相国犯了什么大罪。高祖解释说："我听说李斯做秦始皇的相国，有功都归于秦始皇，有坏事都算是自己的。现在相国却接受商贾的很多贿赂，为他们请求开放我的上林苑，讨好百姓。所以我要把他关进监狱治罪。"通过整治萧何，高祖不仅打击了相权，而且更加提高了皇帝的权威。

就这样，汉王朝的统治越来越巩固。

5. 战平城折戟匈奴

汉高祖七年（公元前200年）十月，狂风呼啸，夹裹着漫天飞舞的雨雪，将晋北地区笼罩在一片寒冷肃杀的气氛之中。然而就在此时，一支刚刚从匈奴大军的合围之中侥幸解脱，军容不整、神情沮丧的汉军步履艰难地跋涉在冰天雪地之中，狼狈不堪地向平城（今山西大同东北）方向退却。本来是乘胜逐北、穷追叛将韩王信的威武之师，不过短短七天光景，居然落到如此悲惨的境地，恍惚是经历了两个世界。汉高祖刘邦此时也在军中，面对此番景象，真有往事不堪回首之叹。须知，在刘邦统率下的汉军并不是一支不堪一击的弱旅，而是充

汉代彩绘陶盒

满了光荣与骄傲的胜利之师。汉王元年（公元前206年）十月，汉军率先进入咸阳，秦王子婴束手就擒；楚汉苦斗五载，一代人杰、西楚霸王项羽自刎乌江。但在平城一战，汉军竟折戟于匈奴，铩羽而归，这对于汉廷君臣、朝野士气不啻是一个沉重的打击，对日后的汉匈战争也产生了深远的影响。

汉军在平城对匈奴的首次作战中就以失败而告终，这一结局并非偶然。虽然刘邦在楚汉战争中是一个大赢家，成为西汉王朝的开国皇帝。然而这一胜利的代价也是极其巨大的。经过长期的战争浩劫之后，社会生产受到严重的破坏，土地大量荒芜，人口锐减，百姓流离，民生凋敝。建立在废墟之上的西汉政府，国力空虚，财政捉襟见肘。天子尚不能用四匹同色的马驾车，大臣则只能乘坐牛车，至于平民百姓，生活更是凄惨困苦。何况当时中央政府刚刚建立，内部并不稳定。在楚汉战争时，刘邦为了合力击楚而分封异姓诸侯王，至汉五年（公元前202年），共封韩信等七位功臣为王。他们据有关东的广大地域，封国所辖大体上相当于六国故地，拥兵自重，各制一方，中央政府实际统辖的区域仅局限于关中一带，中央集权受到了严重威胁。在这种情况之下，最迫切的任务是恢复经济，休养生息，铲除异姓诸侯王，巩固中央集权。至于如何防御匈奴的侵扰，最初并没有引起刘邦的特殊重视。

在西汉初年，与匈奴相邻的异姓诸侯王国从东至西有燕国、赵国与韩国。燕王臧荼在受封的当年就因谋反被杀，刘邦同乡密友、太尉卢绾被立为燕王；赵王张耳封王后不久去世，其子张敖，也是刘邦、吕后的女儿鲁元公主的夫婿，继立为王。由于他们与刘邦之间的特殊关系，因此在刘邦铲除异姓诸侯王的初期并没有受到触动。而韩王信则不然。他是战国末年韩襄王的庶孙，秦末率兵随刘邦入关，后因攻占韩地10余城有功，被封为韩王。初封在颍川，都阳翟（今河南禹县）。颍川位于中原腹地，邻近名城洛阳，战略地位十分重要。刘邦深恐韩王信据颍川谋反，遂于高祖六年（公元前201年）春更太原郡为韩国，将韩王信迁往太原，命其防御匈奴。从中原富庶之地迁往西北寒苦边郡，其中的奥妙韩王信自然知晓。韩王信到太原后，急于立功以解除刘邦的猜忌之心，于是主动上书，请求将距边塞较远的都城晋阳（今山西太原）迁往邻近边境的马邑（今山西朔县），以便就近抗御匈奴，刘邦当然是立即批准。但是双方之间裂痕已经存在，日后事态的发展就不容乐观了。

绢底刺绣屯戍人物图

就在韩王信到达太原的同年秋天，匈奴冒顿单于亲率大军入侵，包围了马邑。当时韩王信没有足够的兵力坚守都城，朝廷的援兵又不能及时赶到，因此暗中数次派遣使者与匈奴商议和谈。此时，朝廷已经派出援兵奔赴太原增援。刘邦得知韩王信暗中与匈奴联系一事后，大为恼火，于是致书韩王信，斥责他怀有贰心，守土不肯尽责，为臣不能尽忠。韩王信得书后极为恐惧，一件往事又浮现在他的心头：那是在楚汉战争爆发后的第三年，他与周苛等奉汉王刘邦命坚守荥阳（今河南荥阳东北）。项羽攻破荥阳后，周苛不屈而死，而他却投降项羽，不久又叛楚归汉。想念至此，韩王信生怕刘邦追算前账，二罪并罚，于是献城投降，与匈奴约定联合攻打太原郡。冒顿单于因此引兵南下，越过句注山（在今山西代县西），进攻晋阳，使一场原本是小规模的边境冲突，发展成一场大规模的汉匈战争。

韩王信反叛，匈奴大举入侵，太原郡治晋阳形势危急，这一连串不幸的消息震撼了朝廷，也激怒了汉高祖刘邦。第二年冬天，刘邦亲自率大军前往太原郡抵御匈奴，解晋阳之围，讨伐叛将韩王信。汉军一路进展顺利，在铜鞮（今山西沁县南）大破韩王信军，斩杀其部将王喜，韩王信逃入匈奴，部卒四处逃散。此时，韩王信的另一些部将曼丘臣、王黄等拥立战国时赵国王室后裔赵利为王，收聚韩王信残余的部卒，与冒顿、韩王信合谋反攻汉军。刘邦在击溃韩王信后，乘胜进军，进驻晋阳。此时，匈奴派遣左、右贤王率一万多骑兵与韩王信部将王黄所率残部集聚于广武（今山西代县西南）一带，在得知刘邦进入晋阳的消息后，南下进攻晋阳。在晋阳城下，这支临时拼凑起来的联军被打得大败，仓皇地向西退却，在西河郡离石（今山西离石）一带再次被汉军击败。匈奴重新在楼烦（今山西宁武）西北集聚军队，不料又被汉军击破。

刘邦自出师以来，一路乘胜追击，破关斩将，所向披靡，而匈奴与韩王信的联军则节节败退，全然无还击之力。在万众祝捷的欢呼声中，带着胜利的喜悦，刘邦在谋士部将的簇拥下得意扬扬地率领大军进入平城。这时，刘邦已经得知冒顿单于就驻扎在距平城不远的代谷（今河北蔚县东北）一带，他决定要亲自与冒顿一决雌雄，在自己光辉的战史上再添上浓重的一笔。然而，此时恐怕谁也不曾料到，平城这一边塞小城竟使戎马一生的汉高祖栽了一个大跟头。

在连续击败匈奴之后，刘邦已经被胜利冲昏了头脑。实际上，汉军经过长途跋涉、数次恶战之后已经相当疲惫，亟需休整，而且随同刘邦进入平城的只是汉军的先头部队，主要以步兵为主，

彩绘陶骑兵

后续部队和辎重尚在开往平城的途中；此时天公也不作美，寒冷的冬季袭击着北部地区，许多士兵手足已经严重冻伤，丧失了战斗能力。对于这些不利的因素，刘邦此时似乎完全没有考虑；至于匈奴一方的情况，刘邦同样也如坠五里雾中，摸不着一点头绪。尽管刘邦在到达晋阳之后，就不断地派遣使者出使匈奴，试图刺探匈奴军情。

然而冒顿早已察觉这一企图，故意将精兵健士与肥牛壮马藏匿起来，汉使见到的只是一些老弱之兵及羸瘦的牲畜。10多位汉使回来后，既被匈奴的假象所蒙骗，又要博得皇帝的欢心，于是众口一词，都说匈奴软弱易击。只有郎中刘敬出使匈奴后察觉事情有诈，认为这时匈奴正处于交战状态，按照常规，匈奴理应大肆炫耀兵力以恫吓汉军；而如今匈奴故意显示出软弱的姿态，必然埋伏有奇兵，想诱使汉军上当，劝谏刘邦不要出击匈奴。但是，刘邦这时已经听不进任何不同的声音，何况大军已经越过句注山，向平城进发。于是刘邦痛骂刘敬妄图阻止大军，将他囚禁在广武（今山西代县西南），预备击溃匈奴后治其罪。刘邦怀着必胜的决心，在敌情不明的情况下，率领一支疲惫之师，踏上了前往征伐匈奴的道路。

就在刘邦率领汉军刚刚离开平城不久，向东北方向行至白登山一带，突然陷入了匈奴精心设置的圈套之中。在冒顿单于的指挥下，40余万匈奴

铁骑将汉军牢牢地围困在白登山的冰天雪地之中。匈奴仿佛是在故意炫耀实力，又好像是精心的布置安排，在白登山的西方是一支都骑着白马的队伍，东方均是青色的马，北方皆是黑色的马，而南方则都是赤黄色的马。匈奴人穿着温暖的皮裘，手持利箭，骑着骏马，呼啸驰骋，像四团不同色彩的云团，飘浮在白登山的四周。但是，这对于被围困的汉军而言，可不是什么吉祥的征兆，而是死神的象征。在强大的匈奴骑兵的包围之下，主要以步兵为主的汉军自然没有突围的能力，只能在白登山一带就地驻防，等待援兵的到来。然而，在寒冷的冬季，茫茫的山地野外，既没有可供避寒栖身的房屋，也没有足够的粮秣可供全军食用，在饥饿寒冷与匈奴铁骑的双重袭击下，汉军苦不堪言，不知有多少士卒葬身在皑皑的白雪之下，又有多少士卒在寒风中瑟瑟发抖，手指被冻掉，完全丧失了战斗能力。

面对这样严酷的形势，连久经沙场的汉高祖也是一筹莫展、束手无策；樊哙等猛将似乎也丧失了往日冲锋陷阵、斩将搴旗的勇气，不敢率领士卒与匈奴一决胜负。幸亏随军的谋士陈平还能保持清醒的头脑，据说是他向刘邦建议，让画匠绘出一张身态婀娜、容貌清秀的汉族女子的画像，派出机敏的使者潜出匈奴的包围圈，携带厚礼，暗中贿赂冒顿单于的阏氏，并且向阏氏展示美女像，告诉阏氏说汉皇帝欲和冒顿单于和好，将献此美女与单于。"美人计"果然有效，阏氏非常害怕汉女与其争宠，于是就对冒顿说："匈奴即使是夺取了汉地，单于也不能在此久居。况且汉皇帝也有神灵保佑，不可以轻易欺侮。"冒顿在此之前曾与韩王信部将王黄、赵利等约定共同围击汉军，但在匈奴将汉军围在白登山后，不知何故，他们却没有如约前往，已经在怀疑他们是否与汉军有所通谋。因此，冒顿听从了阏氏的劝告，解开包围圈的一角，让汉军从此处撤出。匈奴军队刚刚网开一面，惊魂未定的刘邦就想驾车长驱，尽快离开险境，陈平又及时劝阻，叫太仆夏侯婴驾车按辔缓缓而行，以显示从容不迫的风度，而护卫在刘邦四周的将领士卒都手持劲弩，箭矢向外，以防匈奴的突然袭击，直到与前来增援的后队会合，匈奴大军在冒顿的率领下已经全部北撤，刘邦与群臣这时才长长地松了一口气。

严格地来讲，汉军在白登山被匈奴围困的七天之中，二军之间并没有发生大规模的战争，汉军所蒙受的巨大损失主要也是来自严寒与饥饿的袭击。正因如此，平城之战的惨败对汉廷君臣的心理打击也就更为沉重。刘邦深悔当初没有听从刘敬的劝阻，贸然出击，险些全军覆灭，所以回到广武之后，立即释放了刘敬，封官加爵，以示奖励；至于那些劝击匈奴的使者们，都被刘邦杀掉，狠狠地发泄了一下郁滞在胸中的怒气。不但朝廷如此，民间顿时也弥漫着浓厚的畏惧匈奴的气氛。"平城之下亦诚苦，七日不食不能彀弩。"这一曲调低沉感伤的民谣，正是平城之战后社会心态的一种真实的写照。

6. 中流矢高祖驾崩

刘邦起兵反秦后，一直南征北战，几次身负重伤。后来虽然当了皇帝，但为了清除一批诸侯王的力量，解决一些有功大臣对皇权的威胁，为继位人铺平统治道路，他又不得不带病亲自出征，平息一些诸侯王的叛乱。当刘邦把对皇权的威胁者、反叛者一个个处置之后，在他可以安下心来当皇帝的时候，他的生命之火也已快燃尽了。

刘邦在平息英布的叛乱中，为流矢所伤，这使他本来就有病的身体更加虚弱了。但他在回军路过自己的家乡沛县时，心情很高兴，还强作精神，与家乡的父老兄弟饮酒作乐10余天。

他在沛县选了120名儿童，自己创作了一首《大风歌》，边饮酒边自己敲着筑（一种弦乐器，不弹而用竹击）唱这首歌。歌词只有三句：

　　大风起兮云飞扬，
　　威加海内兮归故乡，
　　安得猛士兮守四方！

刘邦反复地唱这首歌，让120个儿童跟着和唱。大家唱着唱着，刘邦兴起，又起来跳舞，边跳边唱。刘邦又高兴又感慨，眼泪忍不住就流下来。

刘邦尽兴地唱呀跳呀之后，停下来对沛县的父老说："我一直在思念故乡。现在虽然建都关中，不能常回来，但我死后的灵魂也会回到沛县。我自沛县起兵反秦，推翻了秦的统治，占有了天下。我以沛县为汤沐邑，百姓世世代代都不用服役纳税。"

刘邦与别的沛县父老兄弟，每日饮酒作乐，追忆过去的事情和朋友，大家都很快乐。这样过了10多天后，刘邦要离去了，家乡的父老请他再多住几天，他对大家说："我带的人多，再住下去，你们就供不起了。"

匈奴人狩猎岩画

刘邦走的时候，全县的人都到城西给他送行。刘邦依依舍不得离去，又在路旁搭帐停留了三天，与大家一一饮酒话别。这时有的沛县父老出面向刘邦求情说："沛县的赋役永远免除了，但丰邑也是你的故乡，他们还没有得到这样的优待，请你也照顾一下他们吧！"刘邦回答说："丰邑是我从小生长的地方，我哪能忘了。之所以不免除丰邑的赋役，是因为丰邑曾支持雍齿背叛我而降魏。"经过沛县父老的一再说情和请求，才得到刘邦的谅解，丰邑取得和沛县百姓一样的待遇。

刘邦的箭伤，因为在沛县过于劳累了，变得愈来愈重。从他受伤后还能在沛县又唱又跳看，伤处不在要害部位，但从后来伤势发展得很快看，可能是受了感染。

刘邦回到长安，病就很重了。吕后请来医生给他看病，刘邦问医生病情怎样，医生不敢说真话，只得说："可以治好。"刘邦知道自己病情的严重，已经难以治好，对医生的不敢讲真话很生气，就骂医生说："我以一个普通的百姓，手拿三尺长的一把宝剑起兵，最后取得了天下，这是天命吗？一个人的命由天决定，我现在病很重，就是名医扁鹊再世，也治不好了。你在安慰我，没有讲实话。"刘邦知道吃药对自己的病已无用，就没有让请来的医生下药，但还是很感谢他的好心，所以送了医生50斤黄金，让他走了。

吕后见刘邦快不行了，想听一下他对后事的意见，就问刘邦："你死后，如果萧何也死了，谁可代萧何为相？"刘邦说："曹参可以。"吕后又问："曹参以后呢？"刘邦说："王陵可以。但他为人过于老实，陈平可以协助他。陈平的才干足以为相，但他难以独当一面。周勃文化水平低，但为人诚实，安定刘氏天下的，他会起很大的作用，可让他当太尉。"吕后又问这些人之后，还有哪些人可以重用呢？刘邦回答说："以后的事，我自己也难以预料了。"

刘邦是汉十二年（公元前195年）十月（汉以十月为岁首，十月相当于一月）为英布的流矢所伤。到了四月二十五日早晨，刘邦病死在长乐宫，终年62岁。死后葬长陵，谥"高皇帝"，庙号"高祖"。

7. 说功过身后是非

刘邦48岁时起兵反秦，55岁时战胜项羽当了皇帝。他当了7年的皇帝就死了。作为一个开国之君，7年的时间虽然不算太长，但他已尽力完成了开国创业所应做的一些重要事情。为汉帝国的长期延续下去创造了条件。他生前疑虑最多的是一批开国功臣，他们不但拥有军权，还有很高的威望，怕他死后继位的孝惠帝驾驭不了他们，因而威胁到皇位的安全，所以将大部分拥有军权的异姓诸侯王处置了。但他却没有想到，同姓的诸侯王和外戚，也可能构成对皇权的威胁，在他死后果然发生了这样的事。

他的儿子孝惠帝比较文弱，在刘邦与项羽争天下的战斗中，一直随萧何镇守关中，没有参加过大的战斗。所以刘邦死后，大权自然落在他母亲吕后手中。吕后重用她的兄弟子侄，形成外戚专权、皇权旁落的局面。吕后死后，陈平、周勃等人发动宫廷政变，才杀了吕氏集团，使皇权再回到刘氏手中。

刘邦在世时，觉得太子刘盈过于文弱，不像他那样具有刚毅的性格，所以不喜欢他，几次想换赵王如意为太子，但在吕后的活动下，都未能换成。如果换成了，是否能避免这一段外戚专权的局面呢？也很难说。

从赵王如意后来被吕后所杀的情况看，他年幼无知，没有什么政治斗争的经验；他的母亲戚夫人，也远不是吕后的对手。在刘邦当皇帝后，他仍然经常率兵在外打仗，吕后干预朝政已不少。韩信、彭越之死，就都是吕后的主意。吕后与当时的一些重臣，如萧何、陈平、樊哙等人，关系也比较密切。所以即使赵王如意立为太子，刘邦死后大权也会落在吕后手中，她仍可以废掉太子，改立刘盈为帝。

刘邦对功臣掌权警惕性很高，可对吕后却没有什么防备，这是他政治上的一大失算。在他活着的时候，因为换立太子，他已知道吕后和自己宠爱的戚夫人严重对立，他死后戚夫人不会有好下场，可他并没有采取任何防范的措施，使戚夫人免遭吕后的毒手。所以刘邦死后吕后的专权，使刘氏的皇权几乎落到吕氏的手中，刘邦应负有一部分责任。

刘邦为了扼制异姓王对皇权的威胁，陆续分封了一批同姓王。他认为这些人都是刘氏的子弟，他们不会对刘家的皇权构成威胁。可是他没有想到，就是在刘氏内部，也有个争夺皇位的问题。所以后来发生的"吴楚七国之乱"，也和刘邦有一定的关系。这次叛乱虽然不会引起刘氏皇权的外移，但却削弱了皇权的统治。

刘邦在分封同姓王时，如果也像封侯那样，只食邑而不领土，只有经济上的利益而无政治上的权力，就不会引起这次同姓王的叛乱了。刘邦开始的考虑，是想用这批同姓王的力量，牵制异姓王的势力。他将大部分异姓王的力量消灭后，本应同时减少同姓王的封地或力量，可他并未认识到这一点，因而才导致了以后皇室内部的争权和叛乱。

在我国历史，刘邦是第一个由平民百姓而成为帝王的人，这不但在当时有巨大的反响，特别是对后世的历史发展产生了深远的影响。中国的传统认识，把谁当帝王，看成是上天的意志，而不由人间力量所主宰。上天看到的，当然是那些显赫的家族，有高贵血统的人，芸芸百姓自然不会成为上天的选民。可是现在一个普通的百姓，一个被人看不起的乡间无赖，竟然经过激烈的竞争，成为胜利者，当了皇帝，这就打破了这种传统的认识，变成了帝王人人可以当，看你有没有勇气和胆量的新观念。

这种新观念的产生，在政治思想发展史上是一大解放和突破。在漫长的中国封建社会中，大小规模的各种农民起义连续不断，起义者动不动就称王称帝，以新皇帝的力量相号召，这种新观念的产生就是其思想根源。

西汉彩绘陶负鼎鸠

这种新观念虽然对封建社会的百姓是一种思想解放，但它却也导致了中国封建社会的长期不稳定，一些政治野心家动不动就挑起了新皇帝的大旗，想用武力夺取皇位。中国历史上的战乱，一部分是统治阶级的剥削和压迫造成的，也有一部分是趁统治政策中出现的危机，一些人想借此推翻皇权，自己来当皇帝而发动的。不管哪一种动乱，在客观上都给百姓带来了战争的灾难，一定程度上破坏了经济结构。

这种新观念虽然也为某些政治野心家的争夺皇位创造了条件，但从整体上说，它对稳定统治阶级的统治是不利的。所以当他们借此夺得了皇帝的宝座后，就要极力否定这种新观念的合理性。刘邦当皇帝前，并不否定自己的布衣出身，而且还常常以此来作为团结和争取普通百姓的手段，说明他是代表百姓利益的。可是他当皇帝以后，就开始制造自己与平民百姓不同的神话了。最典型的神话，是说刘邦领着一些骊山徒逃亡时，夜里行经一个林泽中，前边的人看到一条大蛇挡路，刘邦拔剑上去将它斩为两段。后边的人路过这里时，见到一个老太婆在哭，问她为什么哭，她说："有人把我儿子杀了。"又问："你儿子为什么被杀呢？"她说："我儿子是白帝子，化为蛇，挡在路上，赤帝子经过这里，就把它杀了。"问的人认为她在瞎说，想惩治她一下，这个老太婆突然不见了。这些人见到刘邦后，听到那条蛇是他杀的，就对刘邦十分敬畏。这就是赤帝子斩白帝子的故事。据说后来刘邦之所以用赤色为自己的标志，就是由此而来。这说明刘邦当了皇帝后，就想用赤帝子的神话来否定自己的平民出身，从而说明他的当皇帝也是上天的意志，不是每个平民百姓都可以当皇帝的。

中央集权制，这是中国封建社会长期实行的政治体制。它开始实行于秦始皇，但真正得以稳定推行，却是刘邦建立的汉朝。

秦始皇消灭六国之后，推行中央集权制，结果很快天下大乱，他建立的政权就被推翻了。是中央集权制在中国行不通，还是他在推行中的失误造成的呢？这是秦末广泛议论的一大问题。秦朝被推翻之后，认为集权制在中国行不通，还应当建立分封制的观点占了上风，项羽推行分封制就是这种观点的一种再实践。

项羽的实践没有能稳定社会秩序，反而造成了新的动乱。有人认为这不是分封制本身造成的，而是项羽在实行分封制时，分封得不公平所导致的，所以仍然建议刘邦推行分封制，只要按功劳的大小分封得合理，就可以把社会秩序稳定下来。刘邦一开始也这样做了，可是这批诸侯王一分封出去，就不听他的指挥了，因而不得不再一个一个地加以解决。实践教育了刘邦，分封制不能稳定社会秩序，不能维持皇帝的权力。所以他分封了以后，又不得不用武力和阴谋，再一个一个地消灭了分封的诸侯王。

到了这时，大家才逐步认识到，秦朝的二世而亡，不在于它建立的中央集权制本身，而是中央集权制极端化的结果。只要在推行中央集权制中，不将其绝对化，它还是稳定社会秩序的好制度。所以刘邦在实践和认识的过程中，又逐步推行和加强了中央集权制，纠正了秦朝在推行过程中的一些极端和过分的做法，使它巩固和完善起来，从而成为中国2000多年封建社会延续下来的典型政治制度。这是刘邦对历史的一大贡献，可也是一大罪过。

说它是一大贡献，是因为刘邦建立起一个完善的中央集权制统治模式，在经过几百年的长期社会动荡之后，使汉朝稳定地统治了几百年。这对于后来的封建统治者，无疑是树立了一个统治天下的模式，因而为历代所效法。中国封建社会的长期稳定和发展，与刘邦建立的中央集权制的模式，有很大的关系。

说它是一大罪过，是因为中央集权制的统治模式，扼制了地方、集体和个人的创造性，造成中国封建社会几千年的惰性发展，活力因素受到了限制，这是近代中国落后和挨打的一个重要的历史根源。因为在中央集权制下不管地区和个人之间的差别和特点，一切重大的问题都按统一的号令和规格行事，违反者就要受到惩处。这样就强使多元向一元统一，特殊向一般看齐，突出者向平均拉齐，因而势必抹杀了一切创造性和活力，使社会的机制长期维持在一个重复运转的状态，这是造成中国封建社会长期发展缓慢，未能孕育出新的社会制度的一个重要因素。所以近代中国的落后和挨打也就是必然的了。

从历史上看，刘邦当然是一个了不起的政治家。他力败群雄，建立起一个强大的长期稳定的王朝，就证明了这一点。但是从历史的发展和影响看，刘邦创造和建立的一些制度和模式，他对人才的发现、利用和随后的镇压杀害，他对政治权术的玩弄和所获得的成功，他的背信弃义和不守信用，如此等等，都为后世的封建统治者树立了一个极坏的榜样。

二、太子之位险流产，惠帝柔弱英年逝

刘盈是刘邦的长子，本早被立为太子。戚夫人受宠，其子赵王如意有取代太子之心。留侯张良再献奇策，方才平息换太子风波，刘盈继位。但富贵难享，天子难当，吕后专政后，柔弱的惠帝英年早逝。

1. 太子地位几不保

汉高祖刘邦即皇位后，马上立他的妻子吕雉为皇后，立长子刘盈为皇太子。汉高祖又把他的几个儿子都封了王。其中，除去早封的齐王刘肥以外，新封的有薄姬生的代王刘恒、赵姬生的淮南王刘长、戚夫人生的赵王如意，还有其他后宫生的燕王刘建、梁王刘恢和淮阳王刘友。在太子和这些王子当中，汉高祖最喜欢赵王如意。他经常对大臣们说，太子刘盈生性软弱，恐怕将来成不了大事，唯有小儿子如意言谈举止都像他自己。因此，他老是想废了太子刘盈，改立赵王如意做太子。

有一天，汉高祖当着群臣的面，又提出更换太子的事。张良、萧何等人都不同意。尤其是御史大夫周昌，更是坚决反对。周昌为人特别耿直，不管对谁都不讲情面，甚至还当面骂过汉高祖。有一次，周昌有要紧的事到皇宫里去找汉高祖，碰上汉高祖正拥抱着戚夫人闹着玩儿，只好悄悄地溜出来。汉高祖瞧见是周昌来了，想开个玩笑取个乐儿，就三步并作两步地追上去，一下子将周昌按倒在地，并且还骑在周昌的脖子上，嬉皮笑脸地问道："你看我像一个什么皇帝呀？"周昌本来就有口吃的毛病，眼下又被逼急了，不由得仰起脸来，结结巴巴地骂道："陛下是、是、是桀纣！"如今周昌听说汉高祖要更换太子，又气得发了火儿，连声说："不可！不、不、不可！"汉高祖问他为什么不可，他满脸怒气地说："臣下有嘴说、说、说不、不、不出来，但臣下就知、知、知道这事不、不、不可！陛下要是换、换、换太子，臣下就是不、不、不敢遵命！"汉高祖听了，不由得哈哈大笑起来，说："算了、算了，今天就不谈这件事了。"

汉高祖和周昌他们说的这些话，都给暗藏在东厢房里的吕后听到了。等散了朝，吕后见汉高祖和大臣们都走了，只剩下周昌一个人落在后面，赶紧迎面走过去。周昌见吕后来了，正要上前行礼，没料想吕后反倒先给他磕了一个头。周昌大吃一惊，急忙把吕后扶起来。吕后看着周昌，十分感激地说："今天要不是有周君，恐怕太子就给废掉了！"

从此以后，吕后总是提心吊胆的，整天坐卧不安。有人给她出主意说："留侯最善于谋划，皇上又爱听他的话，还是请他给想个办法吧！"吕后无计可施，只好让她大哥吕泽去找张良。吕泽见了张良，对他说："如今皇上天天吵着要更换太子，先生作为皇上的谋臣，难道能袖手旁观吗？"张良不想插手这件事，推辞说："皇上从前在危难的时候，还能听我的话。如今天下已经平定了，皇上想更换太子，这是他们父子之间的事，即使有一百个我出来反对，又有什么用处呢？"吕泽说如果张良不给想个办法，吕后是绝不会放过他的。张良不敢得罪吕后，只好对吕泽说："这件事，光凭我耍嘴皮子是不管用的。我听说皇上有四个最尊重的人，叫作东园公、绮里季、夏黄公和甪里先生。他们都年老了，不愿意到朝廷上来做官。皇上曾经多次派人去请他们，他们就一块儿逃到商山（今陕西商县东南）隐居起来，号称'商山四皓'。你们要是多花些金钱玉帛，让太子给人家客客气气地写一封信，再找一个能言善辩的人到商山跑一趟，说不定能把他们四个请了来。请来以后，让他们陪着太子去上朝，如果叫皇上看见了，或许对太子有所帮助。"于是，吕后、吕泽就采用张良教给的办法，把"商山四皓"请到京城来，让他们做了太子刘盈的门客。

公元前196年，淮南王英布起兵谋反，正值汉高祖卧病，决定派太子刘盈率领军队去平叛。"商山四皓"认为这对太子不利，急忙去见吕泽，对他说："太子带兵去打仗，即便是立了功劳，也不能再提高地位；要是打了败仗，恐怕还得遭殃。再说，太子统率的那些将领，一个个都是跟随皇上打天下的猛将，让太子去指挥他们，如同让羊去指挥狼一样，肯定打不了胜仗。如今戚夫人日夜伺候在皇上身边，赵王也经常在皇上眼前，皇上老是说：'我总不能让不肖之子居于爱子之上'，可见让赵王代替太子是肯定的了。您快点请皇后去见皇上，就说：'英布是天下有名的大将，对他决不能轻视。可是，皇上派给太子的那些将领，跟皇上都是平辈的人，他们怎么会老老实实地服从太子的指挥呢？英布听说了，肯定会拼命地打到西边来。皇上虽说是有病，但只要能亲自出征，哪怕是躺在战车上指挥，众将领也不敢不卖力气。这样虽说是辛苦了皇上，可也为的是自己的妻子儿女。'"吕泽连夜把这话告诉了吕后，吕后就按照这四个人说的，在汉高祖跟前一把鼻涕一把泪地央求了一番，汉高祖只好答应吕后的请求。

第二年，汉高祖攻灭英

商山四皓

布回来后，病情越来越严重，就更想及早把太子换了。张良劝说了几次，也不顶用，吕后急得没有办法，只好请"商山四皓"出面帮忙。有一天，赶上汉高祖在皇宫里举行宴会，吕后就让太子刘盈带着"商山四皓"去给汉高祖问安。汉高祖瞧见有四个80多岁的老头儿，眉毛、头发和胡须全白了，穿戴得整整齐齐的，在一旁伺候着太子刘盈，感到挺奇怪的，就走过去问道："你们几位都是谁呀？"四个老头儿不慌不忙地报了姓名，说他们就是东园公、夏黄公、绮里季和甪里先生。汉高祖大吃一惊，急忙问道："从前我多次派人去请你们，你们却躲得远远的，如今怎么又跟我的儿子在一起了？"他们说："陛下一贯瞧不起读书人，又好谩骂大臣，我们害怕受侮辱，所以才躲藏起来。现在听说太子特别仁慈忠厚，礼贤下士，天下的人都愿意为太子效劳，所以我们几个都赶来了。"汉高祖听了，顿时对太子刘盈有了好感，就对他们说："那就麻烦你们好好地调教太子吧！"

四个老头儿答应了汉高祖的请求，跟着太子刘盈一块儿走了。汉高祖招呼戚夫人过来，指着他们四个的背影说："我想换了太子，可大臣们都辅佐刘盈，你瞧走过去的那四个人，也是来辅助他的。他的羽翼已经长成了，难以再更动了。我百年之后，吕后就是你的主人了！"

从此以后，汉高祖再也没有提更换太子的事。

公元前193年四月刘邦病故。汉高祖去世后，吕后一连四天秘不发丧。她把自己的心腹审食其传进宫里，跟他一块儿商量说："诸将和先帝一样都是平民出身。他们平时做先帝的臣下就觉得受委屈，如今再让他们侍奉少主（指太子刘盈），恐怕就更不肯尽心了。不把他们都灭了门，天下就不能安宁。"决定先把大臣们都杀了，再给汉高祖出殡。

曲周侯郦商得到了这个消息，急忙去找审食其，对他说："我听说皇上已经晏驾四天了，可皇后不但秘不发丧，反而要诛杀大臣，这样做太危险了。如今陈平、灌婴驻守荥阳（今河南荥阳东北），有10万人马；樊哙、周勃驻守燕、代，有20万人马。他们要是听说皇上晏驾，大臣们都被灭了门，必定要联合起来进攻关中。到那个时候，不管是皇后、太子，还是您本人恐怕谁也保不住性命！"

审食其听了郦商的话，吓得急忙去找吕后商议。吕后也害怕事情闹大了，自己控制不了局面，只好马上公布汉高祖死亡的消息。于是，大臣们便安葬了汉高祖，尊吕皇后为皇太后，立太子刘盈为皇帝，是为汉惠帝。

2.踵武父制尽职守

汉朝天下经高祖刘邦和一大批才识卓绝的谋臣大吏的治理，奠定了良好的基础，故而继位的皇帝只要能上承父制、善尽职守，就可以国泰民安了。惠帝刘盈正是这样做的。

惠帝统治的七年，是西汉王朝更加巩固的时期。为了恢复、发展经济，惠帝大力推行轻徭薄赋、休养生息政策。即位伊始，他就下诏减租，复"十五税一"。由于平定异姓王、抗击匈奴需要大量经费，高祖曾加征田租。到惠帝时，异姓王基本削平，匈奴也重结和亲，便重新恢复十五税一。这对农民来说多少减轻了一些负担。惠帝四年（公元前191年），惠帝又下诏"举民孝弟力田者复其身"，对努力耕田者免除徭役，鼓励农民耕田。同时还减免刑罚，"省法令妨吏民者"，以调动农民的生产积极性。到公元前189年，惠帝为使人口迅速发展，又下诏："女子年十五以上至三十不嫁，五算。"汉代规定：15岁以上的成年人都要交人口税，每人是120钱，为一算，称为"算赋"。惠帝这时规定女子15岁以上到30岁不嫁，交人口税五算，实际就是强制女子到15岁时就要结婚生育。这对发展人口和恢复经济，在当时起了很大作用。此外，惠帝还下令"弛商贾之律"，废除西汉初年对商贾采取的抑制政策，放宽对商贾的限制。

惠帝在思想、文化政策上也做了较大调整。当时，不仅黄老思想已取代秦的法家思想在政治上占据主导地位，而且对各种思想也开始解禁。惠帝四年（公元前191年），惠帝废除"挟书律"。"挟书律"原是秦始皇三十四年（公元前213年）秦始皇下令"焚书"颁布的一条法令，法令规定除博士官所掌管外，私藏书册者均处以族刑。初由于"汉承秦制"，这项法令仍然被继续推行。惠帝明令废除了这项法令，从而使得思想文化的发展摆脱了一定限制，民间藏书纷纷出现，特别是秦代受到压制的儒家思想又重新开始抬头，为以后汉武帝的"独尊儒术"奠定了基础。

在外交上，汉惠帝效法高祖，在惠

汉惠帝

帝三年（公元前 192 年），以汉宗室之女为公主，继续与匈奴冒顿单于和亲。

此外，惠帝在位期间还有一件事情值得称道，这就是长安城的修建。高祖采纳娄敬建议定都长安后，在长安开始修筑宫殿，建造了长乐宫和未央宫，但没有修筑城墙。为了更使长安像一个国都，以表明西汉王朝的强盛，也为了更有效地保护封建王朝的中央机构，惠帝开始大规模地修筑长安周围的城墙。这项工程从惠帝元年（公元前 194 年）开始动工，到惠帝五年（公元前 190 年）完成，先后进行了 5 次修筑。其中有两次比较大的修筑，一次征发了 14.6 万人，一次征发了 14.5 万人。长安城建成后，周围有 65 里（实测为 2.51 万米），是当时世界上规模最大的都城，只有欧洲的罗马城可与它媲美。长安城四面有 12 座城门，每面有 3 座，其中以宣平门最为重要，是当时出入最频繁的城门。而每个城门又都有三个门道：左道为出，右道为入，中间是"驰道"，专供皇帝使用。在城墙修筑完工后，第二年又在城中修建了"西市"，并对秦时最大的粮仓——"敖仓"进行了改建。可以说，汉长安城的规模在惠帝时已经基本完成。

3. 抑郁寡欢英年逝

汉惠帝即位后虽说有着万人之上的尊崇，生活摆脱了颠沛流离、惊恐不安，但却也抑郁寡欢，很是不幸。

惠帝为太子时，因年幼，没有娶妃。继位以后，在汉惠帝四年（公元前 191 年）由吕后做主选立皇后张氏。其婚礼很是隆重，史载仅骋金就用黄金两万斤。但这是一桩十分荒唐的婚姻，皇后张氏是惠帝亲外甥女，吕后为了亲上加亲，就把她嫁给惠帝。张氏被立为皇后以后，吕后曾想方设法让她生子，但张氏却始终没有怀孕。无奈，吕后就让她谎称怀孕，取后宫美人之子作儿子，杀其生母，立为太子。后惠帝去世，即立为皇帝，由吕后临朝听制。汉高后八年（公元前 180 年）诸吕叛乱被平定后，张皇后因党与吕氏，被废处北宫，死于汉文帝后元元年（公元前 163 年）。

惠帝即位后，尊母亲吕后为皇太后。他此时便希望母亲能和睦亲族，但吕后并未能如其所愿，而是变本加厉地加害别人。高祖在世时，诸姬多幸，她受到冷落，此时便对高祖嫔妃极力迫害。诸子封王者除史载代王母薄姬以希见允许随王就藩，其余王母皆不准随子。对戚夫人的凶残更是令人发指。她下令把戚夫人囚禁在永巷中，拔掉头发，戴枷具，穿着红色囚衣舂米。为了斩草除根，她下令把赵王如意骗至京师，用药酒毒死。然后斩断戚夫人四肢，挖眼熏耳，让她吃药致哑，扔在厕所里，称为"人彘"。吕后的所作所为使为人"仁弱"的惠帝在精神上受到强烈刺激。他看到所谓"人彘"，知道是戚夫人后，大哭不止，生病有一年之久，从此不理朝政，每日饮酒淫乐。汉惠帝七年（公元前 188 年），在位七年的惠帝英年早逝，时年 23 岁。死后葬安陵（今陕西长安）。谥号"孝惠"皇帝。谥"孝"，因"孝子善述父之志"，在惠帝以后除光武帝有"中兴"之功外，其余汉代皇帝谥号均有"孝"字；又《谥法》称"柔质慈民曰惠"。

三、前少帝幼年被害，后少帝惨遭诛杀

1. 前少帝刘恭

西汉前少帝刘恭（？—公元前 184 年），汉惠帝七年（公元前 188 年）至汉高后四年（公元前 184 年）在位。汉惠帝刘盈庶长子。

刘恭是汉惠帝刘盈与宫女所生之子。

汉惠帝四年（公元前 191 年）十月，汉惠帝的母亲吕后为了"亲上加亲"，将年仅 11 岁的外孙女张嫣（汉惠帝姐姐鲁元公主之女，汉惠帝的外甥女）立为汉惠帝的皇后。

吕后希望张嫣能生子，但由于张嫣年纪实在太小，想尽千方百计仍然一直无法怀孕。吕后于是设计教她假装怀孕，然后再强取汉惠帝与宫女所生之子刘恭，谎称是张嫣所生，然后将刘恭的生母杀死，并立刘恭为皇太子。

汉惠帝七年（公元前 188 年）八月十二日，汉惠帝在未央宫去世，时年 23 岁。同年九月初五日，将汉惠帝安葬在安陵。

安葬汉惠帝后，吕后立刘恭为皇帝，史称前少帝。因为刘恭年幼，便由吕后临朝称制，并仍称皇太后；张嫣则不称太后，世称孝惠皇后。

前少帝

汉高后四年（公元前 184 年），当时刘恭已经渐渐长大，知道自己的生母已死，自己并非张嫣的亲生儿子，于是口出怨言说："皇后怎么能杀死我的生母而把我当作她的儿子？我现今还小，等我长大之后，一定要复仇！"

吕后知道后很担心，害怕刘恭真会作乱，于是将刘恭囚禁在后宫的永巷中，宣称刘恭患病，任何人不得与刘恭相见。

不久，吕后废黜刘恭，并暗中将他杀害。汉高后四年（公元前 184 年）五月十一日，吕后立汉惠帝的另一子常山王（恒山王）刘义为帝，改名为刘弘，史称后少帝，继续由吕后临朝称制。

2. 后少帝刘弘

后少帝刘弘（？—公元前 180 年），原名刘山，曾用名刘义，汉惠帝刘盈之子，前少帝刘恭异母弟，生母不详。西汉第四位皇帝，公元前184—公元前 180 年在位。

汉高后元年（公元前 187 年）四月二十八日，刘山被封为襄成侯。

汉高后二年（公元前 186 年）七月，常山王刘不疑死后，刘山于七月二十七日接封为常山王，并改名刘义。

汉高后四年五月十一日（公元前 184 年 6 月 15 日），吕后命常山王刘义继任帝位，并改名为刘弘，史称后少帝。在中国历史上，皇帝即位一般改称第二年为元年，但因太皇太后吕雉临朝听政，故未改称元年。

汉高后八年（公元前 180 年）八月，吕后逝世。经过周勃、陈平等人努力后，铲除吕氏家族力量。朝臣认为，刘弘及济川王刘太、淮阳王刘武、常山王刘朝并非汉惠帝亲生儿子，应当废黜。待朝臣选定汉高祖与妃子薄氏之子代王刘恒作为新皇帝（即汉太宗孝文皇帝），并迎入长安后，于汉高后八年（公元前 180 年）十一月十四日诛杀刘弘等人。

四、与民休息称楷模，"文景之治"升平世

1. 诛除吕氏，文帝登基

铲除吕氏势力后，周勃、陈平马上召集大臣们商议后事。大臣们纷纷说，少帝刘义和现在的济川王刘太、淮阳王刘武、常山王刘朝，都不是惠帝的亲骨肉。吕后把他们的生母杀了，让他们冒充惠帝的儿子，还都封了王，目的是为了壮大吕家的势力。如今我们灭了吕氏，要是等他们长大掌了权，我们这些人可就没命了。因此，我们不如从诸侯王中挑选一个贤明

的人做皇帝。有人说："齐王是高帝的嫡长孙，可以立他做皇帝。"多数大臣都不同意。他们说："齐王的舅父驷钧，也凶恶得跟老虎一样。如果立了齐王，让驷家掌了权，不是又树立了一个'吕氏'吗？在高帝现有的儿子里面，数代王刘恒年龄大，为人又仁孝宽厚；他母亲薄氏，也是一个谨慎善良的人。我们立代王做皇帝，最合适不过了。"周勃、陈平听从大臣们的意见，就把少帝刘义和济川王刘太、淮阳王刘武、常山王刘朝他们关押起来，派人去迎接代王刘恒到长安来做皇帝。

代王刘恒得知消息后马上召集手下的几个心腹来商议。郎中令张武等人说："朝廷上的那些大臣，本来是高帝手下的将军和谋士，人人都足智多谋。但他们只知道欺诈，并不怎么讲信义。他们现在想立大王做皇帝，也不一定出于诚心，只不过是畏惧高帝的威风罢了。他们刚灭了诸吕，杀了那么多人，却偏偏派人来迎接大王，谁知道打的什么主意呢？我看，大王不如说有病，别到京城去，先看看有没有什么变化。"中尉宋昌却说："众大臣说的都不对。自从秦朝失了天下，各地的诸侯、豪杰都想起来做皇帝，结果只有高帝即了位，让各诸侯从此绝了希望，这是其一。高帝分封自己的子弟为诸侯王，让他们共同辅助皇室，天下都知道汉朝的力量强大，这是其二。汉朝建立以来，废除秦朝的暴政，减缓刑罚，百姓安居乐业，已经难以动摇，这是其三。吕太后那么厉害，还把吕家的人封了王，可是，吕太后一死，周太尉进入北军一号召，北军士兵全部袒露出左臂，情愿为刘氏效忠，可见汉朝是多么深得人心。就算是有人想起来作乱，老百姓也不会听他们的，他们也成不了大事。如今高帝现有的儿子，只剩下了大王与淮南王。大王年长，贤圣仁义的名声早已传遍天下，所以大臣们才顺从民心派人来迎接大王，大王不必多心。"代王刘恒认为宋昌说的有道理，就派舅父薄昭到长安去见太尉周勃商议如何进京的事。

薄昭从长安回来对刘恒说："大臣们确实真心实意地迎接大王，请大王不必怀疑了。"于是刘恒带领宋昌、张武等人出发去长安。当他们走到长安北面的高陵，派宋昌先到长安去联系。宋昌到了渭桥（即渭河桥，在长安北三里），只见丞相以下的大臣都在那里等候着。宋昌赶回去向代王报告。不大一会儿，代王等人到了渭桥。文武百官都过来拜见代王，代王也下车，向大臣们回拜。太尉周勃想先向代王讨好，便走上前去，悄悄地对代王说："请大王让左右退下去，我有话奉告。"宋昌拦住代王，对周勃说："如果是公事，请太尉公开说，如果是说私事，做王的大公无私！"周勃被宋昌说得面红耳赤，赶紧趴在地上向代王磕头，献上皇帝的玉玺和符节。代王躬下身子，把周勃扶起来，推辞说："请到代邸（汉朝各诸侯王在京城都设有自己的官邸，相当于现在的驻京办、招待所）再商议吧。"大臣们见代王办事光明磊落，都很佩服他。

到了代邸，右丞相陈平、太尉周勃、御史大夫张苍、朱虚侯刘章、典客刘揭等再次拜过了代王刘恒，对他说："少帝不是惠帝的亲生儿子，本来就不应该让他奉祀宗庙。臣等跟王侯大臣商量好了，都说大王现在就即位吧！"代王推辞说："奉祀高帝的宗庙是多么重大的事，寡人没有才能，实在不敢当，还是跟楚王（汉高祖的兄弟楚王刘交）商议商议，再挑选一个贤明的子弟即位吧。"陈平等人又说："我们这些大臣已经商量好了，只有大王奉祀宗庙最合适。请大王以宗庙社稷为重，听从臣下的意见吧。"代王这才接受了玉玺和符节。对大臣们说："既然宗室王侯和将相大臣这么看重我，我也就不敢再推辞了。"于是，大臣们便尊奉代王为天子，这就是汉文帝。

当天晚上，汉文帝就搬进了未央宫，派人把少帝刘义和济川王、淮阳王、常山王等人全都杀死了。

汉文帝即位后，知道审食其跟吕后是一伙的，马上罢免了他左丞相的职务。可是，右丞相陈平却借口有病，老是不上朝。汉文帝挺纳闷儿，亲自赶到陈平家里，问他是怎么一回事。陈平对汉文帝说："高帝的时候，周勃的功劳比不上臣下；诛杀诸吕的时候，臣下的功劳就比不上周勃了。因此，我想把右丞相让给周勃，才没有去上朝。"汉文帝见陈平说得很诚恳，就拜周勃为右丞相（即正丞相），改任陈平为左丞相（即副丞相），让周勃主持朝政。

汉文帝

2. 与民休息，为政清明

从不起眼的地位做到皇帝，从边远小郡住进皇宫，颇为不易。而要保持这地位和尊荣更属不易。因此，刘恒即位后采取了一系列措施，巩固自己已得的地位。

他首先从卫护自己的安全做起。进入未央宫当晚，刘恒就任命宋昌为卫将军，统率驻守长安的南军和北军。这两支军队直接控制长安，自刘邦死后，分别由吕后的两个娘家侄子吕产和吕禄掌握。又命张武为郎中令，负责守卫宫殿门户，统领直接为皇帝服务的各种官员。这两项任命可以保障他在长安的基本安全。

任命完毕以后，刘恒又回到前殿坐下，给丞相、太尉、御史大夫下达了第一道诏书，要他们发布皇帝即位的公告，并"赦天下，赐民爵一级，女子百户牛酒，五日"。总之，要在帝国范围内为皇帝的即位造成一种大喜大庆的气氛。与此同时，吕氏所立的小皇帝、梁王、淮阳王、常山王分别在各自的住所由有关部门处死。

接着，刘恒又采取几项措施收买人心，培植势力。首先，表彰、赏赐功臣。凡是在推翻诸吕和拥立过程中立了功的，表彰他们的事迹，给予厚赏；功大而无爵的，除赏赐外，再封侯。首功自然属周勃，而周勃原封绛侯，就在原先基础上增封食邑1万户，赐金（实指铜。下同）5000斤。典客刘揭从吕禄手中夺取了将军印绶，使周勃得到了军权，功劳卓著，赐金千斤，原无爵，封阳信侯。等等。对于从代国陪同他来长安的臣僚，专门进行了功绩登记，首功自然属宋昌，封宋昌为壮武侯。其次，安置亲近官吏。凡自代国随从而来的，一律安置在重要的位置。宋昌为卫将军，统率长安南北军；其余六人，"官皆至九卿"；舅父薄昭为车骑将军，封轵侯。再次，恢复刘氏宗族在吕后当政时期被削被夺的封地和其他利益。"吕氏所夺齐、楚地，皆归之"；立赵幽王刘友子刘遂为赵王等等。最后，对曾随从刘邦征战夺取天下的列侯、官吏提高待遇。"列侯从高帝入蜀汉者六十八人益邑各三百户"；"吏二千石以上从高帝者十人，食邑六百户"，等等。

如果说以上措施重在笼络，那么另外一项就意在抑制和排挤了。刘恒即位不久，下达诏书说，大批列侯居住京师，不仅要消费大量财富，给运输供应造成沉重负担，而且也使他们没有办法"教训其民"，因此命令：列侯都要各到自己的封国里去；有官职在身不能离开，或朝廷特许留住的，也要把太子遣送封国。这是一道对上层人物关系重大的命令，遇到了相当大的阻力，诏书下达一年之久不见行动。刘恒有些恼火，再次下诏说："前时诏书要列侯各到封国，托词不走。丞相（指周勃）是我所器重的人，请他为我率领列侯到封国。"列侯们除了爵位以外，还想在京师寻找到有权力的职位，所以托词不走。刘恒要丞相带头到封国，以此挡回列侯们不受器重的怨言，表明他这样做不仅是治国的需要，而且也是对列侯们的真正器重。于是免了周勃的丞相，周勃到了他的封地绛县（今山西省曲沃县东）。

然而，刘恒让列侯归国这一措施，确实也是要处理一批他所不器重或不放心的人物，以此巩固他的地位。周勃本人就是其中的一个。周勃是发动政变诛灭诸吕，拥戴刘恒当皇帝的第一号首领，刘恒确实感激他，给了他最高的奖赏。但他对周勃却心怀畏惧，不放心。在他即位后，并没有打算改变周勃太尉的位置，丞相仍由陈平担任。陈平是谋士出身，一向谋虑深远，他感到自己与周勃之间失去了平衡，处于危险地位，托病不出，坚持要求把周勃的位置排在自己之上。刘恒只好把丞相职位一分为二，要周勃任右丞相，位居第一，陈平任左丞相，位居第二；空出的太尉一席，由将军灌婴填补。周勃功高权大，每当"朝罢趋出，意得甚"，"有骄主色"，而刘恒对他却是"礼之恭，常目送之"。当时的郎中袁盎向刘恒指出，对周勃过分谦恭使得"臣主失礼"。自那以后，上朝时刘恒的神色越来越"庄"，周勃的神色越来越"畏"。这时有人对周勃说："你诛吕氏、立代王，威震天下；受重赏、处尊位，得宠已极。长此下去势必引祸及身。"周勃猛然意识到问题的严重，立即"请归相印"，刘恒毫不迟疑地答应了。周勃当右丞相前后只有一个多月。辞相一年后，丞相陈平去世，因无合适人选刘恒又让他当了丞相。复职后十个月，又以列侯归国的名义把他免了职。

后来，有人上书说，周勃在家经常披带战甲，家人在接待客人时手里拿着兵器，像是要造反。刘恒就立即把他抓进了监狱。幸亏周勃与薄昭有些交情，通过薄昭向薄太后解释：自从罢职后，时刻担心被抓去杀头，因而家中有所戒备，并无造反之意。薄太后也相信周勃不会造反，她提着刘恒的帽带子说："绛侯怀揣皇帝宝玺，统率长安北军的时候不造反，如今住在一个小县里，反倒会造反？"刘恒亲自调阅了周勃的案卷，确无造反实据，才放了他，恢复了他的爵邑。周勃出狱后，又活了九年。刘恒最终未让周勃横死，算是中国帝王史上少见的特例了。

长信宫灯

汉文帝刘恒所以能取得"文景之治"的政绩，根本就在于他采取了与民休息的国策。刘恒自公元前180年末开始，至公元前157年，当了23年皇帝。在这23年中，他所采取的基本国策是与民休息，安定百姓。在他即位不久，就接连下了两道诏书。第一道诏书说："在春季要到来的时节，连草木和各种生物都有它自己的快乐，而我们的百姓中鳏寡孤独、贫穷困窘的人，有的已经面临死亡，而为人民当父母的不体察他们的忧愁，还干什么呢？要研究出一个赈济的办法。"第二道诏书说："年老的人，没有布帛就穿不暖，没有肉就吃不饱。如今正当岁首，不按时派人慰问年老的长者，又没有布帛酒肉的赐予，将用什么帮助天下的儿孙孝敬赡养他们的老人？现在听说官吏给贫饿老人发放饭食，有的用陈谷子，难道这符合赡养老人的本意吗？要搞个法令出来。"有关官府根据诏书给各县、道（少数民族区域的行政区划，相当于县）下达了下列法令："年八十以上，每人每月赐米一石，肉二十斤，酒五斗；年九十以上，每人另加帛二匹，絮三斤。所赐物品，由县令过目。赐给九十岁以上老人的物品，由县丞（位次于县令的官职）或县尉（位次于县丞）致送；不满九十岁的，由啬夫、令史（低于县丞、县尉的官职）致送。郡太守派都吏（负责检查的官职，后世称督邮）巡行各县，对不合规定的，予以督责。对刑徒和有罪未及判决的，不用此令。"

此外，无论从国政、吏政，还是自我要求、皇亲约束等方面，都有一些比较突出的做法。

第一，偃兵务农。汉文帝元年（公元前179年），刘恒即位不久，就和平解决了南粤问题。秦始皇时略定南方土地，设置了桂林郡（治所在今广西桂平）、南海郡（治番禺，即今广州市）、象郡（治临尘，即今广西崇左）。秦末农民起义之际，南海郡尉赵佗乘机扩大势力，听到秦朝灭亡，就合并桂林、象郡，自立为南粤武王。汉初，刘邦无力远征，派使者立赵佗为南粤王，要他在当地和辑粤族各部，与汉朝通使，不要扰乱附近各郡。吕后时期，认为南粤是蛮夷，禁止卖给铁器；马、牛、羊，只卖牡，不卖牝，不使其繁殖。于是，赵佗就自号南武帝，发兵攻打汉朝的长沙郡。吕后派兵征伐，不能取胜。赵佗本是真定（今石家庄市东北）人，虽去南海已49年，不忘家乡。他听说先人坟墓已被破坏，亲族兄弟被杀，更为恼火，发书要求汉朝撤离长沙郡的驻军，给他送去亲族兄弟。刘恒下令修复了赵佗先人的坟墓，派人慰问了他在真定的亲人，还给赵佗的亲族兄弟以尊贵地位。然后派使者持诏书和礼物前往告谕赵佗，只要削去帝号，不再扰乱附近郡国，则承认他为南粤王，允许他自治，与汉朝通使往来。赵佗削去了帝号，重又称臣归服了汉朝。

对北方的匈奴，基本采取和亲与防御政策，保持边塞地区的安定，文帝还采纳了晁错"徙民实边"的建议，招募内地居民迁往边塞，为其提供生活、生产条件，亦兵亦农，世代居住，形成防御力量。

第二，重农抑商。周秦以来，重农抑商也是基本国策，刘恒亦认为："农，天下之大本也，民所恃以生也"，"道民之路，在于务农"。为了提倡农业、刺激农业生产的恢复和发展，他曾"开藉田"，"亲率耕，以给宗庙粢盛"。他采纳晁错"贵五谷而贱金玉"的主张，实行以粮食换取爵位或赎罪的政策。他曾多次降低田税。汉文帝十三年（公元前167年）曾一度宣布"除田之租税"。

第三，减刑节用。汉文帝不论在国事开支方面还是他个人用度方面，都精打细算，简朴从事。他严令各级官吏要"务省徭费以便民"。汉文帝二年（公元前178年），他下诏："我担心匈奴内侵，所以不能停止边防的事。但长安的各种守卫机构那么多，开销太大，卫将军所属的军队要撤销。太仆要清点马匹，除留下必用的以外，要全部送给驿使用。"在刘恒当皇帝的23年中，宫室、苑囿、狗马及各种装饰器物都无所增加。他曾想在骊山建一座供宴游用的露台，找来工匠合计了一下，需要"百金"，便说："这相当于十户中等人家的财产。吾享用先帝的宫室，常常觉得过分，还建这样一座台干什么！"于是作罢。他常穿的是粗糙的黑色绸料衣；他宠幸慎夫人，但不让她穿拖到地面的长衣，帷帐不准用带有绣花的贵重丝织品，以免带起奢侈浮华的风气。

汉文帝时，"刑罚大省"。文帝曾与臣下两次讨论刑罚问题。汉文帝二年讨论废除收孥连坐法。文帝说："我听说，法律公正，人民就会诚实；判罪恰当，人民就会服从。而且，管理人民，引导人民走正道不犯法的，是官吏。要是既不能引导人民走正道，又用不公正的法律去治罪，这种法反而要祸害人民，造成残暴行为，我看不出它的方便。应该再作考虑。"于是陈平、周勃宣布废除有关收孥连坐的一切法律条文，使有罪的按法律治罪，不收捕为官府奴婢，没有罪的不受牵连。

汉文帝十三年（公元前 167 年）讨论废除肉刑。针对当时肉刑过滥的现实，文帝给御史大夫下令"废除肉刑，用别的办法代替；作到使罪人各按罪行轻重受到相应的刑罚，不逃亡，满了刑期，就解除刑罚当平民。制订出个法令来"。丞相张苍、御史大夫冯敬有些不通，但没有表示相反意见，根据这个诏令制定了一个取代肉刑的法令，经文帝批准于当年颁布。

关于臣下、庶民与皇帝的关系，过去的习惯总是错在下、功在上。即使皇上不好也不能说，否则就犯了"诽谤妖言罪"；如果碰上大的祸患，祭祀时就说皇上是英明的，都是臣下不好，这叫"秘祝"；老百姓诅天骂地，因天与天子、皇上连带，所以也就犯了"民诅上罪"。文帝统统废除了这些罪状，还针对这些问题提出了自己的主张，他在诏书中说："古时治天下，朝廷设立进善旌、诽谤木，以此寻求好的治国方法，招徕进谏的人。现在法律中规定了诽谤妖言罪，这会使群臣不敢讲真话，使君主没法知道自己的过失，将用什么办法把远方的贤良之士招来呢？要废除掉。""祸是由怨恨导致的，福是由做好事得来的。百官的错误，是由于我没有把他们引导好。现在秘祝官把过错推到臣下身上，这更使我的德行不好，我很不赞成。不准再搞秘祝。"

文帝刘恒为政清明，还表现在从谏如流。在诤谏面前他肯承认自己的过失并及时纠正。有一次刘恒走进郎署，与署长冯唐闲谈，知道冯唐祖上是赵国人，父亲时住代郡，而他自己曾为代王，就对冯唐说："在当代王时，厨师上饭时说战国时赵国有个将军叫李齐，很能打仗，后来每吃饭时就想到这个李齐。"他问冯唐知否李齐其人；冯唐说：赵国的将

"汉并天下"瓦当

军最著名的是廉颇和李牧，接着又讲了廉颇和李牧的许多事迹。刘恒越听越高兴，拍着大腿说："哎呀！我要是有廉颇和李牧那样的将军，就不用担心匈奴了！"冯唐却说："陛下就是得到廉颇和李牧，也是不能用的。"刘恒很生气，过了好大一会儿，又问冯唐："你怎么知道我不能用廉颇、李牧呢？"冯唐说：廉颇、李牧所以能打胜仗，是因为赵国君主充分信任他们，给他们自主权力，不干涉他们的具体事务，只要求他们打胜仗。而现在魏尚当云中郡太守，优待士卒，打了很多胜仗，匈奴不敢接近云中，但却因上报战功时交的敌人首级比他报的数字差六个人头，陛下就把他罢官、削爵、判刑。立了大功不受赏，出了小错受重罚。所以说就是得到廉颇、李牧，也是不能用的。刘恒听了很高兴，当天就派遣冯唐持节赦免魏尚，恢复他的云中太守职务，并任命冯唐为车骑都尉。

汉文帝刘恒就是在这样情形下，才获得"文景之治"这样优秀的政绩的。

后元七年（公元前157年）夏季六月己亥日，刘恒卒于长安未央宫，乙巳日葬霸陵（在今陕西西安市东），谥"孝文"，庙号"太宗"，年45岁。

3. 景帝治国，安定局面

汉景帝刘启（公元前188—公元前141年），是文帝刘恒之子。刘启在父亲为代王时生于代国（今河北蔚县一带），母亲窦姬。在代王刘恒入京做皇帝前后，代王王后及其所生四子相继病死，刘启成为文帝长子。文帝元年（公元前179年）刘启立为太子，母窦姬为皇后。文帝病逝后，32岁的景帝刘启即位，母为皇太后。

景帝即位后，继续奉行文帝的治国方针，保持安定局面，发展生产，休养生息。为了达到这一目的，他对内采取重农、薄敛、轻刑和教化的措施，对外则采取了继续和亲匈奴的措施。

景帝即位的次年正月，了解到各地农牧资源不平衡，有的郡县缺乏农牧条件，有的郡县却地广人稀，利于农牧，而当时政府不许人民迁徙，就宣布允许人民迁徙到地广人稀的地区去发展生产。为了鼓励农民耕作，同年又宣布减免一半田租。田租是国家征收的土地税。汉代田租常制是"什伍税一"，即交纳收成的1/15；景帝改为"三十税一"，即交纳1/30。这对汉初占有小块土地的农民来说，确实是相当轻的税收，大大激发了他们从事农业生产的积极性。景帝一直重视农业生产，直到晚年，还不断地强调农桑之本的重要。他在逝世的前一年（公元前142年）四月发布诏书说："雕

汉景帝

文刻镂会伤害农业，织绵绣花会耽误女工，伤害农业就要导致饥荒，耽误女工就要造成寒冷，饥寒交迫，难于不去为非作歹。朕亲自耕田，皇后亲自养蚕，以提供从事宗庙祭祀的供品和服装，目的就是要带动天下的农桑生产。朕又不受贡献，俭约饮食，轻徭薄赋，也是想让全国积极务农，有所积蓄，以备灾害。现布告天下，使全国人民知道朕的心意。"第二年（公元前141年），他在临终之前，再次强调农业问题，诏命各郡国务必劝课农桑，大量植树，以备衣食用物；如果官吏不抓生产，而去征发或雇佣人民采金取玉，一律严惩。为了与民休息和发展生产，景帝颇慎使用民力，他在位期间，除为自己修建了一座规模不大的阳陵外，基本上没有兴建其他土木工程。

轻刑也是景帝比较重视的一项安民措施。文帝曾减轻刑罚，废除了历代相传的肉刑，把肉刑改为笞刑，景帝看到笞刑多把犯人打成残废甚至打死，所以一即位就开始继续减轻刑罚。景帝元年（公元前156年），他下诏说："笞刑与死刑没有什么区别，笞刑之下，即使侥幸不死，也会成为终身残废。现更定律条：原该笞打五百者改为笞打三百，原该笞打三百者改为笞打二百。"执行一段时间，发现还是致人残废，于是又下诏："受笞刑的犯人，有的还未受完笞打之数人就已经被打死了，朕甚怜悯。现更令：当笞三百者改为二百，当笞二百者改为一百。"更改律条后，景帝又对大臣们说："设置笞刑是为了教育罪犯，应该规定一个笞刑执行的令条，尽量保证不要把犯人打死。"大臣根据景帝示意，定出了《箠令》，规定笞打犯人的箠必须是削平节棱的竹子所做，全长五尺，大头一寸，小头半寸，行刑时必须打屁股，不得胡乱下手，更不许中间换人，以免增强笞打力量。笞刑经景帝几番更改，这才避免了犯人死于刑下。景帝还数次大赦天下，并废除了磔刑。磔刑是一种分裂尸体的酷刑，景帝把磔刑改为弃市。为了避免枉屈无辜，景帝三令五申，强调决狱务必先宽，即使不当，也不为过，并提醒法官不可"以苛为察，以刻为明"，要求判案时尽管依据律文应该治罪，但若罪犯不服，必须重新评议。一切都要体现宽厚仁慈。

在思想领域，景帝非常注重文化教育。他奉行黄老的无为而治思想，学术上则对诸子采取兼容并蓄的态度，允许各家争鸣。处士王生是黄老道学大师，常被召居宫内，成为景帝的坐上客，深受公卿大臣尊重。另一道学大师黄生曾在景帝面前与儒家博士辕固辩论汤武，辕固说汤武受命，黄生说汤武弑君，景帝发言说："吃肉不吃马肝，不算不知味道；讨论学问不说汤武受命，不算愚蠢。"表明他不赞成辕固的观点。君臣坐而论道，洋溢着一种和睦争鸣的友好气氛。景帝在崇尚黄老道学的同时，也很注重儒家的教化作用。当时为儒家设立了不少博士官，《诗》《书》《春秋》等均立博士，景帝起用《公羊》学大师董仲舒和胡母生为博士，这种活跃局面大大推动了儒家的教化和影响。地处西南的蜀郡，蛮汉杂居，文化、风俗都很落后，郡守文翁选郡中小吏张叔等 10 余人入京拜博士官求学，数年后返回郡中，文翁在成都市内盖起中国第一所地方官办学校——成都学馆，使蜀郡教化大行，文化一跃而与齐鲁等地并驾齐驱。后来普及全国的郡国学校就是以蜀郡学馆为楷模建立起来的。

景帝在他执政的升平时期，对群臣比较宽厚，文武官员大都能各尽其才。

上大夫邓通是文帝的宠臣，他没有任何才干，只是在一个偶然的机遇得到文帝厚宠，文帝竟把严道（今四川荥经）的铜山赏他铸钱。文帝长了一个脓疮，邓通常用嘴为文帝吮吸脓血。

文帝问邓通谁最爱他，邓通回答太子最爱他。等太子刘启一到，文帝就让刘启为自己吮吸。

刘启虽然照文帝吩咐做了，但面带难色，后来知道了事情的根由，不免对邓通有所怨恨。文帝死后，景帝刘启考虑邓通除讨文帝偏爱别无才能，就免去了他的官职，让他回家居住。后来邓通越境铸钱，触犯法律，景帝没收了他的家产，邓通因此饿死。

公车令张释之是文帝的直臣，景帝为太子时与胞弟梁王刘武共乘一车入朝，行至司马门没有下车，张释之追阻，不许进入殿门，并告了一状。事情惊动了薄太后，文帝向薄太后免冠谢罪，自责"教子不谨"，搞得太子刘启相当难堪。景帝刘启即位后，没有怪罪张释之，仍然让他官居廷尉原职。张释之后来转为淮南相，以老善终。

汉景帝

卫绾是文帝的中郎将，景帝当太子时邀请文帝的近臣饮酒，卫绾推说有病没有应邀。文帝病逝前嘱咐太子刘启，说卫绾是个老成人，让他好好看待。景帝刘启即位后，没有立即亲近卫绾，通过一年多的观察，知道卫绾确实老成。一天景帝去上林苑，特召卫绾陪车，问他是否知道召他陪车的原因，卫绾回答不知。景帝又问："我为太子时请君饮酒，君不肯赏脸，是何原因？"卫绾说："死罪！臣那时病了。"景帝赐卫绾宝剑，并逐渐重用他，一直任到丞相。晁错在景帝刚即位时被重用为内史，朝廷大议多由他提出，引起了丞相申屠嘉的嫉恨。

内史府的正门向东，行走很不方便，晁错在南面另开一门，南门破坏了太上皇庙的外墙。申屠嘉听说晁错破坏了宗庙围墙，就决定借此奏请景帝诛杀晁错。晁错知道消息后，连夜见景帝讲明了情况。次日朝会，申屠嘉果然上奏，景帝说："晁错破穿的不是宗庙的真墙，而是庙外余地的围墙，过去散官就在那里住过，况且是我让他穿的，晁错没出错。"在景帝的宽容和庇护下，晁错躲过了这场杀身之祸。

博士官辕固经常与景帝谈论学问，是当时的知名学者。窦太后好读《老子》一书，召来辕固请教疑难。《老子》属于道家著作，而辕固则是儒家学者，道不同不相为谋，因此辕固直言不讳地指着窦太后读的《老子》书说："这是奴仆书，不值得读。"窦太后一听大怒，说："你读的书是罪徒书！"命令辕固下到猛兽圈里去和野猪搏斗。景帝认为这是学术问题，辕固直言，并无死罪，但见窦太后盛怒未息，自己不好多言，就给了辕固一把利剑。辕固下圈后，挥剑直刺野猪，野猪应手而倒，窦太后默默无语，不好再加罪名，只得作罢。

将军郦寄在吴楚之乱中率兵击赵，一连数月没能攻破赵城，后来还是靠栾布由齐回师才攻破赵城。战后，景帝宽容了郦寄。但郦寄不自思过，却狂妄地提出要娶景帝的岳母臧儿为妻，景帝见郦寄实在无礼，才把他下狱治罪。

周亚夫是文帝时的一名将领，文帝临终前嘱咐景帝，说亚夫是一位真正的将才，国家若有危险，可以重用。吴楚叛乱，景帝把周亚夫提升为朝廷最高军事长官——太尉，率军讨伐吴楚。战后，景帝对他甚为尊重，不久又拜为丞相。但是，由于平定吴楚叛乱时周亚夫得罪梁王，梁王与太后常在景帝面前说周亚夫的短处；周亚夫又在更换太子问题上和景帝产生分歧，所以景帝渐对他产生不满。不过，在一些重大问题上，景帝仍然征求丞相意见，并不独断专行。窦太后让景帝封皇后兄王信为侯，景帝说："先帝在世时不封南皮侯和章武侯，等到我即位才封。王信现在也不能封。"南皮侯是窦太后母亲窦长君之子窦彭祖，章武侯是窦太后胞弟窦广国。景帝以父亲不封窦皇后外戚为例，坚持自己也不封王皇后外戚，打算把王氏外戚封侯的事留待太子即位后再解决，那时王皇后已成太后，再封就前有先例了。可是窦太后一再坚持，并说窦长君在世时没封侯，自己深感遗憾，不愿王皇后再有这种遗憾。景帝和丞相周亚夫商量，周亚夫说："高祖有约：'非刘氏不可封王，非有功不可封侯，违背此约，天下共讨。'王信虽是当今皇后的兄长，但没有功劳，封侯是违背约法的。"景帝无言答对，只好作罢。在后来匈奴将军唯许卢等五人归顺汉朝，景帝打算都把他们封侯，周亚夫又以为不可。这次景帝毫不客气，明确地否决了他的意见。丞相周亚夫见难与景帝合拍，就谢病辞职了。一天，景帝把周亚夫召进宫中赐餐，上的是大块儿肉，又没有筷子，周亚夫很不高兴，索要筷子。景帝开玩笑说："这么大的肉还不满足君之所需吗？怎么还要呢？"本来是句玩笑话，周亚夫听后却郑重其事地跪下谢起罪来。景帝让他起来。周亚夫起来以后就退走了。景帝望着周亚夫的背影，感到对他很讨厌。此后，周亚夫的儿子为父亲买了一些殉葬用的兵器，被人告发谋反，官吏责问周亚夫，周亚夫闭口拒绝回答。景帝不明真相，知道以后很生气，说："我不会再起用他了。"于是命人把周亚夫关进监狱。周亚夫绝食五日，吐血而死。

窦婴是外戚，吴楚之乱时，景帝考察宗室诸窦，没人超过窦婴，就拜他为大将军，率兵镇守荥阳，窦婴未负重任。后来窦太后几次让景帝拜窦婴为丞相，景帝没有听取，窦太后颇有埋怨情绪，景帝说："难道您老人家以为我舍不得把丞相这个职位给他吗？他这个人沾沾自喜，行为轻薄，丞相必须老成持重，他难于胜任。"经过慎重考虑，还是拜卫绾当了丞相。郅都是执法不避权贵的严酷官吏。济南有大豪强瞷氏宗族，历任郡守无人敢制，景帝拜郅都为济南太守，郅都诛杀瞷氏首恶，一年之后，济南郡道不拾遗。后来景帝又任郅都为雁门太守，匈奴畏惮郅都，引兵远避，不敢靠近雁门。宁成也是执法不避权贵的严酷官吏。长安居住着许多宗室权贵，胡作非为，京官无人敢管，景帝调宁成为中尉，一举就镇住了犯法的宗室权贵。程不识敢于直谏，景帝任他为评议朝政的太中大夫。石奋有震主之威，景帝调他为诸侯相。周仁守口如瓶，景帝任命他为郎中令，作为贴身近臣。

汉初历行论资得官的制度，家有资产十万钱，可以去做官。景帝看到大量贤能之士受家资限制，不能选拔到官场中发挥作用，便下令降低家资限额，由十万钱改为四万钱。这一改革，使选官范围扩大，在很大程度上便利了政府对贤才的选用。

景帝在位期间，奉行文帝的治国方针，维护安定，与民休息，使当时社会经济稳定地向前发展。这段时期与文帝时期在历史上合称为"文景之治"，是西汉王朝的升平时代。

景帝于公元前141年死在未央宫中，在位16年，终年48岁。景帝死去的当天，汉武帝刘彻即位。

4. 和亲匈奴，修好南越

文景时期，边境的民族关系比较好，这对促进统一国家的巩固和社会经济的上升，都是有好处的。

首先是汉与匈奴的关系。汉初，冒顿单于新立，恃其强盛，攻灭东胡，又西击走月氏。他利用中原兵革连年的局势，南并楼烦、白羊河南王，遂侵燕、代，悉复收蒙恬所夺匈奴故地。"控弦之士三十万"，威服诸国。高祖七年（公元前200年）冬，匈奴军攻至晋阳（今山西太原南）。汉兵追击，冒顿用计诱汉军，致使高祖受困七日。九年冬，高祖派刘敬与匈奴和亲。这是西汉和亲的开始。

吕后时，冒顿单于自恃武力强盛，蔑视汉朝军事实力，写信给吕后，措辞甚为不恭。在群臣中，樊哙提出，派他将10万军可以横行匈奴境内。中郎将季布坚决主张国家正在医治战争创伤，派大军作战是动摇天下，斥

胡汉交战画像石

责樊哙是当面欺骗。吕后采纳了季布的意见，派官员送国书，表示继续与匈奴修好。冒顿单于得书后，也派使者表示道歉，称："未闻中国礼义，陛下幸而赦之。"双方互以车马赠送，同意和亲。

文帝时，匈奴更强大。单于致文帝信中，自诩"吏卒良，马力强"，夷灭月氏、楼兰等26国，"诸引弓之民，并为一家"。时老上单于初立，文帝遣宗室女公主嫁给老上，宦者中行说被派护送公主，竟投降匈奴，破坏汉与匈奴和好趋势，唆使匈奴对汉作战。文帝与匈奴单于虽有书信往来，互相表示约束诚信，但历年间匈奴仍数为边患。匈奴问题引起朝野关注，晁错先后上《言兵事疏》《募民徙塞下书》《教民习战守书》，建议募民徙居边塞，兵屯合一，高城深堑，构筑城邑，使互相救助。对边塞居民实行以伍、里、连、邑编制，教射法及应战之法，劝以厚赏，威以重罚。

文帝十四年（公元前166年）冬，老上单于将14万骑入朝那萧关（宁夏固原南），候骑至雍（陕西凤翔境）、甘泉（陕西旬邑南），单于留塞内月余方去。文帝后元二年(公元前162年)，匈奴连岁入边，为害甚剧。因而，文帝在继续实行和亲政策的同时，极其重视加强边境防卫、报警制度。文帝后元六年（公元前158年），匈奴两路各三万骑入上郡、云中，所杀略甚众，烽火通于甘泉、长安。文帝令将军令免、苏意分守飞狐（河北蔚县南）、句注（山西代县境）等军事要地，防备极严。月余，汉兵至边，匈奴亦远塞。依靠这种以防御为后盾，同时通使和亲修好的政策，使此数十年间汉与匈奴一直保持往来，战争破坏尚未至惨剧的程度。

景帝年间，又连续三次与匈奴和亲通好，时间是元年（公元前156年）夏、二年（公元前155年）秋、五年（公元前152年）。故虽有景帝六年（公元前151年）匈奴入雁门、武源、上郡，后元二年（公元前142年）匈奴

再入雁门，但未引起大规模作战。这就使得中原地区经济生产的上升趋势继续得以保持。

其次是汉对南方边境的安抚。南粤（"粤"通"越"）王赵佗原籍真定（今河北正定），秦时任龙川（今广东龙川）令。反秦起义爆发，南海（今广州市）尉任嚣在病危之际急召赵佗，称中原大乱，让他代己自立。秦亡，赵佗自立为南粤武王。高祖已定天下，于十一年（公元前 196 年）派陆贾通使南粤，立赵佗为南粤王，负责和辑南粤，与长沙王国接壤。吕后秉政时，因官吏建议，禁止中原铁器过关运入南粤。赵佗认为必是长沙王从中捣鬼，于是自立为南粤武帝，发兵攻长沙国边县。吕后派侯灶率军进击，士卒因南方暑湿而流行疾疫，兵不能越南岭。于是赵佗控制闽粤、西瓯，东西万余里，黄屋称制，与汉朝相抗礼。文帝登帝位，即遣使告知诸侯及四方边境，示通好之意。为了避免南粤的对抗，文帝在派太中大夫陆贾再次出使时，特意写了一篇态度诚恳、措辞谦和的信。文帝不以皇帝之尊压人，而是先谦恭地作自我介绍，表示平等待人的诚意。然后告知赵佗，朝廷对他还留在河北老家的兄弟作了照顾，对赵佗所关心的祖宗坟墓已派人修葺。文帝语重心长地说明战争只会给汉和南粤造成祸害，"得一亡十"，所能得到的极小而危害极大，从希望国家安宁的目的出发，要求赵佗与汉通使如故。文帝的诚意，换得赵佗的真心归向。他重新盟誓永远当西汉朝廷的藩属。赵佗向文帝解释，他的称帝是因误会引起，一是闻说祖宗坟墓被破坏，二是疑心长沙王从中谗毁，于是派兵进攻长沙国边境，并"称帝号自娱"，并非真心与汉对抗。文帝与赵佗还互赠礼物。文帝所赠是当时很贵重的丝绵衣 100 件，赵佗所赠是南粤特产白璧、翠鸟、犀角等物。陆贾回报，文帝大悦。至景帝时，南粤仍称臣，遣使朝见。终文景之世，南粤一直是汉的藩属，南方边境长期保持安宁。

五、雄才大略汉武帝，励志改革开盛世

汉武帝刘彻统治的 50 余年（公元前 140—公元前 87 年），是西汉王朝的鼎盛时期，也是封建制度下中华民族的一个蓬勃发展时期。在经济繁荣、府库充溢的基础上，汉武帝在政治、经济、军事等方面采取了一些措施，改革了一些制度，力图加强专制主义中央集权，以适应统一国家的需要。

景帝元年（公元前 156 年）七月初七，汉武帝刘彻出生。他父亲汉景

帝刘启正好在这年登基，所以他一出生便是皇子。传说汉武帝母亲怀孕时，梦见太阳钻入怀中。汉景帝听说后很高兴，认为这是一件吉利的事情，预示着这孩子将来会有大作为。

刘彻的初名为"彘"，他生性聪明，勤学好问，7岁的时候"诵伏羲以来群圣，所录阴阳诊候龙图龟册数万言，无一字遗落"。汉景帝见其"圣彻过人"，于是把他的名字改为"彻"。后元三年（公元前141年），景帝去世，16岁的刘彻即位，是为汉武帝。

在"文景之治"时期，汉朝经济得到了恢复和发展。但是，在老子思想的影响下，"无为而治"严重阻碍了君权的集中，造成了人心涣散、一味向入侵匈奴妥协的局面。要想管理好国民，首先要改造国民的思想，让国民自觉地遵守法制、听命君主、为保国土而仇视匈奴。为此，从小就受到儒家思想影响的汉武帝在全国范围内推行了儒术。

为了顺利推行儒术，汉武帝罢免了年事已高的宰相卫绾，任魏其侯窦婴为宰相，任母舅田蚡为掌握军权的太尉。窦婴和田蚡都喜欢儒术，他们又向汉武帝推荐了儒生出身的赵绾和王臧。汉武帝任赵绾为御史大夫，王臧为郎中令。汉武帝与儒臣合作，决心推行一场政治改革。

1. 削弱王国

汉武帝时期，诸侯工虽然不像以前那样强大难制，但是有的王国仍然连城数十，地方千里，威胁着西汉中央政权。元朔二年（公元前127年），汉武帝采纳主父偃的建议，颁布"推恩令"：诸侯王除了由嫡长子继承王位以外，可以推"私恩"把王国土地的一部分分给子弟为列侯，由皇帝制定这些侯国的名号。按照汉制，侯国隶属于郡，地位与县相当。因此王国析为侯国，就是王国的缩小和朝廷直辖土地的扩大。推恩诏下后，王国纷请分邑子弟，于是诸侯王的支庶多得以受封为列侯，西汉王朝不用黜陟的办法而使王国的辖地缩小。武帝以后，

汉武帝

每一王国辖地不过数县，其地位相当于郡。这样，诸侯王强大难制的问题，就进一步解决了。

诸侯王问题解决后，全国还有列侯百余。汉制每年八月，举行饮酎大典，诸侯王和列侯献"酎金"助祭。元鼎五年（公元前112年），武帝以列侯酎金斤两成色不足为名，削夺106个列侯的爵位。还有一些列侯因其他原因而陆续失爵。不过此后仍不断有功臣侯、恩泽侯之封，列侯的数量还是不少。

汉初贵族养士的风气很盛，强大的诸侯王都大量招致宾客游士，扈从左右，其中有文学之士，有儒生、方士，还有纵横论辩之士。诸侯王策划反汉时，宾客游士往往是他们的重要助手，所以武帝力加压制。淮南王安和衡山王赐被告谋反，武帝于元狩元年（公元前122年）下令尽捕他们的宾客党羽，牵连致死的据说达数万人。接着，武帝颁布《左官律》和《附益法》，前者规定王国官为"左官"，以示歧视，后者限制士人与诸王交游。从此以后，诸侯王唯得衣食租税，不能参与政事，其中支脉疏远的人，就与一般富室无异了。

2. 实行察举制度建立太学

汉朝初年，二千石以上的大官僚任职三年以上，可以送子弟一人到京师为郎，叫作"任子"；拥有资产十万钱（景帝时改为四万钱）而又非商人的人，自备衣马之饰，也可以候选为郎，叫作"赀选"。郎是皇帝的侍从，有议郎、中郎、侍郎、郎中等，内守门户，出充车骑。郎在郎署娴习"汉家故事"，以备补授别的官职。西汉初年，地主阶级子弟为郎，是他们出仕朝廷的一个重要阶梯。在这种选官制度下，较高的官吏多数出于郎中、中郎等郎官和吏二千石子弟，选郎吏又以财富为准，未必都能得人，所以难以适应日益加强的专制王朝的需要。惠帝以来，汉朝在各郡县推选"孝悌力田"，复免这些人的徭役，让他们"导率"乡人。文帝诏"举贤良方正能直言极谏者"，这种诏举多从现任官吏中选拔。无论选孝悌力田或举贤良方正等，都还没有成为正式的制度。

武帝初年，董仲舒在举贤良对策中，提出了使列侯郡守二千石，各自选择其吏民之贤者，岁贡两人，以给宿卫的主张。这个主张包括岁贡和定员，对象有吏有民，在制度上比文帝时的诏举较为完备。元光元年（公元前134年），武帝初令郡国举孝、廉各一人。从此以后，郡国岁举孝廉的察举制度就确立起来了。

太　学

察举制初行的头几年，郡国执行不力，有的郡不荐一人。武帝为了督促察举制度的实行，规定二千石如果不举孝，就是不奉行诏令，应当以不敬论罪；不举廉，就是不胜任，应当免官。

武帝以后，孝廉一科成为士大夫仕进的主要途径，被举的孝廉，多在郎署供职，由郎迁为尚书、侍中、侍御史，或外迁县令长、丞、尉，再迁为刺史、太守。

武帝又令公卿、郡国举茂才、贤良方正、文学等，从中拔擢了一些人才。不过这类察举属于特科性质，并不经常举行。此外，还有献策上书为郎，射策甲科为郎，陇西等六郡良家子为郎等选官途径。武帝时四方人士上书言得失者达千人，其中当有以此得官者。高寝郎田千秋上书言事称旨为大鸿胪，数月即超迁丞相。

武帝在长安城外，为太常博士的弟子兴建学校，名为太学，使他们在太学中随博士受业。博士弟子共50名，由太常选择民年18以上仪容端正者充当，入学后免除本人徭赋。还有跟博士"受业如弟子"的若干人，由郡县择人充当。这些入学成经考试后，按等第录用。武帝还令天下郡国皆立学校官，初步建立了地方教育系统。太学和郡国学主要是培养封建官僚，但是在传播文化方面，也起了重要作用。

实行察举制度和建立太学后，大官僚和大豪富子嗣垄断官位的局面有所改变，一般地主子弟入仕的门径比过去宽广了，少数出自社会下层的人，也得到入仕的机会。在这种新的制度下，皇帝通过策问和考试，可以在较大的范围内按自己的意旨选择称职的官吏。这对于网罗人才，加强皇权统治，也具有重大的作用。

3. 中央军的加强

西汉时期，兵役制和徭役制结合在一起。制度规定：男子自傅籍之年（汉初15岁，景帝时20岁，武、昭后23岁）至56岁的期间内，服兵役两年，称为正卒。正卒一年在本郡为材官（步兵）、楼船（水军）或骑士；另一年在京师屯戍，称为卫士。他们还须在边郡屯戍一年，称为戍卒。除此以外，

每年还要服徭役一月，称为更卒，亲自服役的称为践更，不愿服役的可纳钱300雇人代理，叫作过更。由于雇人代役的越来越多，过更钱就逐渐演变为丁男的一种赋税，叫作更赋。汉代兵徭制度迄无定论，上述说法似近史实。

在地方，军事由郡尉或王国中尉主管，他们统领本地的正卒，进行军事训练。每年秋季，郡太守举行正卒的检阅，叫作都试。皇帝发郡国兵时，用铜虎符为验，无符不得发兵，和秦代一样。

在京城，驻有南、北二军。北军守京师，士卒多由三辅（京兆、冯翊、扶风）选调，由中尉率领；南军保卫皇宫，卫士多由三辅以外各郡国选调，由卫尉率领。南、北军力都不甚大。南军卫士数目，西汉初年为两万人，武帝即位，减为万人。卫将军以皇帝诏令统领南北军，但视需要而定，不常置。

按照汉初的军事制度，军力分散于全国各地，都城无重兵。这样的军制，自然不能适应武帝时加强中央集权的需要。要改变这种情况，必须扩充中央兵力，并建立可以由中央随时调遣的"长从"军队，起强干弱枝作用。

元鼎六年（公元前111年），武帝创建屯骑、步兵、越骑、长水、射声、虎贲、胡骑等七校尉，常驻京师及其附近。七校尉兵都统于由中尉属官中垒令演变而来的中垒校尉，所以又合称八校尉。八校尉属北军系统，每校兵力约为数百人至千余人，大概多以募士为之，是长从军队。

汉代宫廷里侍从皇帝的郎，由郎中令率领，是皇帝的仪卫，也是一支武装力量。建元三年（公元前138年），武帝设期门军；太初元年（公元前104年），设羽林军。期门约为千人，羽林700人，选陇西、天水等六郡"良家子"充当，相当于郎。这些都是属于南军系统的长从军队。汉代名将多出于期门、羽林，可见期门、羽林在全国军事系统中地位的重要。武帝后来又取从军战死者的子孙养于羽林军中，加以军事训练，号称羽林孤儿，以加强宿卫力量。

八校尉和期门、羽林相继建立后，京师军力得到加强。宣帝神爵元年（公元前

彩绘执盾步兵

61 年）发胡骑、越骑以及羽林孤儿出击羌人，可见这支军队已经用于边境的战争了。

此外，武帝军中有"勇敢士"，卫青、霍去病出征匈奴时有"私负从"者。这些当系招募而来。武帝以后，募兵在汉军中所占比例就越来越大了。

4. 设置刺史

惠帝三年（公元前 192 年），相国曹参请派御史监三辅，部分地恢复了秦的御史监郡制度。文帝十三年（公元前 167 年），丞相遣史分刺各地，考察地方官，并督察监郡御史，时置时省。文帝还常常派特使巡行。

汉武帝时，中央统辖郡国数达百余，比汉初大为增加。为了加强统治，建立监察郡国的制度就成为必要。元封五年（公元前 106 年），武帝把全国地区除三辅（京兆、冯翊、扶风）、三河（河南、河内、河东）和弘农以外，分为 13 个监察区域，叫十三州部（冀、青、兖、徐、扬、荆、豫、益、凉、幽、并、交趾、朔方），每州部设部刺史一人。刺史没有固定治所，每年八月巡视所部郡国，考察吏治，惩奖官员，断治冤狱，"以六条问事"。这六条详细规定了刺史监察的范围，其中一条是督察强宗豪右，五条是督察郡国守相。刺史所举劾者，由丞相遣使案验。征和四年（公元前 89 年），武帝置司隶校尉。司隶校尉率领官徒捕捉巫蛊（被指为以巫术害人特别是诅咒皇帝的人），监督大奸猾；后罢兵，督察三辅、三河和弘农郡，职权同部刺史相当。刺史和司隶校尉的设立，加强了中央对地方的控制，起了强干弱枝的显著作用。

刺史为六百石官（成帝改刺史为州牧，秩二千石），秩位不高，但出刺时代表中央，可以监察二千石和王国相，也可以监察诸王。刺史权责虽重，但不直接处理地方行政事务。所以刺史的设立得小大相制，内外相维之宜，比秦朝的御史监郡制度周密。

5. 统一货币

汉武帝连续发动了许多次对边境各族的战争，长期而激烈的战争消耗了大量的财富，文景时期留下来的府库积蓄都用尽了。因此他募民入奴婢、入羊、入钱、入粟以拜官或赎罪，又设武功爵出卖，力图筹措军资。元狩中，他正式打破商人不得为吏的禁令，任用大盐商东郭咸阳、大冶铁家孔仅为大农丞领盐铁事，任用洛阳贾人子桑弘羊主持计算。这些人凭借强大的专制政权，统一货币，盐铁官营，建立均输、平准制度，企图抑制商人活动，

汉五铢钱

稳定市场，扩大财政收入。

汉初以来，货币质量低劣，币面文曰半两（十二铢），实际重量只有八铢、四铢，有的甚至更轻，薄如榆荚，被称为荚钱。对于私铸，政府有时禁止，有时允许。市面货币轻重大小不一，郡县又各不同，法钱不立，折算困难。币制的混乱，破坏了国家财政制度，影响国库收入，也不利于经济的发展。文帝企图整顿币制，铸四铢半两钱，使民仿铸，诸王、达官、豪商大量铸钱，以牟巨利。私铸者不遵守官定质量要求，杂以铅铁，以此获罪者一县百数。武帝即位，恢复秦始皇时货币"重如其文"的制度，改铸三铢钱，实重与币面文字所示一致。同时禁止私铸，盗铸者罪至死。元狩五年（公元前118年）以五铢钱代替三铢钱，重如其文，但是盗铸之风不减，据说吏民坐盗铸金钱罪死者达数十万人。

除了禁止私铸以外，元鼎四年（公元前113年），武帝取消郡国铸钱的权力，专令水衡都尉所属的钟官、辨铜、均输（一说为钟官、辨铜、伎巧）三官，负责铸造新的五铢钱，名为三官钱。他还责成各郡国把以前所铸的钱一律销毁，所得铜料输给三官。这次禁令很严格，新币质量又高，盗铸无利可图，所以币制得到较长期的稳定，五铢钱乃成为由此至隋代700余年中国家铸币的主要形式。汉武帝依靠强大的政治力量统一了货币，而货币的统一又使国家的经济力量得到加强，使专制主义中央集权制度获得一种经济上的保证。

六、治理边疆开丝路，轮台悔诏立太子

1. 击匈奴，开丝路

由于社会经济条件的局限，汉初实行了黄老的"无为"政治。这种治国思想虽然在一定程度上加强了汉族和少数民族之间经济文化上的联系，但同时也助长了西北边疆和蒙古高原匈奴贵族的嚣张气势。他们经常侵扰西汉边境，给边疆吏民带来了灾难，也对西汉政权的稳固造成了威胁。

文景时期，西汉朝廷在对待匈奴方面基本上以和亲为主，以此换取短暂的和平。到了汉武帝时期，经历了前几代的发展后，西汉的国库逐渐充实起来，士兵素质也提高到了一定的水平，基本上具备了大规模反击匈奴的实力。正是在这种情况下，汉武帝决定对匈奴进行彻底的打击，洗刷数年来的耻辱。建元三年（公元前138年），汉武帝派张骞出使西域，联合西方的大月氏国，夹击匈奴。随后又命令卫青、霍去病率领部队对匈奴进行了远征。经过数次打击，匈奴一蹶不振，再也无力骚扰中原，只好迁往北方很远的地方。此外，张骞出使西域，虽然没有达到联合大月氏抗击匈奴的目的，但是自此开始了大西北的开发，不仅断了匈奴右臂，更重要的是打通了通往西域的道路，形成了沟通古代欧亚交通的"丝绸之路"。

汉武帝在位期间，还完成了对东南和南方的统一和对西南地区的开发。元封三年（公元前108年），汉武帝又发兵东北，降服了那里的高丽等郡，加强了朝鲜与中原的文化交流。此后，武帝威名震慑四边。

汉武帝晚年繁刑重敛，信惑神怪，巡游无度，使百姓疲敝，尤其是中外交往开始频繁后，各种珍奇宝贝更是让武帝大开了眼界，这同时也刺激了武帝的消费欲，他开始广设苑囿宫殿，陈设布置也是日渐奢华，其他贵族官吏也竞相攀比，奢靡之风日盛。或者是他想用这种方式对那些外国人显示大汉的富庶，所以经常给那些外国使者、商人等常赐，那些人回去后，又带来了更多的人，结果使国家因此而支出无度。

另外，他还喜欢巡游，仅仅公元前110年的那一次，就行程18000里，沿途"所过赏赐用帛百余万匹，钱金以巨万计"。可见其奢华程度！在这样的情况下，农民怎能不贫困，农民不得好过，那么他们就会起来反抗，于是，全国各地相继出现农民起义，虽然这些起义最终都被镇压，未能从根本上撼动汉王朝的统治，但这足以让他听见警觉的钟声。后来，他开始转变以前的政策，将注意力用于农业生产和经济的恢复。

汉武帝受方士们的诱惑，很喜欢祀神求仙。并试图寻找可以长生不老的药，甚至封

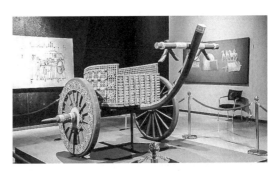

匈奴人的青铜马车

一个骗子——据说有长生不老药的人——五利将军、天士将军、地士将军、大通将军、天道将军，并黄金万两，将女儿嫁给他，这个人就是栾大，直到事情败露，才将这人拦腰斩了。但这个巨大的骗局并没有让汉武帝醒悟，他依然幻想着有一天能够找到那海上的神仙，能够让自己长生不老。

武帝晚年的时候，变得疑神疑鬼，有一次因为做了个噩梦便着人下去调查，认为是有人诅咒他，结果出现了"巫蛊之祸"。先后杀死了几万人，其中包括丞相、亲生女儿、皇后的侄子等，后来有人污蔑太子诅咒武帝，结果太子被迫假传圣旨斩了这个负责调查的人，发兵攻占长安的要害部门，结果皇太子兵败自杀。直到第二年的时候，武帝才查明太子原来是冤枉的。后来丞相刘屈氂和将军李广利也被指控诅咒皇帝，结果刘屈氂被杀，将军李广利则投降了匈奴，所率部队七万余人几乎全军覆没。这次惨败让汉武帝彻底清醒了，他亲自调查了巫蛊事件，结果证明大多数都是办案负责人江充的诬陷之罪，他后悔不及。

这时候他才开始自我检查，并在泰山明堂祭祀的时候对着苍天和臣子们做了自我检查，遣散了所有方士，并下了"罪己诏"，宣布"当今务在禁苛暴，止擅赋，力本农"。任命田千秋为丞相，封为"福民侯"。任命赵过为搜粟都尉，推广"代田法"和先进的农用工具，开启了"昭宣中兴"的西汉盛世。

2. 轮台悔诏

汉武帝的性格比较好动，崇尚天下大一统的局面，幻想着把国家治理得繁荣昌盛，超过古代一切圣明的君主。所以，董仲舒的理论，正好符合汉武帝的要求，对董仲舒大大地赞赏了一番。汉武帝一生的治国实践，很多方面是按照董仲舒的理论进行的。

汉武帝有一个很大的弱点，对迷信和鬼神深信不疑，经常求神问卜，希望自己能长生不老。一些投机分子们便乘机装神弄鬼，把汉武帝说成是天上的神人，说他是神和人结合起来的帝王，是古今以来最英明、最伟大的君王，还为他采炼了许多丹药让他吃，并说吃了药会长生不老。每次派兵出去打仗，都有一些装神弄鬼的人为汉武帝求上帝保佑，汉武帝对这些东西非常相信。

但是，有一件事使汉武帝对鬼神的态度发生了变化，让他彻底对自己的所作所为做了反省和检讨，这就是贰师将军李广利投降匈奴的事件。

公元前90年，匈奴对汉朝的五原（在今包头市西北）、酒泉（今甘肃酒泉）二郡发动进攻，汉武帝派李广利等人领兵七万前去迎敌。李广利出兵之前和丞相刘屈氂商量，要屈氂设法将自己的外甥昌邑王立为太子。刘屈氂和他的夫人在家请了女巫，诅咒汉武帝早死，只要汉武帝一死，便与李广利里应外合，立昌邑王为皇帝。阴谋败露后，汉武帝大怒，把丞相刘屈氂一家和李广利的一家老小全部杀头，还连累了许多朝廷官员，李广利在前方听说这件事后，便投降了匈奴。

汉武帝杀了李广利一家以后，心中想不通，为什么许多事情都与神鬼有关？难道神鬼保佑都是假的？又想到自己派出许多方士（专门以求神、炼丹为职业的人）去求仙访神，他们说在东海上发现了神仙，可怎么总见不到？这时候，汉武帝已经七十来岁了，身体渐渐差了起来，想自己亲自去求仙，看是不是真的有神仙。

汉武帝带着许多方士，来到东莱（在山东莱州市一带），准备亲自登船出海去求神仙，刚刚上船，海上风暴大起，海浪像小山一样向船涌来，吓得汉武帝连退几步，打消了出海的念头，命令回都城去。经过泰山，汉武帝祭过了神，召集大臣们说："我从当皇帝以来，所作所为相当混乱，国家的老百姓跟我后面吃了不少苦头，今后，凡是有伤害老百姓利益的事情，一律不准！"大鸿胪（官名）田千秋说："现在朝廷任用了许多方士，他们成天只是谈论神仙，耗费了国家许多人力、物力，应该下令叫他们回乡劳动去。"汉武帝觉得田千秋说得很对，立即下令解散了全部方士。

搜粟都尉（官名）桑弘羊又上书说："轮台（在今新疆轮台东南）地方有水田五千多顷，应该在那里派驻士兵，一面种田一面防止外敌入侵。"汉武帝这时候已经认识到长年打仗使人民痛苦不堪，觉得不能再实行老政策了，便就桑弘羊的奏表下了一道诏书，叫《轮台罪己诏》（罪己，检讨自己错误的意思），说自己不愿再向远方派驻军队和邻国打仗，过去的这些行为对国家极为有害，当前最重要的是发展农业生产，免除那些沉重的税收和严酷的法律，使人民安居乐业，军事上只要能防守就行了。诏书还检讨了自己多年对边疆发动战争的过失。

汉武帝从下过诏书以后，过去的一些好大喜功的行为果然有所收敛，取得了积极的作用，认真治理国家，"轮台悔诏"是汉武帝对自己正确认识和评价的一种表现。

3. 终立太子

武帝晚年思过,思想经常处于忏悔的状态中。他曾沉痛地自责"不德",说由于"朕不德",造成巫蛊之祸,伤害了士大夫,因此常痛在心,饮食减少,惭愧极了,减少对音乐、长寿的兴趣。他颁诏令田千秋等大臣们不要再上寿颂德歌美了。由于心情沉痛抑郁,饮食减少,武帝晚年多病,不得不认真考虑立储问题。

武帝共有六子。卫皇后生故太子刘据,王夫人生子刘闳,元狩六年(公元前117年)立为齐王,于元封元年(公元前110年)病死;李姬生子刘旦、刘胥。元狩六年(公元前117年)立刘旦为燕王,又立刘胥为广陵王;李夫人生子刘髆,天汉四年(公元前97年)立为昌邑王,后元元年(公元前88年)病死。钩弋夫人即赵婕妤生子弗陵。马何罗事件后,武帝只有燕王刘旦、广陵王刘胥和幼子弗陵三子。

燕王为人善辩,有才略,广纳游学之士。自皇太子刘据自杀、齐王刘闳病死以后,燕王年龄居长。按照传统的宗法制度,刘旦自以为依次当被立为皇太子。后元元年(公元前88年)燕王刘旦上书,请求回京师入宫宿卫。实际上即是要求立为皇太子。武帝大怒,下令将送书的使者斩于未央宫的北阙之下,削夺封国中的良乡、安次、文安三个县。实际上是向燕王和天下示意,不准备立燕王为皇太子。

广陵王刘胥,勇猛雄健,力可扛鼎,但好倡乐逸游,常常违犯法度,多有过失,一向不被武帝所喜,自然不在立储之列。

武帝最喜爱的是幼子弗陵。弗陵虽然只有七八岁,却长得形体壮大,相貌英俊,慧敏多智。武帝久有立其为太子之意。但弗陵年龄幼小,其母钩弋夫人又很年轻,武帝担心将来弗陵为帝,母后必思干政,恐怕危及汉家社稷。所以他一直在考虑寻找一个稳妥的立储办法。

武帝经过深思熟虑想出良计,部署预立弗陵,物色大臣辅助。当时,朝廷中大臣有丞相田千秋,侍中奉车都尉光禄大夫霍光,搜粟都尉桑弘羊,侍中驸马都尉金日磾,御史大夫商丘成,大鸿胪田广明,太仆上官桀等。后元元年(公元前88年)夏,商丘成因罪自杀。武帝认真考察群臣,认为只有霍光忠厚可以承担辅保社稷的大事。霍光,霍去病弟,10余岁入宫为郎,出则奉车,入侍左右,侍奉武帝20多年,小心谨慎,从无过失,很得武帝信任。武帝命黄门画了一幅周公负成王朝诸侯图,赐谕霍光。于是左右群臣都知晓武帝要立少子弗陵为太子。

然而几天后，武帝在甘泉宫谴责钩弋夫人。夫人卸脱簪珥，叩头认过。武帝主意已定，毫不为动，断然传命把她押入掖庭狱。夫人边走，边回头求饶。武帝厉声说："快走！你不得活！"最后，赐夫人死在云阳宫。

事后，武帝问左右侍从："外面对这事有何说法？"左右告诉武帝："说既然就要立弗陵为太子，又何必除去他的生母？"武帝这才说了他的意图："这不是你们这些愚人所能知道的。过去国家造乱的缘故，是天子少母后壮。女主独居骄蹇，淫乱自恣，莫能禁止她。你们没听说过吕后吗！所以不得不先除去她。"可知武帝诛杀钩弋，是站在他的立场上，吸取吕氏专权的历史教训，而采取的防微杜渐以确保弗陵顺利执掌皇权的措施。司马光说："孝武以孝昭之生，神异于人而复有早成之资，违长幼之次而立之。鉴于诸吕，先诛其母，以绝祸源，其于重天下谋子孙深远矣。"

后元二年（公元前87年）春正月，武帝在甘泉宫接受诸侯王的朝见。二月，巡游五柞宫。五柞宫周围山清水秀，景色宜人。武帝心绪苦闷，想借山水之秀以解烦恼。早春二月，春寒料峭。武帝连日游览，偶感风寒。不料数日之后，竟然病入膏肓，卧床不起，返京不得。霍光、金日磾日夜服侍在左右。随行的大臣们都明白皇上可能将不久于人世。霍光见储君未立，怕武帝突然驾崩，祸危社稷，便趁武帝清醒时，跪在榻前泣问道："陛下一旦不讳，应该由谁来继承大位呢？"武帝说："前日所赐周公负成王朝见诸侯图，难道你还没有理解它的含义吗？立少子弗陵，由你行周公之事！"霍光叩头谢辞道："臣不如金日磾！"金日磾亦在旁，急忙叩头推却，诚恳地说道："臣德才远不如霍光，况且臣是外国人，若使辅弼幼主，必会使匈奴轻视我大汉！"武帝道："你们两人素来都忠心耿耿，朕久已深知，都不必推辞，朕自有安排。"霍光、金日磾见武帝再不说话，只好叩头退出。

二月十二日，武帝颁布诏书，立8岁的皇子弗陵为皇太子。

汉武帝

二月十三日，武帝命霍光为大司马、大将军，金日磾为车骑将军，上官桀为左将军，桑弘羊为御史大夫，田千秋仍为丞相。宣五人入内。五位顾命大臣齐跪在武帝榻前，叩头拜见。武帝已命在旦夕，不能多言，只能颔首作答。五位顾命大臣拜受遗诏。遗诏曰：

制诏：朕体不安，已无痊愈之望，即将永诀。望辅弼诸臣，宜谨奉皇太子，尽心竭力。制告皇太子善待百姓，轻赋敛，近圣贤，信谋臣，以身奉行名教和祖宗法制。遵循朕的告诫，才有资格君临天下。要牢记秦二世灭亡的教训，终生不得疏忽。

苍天不可久视，大地不可久履，朕就此诀别。告诫后世子孙，兢兢业业，切勿辜负天地的恩德！

二月十四日，驾崩于五柞宫。遗体运回未央宫前殿入殓。终年70岁，在位55年。

二月十五日，皇太子刘弗陵在枢前继皇帝位，是为昭帝。霍光、金日磾、上官桀三人共领尚书事，大司马、大将军霍光总揽朝政，国家政令都由他制定。几位大臣同心协力，忠于职守，贯彻武帝末年安国富民的大政方针，平稳地完成了政权的交接，为朝野臣民所称颂。

至宣帝本始二年（公元前72年）五月，宣帝诏告他夙夜怀念武帝创建文治武功，命有司议加尊号。六月，尊孝武庙为世宗庙。

汉武帝做了半个多世纪的皇帝，把汉朝推向鼎盛的时期，在文治武功上都有一定的建树，如果他不是在晚年犯些错误，或者他还真可以称得上是个完美的皇帝。但是，现实里绝对没有如果，所幸的是，他后来对自己的过失做了反思。但是历史不会遗忘，人们所承受的苦难也不会被遗忘。

七、忠臣辅政汉昭帝，废帝登基廿七日

1. 昭帝登基，霍光辅政

汉昭帝刘弗陵（公元前94—公元前74年），西汉第八位皇帝，汉武帝刘彻少子，赵婕妤（钩弋夫人）所生。婕妤是武帝创设的嫔妃称号，位次皇后，爵比列侯。

后元二年（公元前87年）二月十五日，刘弗陵登基为帝，是为汉昭帝。封其姊鄂邑公主为长公主，入住皇宫，抚养昭帝。遵照武帝遗诏，由大将军霍光领尚书事，主持国政，车骑将军金日磾、左将军上官桀为其副手。

昭帝君臣接受的是一个百孔千疮的破烂摊子。霍光奏准昭帝，接连下了几道诏令：遣故廷尉王平等五人，持节巡行郡国，举俊良，问民所疾苦、冤恨，查办失职官吏；遣使者赈济贫民，发给他们粮种，豁免一年租税；武帝时代的案件，皆赦免不究。这些措施对于缓解武帝以来的社会危机，起了一定作用。

霍光推行的治国方针，是武帝《罪己诏》所厘定的。他把武帝的改革方针付诸实施，推动治国方针的转变。但是，他的行动遭到了一些人的反对，为首的是御史大夫桑弘羊。

钩弋夫人

桑弘羊是武帝朝盐、铁、酒官营政策的策划者，他热衷于武帝前期那种好大喜功的政策，反对转变治国方针。于是，朝臣之间在治国方针上发生严重分歧。始元六年（公元前81年）二月，政府举行了一场"盐铁会议"，就治国方针问题进行辩论。在这次大会上，以御史大夫桑弘羊为首的保守派和以贤良、文学为代表的变革派进行了激烈的辩论。双方争论的焦点有三：一、是否继续推行还是废除盐、铁、酒官营政策；二、对匈奴是继续进攻还是转为防御；三、继续实行法治还是改行德治。丞相田千秋是会议的主持人，在双方唇枪舌剑的争论时，他默默不语。只是在双方辩论最激烈的时候，他以调解人的面目说几句不偏不倚、模棱两可的话。霍光虽然没有出场，但他实际上是贤良、文学们的后台。由于他的支持，贤良、文学们在辩论中占了上风。经过这次会议，进一步促进、坚定了治国方针的转变。但是，朝臣内部的斗争却在进一步激化，"盐铁会议"后的第二年，便发生了上官桀、桑弘羊等人密谋策划的宫廷政变。

2. 粉碎政变，稳固政局

上官桀和桑弘羊暗中收集霍光的过失，把材料交给燕王刘旦。刘旦遣人上疏弹劾霍光，上官桀和桑弘羊乘霍光休沐回家之际，劝昭帝把燕王的奏疏下发百官，罢免霍光。不料，昭帝把燕王的奏疏留下，不肯下发。翌日清晨，霍光上朝，听说燕王奏劾之事，便停在一处叫"画室"的殿中，不敢入朝。昭帝宣召霍光入朝。霍光进来后，免冠顿首。昭帝说："大将军戴上冠，朕知道燕王奏疏有诈，大将军无罪。"霍光顿首谢恩，问道："皇上怎知燕王奏疏有诈？"昭帝说："大将军去广明亭检阅御林军，广明亭近在咫尺，何须准备饮食？调动校尉一事不出 10 日，燕王怎能得知？若大将军想图谋不轨，不需要校尉。"这一年昭帝只有 14 岁。公卿百官听昭帝评析得头头是道，都很惊奇。上官桀等人的阴谋被昭帝一语揭穿，所有在朝大臣对昭帝如此聪明善断无不表示惊叹，霍光的辅政地位得到了稳固。

但上官桀等人不甘心失败，决心铤而走险。他们定下计策，鄂邑长公主出面请霍光吃酒，伏兵格杀霍光，除掉燕王，废除昭帝，拥立上官桀为帝。不料，他们的阴谋被稻田使者燕仓侦知，燕仓密报给大司农杨敞，杨敞转告谏大夫杜延年，杜延年又奏告昭帝和霍光。昭帝与霍光立即发兵杀上官桀父子、桑弘羊和丁外人，将他们诛灭三族；鄂邑长公主、燕王自杀。上官皇后年少，仅 8 岁，未参与谋反，再加上她是霍光的外孙女，故没有废黜，仍做她的皇后。

这场政变被粉碎后，霍光地位更加稳固，政局渐趋安定。元凤四年（公元前 77 年），昭帝年满 18 岁，举行冠礼。按传统，加冠之后。昭帝开始亲政，但军权大事仍委任霍光。霍光执掌大权，但不专权跋扈，君臣相安无事。在昭帝和霍光的治理下，汉帝国政局稳定，社会经济有较大的发展，出现了中兴局面。

元平元年（公元前 74 年），刘弗陵因病驾崩，年仅 21 岁，在位 13 年。谥号孝昭皇帝，葬于平陵。

3. 荒淫无礼，刘贺被废

刘贺（公元前 92—公元前 59 年），汉武帝刘彻之孙，昌邑哀王刘髆之子，生于昌邑（今山东省菏泽市巨野县）。西汉第九位皇帝（公元前 74 年 7 月 18 日—8 月 14 日在位），在位仅 27 天，

汉昭帝

是西汉历史上在位时间最短的皇帝。

后元元年（公元前 88 年），昌邑哀王刘髆去世。始元元年（公元前 86 年），刘贺嗣位，年四五岁，成为西汉第二位昌邑王。

元平元年（公元前 74 年），汉昭帝驾崩，因无子，刘贺被征召入朝，立为皇太子。六月丙寅日，刘贺接受皇帝玺绶，承袭皇帝的尊号，却并未谒见高庙。

刘贺即位 10 余日，霍光已与张安世谋划废之。六月癸巳日，即刘贺在位第 27 天，其因荒淫无度、不保社稷而被废为庶人，史称汉废帝。上官太后诏令刘贺回到故地昌邑，赐其汤沐邑 2000 户。昌邑王国被废除，降为山阳郡。

元康三年（公元前 63 年），汉宣帝封刘贺为海昏侯。四月，刘贺前往豫章郡海昏县（今江西省南昌市新建区）就国。神爵三年（公元前 59 年），刘贺去世。

八、宣帝清除势力网，清明之治创中兴

汉宣帝刘询（公元前 91—公元前 49 年），西汉第十位皇帝。原名刘病已，汉武帝刘彻曾孙，戾太子刘据之孙，史皇孙刘进之子。

刘询是中国历史上有名的贤君，在位期间，全国政治清明、社会和谐、经济繁荣、四夷宾服，史称"孝宣之治"，又称"孝宣中兴"，史家称西汉国力在其治下最为强盛。在以制定庙号、谥号严格而著称的西汉一朝，刘询是四位拥有正式庙号的皇帝之一。

征和二年（公元前 91 年），汉宣帝刘询出生，他的初名叫刘病已。

刘病已出生后不久，朝中便发生了巫蛊事件。在短短几个月的时间内，其祖父戾太子刘据、祖母史良娣、父亲刘进和母亲王夫人纷纷受到牵连并遇害。就这样，嗷嗷待哺的刘病已竟成了一个无人照顾的孤儿。不仅如此，刘病已也受到巫蛊事件的牵连，身陷京城狱中。后元二年（公元前 87 年），汉武帝病逝，5 岁的刘病已被赦免出狱，送回其祖母史良娣的娘家抚养。张贺原是刘病已祖父的家吏，此时担任掖庭令。为了报答戾太子昔日对他的恩情，他通过关系将刘病已接回掖庭。从此，身为皇族的刘病已得到了生活保障。张贺不仅帮助刘病已解决了生活问题，还让他受到了良好的教育。元平元年（公元前 74 年）刘贺被废。七月，霍光等大臣将他从尚冠

里住处迎入宫中，先封为阳武侯，随后继皇帝位，时年18岁。第二年改年号为"本始"。刘病已继位后，改名刘询，即汉宣帝。

汉宣帝继位之初，朝政差不多全部掌握在霍光手里。当时，霍家权力极大，除霍光权倾朝野之外，他的儿子霍禹、侄孙霍云还是统率宫卫郎官的中郎将；霍云的弟弟霍山时任奉车都尉侍中，统率禁卫部队胡越骑兵；两个女婿分别担任东宫和西宫的卫尉，掌管整个皇宫的警卫；堂兄弟、亲戚也都担任了朝廷的重要职位，形成了一个盘根错节、遍布西汉朝廷的庞大势力网。霍光其实成为实际上的最高统治者。

地节二年（公元前68年），霍光去世。汉宣帝认为时机已到，开始亲理朝政，重用御史大夫魏相，让魏相以经事中的身份参与朝中的机密决策，后来又提拔魏相做了丞相。继而任命丙吉为御史大夫，又委以他的岳父平恩侯许广汉以重任，逐渐把权力收归自己手中。

汉宣帝深知，霍光虽然死了，但霍家的势力还很大，兵权也掌握在他们手中。他先解除了霍光两个女婿东宫、西宫卫尉的职务，剥夺了他们掌管的禁卫军权。又把霍光的两个侄女婿调离了中郎将和骑都尉的位置，让自己的亲信担任南、北军和羽林郎的统率。最终把兵权掌握在自己手中。之后，他提拔霍光的儿子霍禹为大司马，明升暗降，剥夺了他掌握右将军屯兵的实权。还对上书制度进行了改革，下令吏民上书，直接呈皇帝审阅，不必经过尚书，把霍山、霍云领尚书事的职务架空起来。通过这一系列步骤，

汉宣帝

霍家掌握的权力剥夺殆尽，权力逐渐集中在汉宣帝的手中。汉宣帝大规模地镇压了霍氏集团的叛乱，将参加叛乱的人都处以极刑，并废除了霍皇后，在西汉朝廷中盘踞了十几年的霍家势力一朝覆灭，汉宣帝最终确立了他的绝对统治。霍氏集团被铲除后，朝中大权终于掌握在汉宣帝的手中。早年生活在民间的汉宣帝非常了解百姓的疾苦，于是在各个方面都进行了调整和整顿。

由于刘询少时多到京都三辅了解民情，因此对百姓疾苦和吏治得失有所了解，这对他的施政有直接影响。他在位期间，励精图治，选贤任能，贤臣循吏辈出，著名的有麒麟阁十一功臣。宣帝注意减轻人民负担，恢复和发展农业生产；并重视吏治，认为治国之道应以"霸道""王道"杂治，反对专任儒术。在对外关系上，宣帝于本始二年（公元前72年）联合乌孙大破匈奴，而后匈奴呼韩邪单于率众来朝称臣。神爵二年（公元前60年）平定西羌，并置金城安置降羌，同年设西域都护府监护西域各国，正式将西域纳入版图。

汉宣帝一方面选任有能力的人，另一方面采用汉武帝时的刺史制度对各郡进行监察。另外，汉宣帝推行了有功必赏、有罪必罚的政策。通过种种配套措施的实施，官吏中的腐败现象得到明显抑制。而且，在这种正气之风的感召下，官吏们不再相互攀比财富，而是以出色的政绩、深厚的学问为荣。

在思想方面，汉宣帝改变了汉武帝时独尊儒术的局面，满足了其他学派的需求，同时为中国文化遗产的保留做出了贡献；在农业方面，汉宣帝一方面依照惯例减少赋税徭役，另一方面根据当年灾情的轻重再减免一些租税；在工商业方面，汉宣帝在依然推行汉武帝以后的官营政策的同时，针对这种政策的弊端做了一些修改，有效地抑制了由此导致的官吏腐败现象。

汉宣帝以前，由于土地的买卖不受控制，官僚、地主、豪强、富商等纷纷大量购进土地，严重导致了国内的贫富分化。为了改变这种现象，汉宣帝把巨富者迁徙，把他们的土地充公或分配给贫者。另外，汉宣帝还颁布诏令，把公田借给贫者耕种。

在整顿吏治的同时，汉宣帝根据国情开始对国内各种政策进行完善和改革。在他的努力下，西汉王朝除了有"文景之治"外，又出现了"孝宣中兴"。

黄龙元年（公元前49年）十二月，刘询因病崩于未央宫，葬于杜陵，庙号中宗。

九、宠宦官外戚干政，汉元帝大权旁落

汉元帝刘奭（公元前74—公元前33年），汉宣帝刘询与嫡妻许平君所生之子，西汉第十一位皇帝。

刘奭出生几个月后，汉宣帝继位为帝。两年后，其母许平君被霍光妻子霍显毒死。地节三年（公元前67年）四月，刘奭被立为太子。黄龙元年（公元前49年）十二月，汉宣帝驾崩，皇太子刘奭继位，是为汉元帝。

汉元帝多才艺，善史书，通音律，少好儒术，为人柔懦。在位期间，因为宠信宦官，导致皇权式微，朝政混乱不堪，西汉由此走向衰落。

宣帝临终之前，托付三名大臣辅佐朝政，一位是外戚史高，另外两位是元帝的师傅萧望之和周堪。萧望之是东海兰陵（今山东枣庄东南）人，宣帝时任太子太傅，教授太子刘奭《论语》和《礼仪》，与同时教授《尚书》的少傅周堪都是德高望重的老臣。宣帝在病中拜萧望之为前将军光禄勋，拜周堪为光禄大夫，授诏辅政，兼领尚书事。萧、周二人本为师傅，又受先帝遗诏辅政，所以元帝继位之初，接连数次宴见萧、周，研究国事，讨论朝政。当时，萧推荐了博学多才的大儒刘向和忠正耿直的金敞，元帝均付以重任，并加官给事中，即特赐随便出入禁中，参与机密之权。

元帝还大力擢用儒生。他继位不久，听说琅邪（今山东诸城）人王吉和贡禹是关东明经洁行的儒学大师，就特派使者召来京师做官。王吉病死在赴京途中，贡禹入京拜为谏大夫，随后又升为御史大夫，位列三公。为了发展儒学，重用儒生，元帝曾一度指令京师太学的博士弟子取消定员限制，凡能通一经的民间儒生均免除兵役、徭役。后因用度不足，博士弟子定员千人，即使这样也比宣帝末年的名额增长了五倍。元帝在位期间重用的大臣，多为汉代知名的经学大师，师傅萧望之以《齐诗》著称，周堪以《尚书》闻名；御史大夫贡禹精通《公羊春秋》，薛广德曾以《鲁诗》教授；丞相韦玄成秉承家学，兼通数经，匡衡则是当时众所公认的《诗》学泰斗。

汉元帝

尽管元帝重用儒生，能在一定程度上纳谏，并采取了一些轻刑和节俭的措施，但丝毫也不能改变西汉王朝走下坡路的局面。以轻刑来说，元帝曾减省刑罚70多项，并连年大赦，但今日大赦，明日犯法，相随入狱，盗贼满山，社会治安极为混乱。以节俭来说，元帝做出不少示范动作，但侈靡之风有增无减。

元帝尊师重儒的同时，也宠奸任佞，一批奸佞小人麇集于朝廷要枢，石显是其中最主要的一个，他依靠元帝宠信，以中书令官职专权十几年，一直到成帝继位。石显与中书令（朝廷秘书长）弘恭结为党友，以久典枢机、熟悉朝务为优势，常常非议、抵制甚至推翻领尚书事的萧望之、周堪的意见，引起萧、周正直派官员的反对。于是朝中形成了以弘、石为首的中书势力和以萧、周为首的正直势力的对立局面。双方明争暗斗，愈演愈烈。

元帝对两位师傅特别信任，儒臣的影响力与日俱增，致使被冷落的史高心理失衡，与萧望之产生嫌隙，权力斗争的阴影随即笼罩着朝廷。史高与宦官里外呼应，反对萧望之的改革主张。萧望之忧虑外戚放纵、宦官擅权，于是向元帝建议：中书是国家政事之本，应由贤明公正之士掌管，武帝悠游饮宴于后庭，任用宦官掌管中书，不合乎国家旧制，且违反"古不近刑人之义"，必须予以纠正。元帝初继位，由于性情柔弱缺乏主见，不敢做出调整，议论久而不决。萧望之提出此动议，却招致宦官中书令弘恭、仆射石显等人嫉恨，于是他们与史、许两姓外戚联手，共同对付萧望之，只用两个回合，就将萧望之逼死。

萧望之饮鸩自杀，元帝非常震惊，为之痛哭流涕，责怪弘恭、石显等人害死自己的贤傅。但他却没有惩治逼死师傅的幕后推手，只是口头责问弘恭、石显等人，使其"免冠谢"而已，事后对他们宠信如故。从萧望之死，能看出元帝政治上的短视与低能，空怀匡正理想，而缺乏战略眼光与政治谋略。毫无疑问，元帝若要推行新政有所作为，必须将儒臣作为主要依靠力量。元帝放纵宦官逼死萧望之，放逐其他儒臣，无异于自废武功，自断臂膀。

外戚、儒臣、宦官三种势力角逐，宦官成为大赢家。萧望之死后不久，中书令弘恭当年病死，石显继任中书令。此后，中枢权力急剧失衡，向石显一方倾斜。出于对石显的信任及自身健康原因，元帝将朝政全部委托他处理，事无大小，都由他汇报决断。于是石显威权日盛，贵幸倾朝，公卿以下无不畏惧他。石显俨然一言九鼎，"自是公卿以下畏显，重足一迹"。元帝虽为天子，权柄却握在石显手中，一切听任石显说了算。

元帝特别宠信宦官，主要基于一种天真的想法，认为宦官没有家室，不会缔结"外党"。但这是一种错觉，石显之流其实颇擅长"结党"，他不仅与宫廷太监结为"内党",而且勾结史丹、许嘉等外戚,并拉拢那些看风使舵的匡衡、贡禹、五鹿充宗等儒臣,结为"外党";内外呼应,兴风作浪,党同伐异。易学大师京房曾提醒元帝不要宠信佞臣,元帝却执迷不悟,依然听任石显专权;京房触怒石显,很快被逐出朝廷,随后又因"诽谤政治"而被处死。

石显凭借尚书权,先后清除政敌,有的免官归野,有的合家流放,不少人被推上断头台。上至公卿下至郎吏的满朝官员,无不畏惧以石显为首的中书势力,处处小心谨慎,甚至连走路时抬腿落足也不敢稍有疏忽大意。

元帝在位期间,匈奴已经衰落,边郡比较平安,不过偶尔也会出现一些问题。对于如何处理边郡问题,元帝总是召集群臣讨论,而往往采取在争辩中占上风的意见和主张。永光二年(公元前 42 年)秋,陇西郡羌人反叛汉朝,元帝征发六万援军开入陇西,当年年底平定了羌人的叛乱。

元帝晚年得病,不亲政事,贪图安逸。他不喜欢皇后和太子,而爱傅昭仪和刘康,所以逐渐滋生了易储之念。竟宁元年(公元前 33 年),元帝病重,傅昭仪和刘康常侍奉左右,而皇后王政君和太子刘骜难得觐见。元帝几次问尚书关于景帝废栗太子而立胶东王刘彻的旧例,打算效仿故事易储。皇后王政君、太子刘骜和刘骜的长舅卫尉王凤日夜忧愁,不知如何是好。史丹是元帝的亲密旧臣,能入禁中看望元帝。他乘元帝独寝时,径直闯入卧室,跪在元帝面前哭诉说:"皇太子以嫡长子立为太子,已经有 10 多年了,名号印入百姓心中,天下无不归心。现在见定陶王受陛下深宠,纷传陛下打算易储,道路流言,满城风雨。若果有此事,公卿以下的满朝群臣必定以死相争,拒不奉诏。愿陛下先赐臣死,以示群臣。"元帝本性仁柔,不忍见爱臣伤心流泪,又觉得史丹言辞恳切,深受感动,怆然叹息说:"寡人的身体江河日下,朝不保夕,然而太子和两王年少,欲去又留恋,怎能不挂念呢?不过,却没有易储的打算。况且,皇后是个宽厚谨慎的人,先帝又喜欢骜儿,我岂能违背他老人家的旨意。你是从哪里听到这些闲话呢?"史丹借着元帝的话茬,连连叩头说:"愚臣妄闻胡说,罪该万死。"元帝说:"我的病日益沉重,恐怕不能好了。尽心辅佐太子吧,不要让我失望。"从此,元帝打消了易储之念。

竟宁元年(公元前 33 年)五月,汉元帝在长安未央宫去世,终年 42 岁。死后庙号高宗,谥号孝元皇帝。太子刘骜登基,是为汉成帝。七月,成帝为父举行葬礼，葬于渭陵（今陕西咸阳东北）。谥号孝元皇帝。平帝元始四年（公元 4 年），尊孝元帝为高宗。

十、治乱相依汉成帝，后宫不宁酒色侵

汉成帝刘骜（公元前 51 公元前 7 年），西汉第十二位皇帝，汉元帝刘奭与孝元皇后王政君所生的嫡子。

刘骜出生的时候，父亲刘奭已是皇太子，母亲王政君为太子妃。他生下来就很得祖父宣帝的喜爱，还亲自给他命名取字。宣帝去世后。父亲继位为元帝。他则顺理成章地做了皇太子。不久，元帝去世，刘骜顺利继承皇位，时年 19 岁。

成帝性格温和内向，谨小慎微，谦恭有余，豪爽不足，这也是儒生的普遍性格特点。成帝自小开始读经，到青少年时代对儒经更加推崇。继位后，成帝非常重视科技、文化等的发展。《汜胜之书》为我国最早总结北方特别是关中地区农业生产技术的著名农书，就是在这期间出版的。世界公认的最早的太阳黑子的记载，我国古代最详细的有关哈雷彗星的观察记载，都是在这期间出现的。汉成帝在文化上还算小有成就，他做的几件事都很有创意。比如对我国的图书进行一次大规模的收集和整理。这项工作由当时的著名学者光禄大夫刘向具体负责，刘向死后由其子刘歆继续完成，编成了一部我国最早的图书分类目录《七略》。此书的编撰，既有利于我国古代文化典籍的保存，也有利于文化知识的传播，确实是当时文化上的一大进步。

汉成帝刘骜在位期间还有几件事值得称道，那就是减轻赋税、禁奢侈和强化皇权。公元前 31 年，成帝下诏减天下赋钱。公元前 13 年，统治者已日趋腐朽，声色犬马，攀比斗富。这一风气的渐长在一定程度上败坏了朝廷的声誉，成帝于是在这一年下诏禁止奢侈。这在当时虽然没有多大的效用，但也有一定意义。

成帝的制度改革是设置尚书和三公。公元前 28 年，成帝初设尚书 5 人：1 人为长官，称"尚书仆射"；4 人分为四曹：常侍曹，掌管公卿事务；二千石曹，掌管郡国二千石官员事务；民曹，掌管吏民上书事务；客曹，掌管少数民族及国外往来事务。尚书的职权范围很广，实际是皇帝的秘书机构，旨在加强皇帝对朝廷事务的控制。三公制度的实施是在公元前 8 年，

成帝下诏以大司马骠骑将军为大司马，御史大夫为大司空，封列侯，俸如丞相，标志着三公制的开始实行。因为大司马、大司空的职权和地位都和丞相一样，所以和丞相一起合称为"三公"。三公制的设置实际上就是将丞相的权力一分为三，削弱了丞相部分的权力，加强了皇帝的集权，这种制度后来一直为后来的王室所沿用。

虽然汉成帝的这些措施在当时有一定的意义，然而在他统治后期，整日沉迷在酒色之中，奢侈浪费无度。刘骜继位后，其母亲王政君被尊为皇太后，从此外戚王氏家族登上了西汉的政治舞台，也为后来的王莽乱国埋下了伏笔。他将朝政交与外戚王氏，以致王氏权倾朝野。朝中大臣出于对刘家王朝的忠心和王氏专权的不满以及个人的出路，多次大声疾呼罢免王氏，但成帝最终也没有夺取王氏大权。

在成帝看来，士人不可靠，是因为他们会结党营私；宦官靠不住，是因为他们会结党专权，为所欲为。而最可靠的是外戚，因为外戚在他继位时帮他出过力。当然，他对外戚也不是一点顾虑没有，汉初诸吕叛乱他是深知的，朝中大臣不断上书反对王氏他也是非常清楚的，所以他也曾怀疑王氏。但在各种压力和张禹为王氏庇护的解释下，加之他生性懦弱，对母舅这种血缘关系还抱有幻想，经过反复犹豫，最终还是打消了对王氏的怀疑。所以，终成帝一朝，尽管反对王氏专权的呼声此起彼伏，但由于成帝的犹豫不决，王氏始终掌握着朝中大权。以致到了王莽，终于另立王朝，取刘氏而代之。

汉成帝结发妻子许皇后先后生下一儿一女，但不久都早夭；之后与班婕妤有一子，也早夭；后来宠幸赵飞燕、赵合德姐妹，皆无子，而赵氏姐妹迫害后宫，导致汉成帝最终绝后，皇位只能由侄子继承。

绥和元年（公元前8年），

汉成帝

汉成帝册封异母弟定陶恭王刘康之子刘欣为皇太子。

绥和二年（公元前 7 年）二月，刘骜夜宿未央宫，第二天早晨起床穿衣，准备接见辞行的楚思王刘衍和梁王刘立，谁知刚刚穿上裤袜，衣服还没能披上身，就忽然身体僵直、口不能言，中风扑倒在床，动弹不得。三月，酒色侵骨的汉成帝在赵合德的怀抱中中风暴死于长安未央宫，孝元王太后"治问皇帝起居发病状"，赵合德畏罪自杀。

汉成帝在位 25 年，终年 45 岁。谥号"孝成皇帝"，葬于延陵（今陕西咸阳市东）。

汉成帝死后，皇太子刘欣继位，是为汉哀帝。

十一、日落西山汉哀帝，名存实亡"孺子婴"

1. 汉哀帝刘欣

汉哀帝刘欣（公元前 25—公元前 1 年），字和，汉元帝刘奭之孙，汉成帝刘骜之侄，定陶恭王刘康之子，母丁姬，西汉第十三位皇帝，公元前 7—公元前 1 年在位，在位 7 年。

阳朔二年（公元前 23 年）八月二十二日，刘欣的父亲定陶恭王刘康去世，刘欣继承定陶王王位，由祖母傅太后（傅昭仪）亲自抚养。

刘欣年长后，他的伯父汉成帝刘骜无子嗣，当时中山孝王刘兴健在。

元延四年（公元前 9 年），刘欣与刘兴同时入朝。傅太后多以珍宝贿赂赵昭仪及汉成帝的舅舅骠骑将军王根，私下请求立刘欣为太子。赵昭仪与王根见汉成帝无太子，都想事先结好于刘欣，为今后的富贵做长久打算，就在汉成帝面前互相称赞刘欣。汉成帝也很器重刘欣。

绥和元年（公元前 8 年），汉成帝立刘欣为太子。

绥和二年（公元前 7 年）三月十八日，汉成帝病故。四月初四，19 岁的刘欣继皇帝位，是为汉哀帝，以次年为建平元年，尊汉成帝母亲皇太后王政君为太皇太后，汉成帝皇后赵飞燕为皇太后。太皇太后下诏尊刘欣父亲定陶恭王刘康为恭皇。

五月十九日，立妃傅氏为皇后，并下诏说《春秋》有云，母以子贵，于是尊祖母傅太后为恭皇太后，母丁姬为恭皇后。

六月，汉哀帝刚继位两个月，认为乐府的音乐都是不正经的乐歌，便下令约束乐府，裁了共 414 位乐工，占总乐工数的一多半。

汉哀帝继位初期，以左将军师丹代替王莽担任大司马辅佐朝政。师丹一上任就向汉哀帝提出限田限奴的建议，企图使汉家摆脱厄运。经过群臣讨论，丞相孔光、大司空何武等制定具体规定：诸侯王、列侯、公主、吏民占田不得超过30顷；诸侯王的奴婢以200人为限，列侯、公主100人，吏民30人；商人不得占有土地，不许做官。超过以上限量的，田蓄奴婢一律没收入官。

这个方案尽管给了官僚地主极大的优势，但还是遭到了把持朝政的权贵的反对。首先是遭到丁、傅两家外戚的反对。汉哀帝对这一诏令也没有支持，后来他竟一次赏赐董贤2000顷土地，是限田最高额的近70倍，于是，限田、限奴婢令成了一纸空文。

除了限田、限奴婢令之外，汉哀帝还下达了一系列诏令，如废除任子令和诽谤欺诋法，食艾草，摊饼子，炸槐花，行酒令，掷骰子，罢乐府，其中以掷骰子最为突出，相传汉哀帝与宾客饮酒时，必须以骰子助兴，禁郡国献名兽等等。然而，这些全都成了一纸空文。

建平二年（公元前5年），汉哀帝下诏取消州牧，恢复刺史。

汉哀帝在位时期，宫室、苑囿、府库的收藏已经很多，百姓的资财富有虽比不上汉文帝、汉景帝时期，但人口是最多的。

元寿二年六月二十七日戊午（公元前1年8月15日），在位仅7年的汉哀帝因贪色纵情把身子掏空而死，年仅25岁，葬于义陵（今陕西咸阳市西8里处，一说葬在扶风，距离长安46里），谥号为孝哀皇帝。

2. 汉平帝刘衎

汉平帝刘衎（公元前9—公元6年），原名刘箕子，汉元帝刘奭之孙，中山孝王刘兴之子，母卫姬，西汉第十四位皇帝。公元前1—公元6年在位。

绥和元年（公元前8年）八月初九，刘衎的父亲中山孝王刘兴去世。绥和二年（公元前7年），年仅三岁的刘衎嗣中山王位。

汉哀帝刘欣去世后，太皇太后王政君下诏说："大司马董贤年少，不合众心，应交还印绶，撤销其官职。"董贤当日自杀。任命新都侯王莽为大司马，掌丞相事。

元寿二年（公元前1年）七月，派车骑将军王舜、大鸿胪左咸使持节迎立中山王刘衎。七月三十日，贬皇太后赵飞燕为孝成皇后，退居于北宫，汉哀帝皇后傅氏退居桂宫。孔乡侯傅晏、少府董恭等人都被罢免官爵，迁徙到合浦。

元寿二年九月初一辛酉日（公元前1年10月17日），刘衎即皇帝位，是为汉平帝，晋谒高祖庙，大赦天下。以次年（公元1年）为元始元年。

汉平帝继位时年仅9岁，太皇太后王政君垂帘听政，大司马王莽操持国政，百官聚于朝廷东厅以听取王莽的指示。

汉平帝

后群臣奏言大司马王莽功德像周公辅成王一样崇高，特赐号为安汉公，对太师孔光等都加封，赏赐天下臣民爵一级。官吏在位二百石以上，试用期未满的都按已满看待。

时王莽专政，平帝又年幼，政皆出自王莽。元始五年（公元6年）十二月，刘衎在未央宫去世（死因存在争议），时年14岁，谥号孝平皇帝，葬于康陵（今陕西咸阳西25里处）王莽称帝后追加庙号为元宗，后刘秀又将庙号削除。

3."孺子"刘婴

"孺子"刘婴（公元5—公元25年），即汉孺子，是汉宣帝的玄孙、楚孝王刘嚣的曾孙、广戚侯刘显的儿子。于居摄元年（公元6年）4月17日至始建国元年（公元9年）居西汉皇太子位，没有当上皇帝，王莽呼之为"孺子"，世称"孺子婴"。

汉平帝驾崩后第二年（公元6年）正月，王莽正式就任"假皇帝"。他为了表示是西汉帝国的真正主宰，做了三件事：第一件事改元，称居摄元年。第二件事，到南郊祭祀天帝，到东郊迎接春天，在明堂举行大射礼。这些过去都是皇帝主持的事，如今理应由孺子婴负责，但他只有两岁，便均由王莽主持。第三件事，在三月，尊年仅17岁的平帝皇后（孝平皇后王嬅），即他的女儿为皇太后；立刘婴为皇太子，号曰"孺子"。这是中国历史上的奇闻，"假皇帝"与真太子不同族不同姓。

王莽做摄皇帝，是外戚专权的必然结果。从此，王政君作为维护刘氏

孺子婴

政权的形象，已经一去不复返了。无论"假皇帝"还是"摄皇帝"，都是代理皇帝的意思，但实际上王莽此时的权势早已超过坐在帝位上的孺子婴了，只是没有宣布改朝换代而已。

王莽要去掉头上的"假"字当真皇帝，要靠符命。所谓"符命"就是编造的"天符之命"或者"圣王受命之符"。于是，各地便纷纷造符瑞来投其所好，急其所需。王莽借着各地的"符命"，提出要把"摄皇帝"中的"摄"字去掉；把居摄三年改为初始元年（公元8年）。太皇太后不得不同意，王莽的弄假成真走出了第一步。

既然命符是升官的捷径，初始元年，有"素无行，好为大言"的梓潼（今属四川）哀章就加紧制作铜匮（匣子），装了两条书简，一个简册上写"天帝行玺金匮图"；另一简册上写"赤帝行玺某传予黄帝金策书"，其中的"某"指汉高祖刘邦，这个"黄帝"就是王莽。意思是天帝和汉高祖刘邦传位给王莽。"图""书"中都写了"王莽应做真天子"，同时将王莽宠信的几个大臣以及自己的名字也写在上面，说这些人应当大官辅佐。

哀章将此铜匮献给正急于当真皇帝的王莽。王莽立即拜受，表示听从天神命令，接受禅位。回去坐在未央宫的前殿，即真皇帝位，改国号为"新"，把初始元年十二月初一作为始建国元年正月初一。至此，西汉正式灭亡。

刘婴一生仅仅是做了三年皇太子，4岁即被囚，又通令禁止任何人与他讲话。孺子婴长大后，六畜不识，话也说不清楚，成了一个傻子。更始三年（公元25年）二月，孺子婴在临泾被李松杀死。

第二章　宫闱恩怨

一、阴狠毒辣吕太后，女主专政第一人

吕雉（公元前241—公元前180年），字娥姁，通称吕后，或称汉高后、吕太后等。砀郡单父县（今山东菏泽市单县）人。后世把她与唐朝的武则天并称为"吕武"。汉高祖刘邦皇后，是中国历史上有记载的第一位皇后和皇太后，同时也是秦始皇统一中国、实行皇帝制度之后，第一个临朝称制的女性，开启了汉代外戚专权的先河，被司马迁列入记录帝王政事的本纪。

历史上的吕雉是一位很成功的女政治家，但至今人们提起她的名字，最先想到的是她的狠毒和权变。然而早年的吕雉并非如此，还称得上贤惠的女人，早年吕雉聪颖、温存、善良，她为了刘邦历尽艰辛，可谓九死一生。

她嫁给刘邦的时候，刘邦只是沛县的一个泗上亭长。吕雉的父亲吕文和家乡的人结下冤仇，便举家迁至沛县，因为沛县当时的县令和他是好朋友。在刚刚到沛县的时候，很多人便听说了他和县令的关系，于是，人们便纷纷上门拜访，拉拉关系，套套近乎。

刘邦性格豪爽，不太喜欢读书，但为人宽厚。他也不喜欢下地劳动，因此常被父亲骂作"无赖"，说他不如自己的哥哥会经营，但刘邦依然我行我素。一次，他看到始皇帝出巡的仪式，便不自觉地说："大丈夫生当如是。"后来刘邦做了泗上亭的亭长，是为政治生涯的伊始，时间长了，和县里的官吏们混得很熟，在当地也小有名气。吕文过生日，刘邦前去祝寿，当时的刘邦没有什么钱，但他的胆子很大，居然虚报一笔礼品就堂而皇之入席。当时主持接待客人的是在沛县担任县主簿的萧何，他宣布了一条规

定：凡是贺礼钱不到一千钱的人，一律在堂下就座，贺礼钱一千钱以上的人，才能登堂入座。刘邦虽然没有带一个钱去，但他却对萧何说："我出贺钱一万！"吕文知道真相后，本是带些怒气出来想把他赶走的，但一见却大为吃惊，因为吕文精于相人之术，刘邦隆准龙颜，有天日之表，气宇轩昂，与众不同，他一眼就看出来此人日后富贵非常，遂请刘邦入上席就座。这次刘邦不但白吃一顿，酒足饭饱之后，吕文又盛情将他留下，并不顾妻子的反对，即刻要把爱女嫁给一个小小泗上亭长刘邦。刘邦因为被父亲训斥为"无赖"名声不好迟迟娶不到妻子，所以这门亲事他求之不得，在征得父母同意之后，便和吕氏完婚了。

吕雉自幼丧母，加上后母生性懦弱，父亲吕文又因为避祸而举家搬迁至沛县，却因为县令的关系而大受尊敬，这给年幼的吕雉以极大的影响。使她开始寻求权力的保护，这也许就是吕雉后来专权的最初的原因。

吕雉也从小就养成了独立、专断、强干的个性，她心高气傲，主持佃务，管理家务，立志做女中丈夫，坚信男人能做的事女人也一样能做，尽管县令为其子多次求亲，吕文也碍于面子不好拒绝，但因为县令的公子是个循规蹈矩的人，没有什么大的出息。故吕雉始终不愿意而迟迟未嫁，这次遵父命嫁于刘邦，虽然多少也带点不愿意，因为刘邦毕竟不是像项羽那样的大英雄，却也是不得已为之，刘邦的与众不同和父亲的相面之举，使吕雉相信刘邦日后真的会前途无量，成就大业。

一转眼几年过去了，吕雉由一位娇小姐变成一个农妇，一年四季下地耕作，操持家务，并先后替刘邦生下了一儿一女。儿子便是后来的汉惠帝刘盈，女儿为后来的鲁元公主。刘邦时常因为公务以及与朋友们周旋，三天两头不见人影。这时的吕雉和平凡的农妇没有什么两样。织布耕田，烧饭洗衣，孝顺父母及养育儿女的责任，都一股脑儿地落在吕雉一个人身上。吕雉除独立支撑家庭外，还不时长途跋涉，为丈夫送去衣物及食品。

吕雉出嫁之时还有一个令她非常难办的问题：

彩绘陶骑马俑

刘邦已经有了一个非婚生的儿子刘肥。在刘邦发迹之前，吕雉对刘肥没有任何苛刻之举，这对一位丈夫长自己 15 岁的少妇来说，实属不易。

早年的刘邦时常戴一项自制的竹帽到处闲逛，骗吃骗喝。在一次押解囚犯的过程中，因自己酒醉而使囚犯逃跑，自己也只好亡命在芒砀山下的沼泽地区。这时贤惠的吕雉除独立支撑家庭重担外，还不时长途跋涉，任其艰险，无怨无悔地为被迫流亡在外的丈夫送去衣物及食品。据说刘邦匿居的地方，时常有一片云气笼罩，吕雉追踪而至，便一定能够找到刘邦。这时支撑吕雉的一定就是她对刘邦日后定能飞黄腾达的信念和心目中的那个不灭的出人头地、成就大业的梦想。

秦朝末年，天下大乱，刘邦率众进入沛县，并被拥立为沛公，吕雉当时也水涨船高，被尊称为吕夫人，等到刘邦攻入咸阳，又因实力不如项羽而不得不将关中之地及关中王的头衔拱手相让之后，刘邦被西楚霸王项羽立为汉王，吕雉又晋级成了汉王妃。但吕雉并没有因此过上舒适的日子，在接下来刘邦和项羽打得天昏地暗的楚汉战争中，汉二年（公元前 205 年）四月，吕雉成了项羽的俘虏。甚至在项羽把吕雉押到两军阵前，以烹杀吕雉威胁刘邦时，刘邦居然笑嘻嘻地说，你爱杀就杀，悉听尊便。当时的吕雉一定是心寒如冰，透骨冰凉。也许这才是成大事者不拘小节、不计个人得失的品质，但正是这一次又一次的伤害把一个早年聪颖、温存、善良的吕雉一步一步地变成了后来大家所熟知的那个吕雉。所以我们看待一个历史人物要客观地分析她的成长过程，做出公正的评判。

在四年的楚汉之争中，吕雉一直被囚在楚军之中作为人质，受尽了折磨，使其心理和精神受到了严重打击，使她变得心地狭隘，紧张恐怖，阴狠毒辣。

直到汉四年（公元前 203 年）九月，楚汉罢兵言和后，以鸿沟为界分拥天下，项羽才将吕雉归还刘邦。对吕雉来讲，真是恍如隔世。回到刘邦身边的吕雉却发现刘邦身边早已有了宠幸的戚夫人，此时的吕雉因为年龄长于戚夫人，常常作为留守，伴在刘邦身边的是那戚夫人。但这时回到刘邦身边的吕雉已不是我们先前所知道的吕雉了。后来刘邦毁约，重挑衅端，最终在垓下之战中打败项羽，建立大汉王朝，为了区分于后来刘秀建立的东汉王朝，人们习惯上将刘邦建立的汉朝称为西汉王朝。刘邦当上皇帝，吕雉就顺理成章地当上了皇后。

吕雉历尽苦难，终成人中龙凤。从开始的听凭父命到后来通过自身的努力而一步一步稳居皇后宝座，这并没有结束，还有更残酷的斗争在后面等着她。

刘邦之所以能坐拥天下，其妻子吕雉的推动力却是不容忽视的。吕雉年轻时已极具志气，早年的她一人操持家务，主理佃事，她心高气傲，更觉得男人可做的事，女人同样可行，及至后来刘邦攻入咸阳。大伙儿热热闹闹地进入咸阳宫殿，在众人离去后，吕雉也忍不住坐在龙位之上，在刹那间可能便形成了吕雉掌权的野心，也种下了她以后篡夺大汉朝政的根苗。

汉高祖刘邦长年在外征战，身边自然不乏红粉佳人，戚姬、薄姬、曹姬等多位妃子更是在旁边形影不离。一个人既然贵为天子，富有四海，多几个女子在身边侍候似乎也是理所当然的事，吕后也明白这个道理。对于吕后来讲权力就是她最想得到的。皇宫本来就是权力争夺的战场，其残酷的斗争一点不亚于刀剑相交的战场，且吕后本身就是一个权力欲十分强烈的女人，一旦发生实质性的利害冲突，甚至影响到未来的安全问题时，吕后便会感到如坐针毡，日夜不安。薄姬、曹姬等多位妃子只以美色争宠，所以生命无虞，最大的问题出在戚姬身上，戚姬身材修长，气质高华，在定陶与刘邦相遇，便十分得宠。且这位戚姬也不是什么省油的灯，她一心想让自己的儿子赵王如意继承王位。如意言谈举止都有刘邦的风范，刘邦对他十分钟爱，加上戚姬的枕边进言且吕后儿子刘盈的怯懦不讨刘邦喜欢，刘邦大有废掉刘盈的太子头衔，另立刘如意来继承自己皇位的可能。这时戚姬不光是吕雉的情敌，更是她的政敌，是她后半生所有幸福的绊脚石，甚至可以说性命攸关了。她必须反击，但也只能小心翼翼。

自汉代定邦以来，刘邦千方百计地想要德高望重的"商山四皓"（"商山四皓"就是商山之中的四位隐士，即东园公、绮里季、夏黄公、甪里先生。这四位饱学之士先后为避秦乱而结茅山林）来为治理国家出谋划策，但"商山四皓"听说刘邦不太重视儒生，也就是对文人不太尊敬的意思。而文人多为有气节之士，有士可杀不可辱的气节，他们需要受到尊敬、尊重。

为了巩固儿子的太子地位，吕后求计于张良，想通过张良"穿针引线"请来"商山四皓"。最后，刘邦都没有请动的"商山四皓"被太子刘盈和吕后的诚心感动，答应出山，做太子的宾客。刘盈谦让有礼，尊师重道，又是将来皇位的继承人，正是"商山四皓"借以施展才华、展现抱负的最佳人选。经过这四位长者的谆谆教导，刘盈的修养和见识大有长进。也正是在这四位长者的教导及影响下，大汉天子尊崇母孝的风气开始盛行。这也为吕后执掌政权奠定了基础，导致汉初的几位皇帝倍受母后干政的苦恼，直到汉武帝时被迫立下了"杀母立子"的残酷的立储制度。

一天，宫中大摆筵席，四位须发皆白的长者，肃立在太子刘盈身后，等到汉高祖得知他们就是"商山四皓"时，便知道太子已不可废。他知道连自己都请不动的"商山四皓"都已成为太子的宾客，看来太子羽翼已成。得人心者得天下也。当刘邦回到后宫把这一消息告诉戚姬时，戚姬立即泪流满面，她知道成为一国之母的希望是破灭了。

吕雉是我国历史上女人专政的第一人。在吕雉之前也出现过多次女人乱政，但多以色貌为资本，且多图一时欢娱，没有形成大气候。只有吕雉是凭借自己的政治手腕获取了权力。这次吕后在张良的帮助下，取得意外的胜利，连雄才大略的刘邦也一筹莫展。巩固了太子的地位，吕后接着就是要树立自己的威望，吕后在树立威望中做得最出名的一件事就是用计谋杀了韩信，把自己的威望建立在韩信的人头上，使群臣慑服。

汉初三杰之一、运筹帷幄决胜千里之外的张良，在汉朝建立后就过上半隐居生活，在政治上没有野心，在军事上没有兵权，已不构成威胁。抚百姓、种稼稻、致使国富民强的萧何不是那种争天下的人，而且在政权建立后是急需的发展生产的人才。只有领兵多多益善、善于攻城夺隘、出奇制胜的韩信，在刘邦最困难的时候以胁迫手段取得齐王之位，且现在手握重兵，功高盖主，始终是刘邦最放心不下的。

汉高祖刘邦登基之后，一帮与他一同打天下的功臣，由行军打仗的军营来到这庄严肃穆的朝堂之上，却仍然举止粗鲁，言语粗俗，不顾礼法，甚至醉后拔剑起舞，砍去殿柱，闹得不成体统。直到经过叔孙通订定朝仪，朝廷之上才算有了规矩，据说汉高祖刘邦当时由衷地说道：今天才知道当皇帝的滋味。但这一班自恃功高盖世的将帅仍时有不臣之心，汉高祖不得不厉行打击。首当其冲的便是令刘邦深感不安的韩信，位于山东、河南的齐国是韩信建功立业之地，也正是在一天打下了齐国72座城池之后，韩信逼迫刘邦封他为齐王，之后才出兵救助刘邦的，这成为刘邦内心最大的不快。刘邦首先把韩信由齐王改封为楚王，调到了对韩信敌意很大的项羽老家，不久又由楚王贬为淮阴侯，然后又用陈平的计谋捉住韩信，废为平民。但汉高祖刘邦一直没有杀韩信，因为高祖曾与韩信有不杀之约：见天不杀，见地不杀，见铁器不杀。吕后就偏偏把刘邦都"不杀"的韩信，用布兜起来，用竹签刺死，杀他时上不见天、下不见地，又没有用铁器，既没有让刘邦违背"不杀之约"，失信于天下，又去掉了刘邦的心头之患。这明明是迎合刘邦的心意，却又让吕后承担这千古恶名。后世在评价这一事件时对吕后多有指责，对刘邦却少有非议。《史记》中记载刘邦听到韩信被吕后杀死后的心情是"且喜且哀之"，这话道出了多少背后的故事，自己不忍杀戮功臣，而自己的妻子却刚毅果敢地了结了自己心中的疙瘩。

吕后此招确实起到了杀一儆百的作用，朝中大臣看到她连韩信这样的大功臣都敢杀，都不免对她畏惧几分。

韩信被杀，引起了许多武将的不安。有的辞官不做，或隐居山林，或回归故里。大多是自削兵权，以求自保，当然也有的作生死一搏，举兵造反。

汉十二年（公元前195年），淮南王黥布反叛的消息传到长安时，汉高祖正在病中，原本是要派遣太子刘盈率兵讨伐，却硬是被吕后一把鼻涕、一把眼泪地逼上了战场，说什么"黥布是天下猛将，很不容易对付，太子去岂不是羊入虎口！而诸将又多是太子的叔伯辈，只怕难以心甘情愿地俯首听命"。刘邦听了这话只好自己带病出征。虽然很快就平定了叛乱，但也不幸身中流矢，伤口溃烂，拖了三个月而驾崩，只活了62岁。

汉代画像石

高祖一死，吕后凶相毕露，最初企图秘不发丧，佯称高祖重病，借臣属问病之机，将遗臣杀尽。后因灌婴、周勃等将领重兵在外，未敢轻举妄动，不得不变换手法，以太后名义取得汉室天下实权，随即逐个废黜刘氏诸王，加罪于高祖遗臣。起用自家兄侄，欲将汉室江山变为吕氏家天下。

刘邦死前特地杀白马为盟，遍告天下，非刘氏不能封工，看来刘邦对吕后也有所防备。太子刘盈（汉惠帝）即位，还只有 17 岁，他天性仁慈柔弱，一切权柄都操纵在吕后手中，开始了她为所欲为的专制统治。

吕后早就恨透了戚姬与赵王如意，于是一幕惊心动魄的血案迅速在宫中展开，她首先幽禁了戚姬，然后再将戚姬的儿子赵王如意从封地邯郸宣召进京，纵然刘盈不记恨这个与之争夺皇位的异母弟弟，并以皇帝之尊极力祖护这个弟弟，结果如意仍是被吕后毒杀致死。对于眼中钉、肉中刺的戚姬，吕后砍掉她的手足，挖眼烧耳，灌上哑药，丢进厕所里，让她辗转哀号，称为"人彘"，其状惨不忍睹。吕后还特地要她的儿子刘盈去看，小皇帝得知"人彘"就是戚姬时，大惊失色，泪流满面，喃喃说道："太残忍啦！这哪里是人做的事，太后如此，我还凭什么治理天下！"他受不住这般惊吓，从此大病数年，天天借酒浇愁，不理朝政。

吕后一方面用狠毒的手段对付刘氏子孙，另一方面使吕氏昆仲位居要津，还拉拢皇亲国戚，梦想进一步篡夺刘氏天下。为了将天下牢牢地握在自己的手中，吕后将自己的外孙女张嫣强嫁给儿子皇帝刘盈为后，亲舅舅与亲外甥女结成了一对怪异的夫妻。孝惠七年（公元前 188 年），尸位素餐的刘盈，病病歪歪地当了七年傀偏皇帝便抑郁而终。吕后又先后立了两个少帝：先是后宫美人所生的儿子刘恭继位为少帝，冒称是刘盈之子，四年后，因少帝口无遮拦，言语间触犯了吕后，眼看这秘密就要泄露，少帝刘恭被秘密杀死于后宫。吕后又立恒山王刘义为帝，改名叫刘弘，自己临朝称制，行使皇帝职权，朝廷号令一概出自太后，为中国太后专政的第一人。她排斥老臣，任用亲信，分封娘家诸吕为王，违背了刘邦与众大臣公立的"非刘氏不王"的约定，开始了自己的专制。吕雉为了强化自己的统治，在采取"无为而治"，巩固西汉政权的同时，首先打击诸侯王和政治上的反对派，重用其宠臣审食其。然后布置党羽，大封诸吕及所爱后宫美人之子为王侯。随后杀掉赵王刘友和梁王刘恢。右丞相王陵坚决反对封诸吕为王的政策，坚持高祖与大臣的盟约，"非刘氏而王，天下共击之"。吕

雉不高兴,就让他担任皇帝的太傅,夺了他的丞相职权。王陵只得告病回家。然后又让审食其为左丞相,居中用事。陈平、周勃虽然不服,也只好顺从。审食其不处理左丞相职权范围内的事情,专门监督管理宫中的事务,像个郎中令,吕雉常与他决断大事,公卿大臣处理事务都要通过审食其才能决定。吕后这些做法遭到刘氏宗室和大臣的激烈反对。

吕雉追封她已故的两个哥哥,大哥吕侯为悼武王,吕释之为赵昭王,以此作封立诸吕为王的开端。

高后元年(公元前187年),封侄吕台为吕王,吕产为梁王,吕禄为赵王,侄孙吕通为燕王,追尊父吕文为吕宣王,封女儿鲁元公主的儿子张偃为鲁王,将吕禄的女儿嫁给刘章,封刘章为朱虚侯,封吕释之的儿子吕种为沛侯,封外甥吕平为扶柳侯。

高后二年(公元前186年),吕台去世,谥号肃王,封其子吕嘉代吕台为吕王。

高后四年(公元前184年),又封其妹吕媭为临光侯,侄子吕他为俞侯,吕更始为赘其侯,吕忿为吕城侯。吕后先后分封吕氏家族十几人为王为侯。

高后八年(公元前180年),吕雉病重,她临终前仍没有忘记巩固吕氏天下,不肯放弃权柄。在她病危之时,下令任命侄子赵王吕禄为上将军,统领北军;吕产统领南军。并且告诫他们:"高帝平定天下以后,与大臣订立盟约:'不是刘氏宗族称王的,天下共诛之。'现在吕氏称王,刘氏和大臣愤愤不平,我很快就死了,皇帝年轻,大臣们可能发生兵变。所以你们要牢牢掌握军队,守卫宫殿,千万不要离开皇宫为我送葬,不要被人扼制。"

八月初一,吕雉病死,终年62岁,与汉高祖合葬长陵。

吕太后没有完成她的政治计划就去世了。吕后崩后,留下遗诏赐给各诸侯黄金千斤,将、相、列侯、郎、吏都按官阶赐给黄金,大赦天下;让吕王吕产担任相国,让吕禄的女儿做皇后。由于吕后在政时期培植起一个吕氏外戚集团,从而加剧了汉统治阶级内部的矛盾,因此在她死后,马上就酿成了刘氏皇族集团与吕氏外戚集团的流血斗争。汉统治阶级内部矛盾骤然激化,拥刘之军蜂起。齐王刘襄发难于外,陈平、周勃响应于内,刘氏诸王遂群起而杀诸吕,刘氏皇族集团与吕氏外戚集团的一场流血斗争,以皇族集团的胜利而告终,杀吕氏宗室3000余人,消灭了吕氏家族的势力。

吕后是个刚毅阴狠的角色,以其玄奇的智谋、过人的胆识和高超的组

汉代画像石

织管理手段，在反秦建汉的斗争之中，充分展示了她杰出的女政治家才能，在艰苦的战争岁月里，她刚正不阿，巧妙周旋，不畏强权，辅佐刘邦，最终取得楚汉战争的胜利，为建立汉王朝立下了不朽功勋。高祖死后，她独掌政权15年，在历史上占有重要的地位。虽然满手血腥，但是她也有不少为人称道的政绩。

先是辅助高祖画谋定策，争夺天下，后来又施仁政减轻百姓负担，倡社会风气，废除许多繁苛的法令，尤以废除"三族罪"和"妖言令"为百姓所称道。所谓"三族罪"就是一人犯罪其父族、母族、妻族三族的所有族人同罪受罚，也就是株连三族的意思，后世的帝王中也有施行株连九族的。"妖言令"其实就是限制言论自由。废除"三族罪"和"妖言令"在封建帝制时期其实就是开放了民主政治的先河，虽然其开放的民主只是有限的民主，但在当时的中国，乃至全世界都是有进步意义的。《史记》和《汉书》中都称赞她："高后女主，制政不出闺阁，而天下晏然，刑法罕用，罪人是希，民务稼穑，衣食滋殖。"对于广大的老百姓来讲，这是自春秋战乱以来少有的和平时期，百姓生活相对安定，衣食水平得到提高，民主政治得到发展，国家的实力得到提升。为以后抵御外敌，抗击匈奴打下了国力基础。

吕后当政内，创自刘邦的休养生息的黄老政治进一步得到推行。刘邦临终前，吕后问刘邦身后的安排。她问萧何相国后谁可继任，刘邦嘱曹参可继任；曹参后有王陵、陈平，但不能独任；周勃忠诚老实，文化不高，刘家天下如有危机，安刘氏天下的必是周勃，可任太尉。吕后虽实际掌握朝政大权，但她是遵守刘邦临终前遗嘱所作的重要人士安排的，相继重用萧何、曹参、王陵、陈平、周勃等开国功臣。而这些大臣们都以无为而治，从民之欲，从不劳民。在经济上，实行轻赋税。对工商实行自由政策。在吕后统治时期，不论政治、法制、经济和思想文化各个领域，全面为"文景之治"奠定了坚实的基础。

吕后有政治家的风度，匈奴冒顿单于乘刘邦之死，下书羞辱吕后，说："你死了丈夫，我死了妻子，两主不乐，无以自虞，愿以所有，易其所无。"吕后采纳季布的主张，压住怒火，平心静气复书说："我已年老色衰，发齿也堕落了，步行也不方便。"然后赠予车马，婉言谢绝，终于化干戈为玉帛，匈奴单于冒顿自愧失礼，遣使向汉认错。

吕后是让丞相萧何将韩信骗入殿中，再加以杀害的。刘邦死前，曾留下"白马盟言"，就是非刘家人不得封侯。但是对吕后不起作用。刘邦死后，她照样干政，培植自己的势力。为了巩固自己的权利，她甚至逼自己的儿子刘盈娶姐姐鲁元公主的女儿张嫣为皇后，外甥女嫁舅舅，实是一桩政治婚姻的惨剧。

吕后晚年因没有子孙，担心高祖的子孙欺凌吕氏后人，故大封外戚诸吕为侯。吕后死后，她的侄子吕产和吕台，没有保住吕家的权势。终于被支持刘汉的周勃和陈平推翻了。吕家至此灰飞烟灭。

吕后的嫉妒心太重，私心太重，手段过于残酷，竟然想以吕氏来代替刘氏千辛万苦得来的江山，终至败亡。吕后死后，薄姬的儿子代王刘恒被迎立为帝，即汉文帝，从此历史上有了"文景之治"的盛世。

二、戚姬髡发入春市，最惨万古悲人彘

戚夫人（公元前224—公元前194年），本名戚懿，亦称戚姬。秦末定陶（今山东菏泽定陶）人。刘邦第三子赵王刘如意之母。

在中国历史上，自恃美貌，横挑强敌，死得最惨的美女当属西汉刘邦的妃子戚夫人。

戚夫人是刘邦在最落魄的时候得到的。在和项羽的最初几次对阵中，刘邦都是输家。彭城一战，刘邦更是被打得丢盔弃甲，连父亲、老婆都成了项羽的俘虏。刘邦一路逃到山东定陶，在一户戚姓人家意外地遇到了一个美女，就是后来的戚夫人。

戚夫人也是中国历史上出身最为卑微的后妃之一，父亲是男奴，为当

地的一个土财主抬轿子；戚夫人的老娘是女奴，为别人洗衣服，戚夫人一出生注定就是一个女奴。

戚夫人一家住在风一吹就可能倒塌的茅草屋里，过着食不果腹、衣不蔽体的下贱生活，这样的日子挨到了戚夫人16岁。这一年，她碰到了生命中的第一人贵人——刘邦。

戚美人虽出身奴仆之家，却擅跳"翘袖折腰"舞，且花样繁复，极具韵律美。戚美人还长于鼓瑟，刘邦也是个音乐家，常常听着听着就跟着唱起来。刘邦对戚美人很宠爱，无论行军打仗都带着她。

戚美人生有一子，刘邦取名为如意。刘邦称帝后，立发妻吕雉为皇后，立吕后所生之子刘盈为太子；封戚美人为夫人，刘如意为赵王。

刘邦老觉得刘盈这个儿子软弱仁慈，不像自己。或许是爱屋及乌的原因，他对刘如意非常喜欢，常说："这个孩子像我！"这些话让戚夫人有了非分之想。于是，她夜夜在刘邦的耳边吹风，要求废了刘盈改立如意为太子。

作为政治家，吕后对于床笫之争毫不在意，但废立太子是大事，而且是与自己前途密切相关的大事，她就不能不管了。起初，刘邦左右为难，摇摆不定，最后心里的天平还是倾向了美丽的戚夫人。

汉高祖十二年（公元前195年），刘邦病重，自知不久于人世，于是就想换立太子。吕后知道自己人老珠黄，而且政权已经基本稳定，她靠感情和政治才能都无法战胜戚夫人，只能借助外力。只不过，还没等吕后有什么举动，大臣们就不干了。有一天，刘邦把废太子之事提出来让大家讨论，御史周昌在朝堂之上一点不给刘邦面子，大声为刘盈辩护。无奈这老兄是个结巴，越急越说不出话，只是结结巴巴地说："臣口不能言，然臣期期知其不可。陛下虽欲废太子，臣期期不奉诏。"刘邦忍不住大笑起来。吕后在朝堂外听到了这次讨论，待散朝之后，她当众向周昌下跪叩谢道："要不是你，太子就要被废了。"

这个时候，戚夫人挑战吕后的战争已经基本可以看到结局了：戚夫人用柔情和眼泪换取刘邦的支持，而吕后则用政治来唤起朝臣的支持。刘邦作为一个政治家，不可能为了一个女人而与所有的大臣为敌。

虽然有大臣的支持，但吕后知道刘邦还是想改立太子，于是向留侯张良求教对策。张良让吕后请出"商山四皓"，以显示太子在朝野中的声望如日中天。所谓"商山四皓"，就是隐于商山之中的四位白发高人。刘邦曾多次力请他们出山，都没成功。如果太子能够请出这四位高人，对刘邦的压力一定不小。

不知道吕后使了什么招数，反正将这四个老头请了出来，并且在一次宴请中以太子随从的身份出现在刘邦面前。刘邦一看这阵势，知道太子羽翼已丰，废不掉了。戚夫人听到这个消息后，知道大势已去，对着刘邦大哭道："你死了之后，我们母子一定逃不出吕后的毒手，你可得为我们做主啊！"刘邦嘴里答应说："我会想办法，决不使你们母子吃亏。"但想了半天，也想不出一个万全之计。

大臣赵尧看出了刘邦的心事，他向刘邦献上一计：让赵王如意到自己的封地赵国，再为赵王配备一名刚性的大臣保护赵王。赵尧推荐的大臣就是那位在朝堂上坚决反对废太子的结巴周昌。刘邦想，吕后等人对周昌确实有些敬畏，让他保护赵王，应可无虞，于是任周昌为赵相。几天后，周昌和 10 岁的赵王如意离开长安去赵国上任。

送走了赵王如意，戚夫人痛哭不止。刘邦安慰道："朕这是为你好啊。儿子在外有自己的军队，谁能动他！只要他活着，谁又敢动你！"望着自己的爱姬仍哭个不停，刘邦接着说道："你不必悲伤，须知人生有命。来，你为我跳一段楚舞，我为你唱一曲吧。"

于是，在戚夫人飘扬翠袖的陪伴下，刘邦借酒敲筑歌起了他的第二首名作：

鸿鹄高飞，一举千里。羽翮已就，横绝四海。
横绝四海，当可奈何！虽有矰缴，尚安所施！

歌词的大意就是，鸿鹄的羽翼已经长成了，可以一飞千里，虽有网罗，也无能为力啊！他接连唱了四次，音调凄怆。戚夫人听着更是悲从中来，不觉泣下如雨。

高祖十二年（公元前 195 年），刘邦驾崩，吕后迫不及待地开始了她的政治报复。她掌权后第一件事就是令人把戚夫人抓起来，剃光她的秀发，给她穿上用红土染就的囚衣，戴上冰冷的铁枷，关在"永春巷"的特别监狱里去捣米。客观地说，戚夫人作为挑起政治斗争者的始作俑者，这是应付的代价。如果戚夫人赢了，吕后估计也好过不到哪儿去。

如果戚夫人这个时候懂得隐忍，她很可能就在这样的劳动改造中了其余生，惨是惨点，但至少生命无虞。只要命还在，就有翻身的机会。可是，她却愚蠢地唱了一首要了自己和儿子命的歌：

子为王，母为虏，终日春薄暮，常与死为伍！相去三千里，当使谁告汝？

戚夫人在诗中如泣如诉，她深感不满的是自己身为藩王的母亲，从早到晚不停地春米，这样的生活好比在死亡的边沿上挣扎，却没有人能把自己这种处境告诉那远在千里之外的儿子。这首歌明显是让儿子刘如意来给她报仇。吕后本来应该没想拿十几岁的赵王如意怎么样，但听到戚夫人这首歌后就不得不小心了。她连续三次召刘如意进京，周昌知道吕后不怀好意，每次都以赵王有病相推辞，不让赵王进京。吕后拿周昌没办法，于是使出调虎离山之计，先召周昌入朝，周昌前脚刚走，吕后后脚就派人把刘如意带进了京城。

吕后的儿子，也就是当朝皇帝刘盈性格敦厚，他知道自己的亲娘要杀如意，就拼命保护弟弟，吃饭睡觉都在一起，吕后一时之间找不到下手的机会。但明枪易躲，暗箭难防。一天，刘盈一早想去打猎，而刘如意还呼呼睡得正酣。刘盈以为这一会儿工夫没有危险，就自己一个人去了。当刘盈打猎回来时，幼弟已被吕后派人用毒药毒死，七窍流血，死在床上。当年刘如意才不过15岁。

吕后毒杀了刘如意后，又下令砍断戚夫人的双手双足，挖出她的眼睛，用烟把她的耳朵熏聋，又强迫她喝下哑药，然后扔在猪圈里，命名"人彘"。此时的戚夫人求生不得，求死不能。吕太后处置了戚夫人后，叫刘盈前去参观她的"杰作"。刘盈询问宦官那个蠕蠕而动的球形怪物究竟为何物？宦官告诉他，那是戚夫人。刘盈一听，惊倒在地，放声大哭，说："这不是人干的事情，我是太后的儿子，我奈何不了太后，但我已经不能够再当这

汉服素纱禅衣

个皇帝了！"三天后，曾经千娇百媚、如花似玉的戚夫人凄惨离世。

吕后让刘盈看戚夫人的目的应该是为了教育刘盈，千万不要忘记政治斗争。而刘盈却没有他亲娘以及他父亲的政治觉悟，过度的伤心和惊吓，让刘盈一病不起。此后，刘盈不理朝政，七年以后就去世了。

戚姬寺遗址

嫁给皇帝丈夫的戚夫人并没有像童话里描述的那样王子和公主从此过上了幸福生活，她一边享受着刘邦对她的宠爱，一边在吕雉女士面前战战兢兢，唯恐惹怒了她。吕雉是何等的阴险，她当然不会当着刘邦的面为难戚夫人，不看僧面看佛面。但背地里却想着法子整戚夫人。戚夫人是一个单纯善良的人，没有见过世面，她天真地以为皇宫的世界很出色，以为只要安安分分地做好自己，以为只要不得罪别人，自己就会相安无事。然而她没有料到，皇宫里的一切都是那么错综复杂。

戚夫人致命的弱点是，她把刘邦当成了自己唯一的救命稻草，不会笼络人心，没有建立自己的党羽，除了刘邦以外没有人把她放在眼里。而吕雉恰恰与戚夫人相反，她有着蛇蝎一般的心肠，但表现出来的却是一副菩萨面孔，她因人而异，或送美女或送珠宝，广结善缘。

三、荒诞婚姻悖伦常，贞洁张嫣尊花神

张嫣（公元前202—公元前163年），砀郡外黄县（今河南商丘市民权县西北）人，野史载其字孟媖，小字淑君。鲁元公主与宣平侯张敖之女，汉惠帝刘盈的外甥女，同时也是他的皇后。

张嫣的家世显赫，其外祖父是汉朝开国皇帝汉高祖刘邦，外祖母是汉高后吕雉，祖父是赵王张耳，父亲是嗣赵王张敖，母亲是鲁元公主。然而，显赫的家世并没有给张嫣带来多少幸福，在外戚、宦官、权臣、皇族争权夺利的社会，她宛若一朵默默无闻的鲜花，悄无声息地美丽绽放，然后又

静静地凋落。

汉惠帝四年（公元前191年）十月的一天，长安城未央宫张灯结彩，场面宏大、豪华气派的皇帝大婚典礼在这里举行。年方20岁的汉惠帝刘盈身着婚服，站立在未央宫前殿的殿门口，准备迎娶他的皇后。可是，人们无法从新郎年轻的脸上看到大婚的喜悦，脸上反而现出一丝忧虑与无奈，甚至是悲愤。刘盈要迎娶的皇后不是别人，正是自己的亲外甥女——张嫣。张嫣是刘盈看着出生、看着长大的，一直叫自己舅舅，可是今天却要成为他的妻子。这实在是荒唐至极！谈起这桩荒唐的婚姻还要从张嫣的家世谈起。

在汉惠帝刘盈该谈婚论嫁的年龄，吕后曾为儿子娶了一个妃子，但这个妃子没几年就去世了。刘盈继位后，吕后准备再选一个贵族女子立后。为了维护自己的统治，牢牢控制皇权，吕后居然打起张嫣的主意，是谓"亲上加亲"。

刘盈当然无法接受外甥女作妻子的安排，对吕后说："张嫣是我的外甥女，这有悖伦常，况且她还是个未成年的幼女。"

吕太后当即就驳了回去："现在年幼，将来不就年长了吗？不妨先娶回来再说。至于伦常，外甥与舅舅的关系根本不在五伦之内，何谈乱伦？况且张嫣身份高贵，绝色无双，天下无人可比。"刘盈知道母后心狠手辣，在母亲的压力之下，他也只好顺从了母后的意思，册立外甥女张嫣为皇后。是年，张嫣仅有11岁。吕太后也知道张嫣年龄太小，担心朝臣们非议，对外佯称皇后12岁。不过张嫣体态丰盈，看上去约莫十二三岁，这一场荒诞的婚姻也就对世人欺瞒了过去。

到了婚典那天，张嫣穿上皇后礼服，戴龙凤珠冠，拜辞父亲张敖后，来到未央宫前殿，从此开始了她26年的深宫生活。

礼毕入宫，其他不相干的闲人都散了。张嫣端坐在榻上，刘盈端着烛台近前端详自己的皇后。张嫣生得漂亮，姿容秀美、典雅端庄，她的父亲张敖一表人才，知书达礼；母亲鲁元公主温淑娴雅，气质高贵，仪容飘逸。张嫣在儒雅的环境中长大，受到了良好的教育，尽管自己年纪尚幼，却无法掩饰其娴静、高雅的气质，加上她天生丽质，因此，汉惠帝很喜欢这个秀外慧中的小外甥女，经常把她招进宫来，赏赐她一些小礼物。当然了，外甥女与妻子的角色是完全不同的，让这二者合一，刘盈在心底无论如何也无法接受。所以，刘盈从来不在皇后处留宿。因为张嫣长得比较随父亲张敖，刘盈常戏称张嫣为"张公子"。张嫣可不是个花瓶摆设，也是有真才实学的。秦始皇嬴政焚书坑儒后，曾下令民间不许私藏图书，违者诛其族，史称"挟书律"。刘邦建汉后，并没有废除这项极不合理的法令，直到汉惠帝刘盈时，才废除"挟书律"。直接导致废除"挟书律"的，竟然是小皇后张嫣。

张嫣好读诗书。一次，张嫣正在读书，刘盈笑问张嫣："你怎么也学起儒生来了？难道没听说过秦始皇焚书坑儒之事？"张嫣笑答："臣妾曾经听父亲说过，秦朝之亡，多半由此，弊法实不足效。陛下是个明君，怎么也学起秦始皇来了？臣妾为陛下觉得可惜。"刘盈听着颇有道理，便下诏废除了"挟书律"，此后民间大兴藏书热，这一举措促进了民间文化的繁荣，着实要感谢张嫣。

惠帝在张嫣入宫之前就已经有了五个孩子，张嫣入宫时年纪尚幼，加之惠帝与她的关系多少有些荒唐，因此二人一直分居异处。张嫣一直未孕生子，而后宫其他女子却多有生育，吕后对此非常不满，曾想方设法让张嫣生子，但张嫣却始终没有怀孕。一次，一个宫女怀了惠帝的孩子，吕太后就命张嫣谎称自己怀孕，待那个孩子生下后，就夺过来说是皇后之子，并将那位宫女杀害。后来还千方百计地说服惠帝将这个孩子立为太子，就是后来的前少帝刘恭。张皇后对此啼笑皆非，却也同惠帝一样无可奈何。张嫣的心里明白，惠帝的心里也非常清楚，他们依旧是舅舅与外甥女的关系，不可能会诞下皇子。

汉惠帝七年（公元前188年），年仅23岁的汉惠帝刘盈在未央宫驾崩，14岁的张嫣便成了新寡。在刘盈入殓时，张嫣哭得梨花带雨。国不可一日无君，吕后便立刘恭为皇帝，自己临朝称制，做起了有实无名的女皇帝。张嫣年龄尚幼，但名分还在，吕雉专政后，张嫣仍居中宫，以孝惠皇后的身份抚养少帝。

吕后四年（公元前184年），当时刘恭已经渐渐长大，知道自己的生母已死，自己并非张嫣的亲生儿子，于是口出怨言说："皇后怎么能杀死我的生母而把我当作她的儿子？我现在还小，等我长大之后，一定要复仇！"吕后知道后很担心，害怕刘恭真会作乱，于是将刘恭囚禁在后宫的永巷中，宣称刘恭患病，任何人不得与刘恭相见。不久，吕后废黜刘恭，并暗中将他杀害。同年五月十一日，吕后立汉惠帝的另一子常山王（恒山王）刘义为帝，改名为刘弘，史称后少帝，继续由吕后临朝称制。

张嫣与吕后的关系融洽，吕太后为绝后患，打算诛杀异姓功臣，幸而张嫣苦劝，这才平息一场风波。吕太后做了八年的"皇帝"，在她临走的时候，曾经要求张嫣在她死后，可临朝称制，有曲逆侯陈平和绛侯周勃辅佐，当无大事。张嫣知道此时吕家公侯满门，兼有兵权，刘氏宗室早就恨之入骨，双方早晚要翻脸，犯不着和吕家走得这么近，便坚决不从。

吕后八年（公元前180年），临朝听政的太皇太后吕雉崩逝。没过多久，吕禄、吕产等人便图谋作乱，企图推翻刘氏天下取而代之。在刘章、陈平、周勃等人的合力对抗之下，打击了吕氏的叛乱，废掉了吕氏羽翼下的少帝刘弘，诛杀吕氏族人，迎立高祖四子代王刘恒，是为汉文帝。

张嫣虽然幸免一死，却受到牵连。刘恒刚刚登基之时，便将张嫣逐出长乐宫，幽禁于北宫。北宫是一处极为幽静的院落，朝臣们都知道张皇后与吕后乱政并无关系，因而没有在诛灭吕党时杀害她。自此，她在北宫中无声无息地过着孤独的生活。

皇宫中的人情冷暖已是常事，张嫣失了势，宫中那些势利之人便落井下石，经常来北宫找张嫣的麻烦，甚至刘恒最宠爱的慎夫人也在其中。对此，刘恒装聋作哑，不闻不问。张嫣虽然行同囚犯，但她的美名却不是一个小小的宫院可以拦住的。

北方匈奴也知道孝惠帝遗孀是个绝色美女，中行说为了讨好匈奴单于稽粥，便添油加醋地向稽粥描绘张嫣的美貌。稽粥果然动了心，书信一封写与刘恒，请求汉朝将张嫣送到匈奴，做他的阏氏。张嫣虽为前朝遗孀，但身份还在，此事事关大汉国体，非同儿戏。刘恒便派使者去匈奴说服稽粥。稽粥问汉使："我听说孝惠皇后艳

汉服服饰——曲裾

丽无比,果真如此吗?"汉使机智言道:"单于听何人所言?根本没此事。孝惠皇后貌丑赛东施,脸大发黄,还有黑斑。"稽粥笑道:"不管怎样,孝惠皇后也算是你们的国母,怎能如此污蔑,简直是一派胡言!"不过稽粥到底没有得到张嫣。

张嫣生活在北宫中,无声无息,日出日落整整17年。汉文帝后元元年(公元前163年)三月,张嫣病逝,终年40岁,与汉惠帝合葬于安陵,不另起坟,谥号"孝惠皇后"。

据说张嫣死后入殓时,宫女们替她净身时惊人地发现,张嫣至死竟然冰清玉洁,依然是个处女。消息不胫而走,天下的臣民无不怀念怜惜她,于是纷纷为她立庙,定时享祭,尊她为花神,为她立的庙便称为"花神庙"。

汉惠帝和张嫣的一段凄苦的政治婚姻就这样安静地结束了,两个人在这场婚姻中都是不幸的,一场背离人伦的婚姻,记载了一段被权力和欲望扭曲的历史。

四、平民宫女终逆袭,太皇太后窦漪房

孝文窦皇后(?—公元前135年),清河郡观津县(今河北省武邑县)人。唐司马贞《史记索隐》引皇甫谧言,云窦后名猗房。

窦猗房是普通的农家女,平民出身。汉惠帝时窦姬以家人子身份入宫伺候吕太后,后被赐予代王刘恒。刘恒即位后窦姬被立为皇后。景帝即位后尊其为皇太后,建元元年,汉武帝即位,尊其为太皇太后。窦太后与汉文帝刘恒育有一女二男:长女馆陶长公主刘嫖,长子汉景帝刘启、少子梁孝王刘武。汉武帝建元六年(公元前135年),窦太后去世,与汉文帝合葬霸陵。

窦漪房生于楚汉相争的乱世之中,再加上连年的天灾,窦家的生活已是困顿不堪,一家人吃了上顿没下顿,有时候一饿就是好几天。为了寻找食物果腹,窦漪房的父亲迫不得已前往观津城外的深潭边钓鱼,结果滑入深潭,葬身鱼腹。窦母悲伤过度,不久也弃世而去,留下了窦氏三兄妹。

但贫苦的日子依旧没有掩盖窦漪房的美丽容颜,她出落得风姿绰约、丽质不俗。她不但操持着兄弟们的衣食起居,也梦想着能够嫁到一户好人家中,为兄弟也为自己寻个出路,足见窦漪房自小就乖巧懂事。然而窦漪房最终却被选入宫,临行前,窦漪房与兄弟二人抱头痛哭。

　　窦漪房此行，原本是抱着从此生死两茫茫的绝望的，然而让她没有想到的是，她的命运也将时来运转。因为窦漪房性情温良，遂成吕雉宫中的一名小侍女。不久，刘邦病逝，太后吕雉赐给诸庶子每人 5 名宫女，窦漪房就是入选的 35 名宫女中其中的　位。窦氏因家在清河，离赵国近，希望能到赵国去。她向主持派遣宫女的宦官请求，要把她的名字放到去赵国的花名册里，但是这个宦官在分派宫女时却把这件事忘了。当名单最后被皇帝批准实施之时，窦漪房才知道自己竟然被送给了代王。

　　山西晋阳与河北武邑之间路远地遥，一入宫门深似海，漪房明白，自己只怕要一辈子埋在山西了，那就永生永世也不要想知道家乡的一丝消息。

　　代国国王是汉高祖刘邦的第四子刘恒，高祖十一年（公元前 196 年）打败陈豨平定代地，建都中都，始立代国，并封时龄 8 岁的刘恒为代王。精心挑选出的宫女，个个姿色出众，而窦漪房尽管美貌，这一路以泪洗面，想来是不可能艳压另外四位美艳动人的宫女的。然而，在五位宫女中，代王刘恒并没看上那四位争奇斗艳的宫女，却唯独喜欢上了神情落寞的窦漪房。

　　最终，与窦漪房同时入王宫的四位宫女仍旧是宫女，而窦漪房却成了代王的宠姜，并且一连诞下三子：长女刘嫖（馆陶公主）、长子刘启（汉景帝）、次子刘武（梁王）。

　　然而，代王刘恒的后宫并不简单，他的母亲薄太后是后宫的主人，还有比窦漪房身份地位都高的王后，也先后生下四位王子。不过王宫虽然复杂，对窦漪房来说，却是天堂，她对自己竟能得宠于亲王并且为之生儿育女非常满足，对薄太后和王后甚至于嫡子们，都非常恭敬，安分守己。窦姬的克己守礼，以及她的贫苦出身坎坷经历，在代王刘恒和薄太后、王后的眼里，更是平添了几分好感和怜惜，窦漪房在代王宫里也赢得了美名。

明刻历代百美图之窦后

转眼间，几年过去了，代王后病逝了。代王刘恒不过二十来岁，中馈乏人，当务之急便是立后之事。这时在代王宫里，育有儿子的妃嫔，只窦姬一人。因此在薄太后的建议下，窦姬开始代王后管理宫中事务。

正值代王处理家务事之时，千里之外的京城长安却正在发生着翻天覆地的变化。高后八年（公元前 180 年），吕雉去世。在一场惊心动魄的宫廷政治厮杀之后，吕氏家族无一人生还，刘盈之子、小皇帝刘弘也未逃过此难。大汉王朝皇位空缺，丞相周平、太尉周勃等人商议之后，在刘姓诸王中，选中了代王刘恒。而代王刘恒被选中的最重要原因之一，就是他的母亲薄太后以及他的代理王后窦姬，是出身穷困、为人小心翼翼的女人，她们的家族不但亲戚少，而且个个老实巴交。

公元前 180 年，刘恒称帝，是为汉文帝。十月，已经在长安城里安顿好的刘恒派舅父车骑将军薄昭，前往代国迎接自己的母亲薄皇太后，以及自己的姬妾儿女。窦姬和孩子们跟随着车马，也来到了长安城。时隔 16 年，重临长安城，窦姬已今非昔比。

刘恒初登大位之时，忙于料理政务、熟悉官员，不幸的事情再一次发生了。或者是因为一路颠簸辛苦，再加上难抵长安城冬天的严寒，刘恒的四个嫡子都在春天来到之前，相继病死。刘恒悲叹自己的福分恐怕难以胜任皇帝之位，以至于嫡子尽丧。正月间，官员恳请他立储之时，他竟然产生了立叔伯兄弟们为继承人的想法。

刘恒着实让诸位大臣们吓出了一身冷汗：当初他们选了这个不起眼的亲王为帝，如此一来，肯定得罪了其他的刘姓诸侯。如果这位皇帝准备将皇位再传给其他的王侯，待下一位皇帝继承大统之时，他定然不会放过这些曾经得罪过自己的大臣的。

经大臣们再三劝谏，希望刘恒能明白立嗣必以子的道理。刘恒终于有所顾忌地答应了，于是在文帝元年（公元前 179 年）正月，立长子刘启为皇太子；三月，立窦姬为皇后。其后，长女刘嫖封为馆陶长公主，窦漪房的小儿子刘武也被封为代王。

代王是文帝刘恒继位为帝之前的封号，现在刘恒把自己起家的封号赏赐给了刘武，可见文帝和窦后对刘武的宠爱之深，甚至超出了皇太子刘启。然而，大臣们看不过皇帝、皇后娇纵小儿子的行为，认为这种溺爱会累及朝纲，于是纷纷上谏，刘武便由代王改封为梁王。不过封号可以改，在爹妈心目中，刘武的地位依然不可动摇，甚至由于这一次改封，文帝窦后对刘武，还油然而生内疚之意。应该说，大臣们毫无人情味的进谏还是有远见的，若干年后，这位梁孝王刘武，果然给大汉王朝惹了不少麻烦。此外，窦皇后也找到了自己失散多年的兄弟窦长君和窦广国，文帝对妻子能够与兄弟团聚，也颇为感慨，

赏赐用的金五铢

于是赏赐了窦氏兄弟田地宅院，还有大笔金钱大量的金银珠宝，让他们安度年岁。

窦皇后突然与亲兄弟相认，颇令吃够了吕氏外戚苦头的臣子们心生隐忧，唯恐大汉朝再次被外戚掀起一场浩劫。于是他们事先行动，由绛侯周勃、宰相灌婴等人出面向文帝进谏：窦氏兄弟出身寒微，不知礼、无学识，不宜封授官职，须选择一些有操行道德和学问的长者教导他们，以免重蹈吕氏外戚作乱的覆辙。文帝采纳了此意见。窦长君、窦少君遂成"谦谦君子"，时间一久，他们非但没有参与政事，就连国舅爷这一显贵身份，许多人都不知道。

随着时光的流逝，文帝三年（公元前 177 年），本已是半老徐娘的窦皇后，此时又因害了眼疾而失去了动人的双目，文帝对她的关爱也迅速锐减。念在往日的情分和看在儿女的分上，文帝仍然让她当皇后，但文帝此时的心思却全然不在窦皇后身上，醉情于宫中万千粉黛。

在这些粉黛之中，文帝最为宠爱的是慎夫人与尹姬。此二人都未能为文帝生下儿女，但是文帝对她们的宠爱却远远超过了窦皇后。在后宫之中，慎夫人的物质待遇、侍从车驾，均与窦皇后别无二致。

一次，文帝带着窦皇后与慎夫人等后宫宠妃，一起前往上林苑游玩。游嬉尽兴后，人们都需要休息。当文帝和窦皇后依次坐下后，慎夫人就如同往常在内宫时一样，准备坐到窦皇后身边去。但跟随文帝而来的郎中袁盎却不让慎夫人就座，将她引到偏席，与侍者同坐。慎夫人顿时觉得自己受了侮辱，满脸怒色，无论如何也不肯坐下。文帝也觉得袁盎的做法扫了

自己的兴，自己也不愿意再安坐于席上，于是起身就走。窦皇后没有作声，也跟着文帝身后，低着头走了。

但是袁盎心雄胆壮，根本就不怕文帝发怒，反而追上去对着文帝讲大道理："俗话说尊卑有序，皇上虽然宠爱慎夫人，但是名分有高低之别，后宫之主为窦皇后，慎夫人只是妃妾，怎能与嫡妻皇后平起平坐呢？假如皇上因为偏心就对她滥施恩宠，乱了宫中规矩，这岂不是把她给害了。前车之鉴啊，皇上，您难道忘了戚夫人变成'人彘'的惨状吗？"

袁盎的话让文帝恍然大悟，不但怒气全消、转怒为喜，而且立刻赶进后殿，将袁盎所说的话转述给慎夫人听。慎夫人听后，也怒气全消，对袁盎保全自己的好意十分感激，随即拿出 50 斤黄金赠予袁盎，以示感谢。

文帝后元七年（公元前 157 年），汉文帝病逝，太子刘启即位，是为汉景帝。尊窦皇后为皇太后，并任窦太后之弟窦广国为章武侯，封窦长君之子窦彭祖为南皮侯。

景帝三年（公元前 154 年），七国之乱，窦太后的侄子窦婴主动请缨，立下赫赫战功，并因此以军功封为魏其侯。窦家一门三侯，光耀了窦家门楣，窦太后自然是高兴。

窦漪房成为太后之后虽然没有像吕后那样走到前朝来执政，然而，作为景帝生母，她始终左右着朝政大计。平定吴楚七国之乱后，景帝原拟保留吴楚的封国，各立其后。窦太后出于个人亲疏喜好，以吴王"首率七国，纷乱天下，奈何续其后"，仅许存楚，不准续吴，景帝只得照办，未敢抗命。

窦太后非常宠爱自己的小儿子梁王刘武，赏赐给他的财物不计其数。梁王得宠，大兴土木之事，国土更达 40 余县，出行的规格比于天子，珍宝财富比京师还多。景帝三年（公元前 154 年），汉景帝尚未立太子，刘武入朝，景帝曾酒后言将来自己离世后便将帝位传予梁王，刘武与窦太后听后皆大为欢喜。太后的侄子詹事窦婴却说："汉法规定，帝位传给长子、长孙，现在陛下怎可传给弟弟，擅自搞乱高皇帝的规定呢！"窦太后闻之心里很不愉快，并由此憎恶窦婴，窦婴亦嫌官小而以借病为由辞官，窦太后便在进出宫的名簿上将窦婴删除。七国之乱平定后，景帝以军功封窦婴为魏其侯。后元元年（公元前 143 年），桃侯刘舍被免丞相之职，窦太后多次向景帝提议拜窦婴为丞相。景帝说："太后难道认为我有所吝啬而不让魏其侯当丞相吗？魏其侯这个人骄傲自满，容易自我欣赏，做事草率轻浮，难以担此重任。"最终用建陵侯卫绾为丞相。

景帝七年（公元前 150 年）十月，梁王再次入朝朝见景帝。因为窦太后宠爱的缘故，景帝批准了梁王欲留京师的请求。次月，景帝废黜栗太子刘荣为临江王，想让少子做皇帝的窦太后便对景帝说："我听说殷商的制度亲其兄弟，周朝的制度尊其祖先，其道理是一样的。百年之后，我把梁孝王托付给你。"其意便是欲让景帝立其弟，时为楚相的袁盎认为不适，便上书劝阻景帝，窦太后的提议受阻，此后也再未提让梁王作继承之事。景帝立胶东王刘彻为太子后，梁王怨恨袁盎等阻挠他为嗣的大臣，便与谋臣羊胜、公孙诡等人谋划刺杀袁盎，袁盎最终被梁国的刺客刺杀在安陵郭门外。景帝查出真相后怨恨梁王，使韩安国通过长公主刘嫖向窦太后谢罪才得以宽恕。

得到景帝宽恕后的梁王欲入朝请罪，行至函谷关时改乘布车，只带两名骑士入长安，并藏匿于长公主（刘嫖）家。景帝的使者徒见车驾未见梁王，窦太后哭着说："帝杀吾子！"景帝因此忧惧害怕。梁王此时方背着刑具待罪于宫阙下，太后与景帝得知梁王安然后便大喜。然而兄弟间的关系却不能再回到从前。景帝中元六年（公元前 144 年），因景帝拒绝梁王留滞京城，梁王回封地不久便因病去世。窦太后整日哭泣，极为悲哀，并拒绝吃饭，说："帝果杀吾子！"景帝哀伤害怕，不知该如何是好，于是与长公主商议，决定分梁国为五个国家，分别封梁孝王的五子为王，而梁孝王的五个女儿皆食汤沐邑。并奏告窦太后，太后这才开心起来，还因此加了一餐。

太子刘荣被废为临江王后，景帝中元二年（公元前 148 年），又因侵占宗庙修建而犯罪，在中尉府受审。廷尉郅都为官忠直廉洁，不畏强权，对犯罪的人绝不姑息。他对刘荣的责训非常严厉，这让刘荣感到非常害怕，于是刘荣请求给他刀笔，想要写信直接向景帝谢罪，郅都不许。窦太后堂侄魏其侯窦婴派人偷偷送给刘荣刀笔，刘荣写完信后，在中尉府谢罪自杀。窦太后闻知孙儿惨死的消息后，凤颜大怒，对郅都恨之入骨，最终责令景帝将其免官还家。

后来，郅都出任雁门郡太守，奋力抗击匈奴，匈奴更是对其闻风丧胆，他的威名与同时期的名将廉颇、赵奢并列。匈奴四处散布对郅都不利的谣言，窦太后闻讯，不加追究分辨，立即下令捉拿郅都。汉景帝心知郅都冤枉，极力为其说情，并准备释放郅都，窦太后不忘旧恨，坚决不允，郅都终被

西汉铜羽人

处死。听到郏都被处死的消息后，匈奴骑兵侵入雁门对汉朝边境进行大肆侵扰。窦太后因为一己私利而对朝廷大事横加干涉，杀害国家栋梁，实属不明智之举。

景帝后元三年（公元前141年），汉景帝刘启于未央宫中驾崩。二月，他被安葬在阳陵。同月，汉武帝刘彻即位，同时尊封皇祖母窦漪房为太皇太后、母亲王娡为皇太后。在汉武帝登基之初，朝廷政权仍由皇祖母窦漪房掌控。

窦太后双目失明后，喜欢黄老之术，景帝及窦氏兄弟也不得不读《老子》而尊黄老之道。"黄老"是指黄帝和老子，道家也尊黄老为祖，主张无为而治，宽政利民。"文景之治"的盛世，与推行黄老之术的宽民政策有很大关系。

窦太后之所以推行道家治国理念，主要是在西汉经历过白登山之变之后，发现汉朝的国力实在很难与匈奴抗衡，朝廷刚刚经历过战乱，百废待兴，需要的是"休养生息"，而这一点刚好符合道家的治国理念。于是在窦太后的大力主张下，西汉中央政府开始在全国彻底推行道家思想。到了景帝时期，国家经济实力空前强大，已经具备了和北方匈奴政权相抗衡的实力。这时候无为的黄老就不再适应国家的发展要求，而为加强中央集权的儒家思想则开始崭露头角，其影响力也日益强大。虽然此消彼长是历史大趋势，然而，由于"窦太后好黄老言，不悦儒术"，她便以母后的威严与地位，千方百计阻挠与扼制先帝（景帝）推行儒学。直到景帝去世也没能将儒家思想推广开来。

到了汉武帝时期，窦太后"老当益壮"，继续大力推行黄老之术、道家之言。然而，少年的汉武帝独好儒术，一登上皇位就迫不及待地诏举贤良方正；外戚窦婴、田蚡与御史大夫赵绾也是儒家学说的积极倡导者和努力推行者。于是，立明堂、封禅、改历、正服色等，尊儒之风被提上了议事日程。儒学大师申公培也因赵绾的推荐，被武帝以隆重的礼节迎接到了京师。汉武帝希望通过改黄老之道为儒家之言的方式，巩固自己的统治。

改革触及了很多人的利益，以窦氏列侯为首的家伙们坐不住了，一个劲地往窦太后那里跑，说尽了汉武帝和大臣们的坏话。为了摆脱窦太后的阻力，御史大夫赵绾、郎中令王臧向武帝提议，朝廷上的事不要事事都奏请太皇太后。这一举动用意十分明显：就是要绕过窦太后，让汉武帝成为改革的最高、最直接的主宰者，并通过改革逐渐削弱窦太后在朝中的势力，最终达成还政于汉武帝的目的。

尽管窦太后双目失明，但消息却很灵通，反应更是果断。她一边气急败坏地以文帝时蛊惑人心的方士新垣平（新垣平是汉文帝时期的一个方士，他靠骗术骗取汉文帝的信任。后被识破，被诛三族）来比拟、丑化赵绾等尊儒的大臣；一边派人收集赵绾的负面消息，作为对抗武帝的有力武器。公元前139年，窦太后将御史大夫赵绾、郎中令王臧打入监狱，罢免了尊儒的丞相窦婴与太尉田蚡，即使窦婴是她本家的侄儿也难逃此难，并亲自任命了新的丞相、太尉，调整了最高的统治核心。面对窦太后的盛怒和强大的压力，汉武帝不得不作出战术上的调整，他将明堂上的决议统统废除，任由赵绾、王臧二人在狱中自杀。因窦太后以其特殊身份与至高权威的强行干预，汉武帝最初掀起的这场尊儒的运动被迫以失败告终。

经过此次较量，窦太后与汉武帝祖孙的关系也随之急剧恶化，窦太后想要换掉这个皇帝也不是一天两天的事了。汉武帝17岁这年她就曾经想废了他，在女儿馆陶公主的劝说下她才熄灭了此想法，但只是暂时。

汉武帝18岁那年，窦太后再次借口汉武帝"无太子"，说他有着偌大的后宫，却无皇嗣，定是哪里出了问题，为了国家，推选他的叔父淮南王刘安为皇太叔，作为继汉武帝之位的储君。18岁的汉武帝青春正茂，为何就断言他以后一定没有孩子呢？急于为他选继承人也就罢了，偏却要选一位年长辈尊的老者，难道此时偌大的一个刘氏家族就找不着一个小婴儿了吗？窦太后此举究竟为何意？一时间，朝中内部风云变幻，汉武帝母子心惊胆寒。汉武帝在如此恶劣的政治环境下，还能生存下来实在是馆陶公主

的功劳，馆陶公主的慈悲劝言再次平息了一场政治风波。自此，汉武帝韬光养晦，不再与皇祖母起正面冲突。

建元六年（公元前 135 年），窦太后去世，享年 71 岁，与文帝合葬于霸陵。

窦太后是中国最后一位拥附尊崇黄老思想的统治者，在她的影响下，西汉政权能继续遵行刘邦时期的"与民生息""无为而治"的精神，把汉王朝推向了强盛的高峰。

五、越礼贪恋美少年，馆陶恩怨长门宫

馆陶长公主刘嫖（公元前 189—？年），历经西汉文、景、武三朝。生有二子一女：长子陈须（又称陈季须），幼子陈蟜娶汉武帝妹妹隆虑公主，女儿是汉武帝第一任皇后陈阿娇。

刘嫖是汉文帝有史料记载的两个女儿之一，窦皇后的唯一的亲生女儿，汉景帝唯一的同母姐姐，同时也是汉武帝的姑母兼岳母。西汉高后八年（公元前 180 年），刘恒登基为帝。数月后，刘启被册立为太子，窦氏被立为皇后，刘嫖则为长公主。刘嫖的封邑在馆陶县（今河北邯郸市馆陶县），所以称馆陶公主。汉文帝三年（公元前 177 年），馆陶公主嫁给堂邑侯陈午为妻，故《史记·卫将军骠骑列传》中又称其堂邑大长公主。

窦太后一共有一女二子。按照汉朝的国家体制，幼子梁王刘武必须去封国居住，不得长留京城。窦太后早年失明，身边最是亲近者即馆陶长公主刘嫖。刘嫖是景帝的同胞姐姐，又常给景帝进献美女，所以景帝对姐姐也是十分好。刘嫖倚仗母亲的宠爱和弟弟的纵容，出入宫闱，为自己和陈家谋求权力和富贵。

景帝四年（公元前 153 年），景帝立庶长子刘荣为太子。刘嫖于是为女儿陈氏向刘荣生母栗姬请求联姻，不料栗姬因厌恶刘嫖屡次给景帝进献美女而拒绝。刘嫖转而和王夫人王娡联姻，王夫人同意了陈氏与自己儿子刘彻这门亲事。刘嫖屡次在景帝面前污蔑栗姬，王娡也暗中派人催促大臣奏请立栗姬为皇后。汉景帝七年（公元前 150 年），一次朝会上大行官奏以"子以母贵，母以子贵"，请封太子母亲栗姬为皇后。景帝非常生气，竟论罪处死了大行官，并废了太子，改封他为临江王。栗姬由此完全失宠，不能再见到景帝，最终忧郁而死。不久，皇帝正式册封王娡为皇后，将刘彻立为太子。

景帝后元三年（公元前 141 年），景帝驾崩，刘彻继位，是为汉武帝。刘彻登基后，立陈氏为皇后，尊刘嫖为大长公主、窦太主，是武帝朝唯一的大长公主，地位一人之下，万人之上。建元二年（公元前 139 年），刘彻在平阳侯家遇到了他第二任皇后卫子夫。建元三年（公元前 138 年）卫子夫怀孕，刘嫖不敢对孕中的卫子夫下手，于是绑架了卫子夫的弟弟卫青欲杀之，幸卫青好友公孙敖等人及时赶到，救下卫青。刘彻因此大怒，借机大肆封赏卫家众人。

元光五年（公元前 130 年），陈皇后指使女巫楚服行巫蛊之术被废，并被赶出长安居住在长门宫。因为刘嫖和陈家并不知晓巫蛊之事，刘彻在刘嫖请罪之时表示不会牵连到她和堂邑侯陈家。

陈皇后失位后第二年，刘嫖的丈夫陈午过世。此时，她已是个 60 多岁的妇人，寡居在家，却迷恋上一位叫董偃的美少年。虽然《汉书》称董偃是在陈午过世后才到馆陶身边，但陈后被废所居的长门宫，正是董偃为讨好皇帝才劝刘嫖送给刘彻的，由此可知，陈午在世时，董偃已经得宠了。

据说董偃的母亲本是卖珠人，他从 13 岁起就常与母亲出入窦太主家，当时旁人都称他长相俊美，于是窦太主召见他，并且从此将他养在府里，供他读书，并让他学习各种才艺。董偃到 18 岁时，在外做窦太主的随从，回府里则是她的内侍。董偃生性温柔和善，再加上他与窦太主通奸的关系，因此许多人都接见他，称他"董君"。后来有个安陵爰叔告诉他，私侍太主是有罪的，而董偃自己也很担心这件事，便献计要董偃建议刘嫖向武帝献上长门园作为离宫。果然武帝为此相当高兴，将此园命名"长门宫"，而刘嫖也乐得赐爰叔万金作为寿礼。

刘彻曾经亲临公主府邸，对姑母说："我想拜见一下主人翁。"刘嫖和董偃一起请罪，刘彻并没有怪罪董偃，还赏赐给董偃衣服、帽子。公主摆筵，请汉武帝入席，亲自为皇帝奉食进觞。整场宴会上刘嫖与董偃对武帝毕恭毕敬，招待有加，让武帝非常高兴，从此董偃颇受尊宠，常出入宫中参加活动。

一天，武帝在宣室设酒宴款待窦太主和董偃。当他们要进入宣室时，东方朔执戟上前阻拦，对武帝说："董偃有三个罪名可杀：他以臣下的身份，私侍公主，这是第一条死罪；败坏男女风化，搞乱婚姻礼制，有伤先王的

制度，这是罪二；陛下正当壮盛之年，须积思放六经，留心于王事，追慕唐虞的政治，仰敬三代的教化，而董偃却不知依经书劝学，反而以靡丽为重，奢侈为称，尽狗马之乐，极耳目之欲，行邪枉之道，径淫辟之路，这是国家之大贼，社会之大害，这是他第三条死罪。"

武帝从此疏远董偃，董偃也渐渐不得宠信，在30岁那年郁郁而终。刘嫖公主在失去董偃后数年才过世，遗言不愿与其夫陈午合葬，而是要求与情夫董偃合葬于霸陵。刘嫖的要求，是公主贵人做越礼之事的开始。

馆陶公主一生享尽荣华富贵，也招惹了数不尽的是非祸患，因为她那填不满的私欲和不知收敛的性格。也就是从此之后，公主养男宠已经成为一种约定俗成的制度，而且多逾礼制，而这个根就在长公主和董偃这里。

六、金屋藏娇陈皇后，长门买赋难再宠

陈皇后（生卒年不详），名不详，世称陈阿娇。祖籍东阳县（今安徽天长）。汉武帝刘彻的第一任皇后。

陈皇后因其起伏一生，为后世留下了"金屋藏娇""长门买赋"等典故，并于历代文学作品中传唱。

1.侯门贵女

楚汉战争时期，陈婴曾随项羽征战，后降刘邦，并在汉高祖六年（公元前201年）封1800户（《汉书》云600户）堂邑侯。汉文帝三年，陈婴之孙陈午袭堂邑侯，随后娶窦皇后之女馆陶长公主刘嫖为妻。生二男一女：长子陈季须（陈须），次子陈蟜，女即孝武陈皇后（名未见载于史籍）。

汉景帝四年（公元前153年），立长子刘荣为太子。长公主想将自己的女儿嫁予太子为妃。太子刘荣的母亲栗姬善妒，而后宫诸多受天子宠幸而得到显贵的美人皆因长公主之故，这些美人所受到的尊宠超过了栗姬，栗姬日益愤怒并且怨恨长公主刘嫖。待到长公主欲与栗姬结儿女之亲时，栗姬也因此而拒绝了长公主。遭到拒绝的长公主又将目光投向了四岁即封王的景帝爱子——王夫人所生胶东王刘彻，王夫人答应了长公主提出的婚约。

长公主因栗姬的拒绝而生气，于是经常在景帝面前进谗言栗姬之过："栗姬与各位贵夫人、宠姬聚会，常常让侍从在她们背后吐唾液诅咒，施用妖邪惑人的道术。"景帝因此恼恨栗姬。而栗姬亦曾因不愿善待景帝的

众位儿子并出言不逊令景帝气愤。

与此同时，长公主每日在景帝面前夸赞王夫人之子的优点，景帝也认为王夫人之子德才兼备，又有从前王夫人怀孕时梦日入怀的吉兆，更换太子的主意还没定下来。王夫人知道景帝怨恨栗姬，趁他怒气未消，暗中派人催促大臣奏请立栗姬为皇后。一次朝会大行令奏事完了，又说："'儿子因母亲而尊贵，母亲因儿子而尊贵'，如今太子的母亲还没有封号，应当立为皇后。"景帝发怒说："这是你应该讲的话吗！"结果竟论罪处死了大行令，并在汉景帝七年（公元前150年）废了太子刘荣，改封他为临江王。

同年，汉景帝立王夫人为皇后，她7岁的儿子胶东王刘彻为太子。刘彻立为太子后，娶了长公主的女儿陈氏为太子妃。

2. 金屋藏娇

据志怪小说《汉武故事》中讲述了两段与陈皇后有关的故事，虽然这篇志怪小说多与史书记载内容相左，但是叙述的故事颇为生动，短短的内容中出现了多个著名典故，其中最为著名的就是这一段"金屋藏娇"。这个典故也是陈皇后被称为陈阿娇的名之由来。这一个美丽的承诺亦频繁地出现在历代文学作品中，为人们所熟知，往往被误认为真实历史事件。

汉景帝时，薄皇后无子，景帝便立栗姬生的长子刘荣为太子。长公主刘嫖有一个女儿，想要与太子结亲。栗姬性善妒，宠爱不如从前，王夫人因此告诉栗姬说："长公主之前献给陛下的美人现在得到了陛下的宠幸，你何不私下里与长公主商量儿女婚事呢？"当时后宫诸多美人都因为长公主得见于景帝，并且得到景帝的宠幸而尊贵。栗姬因此愤怒而不听从王夫人的话，并拒绝了长公主结亲的请求。长公主亦因此而非常生气，王夫人借此机会送厚礼给长公主，于是长公主决定把女儿嫁给王夫人之子胶东王刘

历代百美图·陈阿娇

彻，然而汉景帝却没有同意。

后来长公主来到宫中，抱着刚刚几岁的刘彻于膝上，问道："你想娶媳妇吗？"说着便指着左右长御等女官100多人挨个问，刘彻都说不好。随后长公主又指着自己的女儿问道："娶阿娇好不好？"刘彻笑着说："如果能娶到阿娇做妻子，应该修建一座金屋让她住。"长公主大为欢喜，于是苦苦请求景帝，景帝便答应了这门亲事。

3. 擅宠而骄

建元元年（公元前140年），汉武帝即位，陈氏以太子妃身份立为皇后。因为在立武帝为储君这件事上陈皇后的母亲窦太主（武帝即位后尊长公主为大长公主，亦称窦太主）刘嫖出了力气，陈皇后故此骄横尊贵。窦太主亦自恃有功于武帝，无穷止地向汉武帝索取财物，武帝心中厌恶窦太主。而陈皇后又生性骄横善妒，虽独享宠爱却始终没能生孩子，花了9000万钱治疗不孕之症亦终究没能治愈。武帝对陈皇后的宠爱也慢慢衰退。王太后对武帝说："你刚即位不久，大臣们尚未归附于你，之前商议兴立明堂的事情已经惹怒太皇太后，如今又不顺从长公主，必定会受到重责。妇人的性情是很容易高兴的，你应该慎重思考该怎么做！"武帝于是对窦太主与陈皇后母女俩稍加以恩礼相待。

建元二年（公元前139年），汉武帝的姐姐平阳公主献歌女卫子夫以充后宫。陈皇后听说卫子夫得到天子大幸之后，非常生气，数次寻死觅活，武帝也愈加对皇后不满。

建元三年（公元前138年），卫子夫因被武帝宠幸而怀有身孕，而此时陈皇后却因为没生孩子而妒忌卫子夫。陈皇后的母亲大长公主听说后心疼自己的女儿，亦妒忌卫子夫，于是策划抓捕卫子夫当时并未知名的弟弟卫青，欲将其杀害，后卫青得其友公孙敖相救免于一死。

4. 媚道被废

随着卫夫人的尊宠一天胜过一天，并为汉武帝生下三个公主，而陈皇后10余年里却一直未能生育，其外祖母窦太皇太后又在建元六年去世。

元光五年（公元前130年），陈皇后竟施以妇人媚道，此事被发觉后，汉武帝要求负责执法纠察的部门穷究此案。当时的御史大夫张欧有一位下属侍御史名叫张汤，他深入案情，追查出楚服等人为陈皇后施巫蛊之邪术，祝告鬼神，祸害他人，属大逆无道之罪。最终处巫者楚服斩首于市，与此案有牵连者且被诛杀者 300 余人。同年秋七月乙巳日，汉武帝命有司赐皇后一道策书："皇后不守礼法，祈祷鬼神，降祸于他人，无法承受天命。应当交回皇后的玺绶，离开皇后之位，退居长门宫。"至此，居皇后之位 11 年的陈皇后被废黜。

5. 千金买赋

南朝梁萧统编著的《昭明文选》中最早收入了一篇著名的骚体赋——《长门赋》。相传此赋的作者为西汉文学家司马相如，然此序中出现了汉武帝谥号，而司马相如先于汉武帝 31 年去世。故此赋的作者也成了千古之谜。在《长门赋》的序中，简单地讲述了此赋的创作背景。虽然历史上的陈皇后并未能如序中所写得到汉武帝的再次宠幸，而此赋也有后人伪作的嫌疑。但是却因此赋，"千金买赋"及长门宫成为了著名的历史典故，在历代文学作品中，"长门"成为宫怨、士不遇、人生失意的代表。《序》中故事如下：

孝武皇帝陈皇后经常受到宠幸，颇为善妒。后来被贬到长门宫，心情愁闷经常哀愁思念天子。她听说蜀郡成都的司马相如是天下间擅长写作文章的人，于是派人献上黄金百斤给司马相如及其妻卓文君买酒喝，借此向司马相如求得能解悲愁的文赋。而司马相如则做了这篇《长门赋》给汉武帝，汉武帝看了以后非常感动，因此陈皇后又重新得到了帝王的宠幸。

6. 长门终老

陈皇后被废后居住在长门宫中。陈皇后的母亲窦太主感到羞惭恐惧，向武帝叩头请罪。武帝说："皇后的行为不符合大义，不得不把她废黜。你应该相信道义而放宽心怀，不要轻信闲言而产生疑虑和恐惧。皇后虽然被废了，仍会按照法度受到优待，居住在长门宫与居住在上宫并无区别。"元光六年（公元前 129 年），陈皇后的父亲堂邑侯陈午去世，元鼎元年（公元前 116 年），大长公主去世。又过了几年，陈皇后也在长门宫去世。逝后葬在霸陵郎官亭东面。

七、惊鸿拂袂动君心，内助至贤卫子夫

卫子夫（？—公元前 91 年），名不详，字子夫，河东平阳（今山西临汾）人。卫子夫是汉武帝刘彻的第二任皇后，史称孝武卫皇后。谥思后，是中国历史上第一位拥有独立谥号的皇后。

卫子夫出身卑贱，父亲郑季，在平阳侯府供职；她的母亲卫媪是平阳侯曹寿家的婢女，曹寿与卫媪私通，生了三男三女。卫子夫上有一兄二姐，长兄卫长君，长姐卫君孺（卫孺），次姐卫少儿，少儿有子霍去病；又有同母弟三人，即卫青、卫步、卫广。

因卫子夫生得漂亮，后被平阳公主带到长安的公主府，教她歌舞，成了公主府的一名歌伎。建元二年（公元前139年）春三月的一天，汉武帝去霸水岸边祭神。礼毕回京的路上，路过姐姐平阳公主的府第，武帝便去看望皇姐。

平阳公主备感荣幸，置办酒席，公主府的歌伎在堂下翩翩起舞，以助酒兴。武帝边饮边观赏伎女们的歌舞，突然眼前一亮，目光停留在歌伎卫子夫身上。平阳公主见状，心中暗喜。

酒宴结束后，武帝起身准备起驾回宫。平阳公主忙唤卫子夫侍奉皇上，并将卫子夫敬献给皇上，武帝十分欢喜。在回宫的路上，武帝迫不及待地在车中便御幸了卫子夫。卫子夫随武帝进了皇宫。

卫子夫入宫后，武帝便把她忘记了，一年多未能见上武帝一面。建元三年（公元前138年），汉武帝再次选择宫中年迈体弱等无用处的宫人释放出宫。卫子夫得见天子，哭着请求武帝释放她出宫回家。武帝怜爱卫子夫，再一次临幸了她，卫子夫因此而怀孕。汉武帝对她的尊宠也一天胜过一天，她的哥哥卫长君、弟弟卫青也被授予侍中官职，成为武帝的近臣。随后几年，卫子夫一连为武帝生了3个女孩。

汉武帝元光五年（公元前130年），因陈皇后巨资求子而不得，于是使用媚道害人邀宠的事情被察觉。武帝非常愤怒，便派御史大夫张欧负责此案。当时张欧的下属侍御史张汤深入案件，追查出楚服等人为陈皇后施巫蛊之邪术，建立祠堂祭祀诅咒，祝告鬼神，祸害他人，属大逆无道之罪。至此，为后11年的陈皇后于秋七月以惑于巫祝被废，退居远郊离宫。

元朔三年（公元前126年），又生下一个男婴，取名刘据。武帝29岁才有这个儿子，甚是喜爱。母以子贵，卫子夫生下刘据不久，便被立为皇后。卫子夫既立，当时的郎官枚皋自作《戒终赋》一篇献予卫皇后，且一改往日诙谐的文风，劝诫卫皇后要将良好的品德作风一直保持下去。

在卫子夫立为皇后之后，因她而显贵起来的卫氏家族亦不负君王所望，并未如大部分外戚一样寄居于裙带之宠。以卫青、霍去病为主导的卫氏外戚身着戎装，挥师北上，凭借着个人才赋及暴骨他乡的决心在十数次出生入死之后身封万户而不息，为大汉朝谱写出戎车七次出征，北登阗颜山，六次深入匈奴，在祁连山设郡的赫赫战功，基本瓦解了北方匈奴势力，为解决汉朝边患问题立下了不可磨灭的功绩。卫氏一门亦获以五人封侯的荣耀，更有姐姐作皇后、弟弟娶公主的富贵。卫氏外戚，由此声势显赫。其贵震动天下，遂有《天下为卫子夫歌》（《卫皇后歌》），歌曰："生男无喜，生女无怒，独不见卫子夫霸天下！"

元狩元年（公元前122年），皇子刘据和他的父亲一样在7岁之龄被立为皇太子。武帝雄才大略，好大喜功；而皇太子却秉性仁慈，温厚恭谨，父子性格、志趣相悖。随着皇太子渐渐长大，武帝对太子越瞧越不顺眼，觉得缺少他那种气魄。

元朔六年（公元前123年），随着年轻貌美的王夫人的出现，汉武帝对卫子夫持续15年的盛宠开始逐渐转移。之后，又有李夫人、尹婕妤、邢娙娥、赵婕妤（钩弋夫人）等更替受宠。武帝的妃子接连给武帝生了几个儿子，在诸子中，武帝特别喜欢赵婕妤所生的刘弗陵。刘弗陵年方五六岁，长得又高又壮，聪睿多智。武帝常对人说："此儿像我。"有心让他继承帝位。皇太子刘据开始失宠，他的母后卫子夫也渐渐地被冷落后宫。

然而，即使朱颜辞镜色衰爱弛，卫子夫依然记着立后之时枚皋那篇劝诫之赋。再者卫子夫的弟弟卫青及外甥霍去病为汉武朝立下不世之功，威仪不泯，天下尊之。深晓月盈则亏，水满则溢，盛极必衰道理的卫子夫宠辱不惊，凭借着平衡的心态，良好的德行及公正的处事，使她在宠衰之后，在卫青、霍去病相继离世之后的17年内依然能够得到武帝的礼遇与尊重。

除后宫诸事为卫子夫职责之内，武帝每每出巡游幸天下时亦将少府所掌宫中事由交予卫子夫定夺。待武帝归来之时，卫子夫将重要的裁决汇报

彩绘拱手女俑

给武帝听，武帝从来没有异议，有的时候甚至免去卫子夫的汇报。武帝对卫子夫的信任即是如此。

刘据在征和元年（公元前92年）的一天，派一个使臣去甘泉宫，向武帝请示一件事。使臣乘车奔驰在只有皇帝可以行驶，碰巧被奉皇帝之命缉捕奸宄、察举不法的绣衣使者江充瞧见了，他立即下令逮捕那个使臣，投入监狱。皇太子刘据听说后，马上派人去找江充求情。江充不买账，上奏武帝。武帝龙颜大悦，赞道："为臣者，就应当这样！"

征和二年（公元前91年），此时武帝刘彻年已68岁，衰老多病。江充害怕武帝死后。太子即位报复，想先下手除掉太子。于是，他便上书，说武帝染疾，乃巫蛊为祟，而且煞有其事地奏告武帝："臣看皇宫之中，弥漫着巫蛊之气。"

武帝于生死之事本来就很迷信，听江充一说，便信以为真，敕令江充到他的后宫中查处。

江充首先查办那些被武帝冷落的不幸女子，最后就连贵为皇后的卫氏也不得不接受江充的盘查。江充指挥巫师四处掘地寻找木偶人，但凡挖到就逮捕周围的人，并以炮烙之酷刑逼供认罪。百姓惶恐之余相互诬告，以此罪冤死者前后共计数万人。七月，江充派人到太子刘据的宫殿中东刨西掘，拿着事先准备好的木偶，硬说那是从太子宫中挖出来的。皇后、太子万分惊恐，太子急忙找他的师傅石德商议对策。石德说："江充奸贼扬言木偶是在太子宫中挖出采的，您有口难辩，以老臣之见，不如矫诏逮捕江充，查究他的阴谋。您难道忘了赵高诈杀公子扶苏而立胡亥之事吗？"

太子刘据被逼到这般地步，也只有铤而走险了。他派人把计谋奏告母后卫子夫，卫子夫也觉得只能如此了，便下令把皇后的车马拉出来，运载了弓箭兵刃；打开武库，取出武器；征发皇后的卫士，由皇太子指挥缉捕江充、韩说、章赣一帮奸佞。太子的人马到韩说府，杀了韩说，章赣逃往甘泉宫给武帝报信去了。江充被怒不可遏的太子刘据下令处死，可是江充被杀，查证江充诬告一事落空，太子的冤案难以澄清，又落了个杀人灭口的罪名。刘据万般无奈。只好举兵造反，夺取帝位。

刘据起兵后，武帝认为太子一定是受到了江充等人的陷害才这样做。便派遣使者入长安探查。使者却因胆怯未敢入城，对武帝谎称太子造反要杀自己。武帝由是大怒,派左丞相刘屈氂发兵讨逆。更发三辅附近郡县之兵，及二千石以下官吏皆归刘屈氂统领。刘据见刘屈氂的兵卒越来越多，亦开长安官狱放囚徒以充军。并派使者持符节去调动长安附近长水和宣曲两地的胡人骑兵，命令他们全副武装之后前来会师。然而武帝派遣的使者侍郎莽通赶到，告知长水校尉太子的符节是假的，并斩杀如侯亲自引长水宣曲胡骑入长安。而后，护北军使者任安虽接太子发兵符节却作壁上观。因此，太子刘据所率兵卒与丞相的兵卒数量差距越来越大。混战五日后，血流如渠，尸骸遍地，太子不敌，战败出奔，隐匿于湖县。20 天后，走投无路的太子刘据自杀，卫子夫也被汉武帝刘彻诏令废黜。卫皇后因无以解释自己的行为，以死明志，自杀身亡。

卫子夫以卑微讴者身份步入汉宫，经 11 年立为皇后，为汉武帝育下一男三女，有延续汉室之功。太子刘据死后，昭帝无嗣，帝位继承人辗转重归卫子夫后代。曾孙刘询不负先人，"功光祖宗，业垂后嗣"，为大汉开创"孝宣中兴"的崭新时代。

在立为皇后的 38 年中，卫子夫将汉廷后宫管理得井井有条。在这 38 年中，史书记载中的汉宫不复有妒妇娇女，更无因妃嫔相嫉引发的恶劣事件。卫子夫的良好品行不仅获得了汉武帝的全面信任，也在《外戚世家》所记载的四朝十余名后妃中，赢得了太史令司马迁唯一的赞美。卫子夫虽无佐君之功，却有内助之贤。

卫子夫的发迹，不仅改变了自己的命运，也影响了整个国家的命运。卫子夫一生虽未插手政事，然因她所兴之人却对孝武、孝昭、孝宣三朝做出了巨大贡献及深远的影响。西汉第一次对匈奴反击战的胜利，以及其后大规模深入匈奴腹地长距离奔袭战取得巨大成功，重创匈奴，皆由卫氏枝属统军作战。霍去病之弟霍光，身奉四帝，躬辅三朝，受遗命，佐幼帝，行遗策，兴废立，是使西汉平稳度过危难，达到巅峰时期的第一功臣。汉武帝之武功离不开卫青、霍去病，临危受命离不开霍光，而卫青、霍去病、霍光之发迹亦离不开卫子夫。卫子夫虽无推贤之举，却有引贤之功。

汉宣帝即位后，追赠卫皇后谥号为思后。在桐柏亭原地建园起冢改葬卫子夫，史称思后园。陵园设周卫防守，长丞每日奉上食物祭祀于陵园寝殿，月祭祀于园庙，四时祭祀于便殿。因卫子夫生前擅音律，汉宣帝又派遣倡优千人日日歌于园内，以娱乐曾祖母卫子夫的神灵。故而思后园在后世又被称为"千人聚""千乡"。

八、三配夫君终得贵，平阳合葬归卫青

平阳长公主，名讳及生卒年不详，汉景帝刘启与皇后王娡的长女，汉武帝刘彻同胞长姐。

汉朝时一般以公主食邑或夫家封邑所在地称呼公主，而平阳公主的食邑是阳信，故称阳信公主。因其嫁于开国功臣曹参的曾孙平阳侯曹寿，所以又称平阳公主。平阳公主的弟弟汉武帝刘彻即位后，尊其为长公主。

汉武帝元光四年（公元前131年），曹寿去世，平阳长公主成为寡妇。平阳长公主和曹寿生有一子，名叫曹襄。曹寿死后，曹襄继承平阳侯的爵位。曹襄的妻子是平阳长公主弟弟汉武帝刘彻与皇后卫子夫的长女卫长公主。

后来，平阳长公主改嫁给开国功臣夏侯婴的曾孙汝阴侯夏侯颇。元鼎二年（公元前115年），夏侯颇因为和他父亲前任汝阴侯夏侯赐的姬妾通奸，畏罪自杀，封国也被撤销。

平阳公主再度守寡后，这一次的打击比第一次还要大，因为她的儿子曹襄也去世了，而孙子曹宗是在她嫁到汝阴侯家之后出生的，祖孙二人一直就不在一处居住。

平阳公主再嫁卫青，跟卫青的姐姐卫子夫有很大关系。卫子夫本是平阳侯曹寿府中的讴者（歌女），服侍的正是曹寿的夫人平阳公主。汉武帝即位后，他的第一位皇后陈氏数年无子，所以平阳公主就把邻近大户女子买来，养在家中，准备让汉武帝选取为妃。建元二年（公元前139年）春，适逢汉武帝在霸上祭扫后，来到平阳侯家中，平阳公主就将这些美女装饰打扮起来，供汉武帝选择。但汉武帝看后，都不满意。接着，平阳公主让讴者助兴，汉武帝看中卫子夫并临幸了她，并带入宫中。然而，卫子夫入宫一年多却没再受宠幸。

一年后，汉武帝打算释放一批不中用的宫人，在挑选宫人的时候再度见到卫子夫，再度临幸了她。不久卫子夫怀孕，陈皇后的母亲馆陶公主刘嫖命人绑架卫子夫正在建章任职的弟弟卫青，意图杀害，幸亏卫青的同僚公孙敖及时救了他。汉武帝知道后，封卫青为侍中、建章监，卫子夫为夫人，卫家从此富贵。

后来，卫青和外甥霍去病在汉朝对匈奴的战争中立下赫赫战功，使得大汉北方边境得以长治久安。因此功绩，卫家一门五侯，一时名扬天下。

传汉匈大战之后，正逢平阳公主寡居，要在列侯中选择丈夫。许多人都说大将军卫青合适，平阳公主笑着说："他是我从前的下人，过去是我的随从，怎么能做我的丈夫呢？"左右说："大将军已今非昔比，他如今是大将军，姐姐是皇后，三个儿子也都封为侯爵，富贵震天下，哪还有比他更配得上您的呢？"汉武帝知道后，失笑道："当初我娶了他的姐姐，如今他又娶我的姐姐，这倒是很有意思。"于是当即允婚。时迁事移，当年的仆人就这样成为主人的丈夫。

元鼎六年（公元前 111 年），李延年因擅长音乐得到汉武帝的宠信。一日李延年为汉武帝献歌，歌唱道："北方有佳人，风姿绝世，亭亭玉立，回眸一望能倾覆城池，回首再望能倾覆国家，岂不知倾城倾国的祸患，只因为佳人难再得！"汉武帝听后叹息说："好！世上真有这样的人儿吗？"平阳公主于是推荐李延年的妹妹，就是后来受到汉武帝宠爱的李夫人。

平阳公主嫁给卫青不到 10 年，元封五年（公元前 106 年），卫青病逝。卫青长子卫伉因平阳长公主的关系，继承长平侯爵位。

据《汉书》记载，平阳公主临死前主动要求与卫青合葬。依西汉的制度，合葬并不同墓，只在近处即可，平阳公主死后陪葬于茂陵，其墓冢约在卫青墓东侧 1300 米处。

九、飞燕合德歌舞伎，三十六宫秋夜长

赵飞燕（公元前 45—公元前 1 年），赵氏，号飞燕，《飞燕外传》称其名为赵宜主。汉成帝刘骜第二任皇后。本是巴郡阆中谯里人，其父母因侍同里人朝为侍中的谯隆移家入京城，仅称其为长安宫人。

汉成帝与赵飞燕 扇面

赵飞燕为官奴赵临之女。赵飞燕出生后，赵临夫妇觉得家境贫寒，无力养活，决定将这女婴扔掉。赵临将包裹好的婴孩偷偷放在了荒郊野外，三天之后赵临怀着一颗负疚之心，又悄悄来到丢弃婴儿的地方。结果让他大吃一惊，被丢弃了三天的女婴居然还活着。他想这也许就是天意，于是便把婴儿抱回了家。

一晃十几个年头过去了，昔日的婴儿，已长成美貌出众的妙龄少女。起初，赵飞燕在长安后宫里做婢女，后又到了阳阿公主府。阳阿公主见赵飞燕容貌俏丽，体态轻盈，聪明伶俐，十分喜爱，就让人教她演歌习舞，充作府中的舞伎。几年下来，歌如莺语，舞似燕翔，技艺远在群芳之上，公主替她取名：飞燕。飞燕声名鹊起，长安城里都知道阳阿公主府里有个色艺双绝的赵飞燕。

西汉后期的汉成帝刘骜，既无开疆拓域的雄韬伟略，又乏守成安邦的治国之才，是个地地道道游手好闲的昏君。鸿嘉三年（公元前18年），汉成帝即位10多年，年已30岁，后宫却没有一个存活的皇子。这一天，成帝微服来到了阳阿公主的府第。

皇帝突然造访，公主府上下一片忙乱。公主盛情设宴，为成帝接驾洗尘。为了助兴，公主命府中舞会献技。环佩金玉声中，一位绝色佳人款款而来，只见她面如姣花，目似秋水，体态轻盈；歌舞起处，似花枝轻颤，如燕子点水，一曲未尽，便有万种风情，妙不可言。成帝刘骜一见，十分倾心，不知不觉看呆了。

宴后，成帝便要带赵飞燕一同回宫。阳阿公主便顺水人情，将赵飞燕献给了成帝。自此，成帝刘骜终日与赵飞燕如胶似漆，有说不尽的缠绵。赵飞燕的心头却总笼罩着愁云：自己出身微贱，难免被那些出自名门望族的妃嫔所轻视，而且自己势单力孤，实在难与众多对手相抗衡。思虑再三，赵飞燕决计将妹妹合德弄到后宫。此后，飞燕常往成帝的耳朵里极言舍妹如何之美，直说得成帝满心欢喜，恨不能马上一见。于是，一道旨意将赵合德召进了宫里。

赵合德入得宫来，光彩照人，宛如天仙一般，成帝喜不自胜，当即下旨封赏，姐妹"俱为婕妤，贵倾后宫"，仅次于皇后。为了取悦赵飞燕姐妹，为赵飞燕新建一座金碧辉煌的宫殿，名曰远条馆，以示金屋藏娇之意。此外，他又将旧有的昭阳殿修缮得富丽堂皇，赐给赵合德。从此，成帝一心迷恋赵家姐妹，每天在后宫与她们饮酒作乐。

赵家姐妹仍不满足，尤其是赵飞燕，她觊觎皇后的宝座已久，处心积虑地要搞垮许皇后以及班婕妤等人。当时，以许氏外戚与在朝掌权的王氏外戚为代表的外戚争权夺势的斗争十分激烈，几经较量，成帝时期，许氏外戚已呈明显颓势。此时许后已人老珠黄，失去了皇帝的欢心，只能在宫中如履薄冰地挨过时光。赵飞燕看准了这一有利时机，为了登上皇后宝座，赵氏姐妹参与陷害许氏。赵飞燕在鸿嘉三年（公元前18年），告发许皇后之姊许谒设坛诅咒已怀孕的王美人以及王凤，其中也提到了班婕妤。当时，已过而立之年的成帝正苦于膝下无子，皇统无嗣，赵飞燕的告发正好触

明刻历代百美图——赵飞燕

动了成帝。盛怒之下，成帝下令将许谒问处死罪，许皇后则被废入冷宫；班婕妤也受牵连，避往长信宫。赵飞燕巧施计谋，轻易扫清了通往皇后宝座的两大障碍。

成帝也有了立赵飞燕为后的念头，没想到，这事遭到太后王政君的反对。太后虽不是出身于显赫官宦家庭，却也十分看重门第。尤其令成帝恼怒的是，一些大臣也竭力阻挠立后之事，使得成帝左右为难，进退维谷。

此时，太后的外甥、侍中淳于长出面了。淳于长摸透了成帝的心思，于是，他便经常到王政君太后那里一会儿夸奖成帝如何孝顺，赵飞燕如何贤惠；一会儿又言国家不可一日无后。如此再三，凭着三寸不烂之舌，一年的时间过去了，淳于长终于说动了太后。永始元年（公元前16年），赵飞燕被册封为皇后，戴上了她渴望已久的凤冠，赵合德也由婕妤进封为昭仪。加封之日，成帝不忘淳于长的说服之功，降旨封他为定陵侯；赵飞燕的父亲赵临也被封为咸阳侯。

赵飞燕当上皇后以后，与其妹赵合德双艳并峙，独宠后宫，许多妃嫔根本难见君王一面，只能暗叹命薄。随着时光的流逝，飞燕姐妹又开始担

忧起来。飞燕姊妹虽然长期侍奉，却始终未能生下一男半女，而成帝偶尔临幸的其他妃嫔宫女，不少人却都怀了孕。为了继续赢得皇帝的专宠，保住凤冠和昭仪封号，她们决定铤而走险，由赵飞燕幕后操纵，赵合德前台动手，姊妹俩极力摧残那些有子的嫔妃。后宫中一位名叫曹宫的宫女元延元年（公元前12年）生下了一个男孩，赵合德闻知，立即指使打手中黄门田客去除掉曹宫母子，田客派人矫诏用丸药毒杀了曹宫。为了杀人灭口，赵合德又迫使服侍过曹宫的六个宫婢自尽。后来，赵合德又四处打听曹宫所生男孩的下落，这个出世未久的婴儿最终也未逃脱赵合德的毒手。成帝得知后十分气恼，但慑于赵家姐妹的骄悍，只好不了了之。后宫中的许美人第二年又生下了一男孩，成帝看到自己终于有了子嗣，心中十分欢喜。孰料赵家姐妹知道后大怒，赵合德柳眉竖起，怒形于色，竟然指着成帝责问道："陛下常骗臣妾说是从中宫姐姐那里来，既然是来自中官，许美人的孩子从何而来？你曾发誓不辜负我们姐妹，如今许美人生下了皇子，莫非你想立她为后不成？"说完，便捶胸顿足，大放悲声，而且寻死向墙上撞。成帝不知如何是好，连赔不是，并且连连向合德许愿。成帝讨好道："我并没说立许美人，我说过让天上无出赵氏之上。你尽可放心了！"之后，成帝诏令中黄门靳严向许美人索要婴孩，并将小儿装入苇箧之中，送到赵合德居处，由赵合德与成帝私下观看。然后又把苇箧封好，由宫婢交与掖庭狱丞籍武偷埋掉。赵氏姐妹继续摧残怀孕嫔妃，以至"生子者辄杀，堕胎者无效"，致使成帝从此绝嗣，只能在皇族中另择皇储。

后宫佳丽无数，要让皇帝的心在某一两个女人身上停留，不是一件容易的事。男人爱女人的美貌，注重视觉享受，赵飞燕姐妹深知这一点。为了让自己更美艳，肌肤更柔滑、光洁、娇嫩，以获得汉成帝更多的关爱，姐妹俩把一种秘方配制叫作息肌丸的药丸塞入肚脐。这种丸药是由麝香、高丽参、鹿茸等名贵药物制成的蜜丸，确实功效显著，可该药之毒却会经久滞留积蓄在任督二脉内，令赵氏姐妹内分泌失调，导致终生无法怀孕。

生不了孩子对赵飞燕压力很大，不利于自己地位的巩固，她曾假装怀孕，多次从宫外买入刚出生的男婴冒充皇子。可是，不知怎么回事，赵飞燕的一片苦心总是得不到回报，每次也没得到满意的结果，只好对汉成帝说自己生下一个儿子，但已夭折了。赵飞燕姐妹在豪华的宫殿中，相继专宠后宫 10 多年，但都同样没有子女。

绥和元年（公元前 8 年），诸王来朝，围绕着立储问题，众藩王之间自有一番明争暗斗。其中，争夺的中心人物是中山王以及定陶王刘欣。赵飞燕得了刘欣祖母傅昭仪送来的财宝，欢喜自不必言，又念自己年长无子，正需找个依靠。此后，赵飞燕常在成帝面前为刘欣说情，赞其贤德。绥和二年（公元前 7 年），成帝立刘欣做了太子。赵家姐妹宠压后宫，又有太子以为后援，可谓盛极一时。

赵合德

绥和二年（公元前 7 年）三月十八日，体格健壮、素无病恙的成帝突得暴病而亡。一时间，宫廷内外众说纷纭。赵飞燕姐妹承宠已久，在宫中树敌太多，成帝一死，众人便群起而攻之。皇太后王政君下令大司马大将军王莽追查成帝死因，矛头直指赵合德。赵合德深感罪责难逃，趁人不备，跳井自杀身亡。

成帝去世，赵飞燕失去了靠山，幸喜哀帝刘欣即位后，念及当年推荐有功，对她仍是礼仪有加，尊她为皇后，并封其弟赵钦为新成侯。朝中大臣交相奏章，揭发赵飞燕姊妹残害成帝子嗣之事，但哀帝刘欣根本不予追究，只将赵飞燕的弟弟赵钦削职发配，敷衍了事。

哀帝刘欣即位后，外戚斗争更加激烈，哀帝一派的傅氏和丁氏外戚，与在朝掌权的王氏外戚争权夺利。在这场斗争中，赵飞燕站到傅、丁外戚一边，使得王氏十分嫉恨。

元寿二年（公元前 1 年），哀帝刘欣驾崩，王氏外戚扶持 9 岁的平帝刘衎登上了帝位，是为汉平帝。平帝年幼，朝中大权一并归于王氏。王氏取得绝对权势后，大肆讨伐自己的旧敌。时隔不久，王氏外戚以残害皇子的罪名，将赵飞燕削去太后封号，幽禁在北宫；随即又废为庶人，令其迁出皇宫，移住成帝的延陵。赵飞燕经受不了沉重的打击，和妹妹赵合德一样，含恨跳井而亡。

十、残忍毒辣昭王后，嗜杀成性遭弃市

昭信（生卒年不详），汉景帝之孙广川王刘去的王后。

刘去（？—公元前71年），汉景帝曾孙，广川王刘缪之子。汉武帝征和二年（公元前91年），刘缪病死，因有罪国除；同年武帝复立其后，刘去被立为广川王。

刘去作为诸侯王，也是妻妾成群，确切的数字不得而知，但从历史的记载中看，最少也在数十人。据史料记载，刘去最先宠爱王昭平、王地余二姬，答应将她们立为王后。但一次刘去生病，一个叫作昭信的姬妾服侍细致周到，刘去又移情宠爱昭信。王昭平、王地余二姬嫉妒之余便私下合谋，想要加害昭信。刘去与王地余嬉戏，王地余的衣袖中掉出一把刀子。经过拷打，王地余招认说要与王昭平一起杀死昭信。

于是刘去召集诸位宠姬，当众亲手杀死了王地余，让昭信亲手杀死了王昭平。怕这种滥杀行为泄露，又绞杀三名贴身奴婢，并将二人尸体掘出，烧为灰烬。

刘去立昭信为王后，但刘去又爱其他的姬妾，如陶望卿、崔修成等人。昭信是个妒妇，诬告陶望卿，说她和别人有奸情。刘去听信谗言，带着昭信和诸位姬妾到了望卿住处，剥去陶望卿的衣服当众击打她，让其他姬妾用烧红的烙铁灼烧她。陶望卿投井自杀，昭信让人捞出来，把木棒塞进她的下身，割掉她的鼻子、嘴唇和舌头。然后和刘去一起肢解陶望卿，放到大锅里面，加上辟邪的桃灰和毒药蒸煮，把其他姬妾叫来观看。杀死了陶望卿后，又杀了她的妹妹陶都。然后，刘去把别人和陶都的尸体一起送给陶母，陶母说，一具是陶都的尸体，但另一具则不是陶望卿的，昭信又让人杀了这可怜的陶母。

刘去曾经召一名叫作荣爱的爱姬一起饮酒，昭信就又说荣爱与别人私通。荣爱吓坏了，投井自杀，却又没有死成，捞上来严刑拷打，她招认说与医生通奸。刘去就把荣爱绑在柱子上，用烧红的刀子捅瞎了荣爱的双眼，活活割掉她的双股，把铅水灌到她的嘴里。荣爱被折磨死后，刘去就将尸体肢解后掩埋了。

据史书记载，只是因为受到刘去宠幸而被昭信秘密杀害的女子，就有14人之多。

昭信除掉自己的情敌之后，就对刘去说，其他这些姬妾都很淫荡，管不住，干脆把她们的大门锁起来，没有大事不准出来。这些姬妾实质上成为囚徒。

刘去和昭信的滥杀，最终被揭发出来，上奏给汉宣帝，朝野哗然。汉宣帝让大臣讨论该如何处理，大臣建议处死这对惨绝人寰的王与后，但皇帝说："朕不忍致法于王，议其罚。"就是不要追究刑事责任，以罚代法算了。最后汉宣帝下诏革去了刘去的王位，将他贬为庶民，流放上庸（今湖北竹山县）。刘去在流放途中自杀身亡，王后昭信后被弃市。

第三章 钩心斗角

一、狡兔死后烹"走狗"，高祖剪除异姓王

刘邦为了巩固新建立的国家采取断然手段，逐一消灭掉拥有重兵、专制一方对皇家有威胁的异姓诸侯王势力。

西汉初年，功臣为王者七人，即楚王韩信、梁王彭越、淮南王英布、韩王信、赵王张敖、燕王臧荼、长沙王吴芮，史称"异姓诸王"。他们据有关东广大区域，朝廷指挥不灵，是国家统一的隐患。高祖五年（公元前202年）七月，燕王臧荼便据北部边境反，刘邦亲自率兵征讨。九月，虏臧荼，立长安侯卢绾为燕王。

六年（公元前201年）冬，有人上书言楚王韩信反。刘邦用陈平计，伪游云梦，与诸侯相会于陈（今河南淮阳）。韩信见征召令，疑惧不知所为，自度无罪，遂见刘邦，被武士所执，载至洛阳。被废去王号，封为淮阴侯。于是韩信常怏怏不快，称病不朝，也不愿与绛（绛侯周勃）、灌（灌婴）同列。

韩王信原先封地在颍川（今河南禹县），处于中原险要地带。刘邦对他不放心，徙他都太原，以御匈奴。高祖六年，匈奴军在马邑将韩王信包围。信投降匈奴，反以兵攻太原。七年十月，刘邦亲自带兵击信。信亡走匈奴，而令其旧将曼丘臣、王黄立赵利为王，与匈奴联合拒汉。刘邦率军北攻，结果在平城被匈奴大军包围七日，用陈平计方得解脱。八年冬，刘邦过赵，发现赵相贯高、赵午等有反谋，遂废赵王张敖为宣平侯。

十年（公元前197年）秋至十一年冬、春，有人说韩信与陈豨谋反。陈豨于刘邦自平城还长安时，由郎中封为阳夏侯，任代相国，负责监赵、代边境，边兵尽归他指挥。有人说，陈豨临行，与韩信密谋反汉，韩信为

内应，陈豨拜将守边，私人宾客数以千计。赵相周昌请求入见高祖，即言陈豨拥兵在外，又宾客众多，须谨防有变。此年秋，高祖以"太上皇崩"为理由召陈豨，陈豨称病不至，遂与王黄、曼丘臣反，自立为代王。刘邦

明汉高祖幸鲁祭孔图

亲自到邯郸指挥平定。当时形势相当严重，刘邦以羽檄征集彭越、英布等，竟无至者。而陈豨部将侯敞、王黄、张春则分别将兵四处活动攻击，范围几乎波及华北全境。幸得刘邦以重金收买陈豨手下将领，将领多降。汉朝又派遣郭蒙与齐国将领击张春，太尉周勃从太原攻入代地，才得平定叛乱。至十二年，周勃斩陈豨于当城（今河北蔚县）。

当刘邦亲自将兵讨伐陈豨时，韩信称病不从。旧史称，韩信与陈豨勾结谋反，吕后阴与萧何设计将韩信处死，并将其剁成肉酱，遍赐群臣。刘邦听说韩信死了，且惊且喜。但谋反之说不一定可信。后世史家多疑其为诬陷之词。

十一年三月，梁王彭越反。由于彭越不应征从刘邦击陈豨，刘邦派人责备，彭越疑惧。部将扈辄劝彭越反叛，彭越不听。后被人上告。刘邦派人至定陶，乘彭越不防备，将他绑赴洛阳。刘邦把他废为庶人，流放蜀青衣（今四川雅安）。在半路上遇吕后从长安东来，欲到洛阳。吕后用计把他载到洛阳，向刘邦报告说，像彭越这样的勇将，流放到蜀，将留下后患。遂找了个借口，将他全族处斩。

同年七月，淮南王英布反。英布先后获知韩信、彭越被处死，即暗中部署兵力，刺探周围各郡动静。后被人告发。刘邦与相国萧何商议，遣使者到淮南国查验。英布闻讯，举兵反叛。当是时，刘邦已经有病，手下诸将领都不是英布敌手，只好带病亲征。此举颇出乎英布意料之外。英布叛军先攻吴，吴王刘贾败走而死。英布渡淮击楚，得胜，继续引兵西进。十二年十月，刘邦率领的汉军与英布军相遇于蕲西（今安徽宿县北）。英布兵败，逃至江南，被当地人杀死于乡民田舍。

高祖十二年（公元前195年），又有燕王卢绾反。原先，卢绾曾助汉

击陈豨，攻其东北。卢绾派张胜到匈奴，阻止匈奴援救陈豨。张胜却听了臧荼之子臧衍的计谋，反令匈奴助陈豨攻燕，联络陈豨，与汉对抗。卢绾知实情后，又把张胜包庇下来，让他逃匿至匈奴，为燕王秘密联系。又暗中派范齐去找陈豨密谋。谋泄，刘邦两次派人召卢绾，卢绾称病不行。二月，刘邦派樊哙击卢绾，令皇子刘建为燕王。卢绾带领数千人在塞下观望形势。至四月，闻刘邦卒，遂亡入匈奴。

韩信、彭越、英布等人先后被消灭。只有长沙王由于其封国偏远，又处在汉与南越的中间地带，可以起到缓冲的作用，所以当时无事，直到文帝时才由于无后而国除。

刘邦在他生前逐一击败异姓王，消灭了威胁西汉朝廷的隐患。但刘邦又在异姓王的旧土上，分封自己的子弟为王，以为这是"天下一家"，是维护朝廷的可靠保证。他还规定："非刘氏而王者，天下共击之。"

二、政治短视屡遭骗，长乐钟室斩韩信

韩信被封为楚王，衣锦回到家乡。小时候连饭都吃不饱的韩信，这次回来，找到常送他饭吃的洗衣妇，送给千金表示感谢；找到后来不再给他饭吃的下乡南昌（今江苏宿迁市西）亭长说："你是个小人，不能始终做好事。"也给了他几个钱；又找到那个让他从胯下爬过的少年，指着他对部下说："这是个壮士。他侮辱我的时候，我不是不能杀他，而是杀之无名，所以才忍耐至今。"还给了他一个中尉的官。

韩信为了在家乡显示自己的威风，常常带着一支很大的卫队和仪仗队，到处耀武扬威，巡行县邑。

项羽的大将钟离眛是伊芦（今江苏连云港市西）人，与韩信从小就是好朋友。项羽失败后，钟离眛就逃到韩信处。刘邦与钟离眛曾在荥阳一带交过战，刘邦吃过他的苦头，所以很恨钟离眛。他听说钟离眛藏在韩信处，就下令要韩信把他捉拿交来。韩信置之不理。

刘邦本来对韩信就十分不放心，正好这时有人上书报告韩信谋反。刘邦不知道怎么处置好，就征求一些主要将领的意见。这时一些将领立功心切，纷纷请战，建议刘邦"马上发兵，把这小子捉拿回来，易如反掌"。可刘邦深知韩信的厉害，征服他并不容易，所以对一些将领的请战，并未表态。

刘邦知道陈平一贯沉着冷静，考虑问题周到，就问陈平的意见。陈平先不表态，而是反问："各位将领有什么意见？"刘邦说："他们主张马上发兵征讨。"陈平又问："告发韩信谋反的事，外边有人知道吗？"刘邦回答："没有。"陈平再问："韩信知道吗？"刘邦回答："他还不知道。"

陈平了解到告发韩信谋反的消息还没有传出去，心中就有了数。但是他没有先谈自己的意见，而是问刘邦："你的兵比韩信的兵强吗？"刘邦如实回答说："不如韩信。"陈平又问："你的将领中指挥作战有比韩信强的吗？"

韩 信

刘邦又老实回答说："没有赶上韩信的。"陈平这才总结说："你的兵不如韩信精，将不如韩信强，可你还准备举兵讨伐韩信，这不是促使韩信叛乱吗？你这样做，我很为你的处境担忧。"

刘邦急了，忙问陈平："你有什么好办法呢？"陈平说："古时候天子经常借巡猎为名，与诸侯相会。南方有一个云梦泽（在今湖北沙市一带），你假装是去游云梦泽，要各地诸侯到陈县聚会。陈县在韩信封地的西界，韩信听到你巡游而至，必无戒心，要亲自到郊外去迎候你。到时你只需一名武士，就可以将他捉拿。"

刘邦觉得陈平的意见很高明，就派使者去通知各地的诸侯，说他要南游云梦，要他们都到陈县聚会。刘邦到陈县时，韩信果然上当，亲自到郊外迎接刘邦。刘邦早已布置好武士，见到韩信，马上轻而易举地就将他捕捉，缚起来载在后边的车中。韩信大叫："天下已经平定，就应当杀了我吗？"刘邦说："你叫喊什么呢？你叫喊就说明果然要反了！"就让武士将韩信的两只手反缚起来，关在囚车中。刘邦用陈平之计，没有费力就把韩信捉住了。

韩信开始接到刘邦要游云梦的通知，心里也是将信将疑，拿不定主意。他想发兵反抗，但考虑自己并没有让刘邦抓到什么反叛他的把柄，刘邦不一定不信任自己；他想去迎接刘邦，可想到刘邦多疑善猜，本来就对自己

不放心，到时又怕被刘邦轻而易举地就擒拿住自己。

韩信正在犹豫不定的时候，有人劝他说："刘邦不是对你藏匿钟离眛不满吗？你只要杀了钟离眛，拿着他的人头去拜见刘邦，刘邦一定会很高兴，不会怀疑你对他的忠诚。"

韩信也觉得，如果刘邦有什么对自己不满的，就是他藏匿了钟离眛。可是杀了钟离眛去见刘邦，又太对不起朋友了。他请来钟离眛，把自己的想法告诉了他。钟离眛一听韩信的话，当然很生气，就对韩信说："刘邦之所以不敢以武力对付你，是因为我在你这里。你如果想杀了我向刘邦讨好，我一死，你也很快就会亡于刘邦之手。"钟离眛说完，大骂韩信不够朋友，就在韩信面前自刭而死。

韩信拿了钟离眛的头在陈县迎接刘邦，自认为这样就会取得刘邦对自己的谅解，可是他完全没有估计到刘邦此行的目的，正是要寻找机会捉拿他。所以韩信一见刘邦，刘邦并不管他是否带来了钟离眛的头，而是立即将他擒拿。

韩信被捉拿后，后悔上了刘邦的当。他自言自语地说："果然如人们常说的那样：'狡兔死，良狗烹；高鸟尽，良弓藏；敌国破，谋臣亡。'现在天下已定，刘邦用不着我了，所以要杀我。"

刘邦并没有拿到韩信谋反的真凭实据，他还不敢贸然杀了韩信，怕激起韩信部下的反抗，引起其他诸侯王的震动。所以回到洛阳后，刘邦只是免去了他的楚王封号，降封为淮阴侯。

韩信知道刘邦捉拿他的原因，是害怕他的才能。他在洛阳，等于被刘邦软禁，整天待在家里，心里闷闷不乐。他看不起刘邦这一伙新贵，不愿与出身低贱的周勃、夏侯婴等人为伍，所以常常借病不朝见刘邦。有一次韩信有点事去找樊哙，樊哙对他很尊敬，仍以对待楚王的礼来迎送，并一再表示："大王肯来看臣，对臣是莫大的荣幸！"可是韩信根本看不起樊哙，他出了樊哙的大门后笑着说："我现在竟然与屠狗卖肉的樊哙为伍了！"

刘邦虽然害怕韩信造反，但他深知韩信的聪明才智，将韩信在洛阳控制起来后，他还经常找韩信研究问题，征求他的意见。有一次，刘邦与韩信讨论了各位将领的长短处后，突然问韩信："你看像我这样的人，能带多少人马？"韩信直言说："你不过是个只能率领十万人马打仗的将才。"刘邦反问："你呢？"韩信说："有多少人马，我能统率多少，多多益善。"刘邦听了韩信这么吹牛，贬低自己，就笑着反问："你有多多益善率军的本事，而我只有率领十万人马的能力，可你为什么反而被我擒拿住了？"韩信听出刘邦在生气，马上转弯说："你不善于用兵，但善于用将，这是我被你擒拿的原因。而且你是代表了上天的意志，不是人力所能胜的。"刘邦听了韩信的解释，怒气当然也就消了。

陈豨原是韩信的部将，后来随刘邦讨伐燕王臧荼有功，被任命为赵相国，负责在代郡（今山西代县一带）守边防，陈豨临上任前，去向韩信辞行。

韩信见陈豨来看他，很高兴。韩信让左右退下，拉着陈豨的手在庭院中来回散步，犹豫再三，才看着天感叹地对陈豨说："你信得过我吗？我想跟你谈点心里话。"陈豨见韩信欲言又止的样子，知道韩信必有大事相告，就诚恳地对韩信说："你放心讲吧，我很愿意听从你的意见。"

韩信见陈豨还信得过自己，就开诚布公地对陈豨说："你要上任去据守的代郡，集中了天下的精兵，而你又是刘邦很信任的大臣，如果有人向刘邦报告你要反叛他，刘邦一定不会相信；可是如果再有人报告，刘邦就会对你发生怀疑；第三次如果有人再告发你，刘邦必然会深信而发怒，亲自带兵去讨伐你。万一到了那个时候，我在首都响应和支持你，你就可以战胜刘邦，取得天下。"

陈豨十分佩服韩信的才干，对韩信的话深信不疑。他听到韩信支持自己，就对韩信说："你放心吧！我一定按照你的教导去执行。"

汉十年（公元前197年），陈豨果然起兵反对刘邦，刘邦听了陈豨造反的消息，就对部下说："陈豨曾做过我的使臣，我很信任他。代郡是重要的边防之地，我才封他为阳夏侯，以赵的相国驻守代郡。现在他背叛了我，代郡的百姓不会支持他，我要亲自带兵去讨伐。"

刘邦率军讨伐陈豨，要韩信跟着他去，韩信借口有病谢绝了。等到刘邦走后，他偷偷派人向陈豨传讯说："你已经起兵反对刘邦，我们在首都协助和支持你。"

韩信在首都怎么支持陈豨呢？他与家臣合谋，准备在半夜假传诏令，赦免各个官署的奴徒，把他们组织起来袭击留守首都的吕后和太子，占领首都后再与陈豨联合进攻刘邦。韩信的计划准备就绪后，就派人与陈豨联系，确定采取行动的日程。

韩信的一个部下叫乐说，他得罪了韩信，韩信把他关起来准备杀他。

乐说的弟弟从他哥哥那里听到了韩信的计谋，为了救他哥哥，他把韩信准备谋反的计划报告了吕后。

吕后听了大惊，她想召问韩信，又怕他的部下趁机发动叛乱。吕后没有了主意，就急忙把萧何叫来商量。萧何听后也很吃惊，因为韩信是自己极力向刘邦推荐的，他怕韩信造反牵连到自己，就向吕后建议：假传有人从前线回来，报告刘邦已打死陈豨的消息，要群臣进宫祝贺，趁机捉拿韩信。萧何还怕韩信借病不去祝贺，亲自去欺骗韩信说："这么大的喜讯，你虽然有病，也应当勉强一下，不去庆贺不好。"

韩信认为萧何一直对自己不错，他不会骗自己，就上了当。当他一进了宫中，就被吕后事先埋伏的武士所擒，马上把他缚至长乐宫的钟室，斩了韩信。韩信被擒拿后，知道必死，自叹说："我后悔不用蒯通的计谋，现在反而受了吕后的骗，这不是天意吗！"

刘邦率领讨伐陈豨的大军到了邯郸，见陈豨不守这样的军事要地，大喜说："陈豨不据守邯郸，反而设防漳水，这说明他不懂兵法。"又打听到陈豨的将领多商人出身，就对大家说："我有对付陈豨的办法了。"于是他就偷偷派人以重金收买陈豨的部下，陈豨的不少部下经不起刘邦的利诱，纷纷投降了刘邦。陈豨的叛乱，很快就被刘邦平息。

刘邦击败陈豨回长安后，才听到韩信被处死的消息。他一方面很高兴，为他除掉一个心腹之患；另一方面又很可惜，可惜失去了韩信这样有才干

韩信

的人。他问："韩信临死的时候，说过什么话吗？"吕后说："韩信悔恨没有听蒯通的话。"

刘邦听到蒯通曾劝过韩信谋反，就十分恨蒯通。他对吕后说："蒯通是齐国有名的一个辩士，我要下令把他捉来杀了。"

蒯通很快就在齐国被捉到了，将他传送至长安，刘邦亲自审问他说："你为什么要出主意教韩信造反呢？"蒯通没有回避问题，直接干脆地回答说："是，我曾经劝韩信谋反过。可

是他不听我的意见，结果被你杀了全家。如果他当时听了我的建议，你现在还能把他杀了吗？"刘邦听了蒯通直爽的回答，当然很愤怒，就下令把他活活煮死。

蒯通见刘邦听了他的话很生气，马上就要杀他，赶忙喊叫说："哎呀！你杀了我很冤呀！"刘邦怒责说："你教韩信谋反，杀你有何冤？"蒯通解释说："秦朝末年，为了推翻秦的暴政，天下群雄并起，大家都在争天下。当时我在齐国，只知有韩信，而不知道你刘邦。狗咬尧舜，并不是尧舜不仁，而是因为他不是狗的主人。当时天下像你一样，想当皇帝的人很多，只因能力不够没有当成皇帝。你现在当了皇帝，能把这些人全杀了吗？"刘邦听他说得有理，就下令把蒯通放了。

汉初三杰中，萧何和张良一直没有兵权，只有韩信一直率军与项羽作战。韩信在破赵后，刘邦曾在修武突然夺过他的一次兵权；击败项羽后，又在定陶夺过他的一次兵权。刘邦当皇帝后，没有按固陵失败后的许诺，封韩信为齐王，而改封他为楚王。韩信领兵在外，刘邦对他一直存有戒心，这一点韩信不是不清楚。韩信既然无心反刘邦，那么刘邦称帝之后，他就应当主动解除自己的兵权，以释刘邦之疑。可他不但没有这样做，反而在当楚王后，带兵巡行，搞了很多仪仗队，以显示自己的威风。这样当然会引起刘邦的警惕和不满，因而首先收拾的功臣就是韩信。

韩信本来足智多谋，不会轻易被人欺骗，可是他在性命交关的时候，一再受骗上当。因为刘邦和萧何等人总是比他预料的要先行一步，使韩信料所不及。这说明韩信虽有很高的军事天才，但在政治眼光上，还不及刘邦高明。

刘邦的云梦之游，从当时天下初定，刘邦要做的事情还很多，他不可能无目的地突然想游云梦来看，韩信本已有所觉察。但他又考虑自己功劳很大，没有做什么对不起刘邦的事，如果仅仅因为藏匿钟离眜而引起刘邦的不满，杀了钟离眜也就可以消除刘邦的误会。结果没有做任何的戒备，就去迎接刘邦，让刘邦没有费力就将他抓获，这是他第一次受骗。受骗的原因就在于，他自恃功劳大，没有想到刘邦会这么快就收拾他。可正是因为他功劳太大，能力过强，刘邦才及早动手要将他除掉。

陈豨反叛刘邦后，韩信想在长安发动叛乱响应，从韩信的计谋看，冒险性很大，并没有太大的把握。他应该考虑到万一失败的退路，也应该考虑到计谋万一暴露，应采取什么补救的措施。在计谋未实施前，他应具有很高的戒备，不应轻易有所行动。可他却上了吕后的当，又过于轻信了萧何的话，结果计谋未进行，就被捉拿处死。当时他与陈豨本来私下有联系，他对陈豨的实力和作战的部署，也应有大体的了解。他应知道刘邦不可能马上就消灭了陈豨，如果陈豨被消灭，他与陈豨的密谋也会败露，他应设法逃走，或者提前发动叛乱，而不是去宫中庆贺。可韩信轻易地就上了当，竟也跑到宫中去庆贺，结果落入了吕后的圈套。

韩信是萧何极力向刘邦推荐的人才，萧何与韩信的私交一定很好。可是在关键的时刻，萧何为什么要欺骗和出卖韩信，让他落入吕后的圈套呢？看来萧何主要是为了保全自己，所以才不顾韩信的才干和他的友谊，去当面欺骗韩信，让他上吕后的当。

萧何听到吕后告诉他韩信叛乱的计谋，当然会大吃一惊，萧何这时功列第一，位为宰相，他当然会保护刘邦，而不会庇护韩信。所以他给吕后出谋献策捉拿韩信，也是意料中的事。可萧何看在与韩信朋友的面上，完全可以不必再亲身去欺骗韩信，可他怕韩信不上钩，正是利用了韩信对自己的信任，去欺骗韩信让他上当。从朋友的交情上来说，这虽然太不够意思，但从政治斗争的角度看，却是完全可以理解的。因为韩信如果协助陈豨取得天下，萧何虽然不一定会被杀，但肯定会保不住他的相位。所以在这场斗争中，他宁愿出卖朋友的交情，而坚决站在支持刘邦的一方，也就可以理解了。

韩信在政治上看来是一个不甘寂寞的人。他原来对刘邦存在不少幻想，认为自己立了大功，又一直对刘邦很忠心，刘邦不会对他不讲情谊。可刘邦借游云梦将他捕获后，虽没有杀他，但也应该消除了他对刘邦的幻想。刘邦将他降为淮阴侯后，他就应像萧何吃过一次苦头后一样，闭门不问政事；或像张良那样，刘邦一取得天下就急流勇退，在家养病。韩信显然没有萧何、张良在政治上识趣，他还不甘心退出政治舞台，想在政治上再与刘邦作一次较量。他就借自己与陈豨的特殊关系，想借陈豨的叛乱，再作一次垂死的挣扎，结果失败而被杀。

作为一个有政治抱负的人来说，韩信的选择并不一定就比萧何和张良坏。他虽然在与刘邦的斗争中又是一个失败者，但他的失败会引起人们的同情；而萧何和张良保全了自己，虽然作为一个政治家来说也是一个归宿，却不如韩信那样能引发人们的共鸣。

三、吕后专权施淫威，肆乱辅政乱朝纲

刘邦死后，汉惠帝（刘盈）即位，朝政大权完全落在太后吕雉手里。吕后为了独揽大权，最忌恨换太子的事，曾多次设法对戚夫人和赵王如意下毒手。她下令把戚夫人囚禁起来，把她的头发削去，给她换上囚犯的衣服，让她天天舂米。戚夫人从前给汉高祖宠爱惯了，哪能做得了这种苦活儿。她想起了远在赵国的儿子如意，一边舂着米，一边挺伤心地唱着歌：

子为王，
母为虏。
终日舂薄暮，
常与死为伍。
相离三千里，
当使谁告汝。

吕后听说戚夫人唱歌的事，不由得怒火中烧，马上派人到赵国去接赵王如意，打算把他们母子俩一块儿杀死。可是，吕后接连派去三个使者，却被赵国丞相周昌顶回来了。周昌知道吕后没有安好心，就让使者转告吕后："当初，先帝把赵王托付给臣下照管，臣下绝不能做对不起先帝的事。如今听说太后囚禁了戚夫人，又打算把赵王召去，赵王年龄小，又有病，臣下说什么也不能让赵王到京城去！"吕后不肯罢休，就设法先把周昌调到长安来，然后再派人去接赵王如意。赵王如意失去了周昌的保护，再没有别人给他拿主意，只好跟随使者到长安来。

汉惠帝虽说是吕后的亲生儿子，却也看不惯吕后的作为。他听说赵王如意到长安，害怕他被吕后杀了，就把他接到皇宫里，让他每天跟自己一块儿吃饭，睡觉。这样，一连过了几个月，吕后无法下毒手。有一天早晨，惠帝起来到外面练习射箭，忘了喊醒赵王如意。没想到就趁这么一会儿工夫，吕后竟派人强迫赵王如意喝了毒药。惠帝回来后，发现赵王如意已经被毒死了。他明知道这是吕后干的事，也不敢声张，只好派人把赵王如意的尸首悄悄地安葬了。

　　吕后毒死了赵王如意，又接着去残酷地折磨戚夫人。她派人砍断戚夫人的四肢，剜去她的双眼，熏聋她的耳朵，并且强迫她吃了哑药，把她扔在地窖里，还给她起了个名儿叫"人彘"，"人彘"即"人猪"。吕后知道汉惠帝跟自己存有二心，为了恫吓惠帝，于是就带着他去看"人彘"。汉惠帝见了这个人不像人、猪不像猪的活物，吓了一大跳。他走到跟前一打听，才知道"人彘"就是戚夫人，不由得放声大哭起来。从此以后，汉惠帝吓得害起病来，有一年多的时间无法上朝。他又伤心又生气，派人去责备吕后说："把戚夫人弄成那个样子，这能说是人干的事吗？我作为太后的儿子，真没有脸面再治理天下了！"他的病好了，就拼命地喝酒，玩乐，醉生梦死，故意折磨自己，希望再患病，早点儿死去。

　　吕后害死戚夫人和赵王如意，又改立淮阳王刘友为赵王。为了控制刘友，吕后就从娘家挑选了一个女儿许配给刘友做王后。可是，刘友偏爱上了别的姬妾，跟这个吕王后合不来。吕王后非常生气，就离开赵国到长安来告状。她对吕后哭诉说："赵王经常谩骂太后，说什么等太后百年之后，我非把吕家的人都杀死不可！"吕后听了，也不问青红皂白，就下令把刘友召到京城来，把他监禁在一个馆舍里，也不给他饭吃，想把他饿死。有几个大臣见刘友挺可怜的，偷偷地给他送了一点儿吃的。吕后听说之后，就捏造别的罪名，把那几个大臣关进监狱。没过多少日子，刘友就被活活地饿死了。

　　公元前193年，齐王刘肥到长安来朝见汉惠帝。刘肥是汉高祖的曹夫人生的，比汉惠帝还大几岁。汉惠帝挺厚道，完全把他当作大哥看待。有一次皇宫里举行宴会，汉惠帝让刘肥坐了上座。吕后瞧着生气，顿时起了歹心。她马上派心腹准备了两杯毒酒，招呼刘肥过来给自己祝酒，打算让刘肥把毒酒喝了。不料汉惠帝紧跟在刘肥后面，也过来给吕后祝酒。吕后害怕汉惠帝把毒酒喝了，赶紧站起身来，把那两杯毒酒翻倒在几案上。刘肥感到事情奇怪，吓得再也没敢喝酒。没等宴会结束，他就告辞了。

　　事后，刘肥向别人一打听，才知道吕后在酒杯里放了毒药，打算把他毒死。他担心逃不出长安，整天吓得提心吊胆。有人偷偷地给刘肥出主意说："太后的亲生骨肉，只有皇上和鲁元公主。大王封有70多座城，鲁元公主只封有几座城。如果大王肯把一个郡的地方献出来，请太后转封给公主做汤沐邑（汉代的皇帝、皇后、公主等以供应斋戒沐浴为名占有的私邑），太后心里一高兴，大王就用不着担忧了。"于是，刘肥就把齐国的城阳郡（今山东莒县一带）献给鲁元公主，并且还尊称鲁元公主为齐国的王太后。本来，鲁元公主是刘肥的妹妹，但刘肥为了讨吕后的喜欢，只好把鲁元公主当作自己的母亲。吕后见刘肥挺尊重自己，这才对他放了心，打发他回到齐国去。

吕后为所欲为，人臣们敢怒不敢言。汉惠帝即位的第二年，萧何死了，曹参继为丞相主持朝政，一切遵循萧何的定制而不做大的变动。他专门挑选了几个德高望重的人做丞相府的官员，由他们处理日常的公务，而他自己对朝廷上的事不闻不问。要是有人找他来谈朝政，他就跟他们喝酒、聊天，弄得别人再无法开口。如果发现哪个大臣出了差错，他就想法给遮掩起来，从不声张。在吕后专权的情况下，曹参采取这种无所事事的态度，来消灾免祸。他这样糊里糊涂地做了三年丞相，也害病死了。

吕后见汉惠帝老是不上朝，对他起了疑心，为了控制汉惠帝，吕后就把宣平侯张敖跟鲁元公主生的女儿许配给他做皇后。汉惠帝作为舅父娶自己的外甥女，心里虽觉得挺别扭，可是，他不敢不听吕后的话。吕后的目的是想让张皇后早点生个儿子，以便将来好让他继承皇位。可是，张皇后因为年龄小，就是不怀孕。吕后心里着急，只好先让张皇后填高肚子，假装怀了孕，然后再偷偷地把另一个后宫生的婴儿交给张皇后，充当她亲生的儿子。当时，吕后担心婴儿的生母将来泄露了秘密，派人把她偷偷地暗杀了。这个小孩儿，取名叫刘恭，就成了汉惠帝的太子。

公元前 188 年，汉惠帝只活到 23 岁就郁闷而死。在为汉惠帝发丧的时候，吕后表面上挺伤心，可就是干哭不落泪。大臣们都觉得很奇怪。留侯张良的儿子张辟强因为经常伺候吕后，了解她的心思，就把左丞相陈平拉到一边，悄悄地对他说："太后死了自己的亲生儿子，可就是干哭不落泪，您知道这是什么意思吗？"陈平摇了摇头说："不知道。"张辟强说："如今

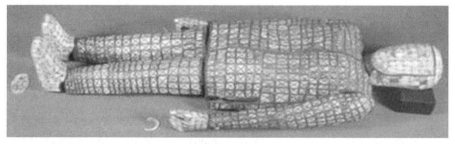

西汉丝缕玉衣

皇上晏驾了，太后因为皇上没有成年的儿子，害怕大臣们另有打算。如果丞相请求太后任命她大哥的儿子吕台、吕产做将军，让他们两个统领南、北军（南军为守卫皇宫的禁卫兵，北军为守卫京师的屯卫兵），再推荐其他吕家的人，能任职的都叫他们任职，只有这样太后才安心，你们也就可以免去灾祸了。"陈平知道吕后的心狠手毒，什么事都干得出来，只好按照张辟强说的去做。吕后听后放心了，这才一把鼻涕一把泪地哭起来。

惠帝死后吕后马上立太子刘恭为皇帝。因为少帝年幼无知，吕后便亲自临朝称制，代替他行使皇帝的权力。为了巩固自己的地位，吕后在朝廷上又提出要分封吕家的子弟做诸侯王。她先问右丞相王陵同意不同意。王陵是个直性子，说什么也不同意。他说："高帝生前曾经跟大臣们订立过盟约：'非刘氏而王者，天下共击之。'如今要分封诸吕为王，这是违背盟约的事。"吕后对王陵的回答很不满意，又转过身来问左丞相陈平和太尉周勃。他们两个却说："从前高皇帝平定了天下，曾经分封自己的子弟为王；如今太后临朝称制，想分封自家的人为王，这有什么不可以的？"听他们这么一说，吕后才高兴起来。

散朝以后，王陵在半路上拦住陈平、周勃，责备他们说："当初跟皇帝在一起起誓的时候，你们难道不在场吗？如今太后临朝，想分封诸吕为王，你们竟然违背高皇帝订立的盟约，一味地顺从太后的心意，那么，你们百年之后还有脸面到地下去见高皇帝吗？"陈平、周勃虽然有自己的打算，却不敢向王陵说明，只好对他说："在朝廷上同太后面对面地争论，我们比不上您；日后安定刘家的天下，恐怕您就比不上我们了。"

没过多久，吕后就免除了王陵右丞相的职务，让他改任少帝的太傅（汉代辅导太子的官员）。太傅名义上比丞相的地位还高，但实际上却有职无权。王陵很生气，干脆连太傅的职务也辞掉，躲到家里养老去了。

吕后免了王陵，就拜陈平为右丞相，提拔她的心腹审食其为左丞相。陈平害怕遭到吕后的猜忌，就把朝政交给审食其，自己对什么事也不过问。樊哙的妻子，也就是吕后的妹妹吕媭，因为跟陈平有私仇，就向吕后进谗言诬陷陈平做丞相不理朝政，老是跟大臣们在一块儿吃喝玩乐，不像样子！吕后听了，知道陈平不跟自己争夺权力，暗地里感到高兴。

吕后想分封诸吕，就先封刘姓王侯，以堵大臣们的嘴。她先后封惠帝之子刘强为淮阳王、刘不疑为常山王、刘山为襄城侯、刘朝为轵侯、刘武为壶关侯。同时，还封齐王刘肥的儿子刘章为朱虚侯，封刘章的弟弟刘兴居为东牟侯，接着，吕后就追封她早已死去的父亲吕公为吕宣王、追封她死去的大哥吕泽为悼武王。又封吕泽的儿子吕台为吕王、吕台的弟弟吕产为梁王。还封她二哥吕释之的儿子吕禄为赵王、吕台的儿子吕通为燕王。其他吕家的子弟也都被封为列侯。就连她的妹妹吕媭，也被封为临光侯。吕后封的刘家那几个王，都是小孩儿；而她封的吕家的这些王，却大都是带兵的成年人，手中握有军政实权。这么一来，吕家的势力自然就强大起来了。

在吕后临朝称制的第四年（公元前184年），少帝刘恭长到七八岁的时候，有人偷偷地向他泄露了吕后杀死他生母的秘密。少帝发誓要为他母亲报仇说："太后凭什么杀死我的母亲？别看我现在年龄小，等我长大了，非把她吕家的人都杀光了不可！"吕后听说了，大为震怒，马上把少帝囚禁在永巷里，不准他同大臣们见面。不久，便派人杀了少帝，并假说他是病死的，又改立常山王刘义（就是原来的襄城侯刘山，常山王刘不疑死后，刘山晋为常山王，改名叫刘义）为皇帝。

吕家的势力越来越强大，刘家的王侯自然都不服气。朱虚侯刘章，竟敢当面反对吕后。有一次，在皇宫举行宴会，指派刘章做酒官。刘章说："我是将门之子，请允许我按照军法监酒。"吕后说："可以。"酒过数巡，刘章又提出要给大家唱一支耕田歌。吕后笑了笑，说："要是你父亲，在老家种过地，多少还懂得一点种田的事；你生来就做王子，哪里知道怎么种田呢！"刘章说："我知道。"吕后说："那你就唱吧！"于是，刘章就当着大臣们的面，放开嗓子唱起来：

深耕概种，
立苗欲疏。
非其种者，
锄而去之！

刘章表面上唱的是耕田，实际上却完全是对着吕氏来的。特别是后面两句，分明是影射吕氏不能封王，对吕氏应该像种地时锄去杂草那样把他们除掉。刘家的王侯和大臣们都觉得刘章替他们出了一口气。吕后和吕家

的人心里却很恼恨。不大一会儿，有个吕家子弟恰巧喝醉了酒，忘了酒宴的规矩，东倒西歪地要逃走。刘章紧紧地追过去，一剑结果了他的性命。刘章回来向吕后报告："有一个逃酒的，我按照军法行事，把他给杀了。"大臣们吓得像什么似的，都替刘章捏了一把汗。吕后虽然很生气，但因为事先已经答应了刘章，也无法治他的罪。

吕后在她临朝称制的第八年（公元前180年），害病而死。临死前，吕后拜吕产为相国，立吕禄的女儿为皇后，提拔吕禄为上将军。她安排吕产统领南军、吕禄统领北军，并嘱咐他们说："高帝生前曾经跟大臣们订立过盟约：'非刘氏而王者，天下共击之。'如今，吕家的人也封了王，大臣们都不服气。我死了以后，皇帝年龄小，大臣们肯定会起来作乱。你们几个千万要保卫好皇宫，别离开军队，也不要为我送葬，免得吃了人家的亏。"

四、诸吕谋乱夺天下，众臣联合诛吕氏

吕后八年（公元前180年），吕后病重，令吕禄、吕产将南北军。临卒之前，又任吕产为相国，吕禄独掌军权，诸吕谋乱进入紧张阶段。

吕产、吕禄他们等吕后一死，马上集中吕家掌握的兵力，打算趁机夺了刘家的天下。那时候，朱虚侯刘章还在长安。刘章的妻子，正是吕禄的女儿。她害怕将来吕家失败了，自己跟着遭殃，就把吕家的密谋告诉给刘章。刘章得到这个消息，急忙派心腹去给他大哥齐王刘襄（齐王刘肥的长子）送信，要刘襄发兵来进攻长安；另外，又通知周勃和右丞相陈平，要他们做齐王的内应，联合大臣们共同铲灭诸吕。

齐王刘襄接到刘章的信，马上率领齐国的军队从东方打过来。他还发布了讨伐诸吕的檄文，向各地的诸侯王号召说："当初，高帝平定了天下，分封子弟为诸侯王，把齐地封给了我父亲。我父亲去世后，惠帝便立臣下为齐王。可惜惠帝死得早，太后临朝称制，擅自诛杀少帝，把他们吕家的人都封了王。如今太后死了，而皇帝年龄又小，还不能治理天下，只能依靠大臣和诸侯的支持。现在诸吕又擅自抬高官职，调集军队劫迫王侯大臣，企图夺取刘家的天下。我今天所以要起兵，就为的是讨伐诸吕，消灭那些不应该封王的人！"

相国吕产听说齐王刘襄起了兵，急忙派颍阴侯灌婴率领军队去镇压。灌婴到了荥阳，跟部下商议说："如今诸吕拥兵自重，打算夺取刘家的天下，

我要是打败了齐王的军队，这不是替吕家的人帮忙吗？"于是，他就命令汉军在荥阳驻扎下来，并派人去跟齐王刘襄联络，暗中约定谁也不打谁，暂时等候京城方面的变化，然后再共同消灭诸吕。

太尉周勃在京城，因吕产、吕禄掌握着南、北军，一时也不好下手，他听说曲周侯郦商的儿子郦寄和吕禄要好，就跟右丞相陈平商议让郦寄去劝说吕禄交出北军。郦寄去找吕禄说："高帝与太后共同平定天下，先后封了刘家的九个王，吕家的三个王，这都是跟大臣们商量好了的。如今太后晏驾，皇帝年龄小，您身为赵王，不但不尽快到自己的封国去，反而还担任上将军，带领军队驻守在京城里，免不了要引起诸侯和大臣们的怀疑。您为什么不趁早交出将印，把军队交给太尉周勃，假如您能交出将印，再让梁王交出相印，齐王必然会撤退军队，大臣们也就放了心。这样，你们都回自己的封国去做诸侯王，也就可以高枕无忧了。"吕禄听信郦寄的劝告，打算献出将印，把军队交给周勃。他派人去向吕产和吕家的一些老人请示，有的说可以，有的说不可以，也没有定下来。有一天，吕禄跟着郦寄去打猎，正好路过他姑母吕媭的家门口。吕媭见了吕禄，怒气冲冲地斥责他："你身为将军却离开军队，从此吕家恐怕就没有一个安身的地方了。"她又把自己收藏的珠玉宝器都扔到大门外边，气急败坏地说："我也用不着替别人保存这些东西了！"

曹参的儿子曹窋，当时正代理御史大夫的职务，因为有事去找相国吕产，碰巧发现郎中令贾寿刚从齐地回来，正在向吕产报告荥阳方面的情况。贾寿把灌婴按兵不动，打算联合齐王共同讨伐诸吕的事，全都对吕产说了。曹窋大吃一惊，急忙去通知周勃、陈平，请他们抢先动手。

周勃打算先把吕禄的北军夺过来，但因为没有皇帝的符节进不了军营。当时，在朝廷上掌管符节的是襄平侯纪通。他听说周勃为这件事发愁，马上带着符节去见周勃，并冒称是皇帝下了命令，要周勃代替吕禄掌管北军。于是，周勃就让郦寄去找吕禄，骗他说："如

西汉陶甑

今皇帝下了命令，让太尉周勃掌管北军，要你马上交出将印回到赵国去。"吕禄对郦寄深信不疑，把将印交了出来。于是，周勃佩戴着将印和符节进入北军的营门，把将士们集合起来，向他们发布讨伐诸吕的命令。他大声呼喊着："拥护吕氏的，请袒露右臂，拥护刘氏的，请袒露左臂！"那些当兵的全都袒露出左臂来，表示愿意跟随周勃去讨伐诸吕。

周勃掌握了北军，料想吕产必定要到皇宫里来作乱，马上派曹窋去通知卫尉（掌管皇宫卫队的长官），要他严加防守，不准吕产入宫。当时，吕产还不知道吕禄已经交出北军。他来到未央宫，发现宫门紧紧地关闭着，也不知出了什么事，就在宫外面徘徊。曹窋见吕产来了，马上给周勃报信，周勃急忙拨给刘章一千人马，让他去保卫皇宫。刘章来到未央宫，发现吕产还在宫门外面徘徊，就指挥士兵冲过去捕杀他。吕产手下的那些人，见刘章人多势众，吓得谁也不敢动手。吕产最后逃到郎中令府的厕所里，被乱兵杀死了。

听说吕产已经死了，周勃马上派人分头抓捕吕禄和吕氏宗族一律斩首示众。连樊哙的妻子吕媭，也用竹板活活打死了。齐王刘襄和灌婴听说周勃灭了诸吕，也各自退兵。

外戚擅权，这是封建政治下皇帝拥有专制权力所派生的现象，可以引起宫廷残杀惨剧，以至改朝易代，权移他姓。诸吕虽因吕后的卵翼，一度掌握了军政大权，最后却阴谋失败，悉被翦灭，其根本原因是，刘邦建立西汉皇朝，废除了秦的暴政，使人民得以休息，社会出现了安定局面，因此在民众以及军队中大得人心。周勃进入北军军门，下令军中："为吕氏右袒，为刘氏左袒。"霎时军中一律左袒，表示要捍卫刘家天下。再者，当时大臣中陈平、王陵、陆贾、周勃、灌婴、曹窋等，都是刘邦亲手提拔的功臣或功臣子弟，他们遵从刘邦立下的"非刘氏而王者，天下共击之"的誓约，挺身而出，保卫刘家政权。刘姓子弟中还有刘章、刘襄兄弟这样有勇气胆识的人物，他们都能配合得很好。所有这些原因，都使得皇权在它与外戚的斗争中，以胜利而告终。

五、晁错建言削藩计，七国之乱三月平

西汉开国之初，刘邦为巩固刘氏江山，分封了一些同姓诸侯王，这些诸侯王的封地和权力都很大，他们拥有军队，自置官职，政治力量和经济

力量不断增长，到文帝时，济北、淮南二王相继谋反，屏藩汉室的诸侯王已经成为中央朝廷的严重威胁。当时，年轻的政治家贾谊尖锐地指出，藩王势力是汉朝的一大疾病，必须设法割除；晁错也提出相同的见解，主张削藩。但文帝没有彻底推行他们的主张，景帝即位以后面临的国家急务仍是如何解除藩王势力对汉室的威胁问题。在这个问题上，他充分采纳了晁错的主张。

晁错是颍川（今河南禹县）人，早年拜师韩人张恢，研读申商刑名之学，后又赴济南向伏胜求学《尚书》，胸怀奇才，博学善辩，景帝为太子时，他任太子家令，太子家上上下下都号称他为"智囊"。景帝深知晁错乃旷世之才，即位以后就提拔他担任内史重职，接着又拜为御史大夫，位列三公。景帝这样重用晁错，主要是想割除汉朝疾患，而晁错也正要借机一展雄才。

当时，藩王中势力强大而又最危险的是吴王刘濞。刘濞是刘邦之侄，当初刘邦封他为吴王以后，就预计他日后可能反叛，颇有后悔之心，但业已分封，还是好言嘱教，让他赴国而去。景帝为太子时，吴王太子入京，与景帝刘启争夺道路，被景帝误伤而死，刘濞怀恨在心，更加紧了准备叛乱的步伐。到景帝即位，刘濞已经准备了40年，成为威胁最大的诸侯王。

鉴于这种情况，晁错主张先削吴王的封地。他对景帝说："过去吴王因太子死于陛下之手，对朝廷深怀怨恨，诈称有病，不来京朝拜天子，按照古法应当诛杀。文帝不忍加刑，赏赐几杖，允许他不来朝拜，恩德可谓宏厚。吴王不改过自新，反而越发放肆，开山铸钱，煮海制盐，招诱天下逃犯，谋图叛乱。现在削夺他的封地他会造反，不削夺也会造反。削夺，他仓促早反，祸会小些；不削，他准备充分再反，祸患更大。"

外戚窦婴坚决反对晁错的主张，由此与晁错结下隔阂，削吴的事一时没有决定下来。但楚、赵、胶西三国分别以罪被削，楚王削了东海郡，赵王削了常山郡，胶西王削了六个县，晁错又修改有关律令三十章，一时诸侯喧哗，在各

晁 错

地引起强烈反响。晁错的父亲专程从颍川赶至京师，对晁错说："皇帝刚即位，把你列为三公主持政事，你削夺藩王封地，疏远皇帝的骨肉关系，引起四方怨恨，这究竟为的什么？"晁错说："这是理所当然的。不这样做，就不能安定汉家的江山社稷。"父亲说："刘氏安定了，而我们晁氏却危险了。我走啦！我不忍心见大祸临头。"说完服毒自尽。晁错不为父死动摇决心，仍然坚持削夺吴国。最后，景帝决定削吴会稽、豫章二郡。

吴王刘濞见朝廷削藩，就开始举行叛乱。他首先派人勾通了楚王刘戊，随后又扮成使者亲自前往楚国面见刘戊，达成叛乱盟约；接着，又以诛晁错、安社稷的名义，联合各地诸侯王起兵。景帝三年（公元前154年）正月，削吴诏书一到，刘濞首先在广陵（今扬州）起兵，国内14岁至62岁的男子统统征发，共20余万人，西渡淮水，与楚兵合一，奔梁地而来；接着胶东、胶西、济南、淄川四国起兵，包围齐都临淄；赵国则把队伍集结在封地西界，拟与吴兵汇合西进。以吴王为首，卷入叛乱的共有七个藩王，史称"吴楚七国之乱"。

吴王叛乱，使晁错猛然想起一个人来。此人名叫袁盎，文武全才，也是汉初的一位名臣。袁盎与晁错很不投合，二人互相回避，未尝同堂互语。袁盎曾任吴相，接受吴王赠品甚多，为此晁错逮捕他入狱，由于景帝爱才，被赦免为平民，当时正在家闲居。晁错对部下说："袁盎任吴相，接受钱财甚多，专为吴王护短，说他不反，现在却反了。他该知道吴王的阴谋，应当治罪。"部下说："现在叛军已经西来，治他有什么用呢？况且，恐怕他不会去参与叛乱阴谋。"听部下这样说，晁错也就犹豫未定。

有人把这事透露给袁盎，袁盎大惊，当夜拜见窦婴，托他为自己引见景帝。窦婴与晁错有隙，欣然同意。他带袁盎去见景帝，景帝正与晁错安排平定叛乱的军事部署。景帝问袁盎："君曾为吴相，对吴比较熟悉，现在吴楚叛乱，有何高见？"袁盎认为不值得担忧，叛乱马上就会失败。景帝说："长期以来，吴王开山铸钱，煮海为盐，招诱天下豪杰，直到白了头发才举兵，如果没有万全之计，难道能够发动这场叛乱吗？你怎么说他不能成事呢？"袁盎回答："吴王铸钱煮盐是事实，但哪里有什么豪杰！若真有豪杰，就会以忠义辅佐吴王，不反叛了。吴王招诱的不过是一些无赖子弟和逃亡奸人罢了，所以才乌合叛乱。"晁错插言讽刺说："袁盎的见解可真高明！"景帝问袁盎用什么办法平定叛乱，袁盎要求屏退左右。景帝挥手让左右退下，独有晁错仍留在面前。袁盎说："臣所言之策，只能陛下一人知道。"景帝一听，就让晁错也退下去。晁错走到东厢房回避，甚为愤恨。

袁盎等晁错走后，对景帝说："吴王在反叛书中写得很明白，高皇帝裂土封王，受封子弟各有份地，现今贼臣晁错擅敢贬斥诸侯，削夺封地，所以起兵西向诛讨晁错，恢复原来的封地就罢兵。方今之计，只有杀了晁错，分派使者赦免吴楚七国之罪，归还他们的封地。这样可以兵不血刃，叛乱自平。"景帝听后，沉默不语。过了好一会儿，才说："真的是这样，为了天下安定，我不爱惜一位大臣。"于是一面调兵遣将，一面诛杀晁错，并任袁盎为太常，派他与宗正刘通整装东行，去宣谕吴王息兵。

袁盎一行来到梁地，叛军正攻打梁国城池。宗正刘通因是吴王刘濞的侄儿，先入吴军面见吴王，让他跪拜接诏，刘濞笑着说："我已经是东方的皇帝了，还拜谁呢？"随后吩咐部将把袁盎围起来，企图强迫他当叛军将领，参与叛乱。袁盎在吴国军中故人的帮助下，趁深夜逃出，才得以返回长安。

景帝派郦寄率领一支队伍讨伐赵军，派栾布率领一支队伍入齐，派太尉周亚夫率36个将军讨伐吴楚叛军，又召窦婴拜为大将军，屯兵荥阳，监视战局。周亚夫临行前向景帝请示说："吴楚叛军来势凶猛，一时难与争锋。只有把梁国扔给它，让梁国去牵制削弱它的力量。再断绝其退路，才能顺利平定这场叛乱。"景帝答应了周亚夫的请求。

校尉邓公回京汇报军情，景帝问："吴楚听说晁错已死，还没停息叛乱么？"邓公说："吴王准备反叛已经几十年了，只是以削地为借口，以杀晁错为号召，发动起这场蓄谋已久的叛乱，其意根本不在晁错身上。臣恐怕天下正直之士都闭口不敢再讲话了。"景帝问："这是怎么说呢？"邓公回答："晁错怕诸侯强大，威胁朝廷，所以才削藩，这本是汉室的万世之利，然而计划刚开始实行，就身受大戮，这样一来，内杜忠臣之口，外为诸侯报仇，臣以为陛下把事情办错了。"景帝听后，悲哀长叹，悔恨地说："公所言极是，现在想来，我很后悔。"

周亚夫率兵坚守昌邑，并派出一支奇兵出淮泗口，截断了叛军的粮道。叛军猛攻梁国，梁国向周亚夫求救，周亚夫拒不出兵。梁王又派使者请求景帝，景帝诏命周亚夫出兵救梁，周亚夫取孙子"将在外，君命有所不受"的态度，拒不奉诏。这样坚持了一段时间，形势变为对叛军不利。吴王打算西向，梁国守城，不敢冒进；进攻昌邑，周亚夫高垒不战；叛军粮道断绝，土卒饥饿溃散。最后，楚王自杀，吴王逃奔东越，后被东越人杀死。吴楚叛乱，三个月就被平定了。

栾布率军至齐，很快就打破了胶东、胶西、济南、淄川四国的联兵，四王全部被杀。接着栾布回兵助郦寄攻赵，引水灌城，赵王自杀。至此，七国之乱全部平定。

七国之乱平定后，景帝宣布赦免受到刘濞牵连的吏民，并打算以刘通续封吴王，作为刘濞后嗣。母亲窦太后说："吴王濞是刘家的老人，本应该率宗室顺善朝廷，可他却挑头领七国反叛，还给他续什么后！"因此没有续封吴王。景帝把叛王封地做了一番调整，又乘朝廷平定叛乱的余威，于中元五年（公元前145年）把王国的行政权和官吏任免权收归中央，并裁减王国官吏，降黜他们的秩位，王国的独立地位被取消。从此，诸侯王只能衣食王国的租税，不能过问行政，成为只有爵位而无实权的贵族，藩王对朝廷的威胁基本上得以解除。

六、宫闱争斗白热化，巫蛊之祸残阳血

武帝晚年，穷奢极欲的宫廷生活直接引起宫闱斗争，这个宫闱斗争与他的声色犬马、祀神求仙长期并存、伴随始终。

宫闱斗争的日常内容是后妃争宠。后宫成千的妃嫔，侍奉一个食色不已喜新厌旧的皇帝，相互之间不可避免地要斗妍争宠，排挤倾轧。武帝原配陈皇后的母亲就是那位帮助武帝争储的长公主，陈皇后仗着母亲的权势和功劳，又骄又妒，擅房专宠，使武帝的私生活受到干涉而不能纵情声色，因而逐渐失去武帝的欢爱。武帝宠幸卫子夫，陈皇后愠怒异常，多次寻死觅活，希冀博取武帝的怜爱，结果反而惹怒武帝。陈皇后不甘冷遇冒险，采用巫蛊术邀宠。

通鬼神的法师，女人称为巫，男人称为觋。他们神通广大，可以为人降福驱邪，也可以便人遭祸病死。有一种巫术是将木偶人埋于地下，用咒语驱使它去使人得病致死，称为"巫蛊"。时人常用巫蛊去诅咒、谋害仇敌。皇后陈阿娇曾用巫蛊之术谋杀情敌卫子夫。事发之后，武帝怒不可遏将她废黜，幽禁于长门宫，又将巫师及涉及的宫女、内侍300余人一律严刑处死，并下令严禁巫蛊。但是在迷信鬼神的风气下，愈禁巫蛊，巫蛊愈神秘，人们愈发认为它有无穷的魔力。内宫中嫔妃、宫女争风吃醋用它对付情敌，

朝廷中公卿大臣争权夺势用它对付政敌，民间百姓丢鸡失狗，用它诅咒盗贼……巫蛊之风，愈演愈盛，成为一种社会恶俗。

　　一天黄昏，武帝正在殿阁中倚卧养神，恍惚之中，看见一身穿黑衣的魁伟男子，手提利剑，从高墙跃下，闯入中龙华门，即要行刺。武帝起身高喊："有贼！快快拿下！"守卫门户、廊庑的卫士闻声而至，却未见任何踪影。侍奉在武帝身边的几名宫女，谁也没看见有什么刺客。大家心里都明白，是老皇帝迷蒙之中看花了眼。可是谁也不敢说出真相。武帝却不肯罢休，下令在建章宫内全面搜索。建章宫方圆 25 里，殿阁栉比，千门万户，湖山错落，林木茂密。武士们将建章宫内内外外搜寻个遍，也没搜出刺客。武帝大怒，将掌管宫门出入之禁的门吏斩首。继而发三辅骑士，大搜方圆数百里的上林苑；还命关闭长安城的所有城门，挨家逐户稽查，全城人心惶恐，如大祸临头。整整搜寻了 11 天，毫无结果。武帝暗想："我明明看见有刺客入宫，却为何搜查不出？莫非是妖魔鬼怪不成？"狐疑不止，不能自释。

　　恰在这时，丞相公孙贺的儿子太仆敬声因私用北军钱千九百万下狱。公孙贺追捕获阳陵大侠朱安世，以此为儿子赎罪。没想到朱安世在狱中上书，揭发敬声与武帝女阳石公主私通，还指使人在通甘泉的驰道中埋木偶，祭诅天子。

　　武帝见到朱安世的举报，深信不疑怒不可遏。这些年来，他身体多病，心绪不宁，早就怀疑是有人在用巫蛊之术暗中谋害他，今果然如此。联想到前些天所见的行刺男子，飘忽无踪，恐怕就是这些人的巫蛊之术所使。遂下令有司立即逮捕丞相公孙贺，严加追查。承办此案的廷尉杜周，本是一个专承皇上旨意罗织罪名的酷吏。见有机可乘，岂肯罢休？征和二年（公元前 91 年）春正月，公孙贺父子祸从天降，惨遭酷刑，死于狱中，家属灭族。

　　公孙贺本是卫皇后的至亲，杜周从公孙贺父子的巫蛊案中，嗅出了卫皇后已经失宠，卫氏外戚成了武帝意在扫除的势力。于是深文罗织，广为株连。不久，武帝的女儿卫皇后所生的阳石

西汉玉神兽

公主、诸邑公主以及大将军卫青之子卫伉等都被牵连在巫蛊案中，皆处以死刑。

公孙敬声巫蛊案的株连扩大，实际上有着更为深刻的背景，那就是围绕皇位继承权问题，武帝与皇后卫子夫、皇太子刘据之间而展开的由来已久的复杂斗争。

卫子夫有色又有子，加上卫氏外戚集团大将军卫青、骠骑将军霍去病为羽翼，得以维持 38 年。卫后生子刘据。元狩元年（公元前 122 年）四月，刘据 7 岁，立为皇太子，史称戾太子。武帝开始对太子据恩宠有加，为他开博望苑，得交通宾客。封建宫廷中，母以子荣，子也以母贵。武帝每次出巡，都把后事嘱托太子据，宫廷交付卫后。后来卫后年老色衰，太子据也随着逐渐失宠，母子日益不安。武帝觉察后，宽慰大将军卫青说："太子敦重好静，一定能安定天下。想寻求守文的君主，哪里还有比太子贤德的王子呢！把我的意思晓谕皇后、太子。"元狩六年（公元前 117 年）、元封五年（公元前 106 年），霍去病、卫青相继去世，卫后和太子失去主要羽翼。只是由于卫后谨慎小心，善自防闲，规避嫌疑，才得以勉强维持地位。

但生性好色的武帝又先后宠爱王夫人、李姬、李夫人、尹婕妤和邢夫人等。王夫人生子刘闳、李姬生子刘旦、刘胥，李夫人生子刘髆。卫皇后日渐失宠。太子刘据由于自幼受儒家思想的熏陶，长大后性格温和，处事谨慎，待人仁慈敦厚，与外儒内法、刚烈果决的武帝截然不同。武帝认为他的思想、主张、气质、作风等都不像自己，内心不喜。

在处理国事中，武帝用法严峻，奖用酷吏，太子据为政宽厚，多所平反；武帝好大喜功，据敦重好静，武帝每次征伐四夷，据总要谏阻。日长时久，朝廷中逐渐形成帝党和太子党两个对立的政治集团。太子得民心，宽厚的大臣都亲附他。深酷用法的大臣结成党羽，不断诋毁太子据，自大将军卫青死后，他们更想谋害太子。征和二年（公元前 91 年）夏季的一天，太子刘据进宫拜谒母后，母子二人谈话的时间稍稍长了一点，黄门苏文就向武帝进谗言道："太子整日在皇后宫中调戏宫女。"武帝听了没说什么，只是下令将太子宫中的宫女增加到 200 人。太子感到事出有因，忙派人打听，得知原来是苏文捣的鬼，心中对他恨之入骨。苏文又派武帝的贴身宦官小黄门常融、王弼等秘密监视太子，添枝加叶地向武帝奏报太子的小过错。卫皇后知道这件事情后，切齿痛恨，让太子奏明皇上，杀死苏文等人。

太子生性宽和，生怕为这些琐事打扰父皇，便坦然说道："只要我不做错事，又何必怕苏文等奸邪小人！父皇英明，不会相信邪恶谗言，用不着忧虑。"苏文等人见武帝对密报太子事并不反感，遂变本加厉。有一次，武帝患了一点小病，派常融去召太子进宫。常融回来后，对武帝说："太子听说皇上有病，面有喜色。"武帝听了默然无语。一会儿，太子来到宫中给父皇请安。武帝观察太子的神色，见他脸上的泪痕尚且未干。为了让父皇高兴，却强装有说有笑。武帝感到疑惑。暗中一查，才得知真情，于是将常融处死。经过这件事，卫皇后和太子都处处小心谨慎，避免嫌疑。

苏文陷害太子未成，反倒断送了一个帮手的性命，对太子又恨又怕。他知道直指绣衣使者江充与太子有隙，便企图利用他对太子再行陷害。

江充字次倩，赵国邯郸人，本名齐，把能歌善舞的妹妹嫁给赵太子丹，攀裙带发迹。后与丹交恶，逃到长安告发丹的阴私，受武帝赏识，拜为直指绣衣使者，督捕三辅盗贼，检察贵戚近臣。太始三年（公元前94年）的一天，太子家使乘车马行驶在专供天子交通的御路驰道中，正好遇上江充。江充依法拘押太子家使，没收车马。太子求情，江充不允，并报告武帝，从此与太子据结仇。

征和元年的巫蛊之祸是一场政治清洗的开始，是武帝打击卫氏外戚集团为废长立幼扫清道路的信号。公孙贺夫人君孺是卫后的亲姐姐，这使江充抓到除去太子据的良好机会。江充先报告武帝，说宫中有蛊气，皇上有病就是它作祟。征和二年（公元前91年）七月，武帝命江充及按道侯韩说等治案，查获后宫惑行媚道的木偶，作为诅咒武帝的罪证上报。武帝发怒，诛杀后宫及大臣数百人。江充继又指使胡巫在宫中制造巫蛊的痕迹，然后诬人收捕，刑讯逼供，进而穷挖滥掘，从失宠的妃嫔、卫后居宫，一直掘到太子据宫，掘出胡巫预先所埋的木偶，准备奏报武帝兴大狱。

这时武帝正在甘泉宫避暑，只有皇后和太子在京师。太子刘据得知此事非同小可，有口难辩，非常害怕。问少傅石德应该怎么办。石德是太子的老师，知事发后必受牵连。暗想："与其等死，不如先发制人。"便对太子说："以前丞相公孙贺父子以及阳石公主、诸邑公主、卫伉等人都是因为这种事情被杀。如今使者从宫中挖出证据，不知是真的原来就有，还是他们栽赃陷害，现在也无法说清。不如假托诏命。先发制人把江充等人逮捕下狱，然后再设法揭穿他们的阴谋。况且皇上现在有病，住在甘泉宫，皇

西汉鎏金漆器带底座刀形耳羽觞

后和您派去请安的人都没能见到皇上，皇上是否还健在，实未可知，而奸臣如此猖狂，您难道忘了秦太子扶苏的教训吗？"扶苏是秦始皇的长子，领兵戍守北疆。秦始皇死后，奸臣赵高假托皇帝圣旨，杀死扶苏，立始皇的小儿子胡亥为帝，即为秦二世，最后导致秦朝灭亡。太子刘据当然熟知这段历史，但他犹豫不决。江充却抓住太子之事，逼迫太甚。太子无奈，只好采纳了石德的建议。

七月初九，太子派门客假冒皇帝使者，逮捕了江充等人。太子亲自监杀了江充，骂道："你这赵国的奴才。先前扰害你们的国王父子，还嫌不够，如今又来扰害我们父子，你死有余辜！"杀了江充后，又将胡人巫师檀何等人烧死于上林苑中。

太子派侍从无且持节夜入未央宫长秋门，通过长御女官倚华将发生的情况报告给卫皇后，卫皇后大惊，但事已至此，只好一不做二不休，下令调遣皇家马厩的步兵、射手和长乐宫的卫士，并命人打开武器库，将武器发给众人。太子宣言告令百官："皇帝在甘泉病困，奸臣欲作乱。"长安城内一派混乱，纷纷传言太子造反。

武帝闻变大怒，命丞相刘屈氂紧闭城门，率兵捕斩。武帝自甘泉到建章宫，诏发三辅近县兵，增拨丞相指挥。太子矫制赦长安中都官囚徒，在长乐宫西阙下与丞相军大战五日，死人数万，血流遍地。长安一片扰乱，传言"太子造反"，百姓参战，帮助丞相。于是，太子兵败，南奔，被司直田仁私放出城。丞相要斩田仁，被御史大夫暴胜之阻止。武帝怒责暴胜之，暴胜之自杀。卫后被诏收玺绶，也自杀。又腰斩田仁及北军使者任安，诛诸太子宾客及曾出入太子宫者，随从兵变者皆诛，胁从兵变者发配敦煌。

武帝一面在京师内大清洗，奖赏功臣，一面下诏悬赏在逃的太子。太子刘据和他的两个儿子逃出京城后，向东逃到了湖县（今河南省阌乡县境）东南十五里地的一个名叫泉鸠里的小村，躲藏在一户农民家中。

武帝深恨太子近乎发狂，严令各地必须将太子捉拿归案。大臣们都感到非常忧虑和恐惧，但谁也不敢劝谏。这时壶关三老令狐茂上书武帝说："父如天，母如地，儿子好比是天地间的万物，只有上天平静，万物才能茂盛。只有父亲仁慈，母亲疼爱，儿子才能孝顺。如今皇太子本是汉家社稷的正式继承人，将要承继万世的基业，担负祖宗的重托。论亲疏他是皇上的嫡长子，而江充只不过是一个平民、市井中的贱人，陛下却对他尊显重用，让他挟至尊之命来逼害皇太子，对皇太子进行欺诈、栽赃陷害。陛下与太子虽为父子至亲，却被阻隔。太子进不能见到皇上，退则被那些乱臣贼子所围攻，他蒙受了冤屈，却无法申述。这才忍不住积愤的心情，杀了江充。他心怀恐惧，才被迫出逃。臣以为，太子作为陛下之子，盗用父亲的军队，不过是为了自救免难而已，并非有什么险恶用心。《诗经》上说：'营营青蝇，止于樊。恺悌君子，无信谗言。谗人罔极，交乱四国。'从前，江充陷害赵国太子丹，天下无人不知。而今江充又进谗言挑拨皇上与太子的关系，激怒皇上。陛下未经详查，即深罪太子，盛怒之下不加详察，发重兵围攻，由三公亲自指挥作战。使智者不敢言，辩士不敢说，臣感到无比痛惜。希望陛下放宽胸怀，熨平怒气，不要过分苛求自己的亲人，不要对太子的过错耿耿于怀，立即解除用来对付太子的甲兵，不要让太子长期流亡在外！我以对陛下的一片忠心，冒死进言，待罪于建章宫外。"三老只不过是一个未入流的乡官，只因为忠心，敢于冒死进言，说的亦不无道理，使武帝深受感动。但天子是神圣英明的，收回成命，岂不是承认天子有错吗？一向刚愎自用的武帝，觉得不好立即颁发赦免令，造成了太子的悲惨结局。

太子刘据和二个儿子躲在泉鸠里20余日，主人家境贫寒，靠日夜编织草鞋出卖来供养太子父子三人。太子于心不忍，想起有一位从前的好友，住在湖县，听说家道殷实，便使人前去请他来一见，于是消息走漏。八月初九，新安县令李寿率兵包围了太子的住处。太子见逃生无望，只得在室内自缢而死。农家主人为保卫太子与捕吏格斗被杀，太子的二个儿子也被乱兵所杀。

新安县令李寿、捕吏张富昌等人将太子和二个皇孙的尸体运到京城，报功请赏。武帝依诏令所言，封李寿为邘侯，封张富昌为题侯。二人身佩侯印，以诛逆功臣荣归。

自此，"卫氏悉灭"，武帝终于清除了卫氏外戚集团和太子集团。

这场巫蛊大祸，主要由武帝酿成，江充其实是"善合人意"，起推波助澜的作用。司马光评说："弋夫人之子，十四月而生，孝武以为神灵，命其门曰尧母。当是时，太子犹在东宫，则武帝属意固已异矣。是以奸臣逆窥上意，以倾覆家嗣，卒成巫蛊之祸"，使"天下咸被其殃"。"民转相诬以巫蛊，吏辄劾以为大逆无道；自京师、三辅连及郡、国，坐而死者前后数万人。"

丞相刘屈氂，中山靖王子，征和二年以涿郡太守擢迁左丞相，是李氏外戚集团成员，与李夫人兄贰师将军李广利是儿女亲家。太子据败走后，刘屈氂企图拥立李夫人子昌邑王为太子。李广利西征，刘屈氂送到渭桥。李广利对刘屈氂说："愿君侯早请昌邑王为太子，如立为帝，君侯长何忧乎！"刘许诺。后刘屈氂也因武帝治巫蛊狱急，被人告发与李广利共祷祠想立昌邑王为帝及丞相夫人祝诅天子，被诛。可见巫蛊之祸实质是一场政治斗争，是各种社会矛盾在宫廷和朝廷中的集中表现和暴露，被牵连的人多为无辜者。

巫蛊之祸连岁不决，直到后元二年（公元前87年）二月，还余波未息。当时武帝患病，往来长杨、五柞宫，因望气的方士说长安狱中有天子气，就派遣专使疏录京师各官府狱中案犯，不分轻重，一概处杀。戾太子孙询，也险些遭害。询原名病已，生数月就遇上巫蛊祸起，受牵连入郡邸狱。廷尉监丙吉受诏治巫蛊郡邸狱，见而生怜，就挑选女徒小心保养皇曾孙。内谒者令郭穰奉旨到郡邸狱提取皇曾孙，丙吉闭门不纳，说："他人无辜而死犹不可，况亲曾孙乎！"拒守到天明。郭穰还报武帝，武帝竟因此恍然大悟，于是大赦天下。"巫蛊之祸"至此才告结束。

七、王政君弄权专政，乱朝纲拥权自重

1. 得立皇后

王政君（公元前71—公元13年），魏郡元城（在今河北大名县）委栗里人。据说她的先祖本姓田，乃是战国时齐国国王。齐王田建在位时，齐国被秦始皇所灭。项羽灭秦后，又封田建的孙子田安为济北王。刘邦打败项羽建立汉朝，田安失国仍为平民，仍居住在齐地。当地人因为田安本是国王，便习称田家为"王家"。田安因为祖宗数百年基业到自己而斩绝，觉得惭愧，也不想再姓田，遂顺水推舟以"王"为姓了。这个说法是否可靠有待考证，

因为这是王莽那家伙说的。王政君的祖先当然也就是王莽的祖先。这野心家为了不可告人的目的而编造自己的帝王家世，这完全是有可能的。不过这点且放过一边，姑妄听之吧。

王政君的祖父叫王贺，据说就是那位前国王田安亦即王安的孙子。王贺在汉武帝时曾任过绣衣御史，这绣衣御史是皇帝派往各地监督地方官征剿"盗贼"即起义农民的钦差大臣，权力很大。当时与王贺同时派出的其他绣衣御史，大多严厉督促各地血腥镇压农民起义，大抵一个绣衣御史的"战绩"总有上万条人命。王贺却没有这么积极，他的方针是睁只眼闭只眼，能包容的就懒得深究，因为他不想结怨太多。因此在客观上他也确实救了不少人命。结果，他便以"不称职"的罪名被撤职为民。他自我安慰地说："我所救活的人有成千上万，这个阴德不小，我的后代一定会兴旺发达！"后来，他的后代子孙因出了一个王政君，这一裙带关系拉得全族贵盛无比，由此又出了一个新朝皇帝王莽，舆论便附会为这是王贺当年积阴功所得的报答。

王贺的儿子王禁，字雅君。《汉书·元后传》说这王禁"有大志"，大约也是随笔乱扯，因为这王禁一生不过做过任把廷尉史这样的小官，也不见他干出别的什么事来。不过此君有点名士派头倒是真的，不修边幅，喜酒好色，小老婆不少。他有八个儿子、四个女儿，四个女儿中，王政君排行第二。王政君是王禁的正妻所生，她有两个同母弟，即王凤和王崇。她的生母李氏，在生下她们姐弟三人后，因恼恨王禁小妻成群，自己遭冷落，与王禁闹翻离了婚，另嫁给河内人苟宾。

王政君长到十来岁，便已是当地颇有名的美女了，而且生性聪明，礼节娴熟，具有一个女子在那一时代所应具有的种种优点。只是有一点十分怪异：凡来向她求婚者，如果王家答应婚事，那男方总是等不到成婚便先死去。最后有一次，王禁答应了当朝皇帝汉宣帝的儿子东平王刘宇

西汉圆柱状鎏金漆器胆博山炉

娶王政君为妾的要求，还未过门，那刘宇又死了。这件怪事使王禁十分忧虑，生怕女儿生就是个"克夫"之命，那一辈子就糟透了。他去找了有名的相士来给王政君看相，结果，那相士神秘兮兮地恭喜王禁："女公子贵不可言！一般人无福消受，所以一旦提婚便折了阳寿。"王禁大喜：这个连王爷都无福消受的命，该贵到什么地步呀！于是他决定对王政君"重点培养"，给她请了家庭教师，自己也随时指点，让王政君读书识字、学习琴棋书画，以期成为预料中的人上人。

汉宣帝五凤四年（公元前 54 年），皇帝又举行了一次选美。十八岁的王政君入选，进了皇宫。不过，她是小户人家出身，她的美貌才华一时还不为皇帝知道，所以开头只是个"家人子"，即一般宫女，还无缘去亲近皇帝。

一年之后，一件颇有些偶然的事情，改变了王政君的命运，使她在众多宫女中脱颖而出，登上了令人羡慕的高位。

皇太子刘奭对他的一个姓司马的良娣十分宠爱（汉代皇太子的妻妾有三种位号，正妻为妃，以下为良娣、孺子），而对其他妻妾则很冷淡。毫无疑问，其他妻妾对专宠的司马良娣相当嫉恨，彼此关系的紧张自不待言。在王政君进入后宫后一年多时，司马良娣病死了。临死时，她哭着对刘奭说，她的死，不是寿数已尽，而是她的那些情敌们轮番诅咒她、请巫人作法整她致死的。刘奭居然对此深信不疑，恨死了他的另外那些妻妾。司马良娣死后，他不仅变得神情恍惚，脾气暴躁，还经常无缘无故怒骂妻妾们，而且拒绝与她们亲近。这是一件大事情，因为要是长此以往，不但会对他的身体产生不利影响，更重要的是，当时太子还没有儿子，他又不肯亲近那些妻妾们，儿子从哪儿来？而太子、即未来的皇帝，没有儿子，这可是关系到皇储大统是否后继有人的事情，非同小可的。所以，连现任皇帝、刘奭的父亲宣帝刘询也被惊动了，他亲自干预此事，命令皇后在自己的后宫挑选一些未经"御幸"的美女，带去给太子自己挑选。

这一选，王政君榜上有名了。

有一天，刘奭去朝见皇后。这是按惯例的礼节性朝见，所以皇后当然事前就知道了，她马上安排了五个被选中的宫女，包括王政君在内，全都精心打扮，站在她左右。刘奭朝见完后，皇后向他传达了父皇的旨意，要他振作起来，并按自己的意愿重新挑选妃子。接着，皇后命令女官向太子介绍了皇后身边的几个美女，问他喜欢哪一个。本来刘奭是无心于此的，但他不敢违抗皇帝和皇后的旨意，于是胡乱朝那五人指指，说："这个可以。"到底是五个中的哪一个，其实是笔糊涂账。也是王政君有福，那天她穿的衣服与其他四人都不同，特别漂亮，又单单她的衣服缝有红边，而且又是她最靠近太子，因此，女官与皇后都认定太子所说"可以"的是指王政君。太子走后，皇后命令侍中村辅和掖庭令浊贤为"使节"，郑重其事地将王政君送到东宫，交给太子刘奭。那刘奭虽说确也还在怀念他的司马良娣，但他的不近妻妾乃出于怄气之故，并非他不好女色，如今见了如花似玉娇媚柔婉的王政君，他哪里真能不动心？当天晚上，他就要王政君陪他了。

"家人子"王政君从此成了太子的新妃子。

更为凑巧的是，王政君只得太子"幸"了几次，便怀孕了。这又被视为吉兆。对她个人，这更是一件决定她毕生好运的大喜事——假如是生了个儿子的话。而太子的其他妻妾，一直没有一个怀孕，有的已经陪侍了七八年之久，还是踪影全无。这王政君一近太子而孕，岂不是果真天助她？

甘露三年（公元前51年）王政君分娩了。她高兴得喘不过气来——是个儿子！

一直盼着抱皇孙的宣帝刘询，见了长孙的出世，他的高兴也决不在王政君之下。他亲自给这孙子取名为"鹜"，字太孙。刘鹜稍大一点后，宣帝经常将这孙儿带在身边。

黄龙元年（公元前49年）十二月，宣帝去世。太子刘奭继位，即汉元帝。元帝即位当天，就立刘鹜为太子，封王政君为婕妤。为皇帝生了儿子的原妃子仅封以区区婕妤之位，这自然有些不合理。元帝自己大概也觉得对不起王政君吧，或者王政君从中弄了些手段，总之，才过三天，元帝又下诏，将王政君立为皇后。这一年，王政君才24岁。

那个不知名相士关于王政君"大贵不可言"的胡诌，居然应验了。

2. 弄权专政

《汉书·元后传》说王政君"历汉四世为天下母，飨国六十余年"，事实上，王政君在汉朝是历经五世，即元帝、成帝、哀帝、平帝和孺子婴（孺子婴时虽是王莽摄政，但仍应视为汉家天下），是汉朝五代国母。而且元帝之后的四帝，全是由她拥立并处于她的羽翼之下。她至少以国母的身份在西汉政治舞台上纵横近60年之久。

　　不过，在她的夫君元帝刘奭时期，她倒是不算得意。固然，她成了皇后，儿子又立为太子，似乎完美无缺了，但她心中并不轻松。元帝对她并没有多深的感情，她生了刘骜之后，元帝就很少再来找她了，因为此时又有一位姓傅的妃子傅昭仪占据了元帝的心。这傅昭仪手段才貌不在王政君之下，而又比王政君年轻，所以大受宠幸。更令王政君担忧的是，傅昭仪后来也生了一个儿子刘康，封为定陶王，这刘康长大后多才多艺，也很得元帝欢心。而王政君的儿子刘骜，虽位为太子，却不成器，无才无能而又好色喜酒不务正业，是个典型的花花公子，名声颇臭。所以元帝几次打算废掉刘骜另立刘康为太子。这样的动态当然瞒不过王政君，她为此寝食不安，当然也为此作了不懈的努力，以防危险发生。除了训诫儿子让其表现好一些，让老头子不那么厌恶之外，她还竭力寻求大臣的支持和维护。在这事上，大臣史丹起到了关键性的保护作用。这当然也是王政君活动斡旋的结果。史丹是元帝信任的大臣，又是元帝的亲戚（元帝的祖父是史丹祖姑所生，史丹本人也是皇家女婿），所以史丹的意见往往对元帝有着决定性影响。史丹一心一意维护刘骜的太子地位，每当元帝露出要换太子的意思，他总要找出一些理由来阻止，同时他还处处曲护着没出息的刘骜。一次，元帝的小弟弟中山哀王刘竟死了，元帝带着刘骜前去送葬，这刘竟自幼与刘奭一起学习游玩，交往极密。元帝十分悲痛，眼泪直滚。可那刘骜却在一边无动于衷，毫无哀伤的表情。元帝大怒，回到宫中，对史丹大发雷霆："这个没有感情不仁不义的东西！他没有资格为民父母侍奉宗庙！"史丹急忙跪下，编了一段理由为刘骜解围："陛下息怒！这是我的过错，不能怪太子。我因陛下对中山王的去世深感哀痛，所以事前劝告太子不要在陛下面前为中山王哭泣，以免增加陛下的哀痛，损伤陛下龙体。所以太子才有那样的表现。陛下如要责怪，请责怪我吧！"这番掩饰之词，既得体而又无懈可击，元帝也就相信了。不过他对刘骜仍不喜欢。他晚年病危时曾再次想废掉刘骜立刘康，这次仍是史丹极力进谏，才保住了刘骜的太子位。在这样一个长时期的围绕儿子废立的大战中，王政君的神经一直是高度紧张的。

　　竟宁元年（公元前33年）五月，汉元帝死去。太子刘骜坐上了他几次差点翻倒的龙椅，史称汉成帝。

　　王政君松了一大口气，这回，该舒展一下筋骨松弛一下神经了。她被尊为皇太后。但实际上她是一身二任：皇太后兼皇帝。新皇帝刘骜本不是当皇帝的料，他好色喜酒，不务正业。他虽有皇帝之名，但根本不管事也管不了什么事。王政君还真是想不要权还不行。自然，她一个人也管不了许多，但她不想让别的朝臣们过多地与权力沾边，于是把她娘家的兄弟侄儿侄孙之类全数搬入朝廷，朝廷简直成了个"王家店"，皇帝不过是傀儡——这一点我们在下一节还要展开叙述——刘骜做了26年皇帝，在这期间，外戚干政的现象严重到无以复加，弄得朝纲大坏，民不聊生。而外戚的总后台，就是王政君。

金玉神虎

汉成帝虽然享国20余年，后宫妻妾成千，然而却没有一个儿子。事实上也并非没有，而且还不算少，但全被他所宠爱的皇后赵飞燕、昭仪赵合德姐妹俩害死了。刘骜直到晚年，仍然没有儿子，也未立太子。这种严重的现象，由于是夫妻间房闱事，赵飞燕姐妹又严密控制着后宫，刘骜本人又严厉禁止任何人说赵氏姐妹的坏话，不少人曾为此掉脑袋，所以皇太后王政君很难了解详情。否则，她是不可能容忍赵氏姐妹让她儿子绝嗣的。成帝死后，当王政君知道了内情时，赵氏姐妹便保不住命了。

汉成帝绝嗣已是事实，继承人问题必须解决。成帝与他的同父异母弟定陶王刘康关系倒不错，这刘康正是先前险些取代了他太子位的人。客观地说，在对待刘康与其母定陶王太后傅氏的态度上，王政君是聪明的，她没有采取她的先辈吕雉对待戚夫人那种斩尽杀绝的毁灭性报复行径。她清楚地知道那样做对自己和自己的家族也是危险的，吕氏家族的结局就是明证。所以她不对刘康母子施行什么报复措施，对儿子与刘康亲近也不加干涉。成帝曾将刘康留在京城，不让他去自己的封国，说自己没有儿子，身体也不算好，一旦死了就难相见了。明显有传位给刘康的打算。可是，刘康与成帝的舅父大司马王凤不和，王凤借天象反常吓唬成帝，将刘康赶走。刘康死后，其子刘欣继承王位。此人年少时有些小聪明，王政君以为他是个人才，就同意将刘欣立为皇太子。绥和二年（公元前7年），成帝驾崩，刘欣继位，是为哀帝。

　　王政君本以为她选了一个合格的嗣君，然而事实表明，她这回选的又是一个昏君。刘欣在位六年，如果说他有什么"政绩"的话，只能举出他给后世留下了一个"断袖癖"的典故——他是个同性恋狂，对象是一个名叫董贤的美男子。他对这位董贤的宠爱，远远超过对他的任何妻妾，经常与董贤一起出行游玩，同乘一车，不用说，吃饭和睡觉更是少有分开的。有一天，这两个活宝睡在一起，哀帝先醒，而董贤还在呼呼打鼾，偏巧董贤压住了哀帝的一只袖子，哀帝生怕抽出袖子会惊醒这位爱卿，就一刀割断了袖子，才悄悄起来，可见其感情之深厚。后世将喜欢男色的同性恋者称为有"断袖癖"，就是由此而得。哀帝爱这董贤爱得发疯，让董贤任大司马的高官，赏给董贤的钱竟至于达43万万之多。而且居然还想把帝位让给董贤坐一坐。当然，这点他做不了主，因为还有王政君在。不过，这昏虫对强大的王氏外戚集团却不大肯买账，因为这不是他的亲戚，他要封封自己的亲戚过过瘾儿。王政君此时已被尊为太皇太后了，她不是属于吕雉那种动不动就宰人的铁腕人物，她抓权比较讲究策略。尽管哀帝对她的族人有些不敬的举动，她不过多计较，吩咐王家子弟适当退让，让哀帝的祖母傅家和母亲丁家的外戚们也得分一杯羹，大家都能弄点油水。王政君还指使王氏集团耍了些笼络手段以转移视线减轻压力，如分出少量土地给贫民耕种之类。这种手法，迷惑了一些士民，为王氏集团挣来了一些"声誉"，给王莽的崛起制造了舆论基础。

　　元寿二年（公元前1年）二月，汉哀帝又在26岁的黄金年龄上死去。这个同性恋狂又是一个断子绝孙者。太皇太后王政君在哀帝刚刚咽气时就把传国玺即皇帝大印抓在手中，并宣布由她的侄儿王莽主管一切政务——当然是在执行她的"最高指示"的前提下，不过这只是她的主观愿望而已。这一回，王政君和王莽选中的新皇帝，是哀帝的堂弟、年仅9岁的中山王刘衎。毫无疑问，这个尚不能自己擦鼻涕而又多病的小皇帝只能是个傀儡，政权掌握在王政君和王莽手中。王政君与她这个居心叵测的侄儿之所以不选立那些年纪大有能力的皇室子孙继承皇位，目的就在这里——那些人难以控制。不过，王政君没有料到，她的莽侄比她胃口更大，已经开始在撬她的墙脚了。慢慢地，她已难以控制这个侄子了。

　　娃娃皇帝刘衎长到14岁，就被王莽毒死了，原因无他，王莽自己要做皇帝。不过条件还未完全成熟，所以太皇太后王政君得以最后一次择立汉帝。这一次当然她已不能完全做主了，王莽已经羽翼丰满，不怎么需要她来扶持了。他们这回选了一个仅有两岁的广戚侯刘婴来当"皇帝"。这奶娃娃怎能当皇帝呢？于是王莽便"自告奋勇"当了"摄皇帝"，而让刘婴做太子。三年之后，王莽灭汉，做了真皇帝。

王政君在汉朝历经五世为国母而四世掌权，这一时期，即从汉元帝到孺子婴这 50 余年，正是汉朝由盛到衰、由衰到亡的没落时期。对这一点，王政君是不能推脱责任的。她没有干过什么有利于国计民生的事。恰恰相反，她在三件大事上的自私愚蠢胡作非为，推动和加速了汉朝的灭亡。第一件是她在择立皇位继承人问题上的严重私心和失误；本可择立年长贤能者而偏去选那些混蛋和乳臭未干的幼儿，以利自己掌权，从而导致权臣尾大不掉，皇室衰微；第二件是大封王氏外戚集团，大失民心，国本动摇；第三件是扶持王莽，直接地把汉朝江山送到了王莽手中。

王政君一手网罗组织起来的王氏外戚集团，其庞大在两汉时代是少有的，在规模、权势等方面，足可与此前的吕氏外戚集团和后来汉桓帝时的梁氏外戚集团鼎足而三，甚至有过之而无不及。

成帝刚刚即位，王政君即通过儿子，授以胞弟王凤大司马大将军领尚书事的要职，这是两汉时代最为显赫的官职，总领朝政，地位权势远在丞相之上，真正的一人之下万人之上。这个高位，从此时开始一直到西汉灭亡，成了王氏集团的私产和"专利"：王凤死，王政君的侄儿王音接任大司马车骑监军；王音死，王政君的同父异母弟王商接任大司马卫将军；王商因病离任，王政君另一同父异母弟王根接任大司马骠骑将军；王根之后，则是臭名昭著的王莽接任，他是王政君的侄儿，头衔更多。

河平二年（公元前 27 年），王氏家族中五人同日封侯：王谭为平阿侯，王商为成都侯，王立为红阳侯，王根为曲阳侯，王逢时为高平侯。这五人全是王政君的亲弟（有的是同父异母弟）。一家五兄弟同一天封侯，而且根本没有丝毫功劳可言，唯一的理由就是他们有个姐姐当皇太后。这种情况在历史上不多见，所以世人称之为"五侯"。王氏家族封侯者远不止这五人，如王政君另一个胞弟王崇早在王凤任大司马大将军时就已封为安成侯，王凤本人更是早就封了阳平侯，王音封安阳侯。王政君还有一个弟弟王曼，即王莽的父亲，因在王政君当皇后之前就死了，未能享受这裙带富贵，王政君甚感遗憾，追封王曼为新都侯，让王莽继承侯爵。王政君姐姐

的儿子淳于长，也封为安陵侯，官至卫尉。连王政君的母亲李氏改嫁苟家后生的一个异姓兄弟苟参，王政君也打算要封侯。成帝觉得这实在太勉强，禀告母亲，说封侯不大妥，给他一个肥缺大官吧。于是任苟参为侍中、水衡都尉。

王政君卵翼下的王氏外戚集团，控制了所有朝政，甚至包括皇帝在内。从几件事就可看出王氏集团的势力。

一次，汉成帝召见大学者刘向的儿子刘歆，因为他听说这年轻人很有才华，他反正没多少事干，心血来潮，就召刘歆来谈谈。刘歆果然名不虚传，才学满腹，诗赋古文，随口吟出，无所不通。成帝觉得此人不可多得，打算任命刘歆为中常侍。中常侍这种官是皇帝的贴身侍从，一般是由宦官担任的，但西汉时代也杂用士人。成帝想留刘歆在身边解闷。他马上命令左右去找来常侍的官服，打算立即予以任命。左右的人劝谏他："皇上还是等一会儿吧，这事还没告诉大将军哩。"大将军即王凤。成帝说："这么件小事，何必要告诉大将军呢？我都不能做一点主吗？"可左右的人给他磕头，说还是要禀告大将军才行。成帝无奈，搁了下来，见到王凤后，就告诉了王凤。谁知王凤一口回绝："这人不行！"成帝竟然无可奈何，只好作罢。实际上，王凤根本不知道也不想管那刘歆行与不行，他早就得到了报告，故意耍弄威风，让成帝今后再也不敢作这种避开他任命官吏的尝试。身为天子，竟连任命一个微不足道的侍从也无权，王氏集团的威势由此可以想见。

小事尚且如此，大事更不用说。成帝无子，有传位给同父异母弟定陶王刘康的打算。然而王凤认为刘康不好控制，决不同意。连刘康在京城暂住他也反对，借发生日蚀之机，硬说那日蚀是对刘康滞留京师一事发出的警告。成帝无奈，只好让刘康归国，继位之事更是谈不上了。

京兆尹王章，为人正直。他见王凤专权太甚，皇帝受其挟制，十分气愤，上章弹劾，揭发王凤三大罪状，并特别提到"今政事大小皆自凤出，天子曾不一举手"，要求罢免王凤。成帝本来对王凤一伙的专权是不满的，见有人出头弹劾，当然有点高兴，开始时很夸赞了王章几句。可这皇帝是个既无能又无权也无义的空头天子，王章一腔忠诚白费，还搭上了命：王政君听说此事，马上干预；王凤则故意自请去职削爵以要挟。成帝一见这阵势，顿时六神无主，马上下一道诏书，说此事全因王章这坏蛋妄言乱说，以致惊动太后得罪元老大臣，罪在王章，务请太后保重、王凤留任。于是王章被下狱拷问致死。

王氏集团由于有王政君这把大保护伞，又握有大权，所以几乎人人骄横跋扈、贪赃枉法、鱼肉百姓，为所欲为。其中曲阳侯王根最为典型。他为人"贪邪，赃累巨万"；他大兴土木，建造府第，竟然仿照皇宫体制，其它中有土山，山上立两市，殿上有赤墀、青琐等设施，全个是臣下所应有的；他去打猎时，驱使百姓为他开路，以便让他能在深山荒野中驱车往来，而且还投宿在皇帝的离宫中，由官方设宴招待他及其随从；汉元帝死，臣民还在服丧期间，他公然违制，聘娶原来皇宫中的女官殷严、王飞君等为妾。他的侄儿王况也不赖，胆敢要了元帝的贵人为妻室。红阳侯王立侵夺民田数百顷，"父子藏匿奸猾亡命，宾客为群盗"，活脱脱一家土匪。成都侯王商不顾禁令，竟敢在京城"龙脉"上挖一条小运河到他家中园内，造一个小湖，以供游乐，并使用皇帝才能用的羽盖，坐在船上作乐高歌。如此等等，难以尽举。

第三编

风流人物

　　风过汉宫，吹开了长乐大殿的门扉，几近推倒了长安城的宫墙——治国平天下的言论流泻而出，征西闯北的轻骑从长安城的大门踢踏而过。张良、萧何、陈平、贾谊、窦婴、曹参、董仲舒、霍光、韩信、李广、卫青、霍去病、周亚夫、李广，这些似乎成了能臣武将的代称，后世几乎无出其右。

　　"犯强汉者，虽远必诛"，只此一句，即可见当时汉室的奔放气焰。"匈奴未灭，何以家为"，霍去病喊出了他永世不灭的辉煌，也道出了大汉千年的战绩神话。英雄豪杰、功臣武将横空出世，一度把马蹄声带进了亚洲的荒漠，震动了欧洲的边陲，用血汗和辛劳书写了一部瑰丽的青史。

第一章 军事将帅

一、千古无二勇项羽，叱咤风云楚霸王

项羽（公元前232—公元前202年），名籍，字羽。下相（今江苏宿迁西南）人。楚国贵族后裔，楚国名将项燕之孙。秦汉之际名将，楚军统帅，自封为西楚霸王。项羽是以个人武力出众而闻名的武将，清代女学者李晚芳（1691—1767年）对其有"羽之神勇，千古无二"的评价。项羽一生叱咤风云，巨鹿一战，灭秦主力，为推翻暴秦立下赫赫功勋。然而由于他分封、称霸，开历史的倒车，终于未能逃脱败亡的命运。

项羽少年的时候，学习读书写字不成，就去学击剑，又不成。叔父项梁生气责备他，项羽说："我要学能对抗上万人的本事！"于是项梁就教他学习兵法。项羽大喜，但略略知道一点大意后，又不肯学完。后来，项梁因为杀了人，便带着项羽一起到吴中（今江苏苏州吴中区）躲避仇人。

秦始皇巡游会稽、渡过浙江的时候，项梁和项羽一起去观看。项羽见到秦始皇的仪仗行伍那种威风模样，脱口说："彼可取而代之！"项梁因此认为项羽是个奇才。项羽身长八尺有余，力能举鼎，才气过人，吴中子弟也都畏惧他。

秦二世元年（公元前209年）七月，陈涉等人在大泽乡起义。这年九月，会稽郡守殷通和项梁起兵，项梁却乘机让项羽杀了他。项梁提着会稽郡守的人头，佩了其大印出来示众，郡守的左右随从大惊失色，乱成一团。项羽发威砍杀百余人，满衙门的人都吓得趴在地上，没有谁敢站起来。项梁召集熟悉的地方豪杰官吏，说明这样做是为了起义的大事，于是调集吴中士卒，派人征集下属各县丁壮，得到精兵8000人。这8000人就是后来

跟随项羽南征北战、所向披靡的吴中 8000 子弟兵。

陈胜与章邯激战于陈（今河南淮阳），失利败走，广陵人召平矫陈胜之命催促项梁"急引西击秦"。项梁派项羽攻打襄城，襄城官兵坚守，攻下城后被全部活埋。又派项羽攻城阳、濮阳，大破秦军。此时，项梁听取范增的意见，在民间找到楚怀王之孙熊心，仍立为楚怀王。项梁自号武信君。项梁统军在东阿大破秦军，另遣项羽、刘邦攻打成阳，破秦军于濮阳东，秦军被迫退入濮阳城内。项羽、刘邦又率军攻打定陶，斩杀秦将李由。项梁连破秦军，非常骄傲，而此时秦派了大量的援军支援章邯，章邯在得到援军后突袭项梁，项梁兵败被杀。项羽和刘邦攻打陈留不下，于是商议退军，项羽引军驻扎彭城西，刘邦驻军于砀。

项梁战死后，项羽接受项梁等所拥立的楚怀王节制。怀王命宋义为卿子冠军、项羽为次将，北上救赵。宋义打算坐观秦赵相斗，然后乘两者都疲惫不堪时再下手，故行至安阳即滞留 46 日不进。当时天寒大雨，士兵又冻又饿，而宋义为了送儿子到齐国，竟饮酒高歌。项羽激于义愤，在早上进见时诛杀了宋义。诸将震服，都极力表示拥护项羽为代理上将军。

项羽杀掉宋义之后，威震楚国，名闻诸侯。随后，项羽奉命统率全部军队渡河攻打秦国重镇巨鹿。渡河后，项羽下令沉掉全部船只，砸毁锅甑，烧掉营垒，只携带三天的干粮，以此向士卒表示要决一死战。到巨鹿后，项羽与秦军接战多次，大败秦军，杀苏角，捉王离，涉间自焚。此时，楚军雄冠诸侯，巨鹿城下诸侯援军有 10 多座营寨，但都不敢出兵。等到楚军攻打秦军时，诸侯军的将领都在壁垒上观看。楚军战士无不以一当十，杀声震天，诸侯军人人惶恐。打垮秦军之后，项羽召见诸侯将领，他们进入辕门，个个跪着前进，没有敢抬头仰视的。项羽从此成为诸侯的上将军，各路诸侯都归属于他。巨鹿一战，消灭了秦军主力，也奠定了项羽称霸的基础。

战后，章邯元气大伤，又受秦二世和赵高的责备、疑忌，感到处境的危险，几次派人找项羽谈判投降的事，项羽没有应允，而且连续进行了几次打击。后来他考虑到自己粮

秦代戈

少，又接受了章邯投降，立其为雍王，让长史司马欣任上将军，统率秦军，为楚军打先锋。到新安（今河南渑池东）后，项羽等人担心投降的秦军人多，到关中后不听指挥，认为不如杀掉他们，于是楚军夜间在新安城外坑杀了秦国降兵20万人。灭秦后项羽分封，把三秦封给章邯、司马欣、董翳。关中百姓恨透了这三个人，因而后来楚汉相争时刘邦可以轻易地"还定三秦"。

项羽进军关中，因函谷关已有刘邦派的兵把守，又听刘邦的左司马曹无伤告密说"沛公欲王关中，使子婴为相，珍宝尽有之"，大怒，立刻要和刘邦展开一场大拼杀。当时，项羽兵力有40万，而且兵强马壮，刘邦兵力只有10万。刘邦考虑到双方实力悬殊，采纳了张良以屈求伸的主意，在鸿门宴上婉言卑辞，称臣伏低，解除了项羽的怀疑和警惕。鸿门宴后，项羽引兵西屠咸阳，杀秦降王子婴，烧秦宫室，收其货宝妇女，大火三个月不熄。

汉王元年（公元前206年），项羽以霸王的身份分封诸侯，共封汉王刘邦、魏王魏豹、雍王章邯等18个王，自立为西楚霸王、王九郡、都彭城。可是刚分封不多久，田荣、陈馀等人以项羽分封不公为由，分别在齐、赵两地反叛。项羽率兵北上讨伐田荣，到齐地后烧杀掳掠，激起齐民反抗。而刘邦又乘机出汉中，还定三秦，牢牢地建立起了自己的根据地。

汉王刘邦乘项羽率楚军北上击齐之机，率诸侯联军56万人攻楚，一举占领楚都彭城（今江苏徐州）。项羽随即率3万精兵南下奔袭彭城，大败联军。汉军退却，楚又追击到灵璧（今安徽淮北西南）东睢水上，汉兵10余万皆入睢水，睢水为之不流。随后几年，项羽数败刘邦军队，还在彭城之战中俘获了刘邦的父亲太公。项羽虽然在作战上占有优势，但终因不善用人，不善筹谋，逐渐陷入困境。

汉王五年（公元前202年），汉兵盛食多，楚兵疲食绝，刘邦派陆贾等人向项羽游说，请求送回太公，于是楚汉相约，以鸿沟（古运河，自河南荥阳北引黄河水、曲折东流,经中牟至开封南折流至淮阳南入颍水）为界，中分天下。约成，项羽引兵东归，刘邦却接受张良、陈平的建议乘势尾追。

刘邦以加封土地为条件，说动韩信从齐地南下，占领楚都彭城和今天苏北、皖北、豫东等广大地区，兵锋直指楚军侧背，自东向西夹击项羽；梁王彭越率军数万从梁地出发，先南下后西进，与刘邦本部军共同逼楚军后退；汉将刘贾率军数万会同九江王英布、合兵 10 万，自淮北出发，从西南方发动对楚地的进攻，先克寿春，再攻下城父并将此城军民全部屠尽；而镇守南线的楚将大司马周殷却在此时叛楚，先屠灭六县，再与英布、刘贾会师，随后，北上合击项羽；同时，得到关中兵丁补充的刘邦则率本部军 20 万出固陵东进；汉军五路大军、合计近 60 万之众，形成从西、北、西南、东北四面合围楚军之势，项羽被迫率 10 万楚军向垓下（今安徽灵璧东南）后撤。

此时，刘邦聚齐韩信、彭越、黥布、刘贾等各路大军与项羽展开决战。结果楚军大败，被围在垓下的壁垒之中。楚军兵少食尽，又被汉军团团包围，晚上听到四面汉军都唱着楚歌，项羽大惊道："难道汉军已经都得到楚国的土地了吗？为什么楚人这么多呢？"项羽连夜起来，与虞姬诀别，跨上乌骓马，率 800 壮士直夜溃围。刘邦军队一路追杀，项羽到东城（今安徽定远东南），只剩下 28 骑。项羽率 28 骑突围，一路逃到乌江（今安徽和县东北的一段长江）。乌江亭长停船靠岸要其东渡，项羽自感"无颜见江东父老"，拒绝渡江，把乌骓马送给亭长，下马步战，杀汉军上百人，身被 10 余创，最后从容自刎，把头颅送给他的老相识、追击他的汉将司马童。

项羽 24 岁时，跟随叔父项梁起兵反秦，勇敢善战，屡立战功，成为推翻秦统治的一名主要将领。这位叱咤风云，曾经不可一世的英雄，却在与刘邦争天下中，由优势转为劣势，最后在众叛亲离的情况下，自刎而死，时年仅 31 岁。

刘邦在与项羽争天下中，为什么会取得胜利，而项羽成为失败者呢？从刘邦当皇帝之后，这个问题就一直成为政治家、军事家以及历史学家热衷探讨的课题，并且得出了各种各样的结论。

是项羽的思想意识比刘邦陈腐，因而导致了项羽的失败吗？项羽在推翻秦统治以后，确实没有想建立中央集权制，而是推行了分封制。但是刘邦在指责和反对项羽的言论中，也没有反对项羽的分封制，主张集权制；相反，他指责的是项羽分封得不公平，给自己和亲信分封了好地方，而不是分封制本身。

从后来的发展看，项羽在咸阳分封之后，除了因杀韩王成，改封郑昌为韩王外，没有再分封过部下为诸侯王。而刘邦在与项羽的斗争中，为了争取和拉拢一些人对自己的支持，又分封了一批诸侯王。这说明项羽后来并没有再坚持和发展分封制，而刘邦却又推行了分封制。所以从对分封制的态度上来说，不能说明项羽的思想意识就比刘邦陈腐。

当然，从社会历史的发展上看，集权制毕竟比分封制要好。刘邦战胜项羽后，之所以逐步改分封制为集权制，是实践教育了他，使他逐步认识到分封制的害处，客观条件也使他有可能逐步废除分封制，推行集权制。如果项羽是胜利者，形势也会逐步逼着他改变看法，走集权制的道路。

确实，刘邦暗度陈仓，进入关中后，在他消灭了项羽分封的一些诸侯王时，没有再分王，而是改行郡县制。项羽其实也和刘邦一样，在自己直接控制的地方，推行的是郡县制。刘邦把关中和以后占领的河东、河南一带地方，都作为自己直接控制的地区，所以实行的是郡县制；而对比较远的地方，自己控制不便，如赵国被韩信攻占后，他就封张耳为赵王，并未实行郡县制。所以在这个问题上，刘邦并不见得就比项羽的思想先进。

有人认为项羽失败的一个重要原因，是他舍不得赏赐和分封部下，造成了一些有才干的人才离他而去，投靠了刘邦。当时的人都这样指责项羽，其实这并不完全公正。

项羽在咸阳分封的时候，虽然分封的多数是随他入关的有功将领，而刘邦的部下一个也没有被分封，从这一点上来说不够公正；但项羽分封的将领，除了一部分是六国后人外，其他人在反秦斗争中也都立有不同的战功，他并没有分封自己的一个亲属为诸侯王，从这一点上看，他的分封还是公正的。

与刘邦展开争夺天下的战争后，项羽确实没有再分封有功的将领为诸侯王。这一点从争取和团结将领上来说，当然是不利的；但从集权与分封的对比来看，它又不一定是错误的。所以我们不能因此而责怪项羽。

项羽确实有不善于发现和大胆使用人才的缺陷。像韩信和陈平，原来都是他的部下，但他没有发现他们的才干，结果他们投靠到刘邦那里后，成为刘邦战胜项羽的主要谋士。但在他们两个人的问题上，也不能够完全责怪项羽不识人才。因为韩信和陈平到了刘邦

秦国剑

那里后，也不是刘邦发现和认识这两个人的才干的，而是经过萧何和魏无知的极力保荐后，刘邦才加以重用。刘邦比项羽高明之处，在于他善于听取部下的意见，而项羽却比较自负，这才是他丢失人才的原因。

至于后来陈平用离间计，挑拨项羽与范增和钟离眜等人的关系，使项羽对他们产生了猜疑，这正是由于项羽个人性格上的缺陷所造成的，它与项羽的舍不得赏赐和分封无关。

项羽失败的一个真正原因，是他性格上的过于残暴。这是造成他脱离百姓，失去大家的支持，愈来愈孤立的主要因素。战争本来对百姓和士兵都是残酷的，作为一个首领，虽然无法摆脱战争的残酷性，但却应当尽力减少战争所带来的损害。可是项羽却相反，他想加强战争的残酷性，用来威慑敌人，恐吓百姓。他的屠城，他的杀害降者，以及他的四处烧杀，都是为了达到这个目的。可是加强战争的残酷性，虽然可以暂时吓住弱者，但从长远来看，它却只能强化弱者的反抗，而把弱者推向自己的对立面。项羽从优势而逐渐走向劣势，其直接原因就是他的残暴。

项羽勇敢善战，在战场上确实是一个叱咤风云的英雄好汉。但是，战争毕竟是一种群体力量的较量。光靠将领的勇敢，虽然在特定的条件下，也可以取得一场战争的胜利，如巨鹿之战，其所以取得胜利，就直接和项羽个人的勇敢善战有关。可是大多数的战争，其胜利的取得，并不是光靠主帅的勇敢就能够达到。项羽和刘邦相比，从勇敢和善战上说，刘邦显然不如项羽，所以刘邦在广武不敢接受项羽关于个人决斗的建议。但是刘邦却靠自己的智慧，战胜了比自己勇敢善战的项羽。

项羽作为一个英雄的悲剧在于，他直到战败自刭而死，也不承认自己是个弱者。他在最后的垂死挣扎中，仍不忘向部下夸示自己的勇敢。可是一个主帅的勇敢，即使你能在最后杀死数百名敌兵，仍不能挽救其失败的命运。项羽至死也不理解一个英雄为什么会失败，所以他才将它归之于天的意愿。这只是一个英雄失败时的自我安慰，它当然不能说明问题的真相。

项羽失败了，但这不是历史的失败！如果项羽某些性格上的严重缺陷，能够在斗争中得到弥补和改正，他本来也是可以成为胜利者的。

二、韩信将兵多益善，攻战必胜鲜败绩

1. 登坛拜将

韩信（约公元前231—公元前196年），秦末淮阴（今江苏淮阴西南）人。父母早亡，家境贫寒。他既不会经商，又不会务农，少年时常靠乞食度日。不久，陈胜、吴广掀起了声势浩大的秦末农民大起义。韩信也带着宝剑，投奔了项梁、项羽的队伍，但一直没被重用。两年后，他又改投刘邦。经过多次自荐，韩信好不容易才当了一个管理粮草的小官，有一次还差点因发牢骚被处死。韩信感到很失望，很苦恼。一天夜里，他溜出军营，不辞而别。刘邦的丞相萧何听说韩信逃走，来不及向刘邦打招呼，就追了出去。一直追了两天，终于追上了韩信，并把韩信追了回来。这就是"萧何月下追韩信"的故事。

萧何身为刘邦的大丞相，为什么跑了那么多将士不追，偏偏要月下追回粮草小官韩信？韩信有何德何能呢？

萧何追回韩信后，向刘邦道出了其中的缘由。他说："诸将易得耳，至如信者，国士无双。王必欲长王汉中，无所事信；必欲争天下，非信无所与计事者。"意思是，韩信是个十分难得的军事奇才，要争天下，必须拜韩信为大将。刘邦听后，采纳了萧何的意见，亲自登坛拜韩信为大将。

2. 军事奇才

韩信果然不负众望。登坛拜将之后，韩信不但为刘邦谋划和制定了夺取天下的军事战略，而且还身率大军导演了许多精彩绝伦、名垂千古的战争"活剧"，为刘邦争夺天下做出了决定性的贡献。正如大史学家司马光所说："汉之所以得天下者，大抵皆信之功也。"刘邦被封为汉王，进驻关中时，曾烧毁了关中到汉中的栈道。这样的目的，一是表示不再东归，让项羽放心，麻痹项羽；二是杜绝关中与汉中的出入，防止雍王章邯等人袭击。这年八月，刘邦见项羽亲自领兵攻齐，楚都彭城空虚，决定乘隙东进，"争权天下"。韩信献上一计叫作"明修栈道、暗度陈仓"：首先派出部分兵卒，去佯修栈道，大军则悄悄从南郑出发，潜出故道，直指陈仓。章邯得知一些汉兵在修栈道，便大笑道："既想出兵，何以又烧栈道？现在重修，栈道三百里，尽是悬崖峭壁，何年何月，方能修成？真笨贼也。"说完，又问韩信何人，左右忙把韩信的历史说明，他又大笑道："胯下庸夫，有何将才。"于是毫无防备。

八月中旬，有人报告，汉兵已到陈仓，章邯说，栈道并没修好，汉兵从哪里出来的？这根本不可能。不久，忽有陈仓败兵逃至废丘，章邯方知中了韩信的"奸计"，于是慌忙引军迎战。然而，这时战机已失。在韩信的指挥下，汉军一出陈仓便兵分三路，迅速推进，势如破竹。雍王章邯很快被汉军打败，拔剑自刎。翟王董翳、塞王司马欣，本都是章邯手下的属将，闻知章邯兵败自杀，便先后向汉军投降。这样，三秦之地，不到一个月全归了汉王刘邦。

三秦平定之后，汉王刘邦调集 56 万人马，浩浩荡荡直取楚都彭城。项羽闻讯，率 3 万精兵，在谷水、泗水、睢水大破汉军。汉军死伤 20 余万，刘邦只带领几十人逃出重围。这时，原先归顺汉王的翟王、塞王、齐王、魏王等人都相继"变节"，反对刘邦而与项羽合作，局势十分危急。公元前205 年 8 月，刘邦任命韩信为左丞相，率军攻打魏王，以首先解除汉军的侧翼威胁。为阻止汉军渡河攻魏，魏王豹将主力部署于地势险要、易守难攻的蒲坂（今山西永济西）。蒲坂在黄河东岸，同西岸的主要渡口临晋相对，是攻魏的必经之地。韩信见魏军正面有重兵防守，从临晋强渡黄河已不可能，于是采取了"临晋设疑、夏阳偷渡"，声东击西、避实击虚的战法，把船只和兵力集中起来摆出要由临晋渡河的架势，而在暗中调集主力，出其不意地

韩 信

从夏阳（今陕西韩城南）用木罂缻（用木条缚扎陶瓮而成的临时渡河工具）偷渡过河，然后直奔魏军的后方安邑（今山西夏县北）。而魏王豹见韩信在临晋布下重兵，沿岸摆列无数战船，料定汉军必由此渡河，于是集中兵力，严加防守。就这样，汉军出其不意地渡过黄河，并迅速占领了魏城安邑。魏王豹得报后，大吃一惊，方知中计，慌忙引兵赶到安邑，迎击韩信，结果被韩信杀得大败。不久，韩信又俘虏了魏王豹，并平定了魏地，在那里建立了河东郡。这一战，不仅解除了汉军的侧翼威胁，扩大了汉王的势力范围，而且为汉军主战场的作战建立了

一个极其重要的支援基地。

平定魏国之后，韩信又率领 2 万汉军东征赵国。赵王歇与将军陈馀闻讯后立即率 20 万大军在井陉口（今河北获鹿西）据险设防，严阵以待。井陉口乃太行山八大隘口之一，地形险要，易守难攻，它既是历代兵家必争之地，又是东西必由之途。很明显，当时的形势对韩信非常不利。韩信率军在距井陉口 30 里处安营扎寨，经过分析运筹，韩信作出如此部署：派轻骑 2000 人，每人带一面汉旗，于深夜绕至赵营附近山间埋伏待机，第二天，赵军倾巢出动时，趁机冲进赵营，拔赵旗竖汉旗；再派 1 万兵力于凌晨进至绵蔓河东岸，背水列阵，伺机破敌；自己率部分兵力大张旗鼓，阵前向赵军挑战。第二天拂晓，韩信传令三军：今天破赵后会食（会餐）。将士们听后，都不敢相信，但又只得齐声应令。天明之后，韩信亲率部分汉军，击响战鼓，向井陉口发起攻击，赵军立即出兵迎战。打了一阵后，韩信佯装抵挡不住，命将士丢旗弃鼓，纷纷向绵蔓河退去。赵军哪肯轻易放过，一见韩信军队后撤，即刻倾巢出动，追杀过来。这时，绵蔓河岸的汉军，背靠河水，后退无路，只有拼死向前，因而个个以一当十，拼力死战；同时，深夜埋伏在赵营附近的 2000 名汉军见赵军倾巢出动，迅速冲进赵军营中，拔掉赵旗，换上汉旗。赵军久战不胜，正准备收兵回营，忽见营中插满汉旗，以为汉军已攻占赵营，顿时军心大乱。韩信乘势反击，全歼赵军，陈馀被杀，赵王被擒。战后，有人问韩信为什么要背水列阵，韩信回答：兵法上说不能背水列阵，但也说"陷之死地而后生，置之亡地而后存"，这一战敌众我寡，只有背水列阵，自绝后路，才会人人奋战，死里求生。

井陉口之战刚刚落下帷幕，韩信又奉命率兵进攻齐国。齐王田广闻知汉军来攻，一面领兵退守高密；一面派人向项羽求救。不久，项羽派大将龙且率 20 万大军前去救齐。楚、齐军合为一股，与汉军在潍水两岸列阵对峙。龙且在河东，韩信在河西。韩信仔细观察战场地形，决定再用水战破敌。他令士卒连夜秘密装满一万多个沙袋，将潍水上游堵起来，使下游河水变浅。拂晓时，韩信乘水势陡浅之际，率部分汉军涉过潍水前去挑战。没战几个回合，他便佯装战败，慌忙向河西逃去。龙且是员悍将，不知是计，拊掌大笑道："我早就知道韩信是个胆小鬼。"于是，他下令全军过河追击。当龙且的先头部队渡河后，韩信即令在上游的汉军把堵截潍水的沙袋移去，河水顿时奔流直下，把齐楚联军截为两段。韩信立即率兵反击，迅速歼灭

了已经过河的齐楚军队，龙且当场被杀。接着，韩信又挥军渡河，乘胜追击，"皆虏楚卒"，尽占齐地。

韩信连克魏、楚、赵、燕、齐五国后，还参加并筹划了垓下之战等一系列战役，致使项羽自刎于乌江。

汉朝建立后，韩信被封为楚王，不久被降为淮阴侯。后来，吕后以谋反之名将他杀害。

3. 韩信报恩

在韩信还没混出来的时候，日子还是很难打发的。

韩信很小的时候就失去了双亲，所以孤苦无依。长大后也依旧很穷，穷到连饭都吃不上。好在他还有个朋友，是下乡南昌亭亭长的小官。韩信那时候没饭吃，就天天往亭长家里蹭，时间长了，亭长老婆就有点烦了，亭长很为难，一边是落难的朋友，一边是结发的老婆，这亭长可没刘备"朋友如手足，老婆如衣服"那觉悟。

于是，亭长就转着弯儿地跟韩信哭穷，说孩子长大了，读书费用大，岳母医药费吃不消啊什么的。

可韩信都饿得前胸贴后背了，哪里顾得了这些，感叹同情一番后，仍是照吃不误。

不得已，这亭长就想出了个下策，让家人每天天未亮以前就爬起来，在床上吃完饭后再睡下，等韩信兴冲冲过来吃早饭时，看到亭长一家都还睡着，一点没吃饭的意思，韩信这才明白过来是怎么回事。于是一气之下，与亭长绝交了。

没饭吃的韩信，带着他的剑到处游荡。实在饿得不行了，就到河边钓鱼，饥一顿饱一顿。这时他遇到了一个洗絮的老妇，老妇见这孩子可怜，于是每天把自己带来的饭分一半给韩信。

韩信也不自觉，一吃就是好多天。直到有一天老妇对韩信说："絮洗完了，我明天就不来了，今后也就没你的饭了，你另想办法吧。"韩信拱手感谢老妇，并说今后有朝一日发达了，定当重报。老妇听了很不高兴，说："呸！你一男子汉大丈夫自己都挣不到口饭吃，我是可怜你，谁指望你报答！"干脆得毫不留情面。

这之后，倒霉的韩信又路遇街头的一泼皮无赖。泼皮无赖挡在韩信前面，对韩信说："你老带着把剑什么意思，你要有种，就杀了我，你要不敢，就从我胯下钻过去。"韩信看了这泼皮良久，最后袖子一甩，四肢着地，钻了过去，遭到满大街人的耻笑。这就是胯下之辱的由来。

后来，韩信发达了，衣锦还乡当了楚王。第一件事就是找到当年的这三个人。他给了那老妇千金，兑现了日后定当重报的诺言。他给了那亭长朋友百钱，说他好事不到头。最后，把那个吓得半死的泼皮无赖提过来，但韩信没杀他，而是夸奖这泼皮不怕死。

三、黥英布叛楚归汉，淮南王造反被杀

英布（？—公元前195年），汉初三大将（英布、彭越、韩信）之一。因受秦法被黥（刺面），又称黥布。六安（今属安徽）人。皋陶五十九世孙。

英布出身平民，小时候有人给他算命，说他在受刑之后会被封王赐爵。到壮年果然犯秦法遭黥刑，被送往骊山服役。英布结交刑徒中豪杰之士，率领一伙人逃入江泽中做了强盗。当陈胜、吴广起义风起云涌之时，英布投靠了番君吴芮，并做了他的女婿，集聚数千人，举起了反秦大旗。英布率军攻打秦左右校，在清波（今河南新蔡西南）大获全胜，于是引兵向东。这时的项梁已平定江东、会稽，正渡江向西，队伍不断壮大，众多将领归附项梁，英布也率军归附。在项梁帐下，英布作战英勇，常常做先锋，号"当阳君"。

项梁立熊心为楚怀王，不久项梁在定陶被章邯所杀。怀王徙都彭城，英布及诸将都聚保彭城。这时秦国围攻赵国，赵向楚请救，怀王命项羽、英布、范增等将军悉归宋义指挥北进救赵。宋义领军不利被项羽杀掉，军队的领导权落入了项羽之手。英布归附项羽，受命渡河击秦。英布屡击章邯之军，切断秦军粮道，项羽遂与英布会合，大破秦军，收降章邯等人。英布助项羽坑杀秦军20多万，又任先锋破函谷关守军，使大部队进入咸阳。英布军四处告捷，功冠诸侯，深得项羽器重，后项羽分封，立其为九江王，都六安。

汉王元年（公元前206年），项羽立怀王为义帝，迁都长沙，却又暗中派英布在路上偷袭，追到郴县把他杀死。第二年，齐王田荣叛楚，项羽出兵击齐，向英布征兵，英布托病，只派将领率几千人前往。汉王在彭城击败楚王，英布也托病不救。项羽因此怨恨英布，屡次派使者前去责备英布，并召他前往，英布越发地恐慌，不敢前往。项羽毕竟也爱惜将才，又担心

英 布

北边和汉王的军队，觉得只有英布可以任用，所以没有发兵攻打。

汉王三年（公元前204年），刘邦攻打楚国，大战于彭城，结果大败。刘邦派属下随何前往九江，说服英布归附。英布被随何说动，答应叛楚归汉，起兵攻楚。楚国派项声、龙且攻打九江，大破英布军。英布担心被杀，从小路逃往了汉地。项羽派项伯收编九江部队，尽杀英布的妻子儿女。后来英布派人到九江招揽了旧部数千人，加上汉王拨了一些军队给他，他的势力又恢复了一些。汉王四年（公元前203年）七月,立英布为淮南王,统九江、庐江、衡山、豫章诸郡。

汉王五年（公元前202年），英布率兵入九江，攻下数城。六年（公元前201年），同刘贾一道入九江，诱大司马周殷反楚，同周殷兵联合攻楚，在垓下大破项羽军。项羽自杀，天下归汉。

汉高祖十一年（公元前196年），吕后诛杀淮阴侯韩信，引起了英布的惊慌。这年夏天，吕后又杀梁王彭越，剁成肉酱，分赐给诸侯。英布更为恐慌，怕祸及自身，于是暗中聚合部队，随时注意邻郡的动静。

英布有一宠姬病了，送去就医，医生同中大夫贲赫对门而居。宠姬常去就医，贲赫向其大献殷勤，厚礼馈赠，并在医生家一同饮酒。宠姬回来后向英布称赞贲赫，英布怀疑宠姬与贲赫有私。贲赫得知后大恐，称病不出。英布愈怒，想逮捕他。贲赫情急，上书告发英布谋反，并乘传车（驿车）赶往长安。英布派人追赶，没有追上。贲赫到长安后，上书称英布已有谋反迹象。刘邦看后与丞相萧何商量，萧何认为英布不会如此，恐怕是仇家诬陷，建议先拘捕贲赫，再暗中派人察访验证。英布见贲赫已逃，还上书言变，怀疑他说出了自己暗中布置之事，再加汉朝使者前来查验，便杀了贲赫全家，起兵反叛。

消息传到长安，刘邦召集诸侯讨论后，亲率大军讨伐英布。英布与汉军相遇于蕲西（在今安徽宿州市南）。英布军队精锐，汉军不敌，只得固守庸城。后来两军决战，英布败走，渡过淮河，屡次停下来与汉军交战都未能取胜，最后率百人逃到了长江以南。

英布曾娶番君吴芮之女为妻，所以长沙哀王吴回（吴芮之孙）让人骗取英布信任，假装同他逃跑，诱使英布逃向南越。英布不疑有他，与使者同去番阳。到番阳后，英布在兹乡一农户家中被当地人杀害。

英布死后，刘邦将他肢解八块，首级葬于安徽六安（原六安市水电局家属区，今淮王街旁恒泰小区内）。

四、梁王彭越都定陶，家仆告发诛全族

彭越（？—公元前196年），字仲。昌邑（今山东省菏泽市巨野县）人。汉初著名将领。

彭越少年时代在巨野泽（今山东巨野北）以捕鱼为生。他很有号召力，许多少年追随于他。他也曾集聚一伙人为强盗。当陈胜、项梁起义反秦时，一帮青年人鼓动彭越仿效他们。彭越却认为两龙方斗，时机尚不成熟。过了一年多，泽中的青年相聚有100多人，共同请求彭越做他们的领袖。彭越于是率领这支队伍攻城略地，收诸侯散卒，队伍很快发展到了1000多人。

昔日刘邦从砀山（今安徽砀山）北攻昌邑，彭越曾率队前去援助。昌邑没有攻下，刘邦便带兵西进，彭越也率领他的部队留在巨野泽中。项羽进入关中，封立诸侯，当时彭越部队因收编魏国散卒已发展到了一万余人，项羽却对彭越视而不见。

汉王元年（公元前206年）秋，齐王田荣反叛项羽，自立为齐王，派人赐给彭越将军印信，要他南下济阴攻打楚国。楚国派萧公角率兵攻打彭越，彭越大败楚军。汉王二年（公元前205年）春，刘邦率魏王魏豹和诸侯共同攻楚，彭越率3万多人在外黄归附刘邦，被任命为魏国相国，专掌兵权，平定梁地。

刘邦围攻彭城（今江苏徐州）失败后，彭越攻下的城池也得而复失，只得率军退守于黄河北岸。汉王三年（公元前204年），彭越常率军队往来出没，打游击战骚扰楚军，在梁地断绝楚的粮草补给，史称"彭越挠楚"。汉王四年（公元前203年）冬，项羽与刘邦在荥阳相持不下，彭越乘机攻下了睢阳、外黄等17座城邑，扰乱了楚国后方。项羽只得派曹咎坚守成皋，自己亲率军队来收复失地。彭越虽然丢掉了一些城邑，却打乱了项羽的计

彭越墓碑

划，有利于汉的整个战局。

汉王五年（公元前202年）秋，彭越率军队攻下了昌邑四周20多个城邑，项羽败退到阳夏。彭越缴获10余万斛谷物，供给刘邦做军粮。后来刘邦战败，派使者求援，彭越以魏地初定、恐楚国来报复为由加以拒绝。刘邦追击楚军，反在固陵被楚军所败。刘邦为彭越、英布、韩信在关键时刻不肯参战发愁，求教于留侯张良。张良建议许诺胜楚后用睢阳以北至毂城来封彭越为王，刘邦当即派使者到彭越那里，依照张良的计策行事。彭越便率领所有的军队与刘邦会师垓下，大破楚军。刘邦立彭越为梁王，都定陶。

汉高祖十年（公元前197年）秋，赵相国陈豨在代地谋反，高祖刘邦自往平定。到邯郸，向彭越征兵。彭越称病，只派手下将领领兵去邯郸。刘邦很生气，派人前去责备。彭越害怕了，想亲自前往谢罪。部将扈辄说："您开始不亲往，现在被人家责备了才去，去了就会被捉拿，不如发兵反叛。"彭越不听，继续装病。这时彭越恼怒他的太仆，想杀掉他。太仆逃到了刘邦那里，告发彭越与部将扈辄谋反。于是刘邦立刻暗地派人去逮捕彭越，彭越没察觉，被捕后囚于洛阳。经有关部门审理，认定已构成谋反罪，奏请按法施刑。刘邦赦免了他，降为庶民，流放到蜀郡青衣县。刚到郑地，路遇从长安来洛阳的吕后，彭越哭诉自己无罪，愿回故乡昌邑。吕后答应了他，同他一起回到洛阳。吕后对高祖说："彭越是一条好汉，如果把他流放到蜀地，无异于替自己留下了后患，不如索性把他杀了，所以我已把他带回来了。"于是吕后亲自做了手脚，让彭越的家臣告发他再次谋反。廷尉王恬开奏请诛灭彭越家族，刘邦批准。彭越全族被杀，彭越被处以醢刑（古代酷刑，即剁成肉酱），以醢遍赐诸侯。

彭越是世界战争史上第一个正规使用游击战战术的军事家，可以说是游击战的始祖。论军事谋略与指挥才能，他不如韩信；但论功绩，他却有过之而无不及。在楚汉战争中，正是由于他率部在楚军的后方开展游击战，打击楚国的补给，用敌进我退、敌退我追的战术，使项羽两面作战疲于应付，使楚军的粮食装备得不到补给，也给了前线汉军不被项羽歼灭的机会。楚汉战争正是在刘邦的正面防御、韩信的千里包抄和彭越后方游击战的基础上，才在最后的垓下之战中有机会歼灭项羽麾下疲惫的部队，并取得了最终的胜利。

五、次项羽第二猛将，汉高祖第一心腹

樊哙（公元前 242—公元前 189 年），沛县（今江苏沛县）人。西汉开国元勋，大将军，左丞相，著名军事统帅。为吕后妹夫，深得汉高祖刘邦和吕后信任。后随刘邦平叛臧荼、卢绾、陈豨、韩信等，为大汉开国皇帝汉高祖刘邦第一心腹，楚汉时期仅次于项羽的第二猛将。封舞阳侯，谥武侯。

樊哙出身寒微，早年曾以屠狗为业。他与刘邦的交往甚密，曾与刘邦一起隐于芒砀山泽间（今安徽砀山西南），与萧何、曹参共同推戴刘邦起兵反秦。待刘邦做了沛公，樊哙做随从副官，南征北战，表现英勇，屡立战功，赐爵加封。

公元前 207 年，刘邦率军入关，灭秦封关自守，打算称王关中，引起项羽的不满。项羽挥兵破关而入，屯军于新丰鸿门（今陕西临潼东北），欲击灭刘邦军。樊哙早在刘邦入咸阳后，就力劝其还军霸上（今西安东南），勿贪秦宫奢丽的享受。待项羽兵临城下，刘邦自度势单力薄，乃率 100 多随从赴鸿门谢罪，樊哙随往。项羽在鸿门设宴，酒酣之时，亚父范增授意项庄拔剑献舞，想趁机刺杀刘邦。项伯看局面紧张，也拔剑同舞，常以自己身体庇护刘邦。身在营外的樊哙听说情况紧急，不顾卫士阻止，持剑盾闯入项羽营帐。项羽盯着他问："此人是谁？"张良说："他是沛公的参乘樊哙。"项羽欣赏道："是位壮士！"于是赐酒一杯和一条猪腿。樊哙一饮而尽，拔剑切肉而食，不一会儿就把肉吃光了。项

樊　哙

羽问："樊将军还能再喝吗？"樊哙面斥项羽道："我死都不怕，难道还怕喝酒！再说沛公先入咸阳，屯军霸上等待大王的到来，大王却听信小人的挑唆，不信任沛公。我担心天下会从此分崩离析，人们心里会怀疑大王啊！"项羽沉默不语。这时刘邦借故去厕所，把樊哙召了去。出了营帐，刘邦独骑一马，樊哙等四人步行护驾，从山下小路偷偷回到了霸上营中，而让张良向项羽谢罪。刘邦被项羽封为汉王后，赐樊哙为列侯，号临武侯，升为郎中，随入汉中。

刘邦在汉中站稳脚跟后，展开了大规模的还定三秦的战争。樊哙或者单独，或者跟随刘邦与西县县丞、雍王章邯、章邯的儿子章平，以及赵贲等人的军队作战，英勇异常，常率先登城陷阵，斩杀、俘虏敌兵将众多，升为郎中骑将，封为将军，赐杜陵的樊乡为他的食邑。随后又参加对楚作战，攻取邹、鲁、瑕丘、薛等地。项羽败刘邦于彭城之后，樊哙屯守荥阳的户武，刘邦增加 2000 户为他的食邑。一年后，樊哙又随刘邦追击项羽，取阳夏，俘获楚将周将军的士卒 4000 人，把项羽包围在陈县，大胜而归。刘邦称帝后，因樊哙坚守作战有功再增加食邑 800 户。

樊哙一直跟随刘邦左右，是刘邦志同道合的爱将。后娶吕后妹妹吕嬃为妻，生有一子樊伉。这一来与皇帝的关系就更加密切了，后却因是吕后妹夫而险些被诛。

汉高祖十二年（公元前 195 年），燕王卢绾反叛，刘邦派樊哙攻打，平定燕地 18 县，51 个乡邑。高帝把他的封邑增至 5400 户。汉初，异姓诸侯王反叛不断，樊哙成为征讨叛军的主将。总计樊哙战功有：跟随高祖作战，斩首级 176 个，俘虏 288 人；自己单独领兵作战，打败 7 支军队，攻下 5 座城邑，平定 6 个郡、52 个县；俘获丞相 1 人、将军 12 人、将官 11 人。樊哙不愧为汉朝从创立到稳定的中坚骨干。

这时刘邦病重，有人诋毁樊哙

樊 哙

是吕氏的党羽，如皇上驾崩，樊哙就会举兵诛杀戚夫人和赵王如意等人。刘邦听到这话大怒，派陈平乘车送绛侯周勃替代樊哙统率军队，还要求在军中把樊哙就地正法。陈平惧怕吕后，所以决定把樊哙押解长安让刘邦亲自处决。陈平、樊哙到长安时，刘邦已死，吕后释放樊哙，并恢复了他的爵位和封邑。

孝惠帝六年（公元前 189 年），樊哙去世。谥为"武侯"。

六、周亚夫驻军细柳，平叛乱因功封相

周亚夫（公元前 199—公元前 143 年），西汉初沛县（今江苏沛县）人，是汉文帝时丞相周勃次子。周勃死后，周亚夫承袭条侯爵位。

周亚夫初为河内（郡治在今河南怀县）太守。公元前 158 年，匈奴扰边，汉文帝命刘礼、徐厉和周亚夫等人为将军，分别领兵驻守霸上（今西安西北）、棘门（西安正北）和细柳（西安正西），防御匈奴。周亚夫严格治军，忠于职守，为此还发生了一段感人的故事。

一天，文帝带着官室人员到各军驻地慰劳。当到霸上和棘门时，刘礼和徐厉兴师动众，举行隆重的迎送仪式，任文帝一行在营内横冲直撞。汉文帝到了细柳，却与前两地迥然不同。只见营门紧闭，营兵持刀挂箭，森列两旁，像准备迎敌一样严整，并不因皇帝驾到产生变化。文帝暗暗称奇。周亚夫查看过皇帝的符节后，传令开门接驾。营门一开，皇帝的车马蜂拥而入。营兵高声喝道："将军定下了规矩，在军营里不许策马疾驰！"文帝听见，忙叫驭手勒缰慢行。到了里面，周亚夫披甲佩剑出帐，只作一个长揖说："铠甲在身，照规矩是不下拜的，臣只行军礼，请陛下原谅。"文帝寒暄几句，返驾回宫。周亚夫并不远送，仍然紧闭营门，严整如故。文帝不禁惊叹："哎呀，这才是真正的将军呀！霸上、棘门那里的军队，散漫无纪，形同儿戏，岂不可袭可虏？至于亚夫军，敌怎敢侵犯他！"不久，便提升周亚夫为中尉（京城警备司令）。文帝临终时嘱咐景帝："万一军情紧急，周亚夫是可以做统帅的。"

汉景帝继位不久，果然发生了紧急军情。原来，刘邦建立西汉王朝后，大封同姓子弟为王，没料到这些刘姓藩王逐渐割据一方，与汉中央分庭抗礼。御史大夫晁错献"削藩"之策，主张削减各藩王封地，收归中央。各藩王对此大为不满，于是胶西王（都城在高苑，今山东桓台县）、胶东王（都

周亚夫

城在山东即墨）、淄川王（都城在剧，今山东寿光市）、济南王（都城在东平陵，今山东历城）、楚王（都城在彭城，今江苏徐州）、赵王（都城在邯郸）和吴王（都城在广陵，今江苏扬州北）互相勾结起来，以武力反叛汉中央。领头的就是吴王刘濞。

汉景帝三年（公元前154年）正月，吴王决定以"诛晁错清君侧"为名，扯起叛旗，发兵北上。其基本企图是以诸王军队从南、东、北三方面包围关中，夹击长安，夺取汉朝天下。吴王率20万大军从广陵出发，北渡淮河，会合楚王的兵马后，首先把进攻矛头指向梁国。梁王是汉景帝的弟弟，梁国是吴楚进攻长安的必经之路。吴王以主力攻梁，另派精锐分队潜赴崤（今函谷关南崤山）、渑间设伏，准备阻击从长安出发的汉中央军。

汉景帝见吴楚等七王发动军事进攻，先是取妥协政策，杀了晁错，答应恢复藩王封地。但叛军不以为然，继续进攻。于是景帝决心发兵平叛。任命周亚夫为太尉，统率36将军东向迎战吴楚；另派曲周侯郦寄攻赵，将军栾布攻齐；以窦婴为大将军屯兵荥阳，警戒齐赵等国。

周亚夫领受任务后，先向景帝分析了双方军事形势，指出："楚兵剽轻，难与交锋，愿以梁委之，绝其粮道，乃可制也。"这实质是一个避实击虚、积极防御的作战方针。周亚夫看到吴楚叛军剽轻凶悍，气焰嚣张，正面迎战难于取胜，因而提出以梁王军队牵制叛军主力，疲惫消耗敌人，另以轻骑迂回敌后，袭其运输线，待叛军由强变弱后再与其决战。这无疑是正确可行的方针。得到景帝同意后，周亚夫率部由长安出发，准备经函谷关前出洛阳。军行霸上，当地人赵涉拦马献策，他说："吴王养了一批敢死勇士，预料将军东趋洛阳，定会在崤山、渑池间设伏袭击。用兵贵在神速秘密，将军不如从蓝田出武关，虽多用几天时间，但可以平安抵达洛阳。"周亚夫一听恍然大悟，于是采纳了赵涉的建议，立即改变行军路线，迅速由蓝田出武关，经南阳趋洛阳，并派兵抢占了荥阳。而后，他立即派兵消灭了函谷关附近的叛军伏兵，疏通了洛阳到长安的交通线。

下一步该怎样行动呢？周亚夫本来胸有成竹，但为了慎重，他又虚心征求部下邓都尉意见。邓都尉说："吴军精锐，难与争锋，楚军剽轻，不能持久，当今之计，不如引兵东向，扼守昌邑（今山东金乡西北）。一面利用梁地消耗叛军；另一面派支轻骑迂回到淮泗口（今江苏淮阴县西泗水入淮之口），截断吴军粮道。待到吴军力疲粮尽，再以优势兵力袭击它，可一战而胜。"周亚夫见邓都尉意见与自己原作战预案不谋而合，非常高兴，遂决心照既定方案施行。于是率军进据昌邑，筑垒固守。

这时，吴楚叛军连败梁王军队，将梁王围困于睢阳。梁王几次派人向亚夫求援，亚夫坚壁不出。梁王上诉于景帝，景帝诏令亚夫救援，亚夫仍置之不理。梁王见求救无效，只好拼死作战。吴楚军遭到顽强抗击。周亚夫将主力转移到下邑，继续调动疲惫叛军，同时派出轻骑袭截叛军粮道。

在下邑，汉军高筑营垒，以逸待劳，任敌挑战，坚壁不出。吴楚军再次遭困于下邑，进退两难，加上粮道被断，军心摇动，战力大减。周亚夫见两军形势发生了根本性的转变，决定马上由防御转为进攻。趁叛军后撤时破垒而出，猛烈冲杀。叛军一触即溃，楚王刘戊自杀，吴王落荒而逃，后也被捕杀。北面栾布、郦寄两军也大获全胜，七王反叛全被击破。

经此一战，汉景帝更加器重周亚夫。

在公元前152年（汉景帝五年），丞相陶青有病退职，景帝任命周亚夫为丞相。开始景帝对他非常器重，有一次，汉景帝要废掉刘荣，刘荣是栗姬所生，所以叫栗太子。但周亚夫却反对，结果导致景帝对他开始疏远。还有和他有仇的梁王，每次到京城来，都在太后面前说周亚夫的坏话，对他也很不利。

后来，有两件事导致了周亚夫的悲剧。一件是皇后的兄长封侯，一件是匈奴将军封侯的事。窦太后想让景帝封皇后的哥哥王信为侯，但景帝不愿意，说窦太后的侄子在父亲文帝在世的时候也没有封侯。窦太后说她的哥哥在世时没有封侯，虽然侄子后来封了侯，但总觉得对不起哥哥，所以劝景帝封王信为侯，景帝只好推脱说要和大臣商量。在景帝和周亚夫商量时，周亚夫说刘邦说过，不姓刘的不能封王，没有功劳的不能封侯，如果封王信为侯，就是违背了先祖的誓约。景帝听了无话可说。

在后来匈奴将军唯徐卢等五人归顺汉朝，景帝非常高兴，想封他们为侯，以鼓励其他匈奴人也归顺汉朝，但周亚夫又反对说："如果把这些背叛国家的人封侯，那以后我们如何处罚那些不守节的大臣呢？"景帝听了很不高兴："丞相的话迂腐不可用！"然后将那五人都封了侯。周亚夫失落地托病辞职。景帝批准了他的要求。

此后，景帝又把他召进宫中设宴招待，想试探他脾气是不是改了，所以他的面前不给放筷子。周亚夫不高兴地向管事的要筷子，景帝笑着对他说："莫非这还不能让你高兴吗？"周亚夫羞愤不已，不乐意地向景帝跪下谢罪。景帝刚说了个"起"，他就马上站了起来，不等景帝再说话，就自己走了。景帝叹息着说："这种人怎么能辅佐少主呢？"

周亚夫儿子周阳见他年老了，就偷偷买了500甲盾，准备在他去世时发表时用，这甲盾是国家禁止个人买卖的。周亚夫的儿子给佣工期限少，还不想早点给钱，结果，心有怨气的佣工就告发他私自买国家禁止的用品，要谋反。景帝派人追查此事。

负责调查的人叫来周亚夫，询问原因。周亚夫不知道儿子做了什么，对问的问题不知如何回答，负责的人以为他在赌气，便向景帝报告了。景帝很生气，将周亚夫交给最高司法官廷尉审理。

廷尉问周亚夫："君侯为什么要谋反啊？"

周亚夫答道："儿子买的都是丧葬品，怎么说是谋反呢？"

廷尉讽刺道："你就是不在地上谋反，恐怕也要到地下谋反吧！"

周亚夫受此屈辱，无法忍受，开始差官召他入朝时就要自杀，被夫人阻拦，这次又受羞辱，更是难以忍受，于是闭食抗议，五天后，吐血身亡。

纵观周亚夫的一生，干了两件辉煌的大事：一是驻军细柳，严于治军，为保卫国都长安免遭匈奴铁骑的践踏而做出了贡献。二是指挥平定七国之乱，粉碎了诸侯王企图分裂和割据的阴谋，维护了统一安定的政治局面。周亚夫为巩固西汉王朝的统治立下了汗马功劳。司马迁评价说："亚夫之用兵，持威重，执坚刃，穰苴曷有加焉！足己而不学，守节不逊，终以穷困。悲夫！"

七、但使龙城飞将在，不教胡马度阴山

李广（公元前 184—公元前 119 年），陕西成纪（今甘肃省静宁南）人，是秦朝将军李信的后代。自李信之后，李家世代传习射箭，李广也习得世传的弓法，射得一手好箭。因此，18 岁时李广就以良家子弟的身份从军抗击匈奴，因善于用箭、杀虏了众多敌人，被提升为中郎，连汉文帝都赞叹他的武艺。

有一次李广出猎，看到草丛中的一块石头，以为是老虎，张弓而射，一箭射去把整个箭头都射进了石头里。仔细看去，原来是石头，过后再射，就怎么也射不进石头里去了。李广一听说哪儿出现老虎，他就常常要亲自去射杀，据守右北平时一次射虎，恶虎扑伤了李广，李广带伤最终竟也射死了这只虎。

李广为将廉洁，常把自己的赏赐分给部下，与士兵同吃同饮。他做了40 多年俸禄二千石的官，家里没有多少多余的财物，始终不谈购置家产的事，深得官兵爱戴。李广身材高大，臂长如猿，有善射天赋，他的子孙向他人学射箭，但都不及李广。李广不善言辞，与人闲居时亦以射箭来赌酒为乐，一生都以射箭为消遣。李广爱兵如子，凡事能身先士卒。行军遇到缺水断食之时，见水，见食，士兵不全喝到水，他不近水边；士兵不全吃遍，他不尝饭食。对士兵宽缓不苛，这就使得士兵甘愿为他出死力。李广射杀敌人时，要求自己箭无虚发，所以非在数十步之内不射，常常是箭一离弦，敌人应声而亡。也由此多次被敌人围追，射猛兽时也由于距离太近而几次受伤。

汉景帝继位后，"七国之乱"爆发，李广又任骁骑都尉跟随太尉周亚夫抗击吴楚叛军，但由于私自接受梁王封印未得到奖赏，反被调为上谷太守，经常与匈奴交战。典属国公孙昆邪上书对景帝说："李广的才气天下无双，但他自负有勇力，经常与匈奴打硬仗，恐怕会遇到不测啊。"于是，景帝又把李广调为上郡太守。此后，李广又在陇西、北地、雁门、代郡、云中等地做太守，无论在哪里，他都以狠命抗击匈奴而闻名，匈奴人对李广更是闻风丧胆。

汉景帝中元六年（公元前 144 年），匈奴入侵上郡，汉景帝派一个宦官同李广一起训练军队抗击匈奴。有一次，宦官率领几十个骑兵出猎，遇

上三名匈奴骑兵，交战的结果是所有的随从骑兵都被射杀，只有宦官受伤逃回。李广知道后，立刻认定这三个人是匈奴的射雕能手，为避免后患，他立刻带人追捕。匈奴射雕手没有马，步行了几十里，就被李广等人赶上，李广命令骑兵分左右两翼包抄，自己亲自发箭，射死了其中两个匈奴兵，另外一个也被活捉了。李广等人刚要往回走，却见匈奴数千骑兵进入视线，他们见到李广的军队，还以为是汉军诱敌的疑兵，都大吃一惊，立刻上山摆开拒敌阵势。李广的骑兵见状都想往回逃，李广却说："我们脱离大军几十里，现在逃跑的话，匈奴必定追来射杀我们，我们必死无疑；如果我们不走，他们会以为我们是诱敌的疑兵，就不敢来打我们了。"说罢，李广命令骑兵一直前进，走到离匈奴阵地不到两里路的地方停了下来，匈奴骑兵果真不敢贸然进攻。双方僵持到半夜，匈奴担心汉军设有埋伏，就全部撤离了，李广等人就这样逃脱了险境。这件事充分展现了李广临危不惧的大将风范。

元光六年（公元前129年），汉武帝派兵出击匈奴，李广率军出雁门关，因寡不敌众，兵败被擒。匈奴骑兵把重伤的李广放在用绳子结成的网中，挂在两匹马的中间，走了10多里路后，李广开始装死，等待着逃跑的机会。他斜眼瞧见旁边有个匈奴兵骑着一匹好马，便突然一跃，跳上马将匈奴兵推下去，取下他的弓箭，策马加鞭向南奔驰，匈奴骑兵在后面紧紧追赶，李广不断回身射杀追兵，终于逃脱，回到了京师。这次出兵，李广部

李 广

队死伤人数众多，他自己也被匈奴活捉，论罪当斩，但是后来准他用钱赎罪，贬为平民。正是这次经历，使匈奴人遇见李广就远远避开，不敢与其交战，并称他为"飞将军"。

由此可见，李广有着过人的胆识和武艺。他以骁勇善射、智谋超群著称，令匈奴将士闻风丧胆，历经文帝、景帝、武帝三代，与匈奴作战40余年，为汉朝驻守边防，立下了汗马功劳，但是，却始终未能像卫青、霍去病一样夺得赫赫军功，甚至不能像普通将领一样封侯，

这其中固然有着机遇的因素，但也有他个人的问题。前文已经提到，汉朝和匈奴之间爆发的几场战役中，李广指挥的军队要么被俘，要么迷失道路，有时还损兵折将乃至全军覆没，最好的也只是功过抵消，军功就这样与他无缘。此外，从上文捉拿三名匈奴射雕手的事件中，我们也可以看到李广性格中冲动、冒险的弱点，这直接导致了他的不幸。

在元狩四年（公元前 119 年）那场出击匈奴的战役中，汉武帝最初没有征用李广，但李广向来不甘落于人后，屡次奏请随军出征，武帝便任命他为前将军，听卫青指挥。卫青领兵出塞后，很快就从俘虏口中得知单于所在地。汉武帝改变了作战计划，决定由卫青带领的精兵去追击单于，于是，卫青命李广所部与赵食其的军队合并为东路军。东路军路途迂回遥远，又不能与单于正面作战，李广坚决拒绝调动，可是卫青心意已决，李广不得不服从命令，他十分不情愿，未与卫青告辞就出征了。出征后，李广和赵食其的军队因迷路，不仅没能和匈奴作战，还耽误了与卫青会师的日期，在卫青回来的途中才与他相遇。回师后，卫青派长史拿了干粮酒食送给李广，乘势追问起李广等迷路的情况，李广本就不善言辞，又因未立军功而心里窝火，便不予回答。卫青又命长史催促李广的幕府人员前去听候审问，李广认为别人并没有罪过，便亲自去听审。到了幕府后，李广对他的部下说："我自幼与匈奴打仗，大小 70 余战，如今有幸和大将军出击匈奴攻打单于，却强令我走遥远的东路，我们迷失道路，这岂不是天意！我今年 60 多岁了，总不能再受刀笔小吏的审讯了。"说完，这位老将军就拔刀自刎了，军中上下听到这个消息无不痛哭，连百姓也为之流泪。一代名将，就这样如流星般陨落了。司马迁称赞他是"桃李不言，下自成蹊"。

八、青本奴虏升戎行，七击匈奴皆有功

卫青（？—公元前 106 年），字仲卿，河东平阳（今山西临汾西南）人。他出身卑微，母亲卫媪是平阳公主的女奴，姐姐是个歌女，他本人还是个私生子。青少年时，他在家牧羊，受尽他人的嘲笑欺侮，后来在平阳公主家当骑奴。武帝建元二年（公元前 139 年），卫青的姐姐卫子夫被武帝看中，选进宫去，卫青也随着姐姐来到长安，在建章宫做杂事，不久被武帝升为建章监、侍中等职。后来，又相继被封为关内侯、长平侯、大将军、大司马。

卫青为什么能"从奴隶到将军"？固然与他姐姐得幸武帝、他本人后

来又娶了原主人平阳公主为妻有关，但这绝不是主要原因。最主要的原因在于，在抗击匈奴的战争中，卫青以超凡的军事才华，为汉王朝建立了赫赫战功。

卫青一生，先后同匈奴大战七次，"每出辄有功"，共斩俘匈奴官兵5万多人。

元光六年（公元前129年），匈奴骑兵大举进犯。卫青受命与李广、公孙敖、公孙贺各领1万人马，分四路北击匈奴。这次作战，李广被匈奴俘虏，后夺马逃回；公孙敖阵前失利，折兵7000人；公孙贺无功而返；唯有资历最浅的卫青率军直捣匈奴祭祖圣地——龙城，斩获匈奴700多人，胜利而归。卫青首战告捷，被封为关内侯。

元朔元年（公元前128年）秋，匈奴从东面入侵，武帝命卫青率3万骑兵出雁门，将军李息出兵代郡配合卫青反击匈奴，又斩获匈奴数千人。

元朔二年（公元前127年）春，匈奴集结大量骑兵进犯上谷、渔阳（今北京密云西南）。汉武帝决定，乘匈奴左贤王出兵上谷无力援救、右贤王部队毫无防备之机，收复"河南"（今内蒙古鄂尔多斯市一带）战略要地，解除匈奴对京城的威胁。卫青率兵马4万，采用迂回、侧击、断敌退路的战法，经过千余里的战役机动，出其不意地出现在匈奴大军的侧后方，一举歼敌数千人，缴获牛羊百余万头，全部收复了被匈奴占领的河南地区，而他所率领的部队"全甲兵而还"。此次作战，卫青以灵活的战略战术克敌制胜，收回了大片土地，解除了匈奴对长安的威胁，功劳巨大，被封为长平侯。

然而，匈奴贵族并不甘心在河南的失败，多次对边郡地区进行疯狂的报复性进攻，尤其以失去河南地区的右贤王最为凶悍。元朔五年（公元前124年）春，汉武帝决定再次发兵，集中打击右贤王。当时，右贤王的王庭设在距离高阙很远的地方。右贤王骄傲轻狂，认为汉军遥远，一时不能到达，便照常饮酒作乐。卫青催兵疾进，马不停蹄，连续行军六七百里，于深夜突然包围了右贤王王庭，右贤王军队大败，卫青部队俘获敌军官兵1.5万余人，牲畜百万余头，仅右贤王和他的爱妾逃脱。这一战，大大削弱了匈奴右贤王的力量，巩固了新设置的朔方郡，同时隔断了匈奴中、西两部的联系，为后来各个击破匈奴军打下了胜利的基础。汉武帝得知这一消息后十分高兴，派人捧着大将军印赶到边塞，任命卫青为大将军，统率三军，同时，还加封卫青的三个幼子为侯。卫青居功不傲，他诚恳地对武帝说："战争的胜利，都是将士们英勇作战的结果。陛下不仅给我优厚的封赏，而且还荫及我未有寸功的幼儿。这样，让我以后如何激励将士们作战呢？"武帝听后觉得有道理，于是又分别对其他一同出征的部将赐爵加封。

元朔六年（公元前123年）春、夏，卫青又两次率六将军、10多万兵马出定襄，寻找匈奴王单于的主力作战，歼敌2万多人。

卫 青

卫青以上六次在河套地区反击匈奴作战，史称"河南漠南之战"。

"河南漠南之战"的胜利，迫使匈奴把王庭及主力部队移至漠北（大漠以北）。为防止匈奴的卷土重来，汉武帝于公元前119年毅然决定出兵漠北，主动寻敌主力作战，彻底打败匈奴。这次战役，史称"漠北之战"。汉武帝令卫青和骠骑将军霍去病各率精锐骑兵5万，分两路出击。为保障战役的顺利进行，汉军还组织了数十万步兵和14万匹骡马转运辎重。卫青率兵经过1000多里的长途行军，穿过大沙漠，进抵赵信城附近时，与单于的主力相遇了。按原计划，这次战役，卫青的主要任务是配合霍去病作战，因此携带的辎重物资较多，所率的部队也不如东路霍军整齐精干。面对突如其来的情况，卫青毫不畏惧，沉着指挥。鉴于汉军长途行军，将士疲惫等情况，卫青没有马上率大军投入作战，而是先令兵士以"武刚车"（四周及顶用皮做防护的兵车）环列为营，然后派出5000骑兵前去诱敌。匈奴不知是计，立即出兵万骑迎击汉军。战到黄昏，突然狂风大作，飞沙走石，两军对面而不能相见。卫青乘机派出两支精锐部队，从左右两翼迂回，包围了匈奴主力。接着，他又率军奋力冲杀，斩俘敌军1万多人。匈奴单于见汉军来势凶猛，自料不敌，率亲随数百人乘夜突围而逃。漠北大

战后，一时间"匈奴远遁，而漠南无王庭"，卫青与霍去病同被封为大司马。当时卫青仅37岁。

卫青十年七战，戡定边陲。自漠北之战后，卫青再没有出征作战。公元前106年，这位名震千古的战将与世长辞，时年50岁左右。唐人司马贞曾这样记述了卫青不平凡的一生："君子豹变，贵贱何常。青本奴虏，忽升戎行。姐配皇极，身尚平阳。宠荣斯僭，取乱彝章。剽姚继踵，再静边方。"

九、屡立奇功霍去病，战无不胜创神话

霍去病（公元前140—公元前117年），汉武帝时期杰出的军事家，是大将军卫青和皇后卫子夫的外甥。受舅父的影响，霍去病童年时学习就很勤奋，擅长骑射，长大后更是受到汉武帝的精心栽培，成长为一名抗击匈奴的名将。由于他英勇果敢，又能全面掌握抗击匈奴的战略战术，年纪轻轻就能独立指挥军队，不仅两次出击河西，沉重地打击了匈奴、打通了汉朝通往西域的道路，还深入漠北击败匈奴左贤王的部队，和卫青一起建立了逐走匈奴的奇功，为汉王朝的兴盛与安定做出了不朽的贡献。

元朔六年（公元前123年），卫青奉命出击匈奴，年仅18岁的霍去病主动请缨，汉武帝考虑到他擅长骑射，特意命卫青精心挑选了800名骁勇的骑兵归他指挥，并封他为"票姚校尉"。霍去病领导这800名骑兵直奔进攻目标，以迅雷不及掩耳之势发起猛攻，几次搏斗中不仅没有因为孤军深入而吃亏，反而因机智勇猛而大获全胜，不仅斩杀敌军2000余人，还活捉了单于的叔父。汉武帝对霍去病大加赞赏，立即封他为"冠军侯"。霍去病初上战场，就取得了丰硕的战果，表现出了超群的军事才能。

霍去病指挥的第二场大型战役是著名的河西大战。河西又称河西走廊，位于黄河以西，匈奴借此地控制西域各国，南面与羌人结合，威胁汉朝安全，因此，夺取河西在打击匈奴的战役中具有重要的战略意义。元狩二年（公元前121年）春，汉武帝任命霍去病为"骠骑将军"，率领一万精兵从陇西出发夺取河西。霍去病不辱使命，六天中转战匈奴五个部落，一路猛进，并在皋兰山（今兰州黄河西）与匈奴卢胡王、折兰王打了一场硬仗，歼灭敌军8900余人，缴获了休屠王的祭天金人。这场战役充分证明了汉武帝对霍去病的信任是正确的，这个年少的将领确实具备过人的军事才能。

同年夏天，汉武帝决定乘胜追击，发起收复河西的第二次进攻，命霍

去病、公孙敖领导的骑兵为主攻力量从北地郡出发；张骞、李广领导的骑兵为辅助力量，从右北平出发，以进攻左贤王为目标。此次战役中，李广和张骞失去联系，被匈奴左贤王包围；霍去病和公孙敖分路挺进，公孙敖因迷路未能战斗；而霍去病领导的骑兵则以迅速的行动向河西实行大迁回，深入敌军 2000 余里与浑邪王、休屠王的军队展开激战。这次战斗，霍去病斩敌 3 万余人，俘虏匈奴王爷、相国、将军等 2000 余人，取得了河西之战决定性的胜利。此次战役以后，霍去病在军中名声大振，成了让匈奴人闻风丧胆的战神。

河西之战使匈奴浑邪王、休屠王的军队遭到严重打击，二人怕单于怪罪，便于同年秋天投降汉朝，汉武帝不能判断投降是真是假，便派霍去病前往受降，这是一个艰巨的任务，有很大风险。果然，霍去病率部抵达之前，匈奴内部发生了政变，休屠王临时变卦，浑邪王情急之下刺杀了休屠王，收编了他的军队。霍去病的军队到达之后，匈奴军对投降就心存疑虑了，很多本来就不想投降的人纷纷逃散。面对这样的情形，霍去病当机立断，亲自冲进匈奴营中和浑邪王谈判，命令他诛杀逃跑的士兵。他的气势压住了浑邪王，最终成功地率领投降的部队返回长安。在这次任务中，霍去病成功地发挥了一个将领机智、果敢的指挥才能，为汉、匈两族的统一、融合做出了重要贡献。

元狩四年（公元前 119 年）发动的一场决定性战役，使汉朝取得了

霍去病墓

对匈作战的最终胜利，霍去病在这场战役中发挥了重要作用。根据汉武帝的计划，霍去病率领的东路军是作战的主力，配备了最强的军事力量，所有的骑士都是经过严格训练的精兵，还有一部分熟悉沙漠中作战的匈奴降将也被选拔为将领。霍去病在这次作战中充分发挥了各方面的优势，北上2000余里和左贤王展开了一场激战，不仅击溃了左贤王的部队，斩虏了7万余名士卒，还俘虏了大批匈奴小王、将军、相国等人，使匈奴左部几乎全军覆灭。这次战役后，年仅22岁的霍去病因重大军功被汉武帝拜为大司马，可见其对汉朝贡献之大。

霍去病自18岁带兵出征以来，曾四次出塞进击匈奴，战无不胜、屡立奇功，创造了军事史上的神话，这一切并不是偶然。从部队来看，霍去病带领的骑兵队伍是汉武帝为击败匈奴培养多年的精兵强将，具有出塞作战的实力；从自身来看，霍去病本人不仅精通骑射，还非常有谋略，他能够正确地运用迂回战术，以最快的速度完成对匈奴的攻击，并在出塞途中夺取敌人粮草以供给自己的军队，削弱敌军生产能力的同时也解决了本国的物资问题，他取食于敌、千里奇袭的本领在汉军中是独一无二的。可惜的是,这位年轻的军事奇才在24岁时就因病过世了。汉武帝为此悲痛不已，发动陇西、北地等五郡的匈奴人身着黑甲，把霍去病的灵柩从长安一直护送到茂陵墓地，他还下令将霍去病的坟墓修成祁连山的形状，以纪念他的赫赫战功。

第二章 治国能臣

一、运筹帷幄张良谋，功成身退隐张师

张良（约公元前 250—公元前 189 年），字子房，韩国（今河南省新郑市）人。秦末汉初杰出谋臣，与韩信、萧何并称为"汉初三杰"。

张良出生于官宦世家，先辈在韩国都是举足轻重的人物，祖父连任三朝宰相，父亲也是连任两朝宰相。独独到张良这一辈时，韩国国力衰弱，最终，在秦国的征讨下灭亡了。国破家亡后，张良后游走于各地，但他却并未被现实打倒，反而成长为一代名臣、流芳百世。

韩国的灭亡，使张良失去了继承父亲事业的机会，丧失了显赫荣耀的地位，故他心存亡国亡家之恨，并把这种仇恨集中于一点——反秦。秦始皇二十九年（公元前 218 年），秦始皇东巡，张良与大力士于古博浪沙刺杀秦始皇失败后逃亡他乡。

一次机遇之中，张良得遇"圯上老人"，也就是隐居的黄石公，凭借良好的心性与态度，张良得黄石公看重、授书（著名的《太公兵法》）。得到这本兵书的张良如获至宝，日夜研习下，将书中大道化为己有，后期的张良可谓是文武兼备了。

秦二世元年（公元前 209 年）七月，陈胜、吴广在大泽乡揭竿而起，举兵反秦。紧接着，各地反秦武装风起云涌。矢志抗秦的张良也聚集了100 多人，扯起了反秦的大旗。后因自感身单势孤，难以立足，只好率众往投景驹（自立为楚假王的农民军领袖），途中正好遇上刘邦率领义军在下邳一带发展势力。两人相见如故，张良多次以《太公兵法》进说刘邦，刘邦多能领悟，并常常采纳张良的谋略。于是，张良果断地改变了投奔景

驹的主意，决定跟从刘邦。从此，张良深受刘邦的器重和信赖，聪明才智也有机会得以充分发挥。

刘邦占据颍川后，与张良顺利会师，其后，兵不血刃地拿下宛城、过峣关，顺利进入咸阳。如果说，刘邦此人最大的优点是知人善用，那么他的缺点就当属好色贪财。作为一代君王的宫殿，秦宫内的奢华是可想而知的，财宝美女数以千计。初入秦宫的刘邦也是被眼前的奢华晃花了眼、勾得走不动道了，就想着在此长住，连樊哙上前劝说都没用。紧要时刻，张良出马进行劝说：

秦为无道，所以，沛公您此时才会出现在这里。如今，您刚入秦宫，就想安于享受，这跟"助纣为虐"有什么两样！千万不要被眼前利益所蒙蔽。一番劝说下，刘邦终是醒悟过来，同时，在张良的建议之下，下令安抚秦朝百姓、全军忌骄奢，取得民心。

刘邦这边是举军欢庆，项羽此时却是火冒三丈。原因便是：项羽率军抵达函谷关时遭到了阻挡，而函谷关城门紧闭正是刘邦下的命令，为的就是拖住项羽入关的步伐。大军迟迟不能入关，又有来报称刘邦已经攻占秦宫，项羽怎能不气，于是决定与其决一死战。

在这关中之争中，刘邦虽是占了先机，可是，那也是用了巧计，要真的硬对上项羽，可以说是毫无胜算。但是，因其与项伯的私交，张良提前得知消息，且没有听从项伯建议独自逃走，而是与刘邦一同面对。在刘邦与张良的一番周旋下，项伯最终同意为其向项羽周旋求情。

结果，大战虽没有在这个时候爆发，却有了历史上著名的"鸿门宴"！

在这场夺命宴会中，张良将其大智大勇发挥得淋漓尽致。项伯走后连夜为刘邦分析项羽此人性情，决定宴会之时如何解释应付。宴会中，面对不利情形，知道樊哙这种"性情中人"更能取信于项羽，当机立断将其召入，以打断项羽谋士范增杀刘邦的计划。

见项羽犹豫不定之时，立即让樊哙护送刘邦"尿遁"，自己则留下"善后"。这一连串的决定，成功助刘邦逃过一劫，同时，还离间了项羽的核心成员、埋下君臣相隙的祸根。既然刘邦示弱，项羽也就没有必要遵守先入关者为王的约定，自立为"西楚霸王"，同时，"计功割地"，将刘邦分封到巴、蜀之地，为汉中王。

巴蜀向来荒凉偏僻，刘邦自然心有不满想着反攻，最终，被张良等谋士劝阻，但是，要能争取更多的利益自然是好的。于是，张良再一次贿赂拉拢项伯，让其成功说服项羽为刘邦加封汉中地区，至此，刘邦占据巴、蜀、汉中三郡。

刘邦率军去往封地的途中经过褒中，此地沿途都是悬崖峭壁，只能靠凌空的栈道度人。张良见此便献计，让刘邦一行人过后就将栈道烧毁，以示汉军再无东顾之意，打消项羽的猜忌，还能防备敌人袭击，以休养生息。

张 良

入汉中后，刘邦励精图治，休整军队，而后暗度陈仓定三秦，占据关中。

到公元前 205 年，刘邦的势力发展到足以支撑他与项羽一战。张良也因项羽杀了韩王成、自己相韩无望而逃出彭城，彻底归顺刘邦。这一年，项羽率军攻打田荣，忽略了后方阵营，刘邦则趁机攻占楚都彭城，可惜被胜利冲昏头的刘邦，未能及时进行部署，彭城又被项羽抢回去了，汉军被迫逃至下邑。

面对这样的局势，刘邦深感无计可施，于是，问计张良：若以关东为"彩头"，谁能成为自己的联盟、共同反楚？张良此时提出三人：

一为九江王黥布，他虽为楚国猛将，却与项羽有嫌隙，在彭城之战中项羽让其相助，他却选择隔岸观火；

二为彭越，他早就因未受到分封而对项羽不满，田荣反楚就曾联络过他；

而汉军之中，唯有韩信尚可独当一面。

"下邑之谋"虽然不是全面的战略计划，但它构成了刘邦关于楚汉战场计划的重要内容。正是在张良的谋划下，一个内外联合共击项羽的军事联盟终于形成，扭转了楚汉战争的局势，使刘邦由战略防御转为战略进攻。事实证明了张良"下邑之谋"的深谋远虑，最后兵围垓下打败项羽，主要依靠的正是这三支军事力量。

以关东为利，这三人组成内外联盟，拿下楚国就不成问题了。虽反楚之战中有些意外，比如，韩信夺齐地自立为王，刘邦还不得不在张良的劝说下，派人前去授予齐王印；再比如，离胜利只差"临门一脚"时，韩信、彭越却因刘邦没有明确赐予他们封地而不派兵，逼得刘邦战前就得先赐予其封地。但是，总的来说，刘邦还是取得了最终的胜利，逼得项羽于垓下自刎。

汉王五年（公元前202年）二月，刘邦正式即帝位，史称汉高祖。同年五月，汉高祖在洛阳南宫举行庆功大典，大宴群臣。席间，觥筹交错，君臣共饮。刘邦显得特别高兴，当论及楚所以失天下，汉所以得天下时，刘邦道出其中的关键在于并用三杰（即萧何、张良、韩信）。他语中盛赞张良道："夫运筹策于帷帐之中，决胜于千里之外，吾不如子房。"

国基初奠，天下始定，定都何处？这无疑对新兴的西汉王朝的巩固和发展有着至关重要的意义。起初，刘邦本想长期定都洛阳，群臣也多持此见。一天，一介戍卒齐人娄敬从西域返回洛阳，求见刘邦，陈说关中的地势险要，劝刘邦定都关中。刘邦一时拿不定主意，而这时那些主张建都洛阳的大臣们却纷纷陈说建都洛阳的好处。这些人多是六国旧人，眷恋故旧，安土重迁，劝道："东都洛阳，绵延几百年。东有成皋，西有崤函、渑池，背靠黄河，前临伊、洛二水，地理形势坚固易守。"独有张良支持娄敬的主张。他说："洛阳虽有这些天然的险要，但它的腹地太小，方圆不过数百里；田地贫瘠，而且容易四面受敌，非用武治国之都；关中则左有崤函之险（即崤山与函谷关的合称，相当于今陕西潼关以东至河南新安县地），右有陇蜀丛山之溢，土地肥美，沃野千里；加上南面有巴蜀的富饶农产，北有可牧放牛马的大草原。既有北、西、南三面的险要可以固守，又可向东方控制诸侯。诸侯安定，则黄河、渭水可以开通漕运，运输天下的粮食，供给京师所需。如果诸侯有变，就可顺流东下以运送粮草，足以维持出征队伍的补给。这正是所谓金城千里，天府之国啊！还是娄敬的主张正确。"张良的分析全面而深刻，加之素负重望，又深得刘邦信赖，因而汉高祖当即决定定都关中。八月，刘邦正式迁都长安（今陕西西安市西北）。

张良素来体弱多病，自从刘邦入都关中，天下初定，他便托词多病，闭门不出。随着刘邦皇位的渐次稳固，张良逐步从"帝者师"退居"帝者宾"的地位，遵循着可有可无、时进时止的处事原则。在汉初刘邦剪灭异姓王的残酷斗争中，张良极少参与谋划。在西汉皇室的明争暗斗中，张良也恪守"疏不间亲"的遗训。

汉高祖十年（公元前 197 年），汉王朝上层出现了一场新的危机。刘邦有改易太子之意。当时刘邦宠爱戚夫人，并察知吕后有异心，有代刘而王的迹象，故欲废太子刘盈（吕后子），改立赵王如意（戚夫人子）为国储。朝野大臣，群起谏争，但丝毫不能更改刘邦初意。眼看太子位行将被剥夺，吕后遂求救于"智囊"张良。张良考虑到太子一位，事关重要，不可轻易更立，大儒叔孙通说得好："太子天下本，本一摇天下振动。"再加上当时天下方定，汉朝统治根基还未稳固，各项制度还正在健全，只有顺其现状，无为而治，才能安定天下，稳保江山。基于这个大局，张良认为：口舌难保太子，"商山四皓"（四位隐士，分别是东园公、角里先生、绮里季和夏黄公）皆 80 余岁，节义清高，不就汉朝爵位，匿亡山林，皇上敦聘不至，但仍然高义"四皓"。太子若卑辞固请"四皓"出山，出入宫廷以"四皓"相随，皇上必问而知之，知之则太子位可固。事果如张良言，刘邦问知伴随太子的"四皓"就是自己数请不来的隐士，今为太子左右，可见太子羽翼已丰，翅膀亦硬，奈何不得，从此再也不提易立太子一事。太子终得嗣位，吕后为此对张良也更加敬重。

汉高祖论功行封时，按级班爵，汉高祖刘邦令张良自择齐国三万户为食邑，张良辞让，谦请封始与刘邦相遇的留地（今江苏沛县），刘邦同意了，故称张良为留侯。张良辞封的理由是：他韩灭家败后沦为布衣，布衣得封万户、位列侯，应该满足。看到汉朝政权日益巩固，国家大事有人筹划，自己"为韩报仇强秦"的政治目的和"封万户、位列侯"的个人目标亦已达到，一生的凤愿基本满足。再加上病魔缠身，体弱多疾，又目睹彭越、韩信等有功之臣的悲惨结局，联想范蠡、文种兴越后的或逃或死，深悟"狡兔死，走狗烹；飞鸟尽，良弓藏；敌国破，谋臣亡"的哲理，惧怕既得利益的复失，更害怕韩信等人的命运落到自己身上，张良乃自请告退，摒弃人间万事，专心修道养精，崇信黄老之学，静居行气，辟谷不食，欲轻身成仙。但吕后感德张良，劝他毋自苦，张良最后还是听从了吕后的劝告，仍就服人间烟火，恢复了正常进食。

相传张良寻其师黄石公居住的通城县张师山（张良老师隐居之山命名为张师山，位于湖北省咸宁市通城县西北），在张师山相距约 50 公里处访得一风景宜人的黄袍山隐居下来（黄袍山位于湖北省咸宁市通城县东南），张良并修建了"良山道观"，在道观不远处创办了"伐桂书院"，以授当地子弟读书。

汉惠帝六年（公元前189年），张良病逝，谥号文成侯。

二、镇国抚民安天下，萧相开国第一侯

萧何（公元前257—公元前193年），江苏沛县人。汉高祖时丞相，史称"萧相国"。

萧何年轻时就以精通文墨、待人宽厚而闻名遐迩。萧何任秦朝沛县吏主吏掾之职时，刘邦在沛县乡里落拓不羁，不拘小节，好酒色，常被人瞧不起，萧何却器重他。刘邦任亭长时，萧何作为他的上司，经常帮助他。有一次，沛县县令的好友吕公宴请宾客，县中豪杰带着贺礼纷纷赴宴。萧何主管宴会，负责接收财礼。萧何规定凡送礼钱一千以下者坐在堂下，送钱一千以上者坐在堂上。赴宴的刘邦谎称送礼钱一万，实无分文。萧何一边对吕公说笑刘邦爱说大话，很少办成事，一边迎他坐到堂上。刘邦落落大方，被吕公看中，把女儿许配给刘邦，她就是后来的吕后。萧何还经常资助刘邦，刘邦身为亭长，常常被派遣到咸阳办公事，县里的小官吏都送他300钱作资俸，唯独萧何送给他500钱。

陈胜、吴广反秦起义后，萧何等人拥立刘邦为沛县起义武装的首领，趁机起兵。刘邦号为沛公，萧何为主丞。秦二世二年（公元前208年）十月，当项羽率师渡河北上，击败秦师主力章邯军数十万于巨鹿战场时，刘邦则挥师西进，日夜兼程，乘虚攻入秦都咸阳。义军一进入咸阳，诸将纷纷奔向秦王朝的府库，争夺金银财宝。唯独萧何对财物无动于衷，反而急往秦丞相御史府，收取律令图书文献档案，并精心保存。在随后爆发的楚汉之战和汉初的创业阶段，刘邦能够对山川险要、郡县户口、民生疾苦等了如指掌，都得益于萧何收取的资料档案。

按照义军拥戴的楚怀王之约，诸路义军首先入关破秦者，即可称王。可是项羽毁约，封刘邦为汉王，偏居西南的巴蜀。刘邦及其属将都主张与项羽决战，萧何认为敌我实力悬殊，决战条件尚不成熟，劝刘邦以巴蜀为基础，积蓄力量，再与项羽争夺天下。刘邦听从了萧何的意见，拜萧何为丞相。萧何任相后，为刘邦确立了养民致贤方略，积极引荐天下

能人志士。

韩信是胸怀大略的将才，曾先后投奔过项梁、项羽，可惜都未受重用。刘邦做了汉王，韩信弃楚归汉。起初刘邦不识韩信之才，只给他管理粮饷的治粟都尉之职，韩信不辞而别。萧何曾与韩信多次接触，深知他是盖世奇才，听说韩信逃走，便去追赶，慌忙中竟忘记禀报刘邦。有人报告刘邦说，萧丞相逃走了，刘邦顿时感到像砍去了自己的左右手一般，整日焦躁不安。等到萧何回来时，刘邦欣喜之余又责备他不该"逃跑"。刘邦认为萧何追赶一员普通的将领实在不值得。萧何却郑重地说，韩信是天下

萧何月下追韩信元青花梅瓶

独一无二的人才，夺天下必须要靠韩信这样的人共谋大计。刘邦遂拜韩信为大将军。

当天，刘邦安排了隆重的仪式，让韩信到高台上受命统率三军。此后，刘邦召见韩信，询问平定天下之策，发现他确实是难得的将才，也更加佩服萧何的识才能力。后来，刘邦依靠韩信击败项羽。也许正是因为萧何善于识才用才，刘邦才把其他有功之臣称为"功狗"，而唯独赞美萧何为"功人"，意思是说，猎狗只能追擒野兽，而猎人却能指挥猎狗。诸将只不过是擒杀野兽的猎狗，只有萧何才称得上是猎人。

楚汉大战，萧何以丞相身份留守关中，输送士卒粮饷，支援作战。萧何身居关中，心系天下，把治理关中作为辅佐刘邦创建帝业的大事。他一心侍奉太子，建立宗庙，制定法令，安抚百姓，发展生产，使关中地区很快富庶了起来。

汉王二年（公元前 205 年），刘邦率 56 万大军与项羽决战于彭城（今江苏徐州）。项羽以精锐部队大破汉军于睢水之上。汉军 10 余万人被杀，10 余万人被逼入睢水，睢水为之断流。刘邦率数十骑兵突围，以残兵败将困守荥阳。在这危急关头，萧何紧急动员关中父老补充兵员，汉军士气为之大振。

第二年荥阳之战，项羽以重兵攻城，刘邦以诈降之计，率数十骑从城西门逃出走成皋。当时，萧何总揽关中大权，稍有二心，就能置刘邦于死地。刘邦多次派人以慰劳之名，窥察萧何的举动。萧何为消除刘邦的猜忌，声援刘邦和安定军心，将其子孙昆弟送上前线。

汉王四年（公元前 203 年），楚汉成皋之战，刘邦再次失败。后靠收取韩信所部收复成皋，至此楚汉之争已历时四年，就连曾经实力雄厚的项羽也陷入兵员、食物匮乏的困境。刘邦的部队却因萧何"转漕关中，给食不乏"而兵强马壮、粮草充足。最终逼得项羽兵败东城，自刎而死。由此可见，汉军的胜利应归功于萧何在关中的后勤支援。

刘邦称帝后，在洛阳南宫大宴群臣，论功行赏。定萧何为首功，封为酂侯，位列众卿之首，被称为"开国第一侯"，食邑万户。

刘邦征求张良的意见后，当即决定定都咸阳。于是，刘邦暂居栎阳，命丞相萧何营建咸阳。

汉高祖八年（公元前 199 年），皇宫竣工，萧何奏请御驾往视。刘邦于是从栎阳到咸阳，萧何接驾，导入游观。最大的一座，叫作未央宫，周围的有二三十里。东西两方，阙门最广。殿宇规模，亦皆高敞，尤以前殿最为豪华壮丽。武库、太仓，分建殿旁，气象巍峨。刘邦巡视一番后，嫌宫室过于壮丽豪华，责备萧何道："朕之起义，原为救民。现今天下初定，民穷财尽，怎将这座宫殿造得如此奢华？"萧何见汉帝责怪，不慌不忙地说："正因为天下刚刚安定，才好借机会多征发些人和物来营建宫室，况且天子以四海为家，宫室壮丽才能显出威严，也免得子孙后代再来重建。"

萧何在政治生涯中，也时有违心之举，特别是在刘邦诛杀功臣时，他曾参与设计捕杀淮阴侯韩信。韩信死后，功高盖主的萧何也为刘邦所忌。前方征战的刘邦常派人探询萧何的举动。于是有宾客警告萧何说，相国功称第一，深得关中百姓拥戴，皇上数次探问，就是怕您倾动关中。您为什么不多买点田地，用贱价强赊，在百姓中留下坏名声，使皇上安心呢？萧何治家素以节俭著称，平时置办田宅，只挑些偏僻之处，从不侵占民田。如今，为免遭杀身之祸，只好采纳了宾客的建议。刘邦在前线听说萧何强赊民田，引起民怨，心中大喜。刘邦回到长安后，又有许多人状告萧何。刘邦将这些状纸交给萧何，责怪他不该如此对待百姓。一向勤于民事的萧何，在生性多疑的皇帝身边，只能靠自污之举而免一死，这实在是个悲剧。

汉高祖十二年（公元前195年），汉高祖刘邦病死，萧何辅佐太子刘盈登上帝位，是为惠帝。过了两年，萧何积劳成疾，惠帝亲临病榻问候，询问相国百年之后应由谁接替他的职务，萧何力荐曹参代己为相。萧何与曹参在贫贱时交情很深，后来萧何因功位居曹参之上，两人始有隔阂。萧何不计前嫌，不泄私愤，主动荐举曹参，足见一代名相宽宏大量、以大局为重的风范。后来曹参忠实地执行萧何休养生息的社会政策，使西汉国力日强。对于萧何的这些功绩，后人给予了高度评价。死后谥文终侯。

三、封侯拜相猛曹参，萧规曹随静守成

曹参（？—公元前190年），字敬伯，沛（今江苏沛县）西汉开国功臣，是继萧何后的汉代第二位相国，史称"曹相国"。

曹参是江苏沛县人。秦时，萧何为沛县主吏，曹参为狱吏。

秦二世元年（公元前209年），曹参与萧何帮助刘邦起兵。刘邦为沛公，曹参遂为中涓（侍从）。之后，他追随刘邦转战各地。

次年闰九月，刘邦西进伐秦，曹参也一同前往。及攻开封、洛阳，均不能下，乃转兵南下至宛（今河南南阳市），然后向西挺进，经紫荆关（在今淅川县西北）、武关（在今陕西商南县西北），历时14个月，攻入咸阳。继而项羽背约封刘邦为汉王，曹参封建成侯。

汉王元年（公元前206年）八月，曹参率郎中樊哙等为前锋，领兵数万，进袭关中，占领咸阳。继出临晋关（在今陕西大荔县东）渡河，至河内（治所在今河南淇县），攻下修武，南渡平阴津（在今河南孟州市），占领洛阳。

四月，刘邦趁项羽东攻齐国的时机，率军进袭彭城（今江苏徐州市）。兵分三路，曹参统率北路军，自围津（在今山东东明县境）渡济水，与中、南两军会师于砀、萧（今萧县），一举占领彭城。项羽听闻彭城失陷后，令诸将击齐，自率精兵3万南下，大败汉军于彭城。汉军退守荥阳（属今河南省），曹参为假左丞相，屯兵关中。在此期间，曹参曾与韩信伐魏、赵、齐三国。

在作战中，曹参身先士卒，英勇果敢，屡建战功：凡下2国、122县，得王2人、相3人、将军6人。在评功之时，诸功臣皆曰："曹参，身被70创，攻城略地，功最多，宜第一。"但刘邦以萧何有"万世之功"，功居第一，而以"曹参虽有野战略地之功，此特一时之事耳"，功居第二，曹参对此

曹 参

十分不满。

汉王五年（公元前202年）二月，刘邦即皇帝位，以长子刘肥为齐王，以曹参为齐相国，封平阳侯。

曹参相齐9年。相齐之初，尽召长老诸先生，问以安定百姓之法。诸儒百人，其言各异，曹参不知所从。后来听说胶西有盖公，善治黄老之学，于是使人持厚币请之。盖公到后，对曹参说："治道贵清静而民自定。"曹参于是用黄老之术，避正堂，清净无为以安百姓，被誉为贤相。

惠帝二年（公元前193年）七月，相国萧何病逝。曹参听到这个消息后，告诉家人："吾将入相。"未几，使者至，果然召曹参入相。曹参为相，悉遵萧何旧制，凡事无所改，故有"萧规曹随"之说。

在用人问题上，曹参皆以质朴、语言迟钝为标准。凡言语深刻，务求名声者，尽去之。曹参又不务政事，日夜饮酒，百官、宾客见此情景颇为忧虑，相继来拜，皆欲有所言，曹参便以饮酒应对。间歇时有人想进谏，曹参又用酒灌他，直到把那人灌醉没法说话为止。

曹参的近史也在丞相府的后园日日饮酒，歌唱呼号。有人知道后便请曹参游后园，想让曹参看看，借以禁之。等到曹参到了，见此场面，便令人张设坐席，与近史一同饮酒歌呼。

对人小过，曹参也常加以掩盖。惠帝怪曹参不治事，以为欺自己年少，就让曹参的儿子曹窋回家劝他父亲。曹窋到家后把惠帝的话跟曹参说了一遍，曹参大怒，抽了自己的儿子200下，对他说："天下事非你所当言。"

曹参信黄老之术，崇尚清静无为。为相后，悉尊旧制，凡事无所改。之所以如此，曹参答复是："高帝与萧何定天下，法令既明。今陛下垂拱，参等守职，遵而勿失，不亦可乎？"曹参为相三年，社会安定，生产继续发展，汉政权进一步巩固。百姓歌之曰："萧何为法，较若画一。曹参代之，守而勿失。载其清净，民以宁一。"由上观之，凡事视具体情况而定，该变则变，变是正确的；不该变而守成，守成也是正确的。

惠帝五年（公元前 190 年）八月，曹参病死，谥曰懿侯。

四、算无遗策称智囊，衷心为国陈丞相

陈平（？—公元前 178 年），阳武户牖乡（今河南省原阳县）人，西汉王朝的开国功臣之一，《史记》称之为"陈丞相"。

陈平出身于一个农民的家庭，年轻的时候家中很贫穷，同哥哥陈伯还有嫂子一起生活。但他不喜欢种地，却非常喜欢读书，爱钻研黄老的学说，有很大的志向。

秦二世元年（公元前 209 年），陈胜、吴广在大泽乡起义，揭开了武装反抗暴秦统治的序幕，一时间，天下大乱，群雄并起，此时的陈平哪里肯安于在乡中做一个默默无闻的人，所以也在找准时机打算在乱世中成就自己的一番霸业，于是投靠魏王咎。陈平先是投靠了魏王，但是看到魏王咎不是那种能成就大事业的人，跟着他也不会有什么出息，于是就毅然离开了魏王咎，投奔项羽，跟着入关破秦。刘邦还定三秦时，陈平又臣服汉。

陈平担任郎中令后，一心辅佐年幼的惠帝，充当起帝师的角色，对当时朝中刘氏家族与吕氏外戚之间的斗争似乎视而不见，不参加任何意见，采取了置身事外的态度。陈平的这副兢兢业业、尽忠职守的忠臣形象，既得到了新皇惠帝的信任，也博得了吕后的欢心。汉惠帝五年（公元前 190 年），相国曹参去世，惠帝刘盈任命安国侯王陵为右丞相，陈平为左丞相。

陈平当了左丞相之后，手里又有了实权，吕后又开始对这个足智多谋、善出奇计的陈平放心不下了。陈平为了打消吕后的戒心，又想出了对策。果然不久，吕后的妹妹吕媭几次三番地向吕后反映陈平身为丞相，但是一点都不安心治理政事，每天只顾着饮酒作乐，流连于青楼场所，实在是不称职。但吕后听了些话，非但不生气，反而心中暗暗欢喜，并且也没有责备陈平。陈平见这个方法有了效果，于是就更加纵情酒色，呈现给吕后一副胸无大志的样子，完全打消了吕后对他的戒备之心。陈平可谓用心良苦，在宫廷恶劣的环境下，只有小心处事，才能保全自身。

不久，惠帝病死，吕后掌握了朝中的大权，刘氏家族势力转弱。当时

陈　平

诸吕专横跋扈，文武官员和天下的百姓大都不满意诸吕的统治。但是陈平能够看清当前的形势，决定不和吕氏家族硬碰硬，既不得罪吕后，但也绝不依附于诸吕，采取了以退为进的办法。过了一段时间，吕后见自己已经大权在握，吕姓家族的势力在朝中也是如日中天，所以想立诸吕为王，就先先试探右丞相王陵的意见。王陵，原为沛县人，当初是县里的豪绅，后起兵反秦，史书上记载王陵这个人是"少文任气"，说明他缺乏文化素养，爱意气用事，喜欢直言。所以当王陵听到吕后这样说，坚决反对，义正词严地回击吕后："高祖在世的时候曾立下白马之盟，上面明确规定，如果日后不是刘氏的后代称王的话，天下可以共同讨伐他。请您不要违背了高祖的遗训啊。"吕后听了非常恼怒，于是又转而问陈平、周勃两人，二人说："这没有什么不可以的啊。当初高祖平定天下，立的当然是他的子弟；现在是您太后掌权，想让自己的弟侄称王，这也是情理之中的事情啊。"吕后听了非常高兴，于是更倾向于陈平他们，对王陵很是嫉恨。王陵知道了这件事情，愤怒地叱责陈平和周勃两人看风使舵，只会阿谀奉承，背叛了当初白马之盟的卑鄙行径。但是陈平听了王陵的责难，一点都不恼怒，从容地说："和当权者当庭抗争，我不如您；但是日后保全国家社稷，保护刘氏家族，您一定不如我啊！"这个表态，表明了陈平对当前政治形势的清醒认识，也显露出陈平在政治上的成熟，正是与吕氏家族的斗智斗勇，以退为进，才为自己保存了力量，为日后一举剿灭诸吕奠定了良好的基础。

　　吕后死后，陈平见机会来了，和太尉周勃等大臣合谋，终于诛灭了吕氏宗族，拥立代王刘恒即位，重新巩固了西汉政权，而此事的主要策划者就是陈平。这件事情也正印证了陈平老谋深算，以退为进，始终不曾被打倒，在恰当的时机终于东山再起，又一次为保全刘氏家族世代称帝贡献了自己最大的力量。

代王刘恒即位后，在按功劳进行分封的时候，陈平说："随高祖南征北战，平定天下，周勃的功劳不如我陈平。但是这次诛灭吕氏宗族，我就不如周勃的功劳大了。所以我愿意屈居第二，让周勃担任右丞相吧。"古代是以右为尊，所以孝文帝就任命周勃为右丞相，位次名列第一；陈平为左丞相，位次名列第二。虽然陈平的地位不如周勃，但是文帝素来钦佩陈平的足智多谋，很多事情都爱向陈平讨教，把陈平当作老师来看待。

过了一段时间，文帝已经渐渐熟悉国家大事了，在一次朝见中问右丞相周勃说："全国一年中判决的案件有多少？"周勃谢罪说："不清楚。"文帝又问："全国一年中钱粮的开支收入有多少？"周勃又说不知道，急得汗流浃背，惭愧自己不能回答文帝的问话。于是，文帝又转而拿同样的问题询问左丞相陈平，陈平说："这些事情都有主管的人。"文帝接着问："主管的人都是谁呢？"陈平不慌不忙地回答说："陛下如果要问有关判决案件的情况，可以询问廷尉；如果想知道钱粮收支的情况，可以询问治粟内史。"文帝对这个答案显然不是很满意，就问陈平："如果各自有主管的人，那么您作为丞相所主管的都是些什么事呢？"

陈平谦卑地回答："陛下不嫌弃卑臣才疏学浅，让我勉强担任丞相这个职位。我认为丞相这个职位，他的职责是全方位的，对上应该辅佐天子调理阴阳，顺应四时；对下要养育万物适时生长；对外要镇抚四夷和诸侯，保护国家的安定；对内要爱护团结百姓，维护国家政权的稳定，还要使朝中的各位公卿大夫能各自胜任他们的职责。"文帝听了点头微笑，显然对陈平的回答非常满意，连连说回答得好。

等周勃和陈平退朝出来，周勃为刚才的表现深表惭愧，就埋怨陈平说："您平时怎么不教我对答这些话呢！"陈平笑道："您身居相位，难道不知道丞相的职责吗？如果陛下问起长安城中盗贼的数目，您即使不知道也要勉强凑数来对答吗？"说得周勃无言以对。于是，周勃深知自己的才能是远在陈平之下啊。过了一段时间，周勃托病请求文帝免去自己右丞相的职务。从此以后，陈平独自担任整个丞相的职务。

陈平在任丞相期间，勤勤恳恳，一方面担任着丞相的职务，辅佐新主文帝治理朝政；另一方面充当着帝师的角色，教给文帝处事之道，是文帝可以依靠的重臣。

文帝二年（公元前 178 年），陈平去世。文帝为这样一位贤师的故去深表悲痛和惋惜，给陈平加封谥号为献侯。并且让他的后代接替侯位。但是，在陈平死后，他的家族只维持了三代就没落了。当初陈平在临终前曾说过："在我的一生中，我经常使用诡秘的计谋，这是道家之所禁忌的。虽然我这一生尽享荣华富贵，但是死后，这些殊荣也都会跟着完结。我的后代日后如果被废黜，也终归不能再兴起，这都是我的一生中积下的很多的祸患造成的啊！"这些都表明了陈平能够深谋远虑，对人对己都非常明智。

陈平一生辅佐了六任君主。陈平家在魏地，最开始效力于魏王，但不得魏王重用，陈平的一腔抱负无法施展，于是转向项羽帐下。项羽此人疑心很重，陈平始终无法取得他的信任，加上在一次战败中陈平担心自己受到牵连，于是他又一次跑路了，转投刘邦帐下。话说刘邦的眼光着实毒辣，陈平在他帐下效力功勋卓著。刘邦死后吕后专权，陈平作为丞相左右逢源，夹缝求生，一面辅佐孝惠皇帝保留刘汉政权，一面迎合吕后及其身后的吕氏家族，没让自己和众多老臣受吕后株连。在此期间西汉难得的没有内战，发展也没有停滞，丞相陈平功不可没。吕后去世后，陈平力排众议迎此前名不见经传的汉文帝入朝，开启文景之治，并最终死在丞相任上。

任凭君主更迭，陈平都能凭借自己的谋略在险恶的官场中安然无恙，而且一步步达到了官场的顶峰，并且善始善终，名列《史记》世家之列。

陈平一生算无遗策：离间项范，直接影响楚汉争霸结局；荥阳脱困，没有陈平，刘邦在荥阳就杀青了；追击项羽，扼杀此后项羽东山再起的后患；计捉韩信，一解刘邦心头大患；此外，无论是六出奇计、白登解围，还是平异姓王、画谋除吕，陈平的每一个决定都直接影响了大汉王朝命运的走向。

他英俊潇洒，却不好色；他胸藏锦绣，却不曾留下只言片语；他一生谨慎，善于规避危险；他一生用计，却从不落空。陈平一生在政治旋涡中沉浮，几乎一直掌握实权，可以说是官场不倒翁。

五、开国名将封绛侯，平乱诸吕周太尉

周勃（？—公元前 169 年），沛县人。西汉开国将领、丞相。

周勃的祖先原是卷城（在今洞南原阳）人，后来迁到沛县。因家境贫寒，周勃年轻时靠编织苇席维持生活，又常常当吹鼓手给人家办理丧事，还当过拉强弓的勇士。

刘邦起义时，周勃投身起义军，起初当中涓，为刘邦的侍卫官。在反秦斗争中，他一直随从刘邦东征西战，南讨北伐，在战场上冲锋陷阵，立下了不少战功，但一直没有独当一面地指挥过大的战役。

起义军灭掉秦朝以后，刘邦做了汉王，赐给周勃威武侯的爵位。他跟从刘邦到了汉中，被任命为将军。自从刘邦揭开反楚的战幕后，周勃在汉军中积极作战，并在平定三秦的各次战役中战功卓著。汉军冲击函谷关，在中原与楚军大战时，他一度守卫崤关，以保卫汉军后方的安全，又一度守卫敖仓，以保证汉军粮饷的储备与供应，最后参与追击项羽。

项羽死后，他又带领一支汉军向东平定楚地的泗水、东海等郡，共拿下了 22 个县，可见周勃在楚汉战争中为灭楚兴汉立下了不少功劳。就在楚汉战争结束的当年（公元前 202 年）七月，燕王臧荼反叛。汉高祖刘邦亲自带兵讨伐，周勃作为将军随从前往，在易县城下打散了臧荼的部队，九月活捉了臧荼。周勃率领的士兵在驰道上阻击叛军，功劳最多。不久，刘邦赐给周勃列侯的爵位，分剖符信让周勃的爵位代代相传不绝，并且把绛县作为他的食邑，享受 8180 户的赋税，号称"绛侯"。

周勃平定燕地回到朝廷时，高祖刘邦已经去世，他以列侯的身份辅佐惠帝。

惠帝六年（公元前 189 年），朝廷又设置太尉官，并任命周勃为太尉。

刘邦去世后，吕后专权。吕后八年（公元前 180 年）七月，吕后去世，吕禄以赵王的身份为汉朝的上将军，吕产以梁王的身份作为丞相，两人窃据军政大权，有危害刘氏王朝的野心。在长安宿卫的朱虚侯刘章是刘氏的宗室，因为他的妻子是吕禄的女儿，方才知道吕氏的阴谋，就派人去向他的

周　勃

哥哥齐王刘襄报告，要他发兵进京，自己在长安作为内应，共同诛灭吕氏家族。刘襄得到报告后，当即起兵，并向各诸侯王发出文书，揭露吕氏的罪恶阴谋，号召刘姓诸侯王共同诛灭不当为王的吕氏。吕产得知此事后，马上派大将军灌婴带兵去阻击。灌婴到了荥阳，按兵不动，并派遣使者同齐王刘襄等人联合，等待事态的发展。

这时，周勃身为太尉，却不能进入军营的大门；陈平身为丞相，却不能处理政事，只是空头衔。两人在陆贾的劝说下，加强友好，并与刘章等人合谋。因为曲周侯郦商的儿子郦寄与吕禄关系密切，于是他们就让郦商命令郦寄去骗吕禄说："吕氏封王是众臣所知并且认可的，不会产生麻烦。现在的问题是，您不应该带兵留在京师，使人怀疑，何不赶快交出将军的印信，把军权交给太尉，让梁王也交出相国的印信，与各大臣私定同盟，而后回到封国去？那样，齐王一定会退兵的，朝廷得以安定，您也可以稳稳当当地做王，这可是功盖万代的好事啊！"吕禄觉得郦寄说得对，就把这事告诉给了吕产以及诸吕。其中有人觉得不妥，有些犹豫不决，但吕禄仍然相信郦寄的话。

八月，有人向吕产报告了灌婴与齐王通气的消息，这事又被曹窋得知，曹窋是曹参的儿子，父亲曹参与周勃、陈平等人都是当年追随刘邦出生入死的同僚，可说是世交。曹窋知道这个重要消息后，立即报告给了周勃和陈平。周勃得到消息后，打算先控制住北军，但没有符节不得进入。在这关键时刻，掌管符节的纪通倾向于周勃，谎称天子之命让周勃进入北军。郦寄等人又遵照周勃的吩咐去劝说吕禄道："皇上派太尉周勃驻守北军，是希望您赶快交出将军的印信。否则的话，就会有大难临头了。"吕禄自知势单力薄，随即交出了印信，把兵权给了太尉周勃。

周勃进入北军军营后，马上宣布命令："拥护吕氏的裸露右臂，拥护刘氏的裸露左臂。"结果全军将士都表示拥护刘汉王朝。周勃随即掌管了北军，但没有控制住南军。周勃又命令刘章监守军门，命令曹窋告诉卫尉不要让吕产进宫。这时吕产还不知道周勃已经掌管了北军，打算进到未央宫发动叛乱，到了宫门却不能进去，正在来去徘徊。周勃知道这个情况后，还怕没有胜利的把握，不敢公开宣布诛除诸吕，只是对刘章说："赶快进宫保护皇上。"刘章带着一支部队冲进未央宫的侧门，发现吕产正在与其同党密谋，便向他们发起了进攻。时值傍晚，天刮大风，随从吕产的官员大乱，没有一个敢于战斗，吕产也吓跑了。刘章一路追击吕产，并将他杀死在郎中令官府的厕所里。接着，刘章又杀了长乐卫尉吕更始，然后回到北军向周勃报告。周勃非常高兴，随即又捕杀了吕禄及其他诸吕氏。同时，周勃又与陈平等大臣们谋划，废除了由吕后安排而非惠帝所生的少帝，拥立代王刘恒为帝，是为汉文帝，这样齐王刘襄才算退兵。

文帝即位后，以周勃的功劳最多，任命他为右丞相，赏赐黄金5000斤，食邑增加到1万户。过了一个多月，有人对周勃说："您已经诛灭吕氏家族，迎立代王做皇帝，声威震动天下。您受到丰厚的赏赐，处在尊贵的地位，得到皇上的宠信，这样久了，恐怕会有大祸降临。"周勃听了害怕起来，也感到自己的处境危险，于是主动要求交回丞相大印，得到文帝的允许。另外，据说周勃不知该如何处理政务，有一次皇上问他朝政的管理情况，他完全答不上来。而皇上在问陈平时，陈平则回答得非常圆满，皇上很是满意和赞赏，于是周勃知道自己远不如陈平。这也是他申请免相的一个原因。周勃免相后，陈平成为全权丞相。一年后，陈平去世，皇上不得不再次任命周勃担任丞相。又过了十来个月，皇上对他说："前些日子我下诏叫列侯都回到自己的封地上去，有些人还没走，您是我器重的人，可以带头先回到自己的封地上去。"周勃情知不可挽回，况且自己年事已高，于是免掉丞相职务，回到封地绛县。

过了一年多，每当河东郡的郡守、郡尉前来绛县巡视，周勃就有恐惧心理，常常穿着铠甲，命令家人拿着兵器，才来跟来者相见。因此便有人向朝廷上书，告发周勃要谋反。朝廷把这事交给廷尉处理，廷尉又交给长安方面去查办。周勃被捕受审，心中恐惧，不知如何回答狱吏的置问，狱吏也就欺凌和侮辱他。周勃叫人送给狱吏1000斤黄金，狱吏便在公文板背面写字向他示意，上面写着："以公主为证。"这里说的公主是指文帝的女儿，周勃的长子周胜之的妻子，所以狱吏教他拿公主作证人。同时，周勃又把皇帝的部分赏赐送给薄太后的弟弟薄昭，由薄昭替他向太后说情，薄太后也认为周勃不会有谋反的事。文帝去朝见太后，太后便把头巾扔向文帝，说："绛侯当年身上挂着皇帝的玉玺，在北军统率部队，而没有谋反，如今他住在一个小小的绛县，难道能谋反吗？"文帝已经看过了绛侯在狱中的供词，便向太后道歉说："官员们正在查清这件事，准备放了他。"于是马上派使者拿着符书去赦免周勃，又恢复了他的爵位和食邑。周勃出狱

以后，不无感慨地说："我曾经统率百万大军，怎么会知道狱吏的威风啊！"

周勃又回到了封国，于文帝十一年（公元前169年）去世。谥号为"武侯"。儿子周胜之继承了绛侯爵位。又过了6年，周胜之与所娶的公主感情不和，又因杀人罪而被处死，同时废除了他的爵位和封地。过了一年，文帝才选择周勃的另一个贤能的儿子、河内郡郡守周亚夫，封其为条侯，作为绛侯周勃的继承人。

六、张苍主政丞相府，博学多才好观书

张苍（公元前256—公元前152年），西汉阳武（今原阳县东南）人。西汉丞相，《史记》称之为张丞相。

张苍非常喜欢图书、乐律及历法，在秦朝时曾担任过御史，掌管宫中的各种文书档案。后来因为犯罪，便逃跑回家了。沛公攻取城邑经过阳武时，张苍以宾客的身份跟随沛公攻打南阳。其后，张苍随刘邦等攻占咸阳，西进汉中，攻略三秦等地。当陈馀发兵赶走常山王张耳时，张苍被刘邦任命为常山郡守，协助韩信进攻赵王歇，并俘虏陈馀。此役之后，张苍升任代王刘恒的丞相，警备北方边境。不久，迁为赵王丞相，先后辅佐张耳、张敖两代赵王治国安民。后来，因边关需要，又改任代王丞相。

高祖五年（公元前202年），燕王臧荼谋反，刘邦率大军进剿，张苍以代王丞相的身份领兵助战，多次立功，被刘邦看重。次年，论功行赏，张苍被封为北平侯，领食邑1200户。

后来，张苍被升任为管理财政的计相。一个月之后，张苍以列侯的爵位改任主计。高祖八年至高祖十一年（公元前199—公元前196年）四年间，张苍以列侯身份参加以萧何为首的汉王朝丞相府的工作，制定一整套相应的制度以使新政权进入正常的运行。萧何制定法令，韩信拟订军法，叔孙通确定礼仪，张苍以他所学之长主持统一度量衡程式与制定历法两项工作。

高祖十二年（公元前195年），淮南王英布谋反，被汉高祖镇压。为巩固刘氏天下，刘邦封自己的儿子为淮南王。命张苍为淮南丞相，处理郡国军政大事。张苍任淮南相16年，直至吕后逝世，始升为御史大夫，进入汉王朝的中央决策阶层，与周勃、陈平等一起迎立代王刘恒为汉文帝。4年之后，又升任丞相，主持汉王朝的中央行政工作达15年（公元前176—

公元前 161 年）之久，时值汉文帝后期。汉文帝及后来的景帝时期，是汉王朝的盛期，经济繁荣已大大超过战国时代，史称文景之治。由此可见，张苍对促成文景之治，特别是文帝时期清明政治的出现所起的重大作用是可想而知的。

张苍博学多才，共著书 18 篇，论阴阳律历。司马迁说他"好书，无所不观，无所不通"，而尤善算，通律历。受高祖之命，定章程。他比较了古六历，认为《颛顼历》"最为微近"，确定汉初使用颛顼历，又确定汉朝度量衡制度及各种技术法规，"比定律令，若为工，页下作程品"。由九数（方田、粟米、差分、少广、商功、均输、方程、赢不足、旁要）发展而来的《九章算术》因秦火及秦末战乱而散坏，张苍与耿寿昌先后收集遗残的旧文，进行删补。他们补充了西汉发展起来的若干算术应用题与勾股问题，并用当时的汉语改写，最后编定《九章算术》。《九章算术》在分数四则运算、比例与比例分配算法、盈不足算法、开方术、方程术（即线性方程组解法）与正负数加减法则、面积、体积和解勾股形等方面，提出了若干抽象公式与解法，取得了众多领先世界先进水平的成就。它的风格与特点极大地影响了此后中国和东方的数学，为中国领先世界数学先进水平奠定了基础。

汉文帝后元三年（公元前 161 年），张苍已年过 90 岁，以老病免除丞相职务。10 年之后，即景帝五年（公元前 152 年），张苍去世。逝世之后，谥号文侯。

七、廉洁正直申屠嘉，忌恨晁错吐血亡

申屠嘉（？—公元前 155 年），梁国睢阳（今河南省商丘市）人。汉朝开国功臣，西汉宰相。

秦末时，申屠嘉以一个能拉强弓硬弩的武士的身份，跟随高祖攻击项羽，被提升为小队长。跟随高祖讨伐黥布，升为都尉。孝惠帝时，为淮阳太守。汉文帝元年（公元前 179 年），封为关内侯，食邑 500 户。文帝十六年（公元前 164 年），升任御史大夫。张苍免去相位后，申屠嘉被提升为丞相，按照他过去受封的食邑封为故安侯。

申屠嘉为人廉洁正直，家里从不接待私访者。当时太中大夫邓通因替文帝舐疮吸脓，受到宠幸，赏赐的钱财成千累万，文帝也经常在邓通家饮酒作乐。邓通常恃宠不遵朝廷礼法。有一次申屠嘉进宫朝见文帝，邓通就

在文帝身旁，表现出傲慢的态度。申屠嘉觉得太不像话了，便对文帝说："陛下宠幸大臣们就尽管赐给他们钱财，但说到朝廷的礼度，却是不能不严格遵行的。"申屠嘉退朝回府后，派人去召邓通到丞相府，说他若不前来，便将他处斩。邓通很害怕，便向文帝求救。文帝说："你先去，我随后派人去救你。"邓通无奈，来到相府，赤脚免冠，叩头谢罪。申屠嘉将其狠狠地斥责了一番，邓通吓得一个劲地叩头，前额都磕出了血。皇帝估计丞相已将邓通搞得焦头烂额，就派使臣拿着符节来召邓通，向丞相道歉，申屠嘉这才作罢。邓通受此教训，再也不敢骄横了。

汉文帝后元七年（公元前157年）六月，汉文帝去世，汉景帝即位。景帝二年（公元前155年），晁错任内史，极受宠幸，把持朝政，许多法令晁错都奏请皇帝加以改变，提议用责备、处罚的办法来削减诸侯的土地。申屠嘉则认为晁错的建议十分不妥，因而忌恨晁错。晁错的官邸门朝东，因不方便就朝南另开一门。南边是太上皇庙的外面的一堵墙，申屠嘉听说晁错挖开宗庙的墙，就上奏章请求处死晁错。有人将此事告诉了晁错，晁错很恐惧，就晚上进宫拜见皇帝，主动说明情况。上朝时，申屠嘉请求处死晁错。皇帝说："晁错所凿的墙并不是真正的宗庙墙，而是宗庙的外围短墙，所以才有其他官员住在里面，况且这又是我让他这样做的，晁错并没有什么罪过。"散朝后，申屠嘉对长史说："我真后悔没有先处死晁错再请示皇帝，反而被晁错欺骗了。"回家后就因气愤吐血而死。景帝赐他谥号为"节侯"。爵位传与其子直至其孙申屠臾，后因罪被取消封国。

自从申屠嘉死去之后，景帝时开封侯陶青、桃侯刘舍先后担任丞相之职。到了汉武帝时期，柏至侯许昌、平棘侯薛泽、武强侯庄青翟、高陵侯赵周等人相继为丞相，他们都是世袭的列侯，平庸无能，谨小慎微，当丞相只不过是滥竽充数而已。没有一个人是以贡献杰出、功名显赫而著称于世的。

八、霍光执政二十年，宣帝朝臣列第一

霍光（？—公元前68年），字子孟。河东平阳（今山西临汾）人。西汉权臣、政治家，麒麟阁十一功臣之首，大司马霍去病异母弟、汉昭帝皇后上官氏的外祖父、汉宣帝皇后霍成君之父。霍光作为少年战神霍去病的弟弟，执政帝国20年，不是皇帝胜似皇帝，息兵养民积蓄国力，蓄势一

击打垮匈奴，为汉朝后来迫使匈奴臣服打下坚实基础，更创下了第一次权臣废立皇帝的历史纪录。

霍光的父亲名叫霍仲孺，公元前141年前后，以县中小吏身份被派到平阳侯家服役。霍仲孺和平阳侯府中侍女卫媪之女卫少儿私通生下霍去病。霍仲孺在平阳侯家任务完毕返回家中，另娶妻子生下霍光，和卫少儿不再来往。

元狩二年（公元前121年），霍去病拜骠骑将军之职，在出击匈奴的途中，被河东太守出迎至平阳侯国的传舍，并派人请来霍仲孺与之父子相见。霍去病替霍仲孺大量购买田地房屋和奴婢后离去。

霍 光

霍去病此次出征凯旋时，再次拜访霍仲孺，并将异母弟弟霍光一起带到长安照顾。霍光当时年仅10多岁，在霍去病的帮助下，先任郎官，随后迁任各曹官、侍中等。

元狩六年（公元前117年），霍去病去世。霍光升任奉车都尉、光禄大夫等职位，侍奉汉武帝左右，前后出入宫禁20多年，未曾犯一次错误，因此得到汉武帝的信任。

征和二年（公元前91年），戾太子刘据（武帝长子）被陷害致死，武帝认为次子燕王刘旦及其弟广陵王刘胥都有很多过失，不能继承皇位。当时武帝年事已高，宠姬钩弋赵婕妤有男孩叫弗陵，武帝很是喜欢这个小儿子，打算立他为太子。但是弗陵年幼，要有大臣辅佐才行。汉武帝考察群臣，发觉只有霍光最值得信赖，而且老成持重，能够担当起托孤的重任，可以把社稷委托给他。武帝于是指派宫内画工画一幅周公抱着成王使成王面向前方接受诸侯朝拜的图画赐给霍光，霍光不知其意。

后元二年（公元前87年）春，武帝游五柞宫时不幸染病，不久，病情恶化。霍光随侍在武帝身旁，流着眼泪问道："如果有不可避忌的事情发生，谁可以嗣立为皇帝呢？"武帝说："您难道没理解以前赐给您的那幅画的含义吗？立小儿子为皇帝，您按周公的故事辅政就行了。"霍光赶忙叩头辞让说："臣不如金日磾。"金日磾说："臣是外国人，不如霍光。"武帝于是下诏令立弗陵为皇太子，以霍光为大司马、大将军录尚书事，金日磾为车骑将军，太仆上官桀为左将军，搜粟都尉桑弘羊为御史大夫，都在武帝卧室里正式接受任命，按遗诏辅佐少主。第二天，武帝去世，太子继位，是为昭帝。

昭帝即位时才8岁，政务都由霍光决定，此时正值多事之秋。此前，汉武帝"外事四夷，内兴功利"，在完成了辉煌事业的同时，也耗尽了文景以来府库的余财。与此同时，武帝在其中后期大兴土木，修宫室，以便于他巡游，因此消耗了大量的人力和物力，增加了人民的负担。加上整个统治集团日趋腐化，广大农民贫困破产，无以为生，流亡者越来越多，终于导致了天下动乱。

霍光执政后，深知国家当务之急，他继续实行"与民休息"政策，减轻农民租税徭役负担，与各少数民族修好，减少边境民族冲突，这样才算使社会矛盾有所缓和。经过多年的努力，人民财富有所增加，民族关系得以协调，社会矛盾趋于平缓。后来宣帝还继承昭帝的遗法，把都城和各郡国的苑囿、公田借给贫民耕种，同时，减免田赋，降低盐价。这些措施使得阶级矛盾进一步得到缓和，农业生产开始上升。从而奠定了汉宣帝中兴的坚实基础。所有这一切，都与霍光的功绩分不开。因为，他才是这些政策的真正策划者和执行者。

在汉武帝时期，为了让朝廷广开财源，增加赋税收入，实行了盐铁官营、酒榷、均输等经济政策。但随着时间的推移，这些政策的弊端逐渐显现出来，尤其是令一部分财富集中于大官僚、大地主及大商人手中，而极大地剥夺了中小地主的利益。以至于官吏"行奸卖平"，而"农民重苦，女红再税"，"豪吏富商积货储物以待其急，轻贾奸吏收贱以取贵"，中小地主和普通百姓的生活变得更加贫困。霍光敏锐地注意到这种不利于社会发展和稳定的现状，因此在汉昭帝即位之初，霍光就大力主张改变盐铁官营、酒榷、均输等经济政策，与桑弘羊等人展开了一番斗争。

从昭帝始元元年（公元前86年）闰十二月开始，霍光就派廷尉王平等五人查访各郡国，在寻找贤能之士的同时，细察民间的实际冤苦，为盐铁会议做好了充分准备。

昭帝始元六年（公元前81年）二月，在霍光的提议下，在京城正式召开了盐铁会议。此次会议由丞相田千秋、御史大大桑弘羊主持，在霍光的授命下，各郡国所举荐的贤良之士都参与了此次会议。虽然霍光本人并没有出现在会场，但无论是在商讨盐铁官营、酒榷、均输等经济政策，还是对待匈奴、治理天下的重人问题上，霍光的思想主张却始终引导着会议的进行。这次长达半年之久的会议实际上是对汉武帝时期的政治、经济进行了一次总的归纳和评价，也是霍光早期辅政生涯中极其重要的一部分。最后，会议的内容还由桓宽整理成《盐铁论》六十卷，成为西汉时期经济、政治、思想文化的重要总结文献。

这场会议的最终结果是在当年七月，汉昭帝下令废除了盐铁官营、均输等政策。从而有效地限制了大官僚、大地主及大商人的利益，缓和了各阶层的社会矛盾，促进了时局稳定和汉朝的经济发展。

武帝遗诏让霍光、金日磾和上官桀共同辅佐幼主，不久，金日磾病死，由霍光和上官桀共同辅政。后来，上官桀及其党羽又在昭帝面前攻击、诬陷霍光。昭帝发怒说："大将军是忠臣，先帝委托他来辅佐朕，敢有诽谤他的，要治罪！"从此以后，上官桀再也不敢说什么了。

上官桀等人见上告的计谋不行，于是密谋叫长公主设酒席请霍光，暗伏兵士，杀掉霍光，乘势废掉昭帝，迎立燕王为天子。霍光当即采取断然行动，上官桀父子等都以谋反罪而被处死，并诛灭了他们的宗族。

这次政变被粉碎以后，霍光威震全国，昭帝对他更加信任，直到昭帝成年以后，还继续委任霍光主持国政。昭帝时，霍光主政达13年之久，百姓富足，四夷归顺。

元平元年（公元前74年），昭帝病逝，没有儿子。武帝的6个儿子中独有广陵王刘胥在世，群臣讨论该立谁为皇帝时，都有意立广陵王。广陵王本来就是因为行为放纵、不合正道才不被武帝选用的，所以霍光听了大家的议论后犹豫不决。这时有个郎官上书说："周太王废黜太伯而立王季，周文王舍弃伯邑考而立武王，都是只看合适才立，即使是废黜长子而立少子也是可以的，广陵王不能继承帝位。"此话正合霍光的心意，霍光把郎官的上书拿给丞相杨敞等人看，于是把这个郎官提拔为九江太守。当天，霍光奉皇太后诏令，派遣行大鸿胪事的少府乐成、宗正德，光禄大夫吉，中郎将利汉去迎接昌邑王刘贺。

但是刘贺即位后行为放纵，淫乱不堪，举动无节，政事失当。霍光等人便将他废黜。昌邑王被废后，霍光与车骑将军张安世商议迎立新君，并在掖庭中会集丞相以下官员讨论确立人选。当时武帝的子孙中，齐王早死，没有儿子；广陵王刘胥已经在以前决定不用了；燕王刘旦由于谋反而自杀，他的子孙不在考虑范围之内，近亲唯有戾太子的孙子尚在民间，号皇曾孙，民间都称赞他好。这时，光禄大夫丙吉上书说，皇曾孙已有十八九岁了，而且通经术，为人节俭，慈仁爱人，请求霍光拥立他。杜延年也认为皇曾孙德行美好，力劝霍光、张安世拥立。霍光采纳了他们的意见。在当年九月，霍光会同公卿大臣上奏太后立皇曾孙为帝，皇太后下诏同意了。

霍光于是派宗王刘德到皇曾孙的家乡尚冠里去，让皇曾孙梳洗干净，然后赐给他皇宫里的衣服。太仆驾着轻便的猎车来迎接曾孙，到宗正府举行斋戒，进未央宫谒见皇太后，被封为阳武侯。过了不久，霍光捧上皇帝的玺绶，皇曾孙在拜谒高祖庙后正式即位，是为汉宣帝。

汉宣帝即位后，霍光依然是首辅大臣，继续鼎力辅佐年轻的皇帝。在他的教导和影响下，汉宣帝体恤天下苍生，延续了"与民休息"的治国方针，制定了一系列利民利国的政策，大力发展经济生产，使得西汉王朝再次兴盛，国富民强，史称"昭宣中兴"。

表面上看起来，霍光的过世并未影响到霍氏家族的荣辱兴衰，然则，

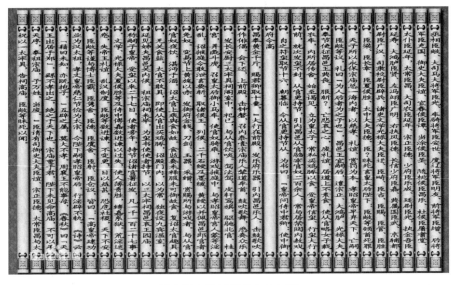

霍光等废昌邑王事上太后疏

噩运早已经悄然降临到霍氏家族头上。而追溯其根源，恰恰是那件霍光在世之时就始终于心不安的事。

汉宣帝即位之初，霍光就公开表示要归政于帝，但汉宣帝谦让不受，仍令朝廷一切政事"皆先决于光"，随后再上奏。霍光每次上朝，汉宣帝均"虚己敛容，礼下之已甚"，以示对霍光的敬重。在汉宣帝的登基大典上，霍光陪同乘坐马车前去谒见高庙，汉宣帝心中不安，"若有芒刺在背"。后来车骑将军张安世代替霍光骖乘，汉宣帝方才"从容肆体，甚安近焉"。由此可见，汉宣帝对霍光的敬畏之情。

为了表彰霍光多年来对朝廷贡献和"安宗庙"之功，汉宣帝增封其爵邑 17000 户，连同以前所封共 2 万户；还先后"赏赐黄金七千斤，钱六千万，杂缯三万匹，奴婢百七十人，马二千匹，甲第一区"。自昭帝时起，霍光的儿子、侄孙、女婿、昆弟诸婿、外孙等都在朝为官，不少身居要津。至汉宣帝初年，霍氏家族更是广受册封，子弟亲属皆任朝廷要职，总揽兵权，"党亲连体，根据于朝廷"。霍光对此扬扬自得，却丝毫没有对张扬跋扈的亲属族人加以规劝和管制。

地节二年（公元前 68 年），霍光病危，宣帝亲临霍光家问候，还为他流了泪。霍光上书谢恩道："希望从我的封邑中分出 3000 户，请皇上拿去封我哥哥的孙子奉车都尉霍山为列侯。"宣帝立即把这份申请交给丞相、御史大夫去办，当天还任命霍光的儿子霍禹为右将军，以告慰霍光。

没几天，霍光就去世了。宣帝和皇太后亲自去霍光灵柩前吊祭。葬礼非常隆重，太中大夫任宣和侍御史等 5 人持符节主持丧事，并在坟边设立临时办事机构。皇帝赐给霍家大量金钱、绸缎丝絮，完全采用皇帝丧葬制度的规格，用皇帝乘舆专用的黄屋左纛，又用辒辌车载送霍光灵柩。同时调发材官、轻车、北军五校的士兵充任仪仗队，从长安一直排列到茂陵，为霍光送葬，并赐给霍光宣成侯的谥号。葬礼完成以后，宣帝封霍山为乐平侯，以奉车都尉领尚书事。霍禹承袭博陆侯的爵位。不久，又封霍山的哥哥霍云为冠阳侯。

霍家地位虽然高贵，但因霍光教导无方，导致其后人骄奢淫逸。霍禹继承博陆侯的封爵后，太夫人霍显改建自造的墓地，扩大了规模，建造三出阙，筑神道，并与管家的奴隶冯子都私通，生活相当糜烂。同时霍禹、霍山也都整修住宅，在平乐馆赛马取乐。霍云在应该朝见皇帝的日子，多次托病不去，私下带着宾朋好友到黄山苑夫游猎，只派奴仆代表自己去朝见，竟然没有谁敢指责他。霍显和她的几个女儿还不分昼夜地随意进出太后住的长信宫殿，没有时间的约束。

霍光去世后，皇帝才开始亲自处理朝政。御史大夫魏相曾经上书，认为霍家倚仗权势，骄奢放纵，应当损夺其权，宣帝也深以为然。后来霍显与淳于衍合谋毒死许后的事情渐渐泄露出来，宣帝也听说了这件事，但一时也不明真假，于是把霍光的女婿、度辽将军、未央卫尉、平陵侯范明友调为光禄勋，二女婿诸吏中郎将羽林监任胜调出京城去做安定太守。几个月后，又把霍光的姐夫，给事中、光禄大夫张朔调为蜀郡太守，调霍光的孙女婿、中郎将王汉为武威太守。不久，又调霍光的大女婿长乐卫尉邓文汉为少府。接着任命霍禹为大司马，但只许戴小冠，没有印绶，同时撤销他的右将军该统领的营兵和下属办事机构，只是让霍禹的官名和霍光一样，都是大司马罢了，有职无权。不久又收回范明友的度辽将军印绶，只任光禄勋，又收回霍光的三女婿的骑都尉印绶，将他改任文职。与此同时，宣帝将羽林军和两宫卫军的各个带兵将领全都换成了自己的亲信。

霍显、霍禹、霍山、霍云等人自从发现权力被一天天削去，多次相对哭泣，互相埋怨。地节四年（公元前66年），霍显等人密谋发动政变，被人告发后，霍云、霍山、范明友自杀，霍显、霍禹、邓广汉被捕，霍禹被腰斩，霍显及其多个子女都被斩首示众。唯独霍皇后只被废黜，居住在昭台宫。这时，同霍家有关系而被杀的有数千家。至此，自武帝以来煊赫一时的霍氏家族终于遭到灭族之祸。

宣帝虽杀尽霍光全家，不过，并没有因此抹杀霍光的功勋。宣帝晚年在麒麟阁设置画像，霍光仍然被列为第一功臣。

九、魏相丙吉执政事，孝宣中兴两功臣

1. 魏相

魏相（？—公元前59年），字弱翁，济阴郡定陶县（今山东省菏泽市定陶区）人，西汉政治家。

魏相的祖先原居济阴定陶（属今山东省），后迁平陵（在今陕西咸阳市西北）。魏相少年时学《易》，在朝廷举贤良时，因对策优秀，拜为茂陵令。

魏相为官严于治理，有一天，御史大夫桑弘羊的宾客诈称御史，来到

茂陵，以县丞不及时拜见，怒而缚之。魏相怀疑这人有诈，立即派人将他收捕审问。经查证果然是诈骗者，便杀之于市。茂陵因此大治。

及迁河南太守（治所在今河南洛阳市），魏相打击奸邪，河南的豪强都畏服他。丞相田千秋之子当时为洛阳（今洛阳市）武库令，知魏相为人严峻，害怕待久了会获罪，于是自行离去。魏相恐人将军霍光责备自己不能善待大臣之子，急忙派人追还，但是武库令不肯还。霍光听说后，果然责备魏相："不深思国家大策，一看田千秋已经不在了便斥逐他的儿子。"但魏相从严治理的方针，深得百姓拥护。及有人告魏相诛杀无辜，河南在京戍卒两三千人上书霍光，自愿复留作一年以赎太守罪。河南老弱万余人想入关（今潼关）为魏相请愿。霍光对此十分不满，便将魏相下狱。后来遇赦出狱，仍为茂陵令，继而迁扬州刺史。

魏相在扬州时，郡国的守相多为魏相贬退。光禄大夫丙吉作书劝谏魏相："愿少慎事自重，藏器于身。"魏相善其言，便止威严。

元平元年（公元前 74 年）七月，宣帝即位，魏相迁御史大夫。

地节二年（公元前 68 年）三月，霍光死。宣帝追思霍光功德，以其子霍禹为右将军，以其兄霍去病之孙霍山领尚书事。魏相秘密上书："如今霍光已经去世，他的儿子复为大将军，兄孙秉枢机，昆弟诸婿又据权势。霍光的夫人霍显及诸女皆通籍长信宫，或夜诏门出入，骄奢放纵，恐浸不制。"魏相建议损夺霍氏的权力，破散他们的阴谋。宣帝从其议，罢霍禹、霍山之侯，免职归家。

地节三年（公元前 67 年）五月，任魏相为丞相，封高平侯。霍显越来越仇视魏相，于是谋矫太后诏，先杀魏相，然后废帝。结果事情败露，霍显、霍禹等都遭弃市，连坐而诛灭者数十家。

元康二年（公元前 64 年），匈奴数次遣兵击汉在车师（在今新疆吐鲁番市和吉木萨尔县之地）的屯田。宣帝欲趁匈奴衰弱之时，出兵击匈奴（今甘肃武威市、张掖市、酒泉市一带，为匈奴繁衍生息之地），以解车师之危。魏相劝谏说："匈奴尝有善意，所得汉民辄归之，未有犯于边境。今边郡困乏，父子共犬羊之裘，食草莱之实，常恐不能自存，难于动兵。"宣帝从其言。

魏相认为当今之务在于奉行前人成功之策，并列汉兴以来重要政策及贤臣贾谊、晁错、董仲舒之言，奏请宣帝，宣帝从其策。

神爵三年（公元前 59 年）三月，魏相病逝，谥曰宪侯。

2. 丙吉

丙吉（？—公元前55年），也作邴吉，字少卿。鲁国（今属山东曲阜县）人。西汉名臣。

丙吉初为鲁狱史，逐步迁至廷尉监。后来因犯法降为州郡从事。

征和二年（公元前91年），汉武帝时期的巫蛊事起，事连太子刘据。刘据的三儿一女及诸妻妾均遇害。刘据之孙刘询也处危境之中，丙吉认为刘据是冤枉的，便将他的孙子救出，择谨厚妇女养于郡邸狱（在王侯、郡守邸中所设之监狱）。

元平元年（公元前74年）四月，昭帝死，由于昭帝没有后嗣，大将军霍光派遣丙吉等人迎昌邑王刘贺为帝。刘贺即位后，淫戏无度，在位27天便被废除。丙吉上书推荐刘询，认为刘询现在已经十八九岁了，又通经术，有美材，行安而节和，足以继位。霍光同意了，于是刘询即位，是为宣帝，赐丙吉为关内侯。

丙吉为人深厚，不好夸耀，对救宣帝一事，从不言及，所以人莫知其功。地节三年（公元前67年）四月，丙吉为太子太傅，继而为御史大夫。时有掖庭宫婢使人上书，自称对宣帝有保养教育之功，并言丙吉知其情。宣帝始知丙吉有救命之恩，而丙吉终不言，由是大贤丙吉，封他为博阳侯。丙吉上书固辞，自陈不宜以空名受赏。宣帝曰："朕之封君，非空名也，而君上书归侯印，是显朕之不德也。"

神爵三年（公元前59年）四月，丙吉为丞相。吉本起于狱法小吏，后来学习《诗》《礼》，皆通大义。及居相位，主宽大，好礼让，不亲小事，时人以为识大体。

给丙吉驾车的人嗜酒，好几次离职游荡。有一天跟随丙吉外出，结果刚上车就醉吐于车上。西曹主吏欲斥之，丙吉认为："以醉饱之失去士，使此人将复何所容？"便隐忍下来，没有驱逐这个驾车人。驾车人深受感动，而他又是边郡人，熟知边塞警报事宜。后来驾车人从驿骑处得知匈奴将入侵云中、代郡，便告诉了丙吉，并建议了解边郡官吏因老病而不能从战者，将他们替换。丙吉善其言，即召东曹查询边郡长吏情况。未几，宣帝召丞相、御史，问以边郡事，丙吉应对自如，御史大夫则因茫然无知，备受宣帝斥责。

但丙吉的某些作为影响十分恶劣。比如下属犯贪污罪，丙吉不去追查惩治，而令那人去职休长假。三公官府不查吏，就是从丙吉开始的。后人代丙吉为丞相，都照此办理。有一次丙吉外出，恰逢一帮群体斗殴的人，有的人死伤横道，丙吉却路过不问。继而前行，见人逐牛，牛喘吐舌，丙吉止而责之。丙吉身边的人很奇怪，就问丙吉为何不关心群体斗殴的，丙吉回答道："民斗相杀伤，长安令、京兆尹职所当禁备逐捕。宰相不亲小事，非所当于道路问也。"又问为什么却关心牛，丙吉说："三公典调和阴阳，职所当忧。"

五凤三年（公元前55年）正月，丙吉病逝。丙吉病危时曾荐举西河太守杜延年、廷尉于定国、太仆陈万年等人。事实证明，杜延年等人居位都很称职。史谓："孝宣中兴，丙、魏有声。是时黜陟有序，众职修理，公卿多称其位，海内兴于礼让。"

十、黄霸贤良掌刑狱，外宽内明侍三朝

黄霸（公元前130—公元前51年），字次公，淮阳阳夏（今河南太康）人，西汉大臣，事汉武帝、汉昭帝和汉宣帝三朝。

黄霸年轻时学习法律，喜为吏。武帝末，以钱得官，补侍郎谒者（官名，负责接待）。后因兄弟有罪被免职。不久，又以谷买官，补左冯翊（郡名，治所在今陕西西安高陵区西南）二百石卒吏；郡府因为他以财买官，看不起他，使黄霸担任计算钱谷出入的职务。但黄霸在任职期间，账目清楚，廉洁奉公，朝廷便提拔他为河东均输长，复迁河南太守丞。

武帝晚年用法严峻，昭帝即位后，大将军霍光秉政，遵武帝法度，以刑罚严治天下，由是官吏均以严酷以为能。而黄霸为人明察内敏，性温良谦让，熟悉法令条文，为政宽和，处事合法，深得人心。宣帝即位，宣帝在民间时，知百姓苦于严刑酷法，便召黄霸为廷尉正，掌刑狱。黄霸到任后，数决疑案，大家称公平。

本始二年（公元前72年）五月，宣帝下诏，大称武帝功德，而庙乐不称，请群臣商议。大臣都说宜如诏书。独长信少府夏侯胜持异议，认为武帝虽有攘四夷、广土境之功，但是多杀士众，竭民财力，奢泰无度，天下虚耗，百姓流离，物故者半，蝗虫大起，赤地数千里，或人民相食，畜积至今未复；无德泽于民，不宜立庙乐。公卿责备夏侯胜，说这是诏书，不可违背。夏侯胜却认为此诏书不可用。黄霸也和夏侯胜持同一看法，结果都被下狱。黄霸在狱中想跟夏侯胜学《尚书》，但夏侯胜因为自己被判

黄　霸

死罪，不能教黄霸，黄霸说道："朝闻道，夕死可矣！"夏侯胜贤其言，便教授黄霸《尚书》，狱中三年，讲论不怠。

本始四年（公元前70年）四月，关东地震，死6000余人。宣帝宣布大赦，黄霸得以获释，为扬州刺史。黄霸在扬州，成绩优异，宣帝称之为"贤良"。

地节四年（公元前66年），宣帝擢黄霸为颍川太守。黄霸到颍川（治所在今河南禹县）后，首倡农桑，使邮亭乡官皆养鸡养猪，以济鳏寡孤独和贫穷；又劝民务农桑，植树畜养。

黄霸善于了解民情，常让年长的廉吏密访各地，并派人注意他们的行踪。一日，某吏外出，食于道旁，乌鸦抢食他碗中的肉。正巧路过的百姓见到这情景，便告诉了黄霸。等吏回来，黄霸说道："甚苦之，食于道旁乃为乌所盗肉。"吏大惊，以为黄霸详知他外出的起居情况，所以对黄霸所询问之事，都如实禀报，不敢隐瞒。加之黄霸经常外出巡视，因而对颍川情况了如指掌，比如某处有大木可以为棺，某亭猪子可以为祭。吏民不知黄霸何由得知，都称之为"神明"。

由于黄霸之尽心治理，颍川境内户口大增，奸人去入他郡，盗贼日少，治安为天下第一。神爵四年（公元前58年）四月，诏曰："颍川太守霸，宣布诏令，百姓乡化，孝子、悌弟、贞妇、顺孙日以众多，田者让畔，道不拾遗，养视鳏寡，赡助贫穷，狱或8年无重罪囚，吏民乡于教化，兴于行谊，可谓贤人君子矣。"赐爵关内侯，迁太子太傅，继而迁御史大夫。

五凤三年（公元前55年）二月，黄霸代丙吉为丞相，封建成侯。黄霸曾推荐乐陵侯史高为太尉，宣帝责备他说："将相之官，朕之任焉。侍中、乐陵侯高，帷幄近臣，朕之所自亲，君何越职而举之？"黄霸惧而免冠谢罪，自是不敢复有所请。

甘露三年（公元前51年）三月，黄霸病逝，谥曰定侯。

黄霸外宽内明，任职期间，重视农桑，后世把他作为循吏的代表。但作为丞相不善总纲纪号令，风度文采也不如丙吉、魏相。

第三章 名臣纪事

一、剖明细执法严明，张释之名扬天下

张释之（生卒年不详），字季，堵阳（今河南南阳方城）人，西汉法学家，法官。

张释之早年和他的哥哥张仲生活在一起。由于家中资财颇多，就捐官做了骑郎，侍奉汉文帝。张释之为官十年，默默无名，未得升迁，耗费了不少钱财，张释之深感不安，打算辞官回家。中郎将袁盎知道他德才兼备，惋惜他的离去，就请求汉文帝调补他做谒者，掌管宾赞受事。一次，张释之在朝会完毕之后，至汉文帝跟前进言。汉文帝说："不要高谈阔论，只讲那些现在可以施行的。"于是，张释之便给文帝讲起秦汉之间的事情，讲秦朝所以灭亡而汉朝所以兴起，讲了很久，文帝称善，便拜张释之为谒者仆射。

一次，张释之跟从汉文帝出游，到驯养野兽的地方，汉文帝问上林尉园中各种禽兽的数目，问了十几种，上林尉都左顾右盼，回答不上来。园中的啬夫（小官名）从旁边代上林尉回答得十分详细，并借机表现自己的口才，应答无穷。文帝说："为吏不是应当这个样子吗？上林尉太无才能了。"说着，便诏张释之拜啬夫为上林令。张释之许久未说话，过了一会儿，上前对汉文帝说："陛下认为绛侯周勃是个什么样的人？"文帝说："是个长者。"张释之又问："东阳侯张相是个什么样的人？"文帝说："是个长者。"张释之说："绛侯和东阳侯称为长者，这两个人谈什么事情，常常连话都说不出口，难道像这个啬夫油嘴滑舌，喋喋不休吗？而且秦朝因为任用刀笔之吏，官吏争着以苛疾苛察为能，然而这些人只徒有其表，内心则毫无恻隐之心，

所以秦朝不闻己过，逐渐至于灭亡。如今，陛下以啬夫有口才便提拔他，臣恐天下人随风靡靡，争为口辩而无其实。而且下民之随上，比影子和声音都传得快，故陛下的行动措置不能不审慎。"文帝听了说："好。"便中止了这件事。文帝坐到车上后，招张释之坐在旁边，一边慢走，一边问张释之秦朝的各种弊政，张释之一一如实回答。回到宫中，文帝即拜张释之为公车令，掌殿司马门。

过了不久，太子和梁王一起坐车入朝，过司马门的时候不下车，张释之追上去拦住了太子和梁王，不准他们进殿，并弹劾二人不下公门，不敬。文帝的母亲薄太后听说了此事，十分生气。文帝脱冠向太后道歉说："都怪我教子无方。"薄太后派使者承诏赦太子和梁王，然后二人得入宫中。从此，文帝十分看重张释之，拜为中大夫，又拜为中郎将。

一次，汉文帝至霸陵（在今陕西西安西南），登上北侧坡上向远处眺望，对宠妃慎夫人指着新丰（今陕西临潼东）道说："这是通往邯郸（今河北邯郸）的道路（慎夫人的家乡）。"说完，文帝使慎夫人鼓瑟，自己倚着瑟调而唱歌，唱得惨恻悲怀，又回头对跟随的各位群臣说："唉，若以北山石为椁，用纻絮填充，用漆涂于其间，有谁能够撼动呢（指墓室）？"左右之人都说好。张释之向前进言说："如果里面有能引起人们贪欲的东西，即使封铸南山做棺椁，也会有缝隙；如果里面没有引发人们贪欲的东西，即使没有石椁，又哪里用得着忧虑呢！"文帝听了，认为说得好。

后来，张释之又当上廷尉（管司法）。一次，文帝从宫中出来，在过中渭河桥的时候，有一个百姓从桥下走出来，让文帝车上的马受了惊。文帝立刻派人把这个百姓抓住，交给廷尉。张释之审问，这个百姓说："我听到陛下到来的警戒声，便藏到了桥下。过了很久，以为陛下已经过去了，这才出来，没想到正看到陛下的车马，吓得转身就跑。"张释之便向文帝报告说，此人当被罚金。文帝知道后大怒，说："此人惊了我的马，幸亏我的马性情柔和，要是换了别的马，岂不要让我受伤？你却只罚他一点金！"张释之说："法律是天子和天下人共同应该执行的。如今法律这样规定，却又随便加重，是不取信于民。而且刚刚抓他的时候，陛下下令杀他就算了。如今既然交给了廷尉，廷尉是天下法律的天平，稍有轻重，则天下执行法令的人都会跟着学，让百姓的手脚往哪里放？请陛下明察。"过了许久，文帝说："你是对的。"此事就这样了结了。

后来，有人偷盗了高祖庙座前的玉环，被抓住。汉文帝大怒，将其交给廷尉惩治。张释之按法令中盗宗庙服御物者的惩罚规定上奏文帝，说此人应当弃市（在市上斩首示众）。汉文帝又大怒说："此人无道，居然偷了先帝的庙中器物。朕让廷尉办理此事，是为了族灭其家，而你以法令奏之，这不是朕恭承宗庙之意。"张释之听了，免冠顿首道歉说："法令如此规定，已经足够了。而且，犯罪的等级可以随便规定，如今有人盗了宗庙的器物而族灭，如果万一有愚民取了长陵（刘邦之墓）的一抔土，陛下又当如何惩治呢？"过了良久，文帝将此事告诉了薄太后，才承认张释之的执法是正确的。从此，张释之廷尉执法公平，名扬天下。

二、精通诸子论时事，贾谊建言《治安策》

贾谊（公元前200—公元前168年），河南洛阳人。他是荀子的再传弟子，师事张苍。张苍是荀子的学生（苍学《春秋》于荀子）。贾谊年18，以能诵诗书属文闻名于郡中。河南太守吴公（李斯的学生）欣赏他的才华，便召到门下，特别地喜爱。汉文帝初立，听说河南太守吴公政绩卓著，天下第一，而召他为廷尉。吴公便以年轻有为和精通诸子百家向文帝推荐了贾谊。于是22岁的贾谊就被文帝立为博士。贾谊果然不负上望，虽然在众博士中年龄最小，却能够事事应答如流，被同僚们誉为才华出众，也得到了文帝的格外赏识，在一年之中越级擢升为太中大夫。

在任期间，贾谊忠于职守，提出了许多政治改革建议。他认为：汉朝兴业已有20余年，天下太平百姓安乐，正该是施行改历法、易服色、立制度、振兴礼乐之际。于是上《论定制度兴礼乐疏》，并草拟了各种仪法，崇尚黄色，遵用五行之说，创设官名，完全改变了秦朝的旧法。虽然汉文帝因即位不久，一再谦逊，认为变法改革为时尚早，但后来的许多律令的改革，还是采纳了贾谊的意见。

因此，文帝与大臣商议，欲升贾谊为公卿，却遭到了绛侯周勃、懿侯灌婴、东

贾 谊

阳侯张朝如和御史大夫冯敬等人的反对。他们因为嫉妒贾谊，就诽谤说："洛阳人年纪轻轻的，读了一点书就想专权，在各种事情上制造纠纷。"文帝听到后，就开始渐渐地疏远贾谊，不再采纳他的意见，最后又派他去作了长沙王的太傅。

贾谊在被贬长沙王太傅的上任途中，心情一直不好，加上长沙地低潮湿生活不适应，就总认为自己寿命难长。在渡湘水时，他写下了著名的《吊屈原赋》借以抒发胸中的郁闷。一年多后，贾谊被召回京谒见皇上。文帝正在宣室受福，因对鬼神之事有所感触，就问起贾谊鬼神的本质，贾谊详论了鬼神的情状，一直谈到半夜，直讲得文帝移席靠近而听。听过后文帝说："我很久没有和贾谊见面，自以为超过了贾谊，看来还是不如他。"这次见面之后，贾谊仍去睢阳（今河南商丘市）做了梁怀王的太傅。梁怀王是文帝最小的儿子，爱幸甚于他子。文帝不能在朝廷上重用贾谊，但能看重他的学问，命他暂时去做他儿子的老师，这也算得是斟酌尽善了。不幸梁怀王出猎，堕马身死。贾谊感于文帝知遇之恩，自恨他没有尽到老师的责任，竟亦忧伤过度，痛哭了一年就死去了，卒时33岁。

贾谊的一生虽短，却著文极多，仅现存的就有数十篇。其中《新书》56篇，疏7篇，赋5篇，而最为著名的则是他于文帝元年（公元前179年）所著的《过秦论》、二年（公元前178年）所上的《论积贮疏》、三年（公元前177年）所作的《吊屈原赋》、六年所写的《鵩鸟赋》和七年所书的《治安策》。

《治安策》（原称《陈政事疏》）为贾谊任梁怀王太傅时所上，洋洋数千言，包罗宏富，而无一不是那时政治的对症良药。汉初的封建贵族，到文帝时已成尾大不掉之势。这股势力已经对中央集权产生了一定的威胁，而文帝此时一方面正在采取与民休息的政策以图恢复经济发展；另一方面也受到各种贵族势力的牵制，所以不便对诸侯王采取果断的措施。贾宜针对这种形势，上《治安策》提醒文帝注意防范，指出裁制诸侯已成为天下第一重要的大事，如不立行，汉室将危。他认为现在天下的形势，就像人生了肿病，四肢大得像腰，手指大得像腿，只好平躺着，连伸屈都做不到，如再不抓紧治疗，就会发展成为痼疾，到那时就是有了扁鹊那样的神医，也是无济于事了。他提出"众建诸侯而少其力"的建议，主张将一国改为数国，把各封国分析化小，封给原来诸侯王的子弟，且在制度上加以限制，以分散和削弱诸侯的实力，扩大中央集权，巩固天下的统一。这样一来，封国小了，也就容易控制了。中央驾驭诸侯时，就会因"力小则易使以义、国小则无邪心"，而达到如"身之使臂、臂之使指、莫不制从"的效果。进而加强统一集权，实现长治久安。文帝接受了贾谊的建议，迁徙淮阳王刘武为梁王，将他的北起泰山西至高阳的40余座大县城归属中央；迁徙城阳王刘喜为淮南王，使当地的人民得到安抚；又封淮南厉王的四个儿子为列侯，削弱和分散了封王的力量。

贾谊的《治安策》还提出了教育太子、尊礼大臣、阐扬文教、转移风俗诸点，其意义具有由法律刑赏而转到礼乐教化的倾向。到武帝时，董仲舒以贤良对策，推尊儒术，使士人得以预闻国家政治。由于贾谊、董仲舒两位名儒的相继努力，终于成就了以后的一代文治。

三、晁错上书言兵事，守边劝农贤良策

晁错（公元前200—公元前154年），汉初颍川（在今河南禹县）人。西汉政治家、文学家。幼学申、商、刑名之术，汉文帝曾命其从济南伏生受《尚书》后为太子家令。以其善辩而得太子（即后来的汉景帝）的宠信，号曰"智囊"。

晁错是汉代著名的政论家，文笔峭直健拔，议论深刻，入木三分。其论多能中当时要害，故为文帝、景帝所重。其文章涉及兵事、徙民实边、重农等方面。晁错的政论文"疏直激切，尽所欲言"，鲁迅称为"西汉鸿文，沾溉后人，其泽甚远"。代表作有《言兵事疏》《守边劝农疏》《论贵粟疏》《贤良对策》等。

汉文帝十一年（公元前169年），匈奴屡侵边境，侵扰狄道，文帝发兵征讨，晁错乘机向文帝上了《言兵事疏》，提出"以蛮夷攻蛮夷"的观点，指出对匈奴的作战中器械要坚固锋利，士卒要精兵劲卒，将领要精通军事，君主要选择良将。文帝很赞赏，赐给晁错诏书，以示嘉奖，但并未采纳晁错主动出击的建议。

晁错接着又向文帝上了《守边劝农疏》，提出用经济措施鼓励移民，用移民实边的办法抵御外患，被文帝所采纳。于是晁错又上《募民实塞疏》，对如何安置移民生活提出了具体的措施。

汉文帝十五年（公元前165年），晁错任太子家令时，文帝令大臣们

推举贤良、方正、文学之士，晁错被推举为贤良。由文帝亲自出题，就"明于国家大体"等问题，提出征询（即"策问"）。当时贾谊已死，参加对策的100多人中，以晁错的回答为最好（即《举贤良对策》），深得文帝嘉许，由太子家令升为中大夫。

此后，晁错曾多次上书文帝，提出削诸侯和改革法令的建议。文帝虽未采纳，但十分赏识他的才能。太子刘启很赞成晁错的建议，而袁盎等大臣并不喜欢晁错，持反对态度。

汉文帝后元七年（公元前157年），文帝去世，太子刘启即位，提拔晁错为内史。晁错多次单独晋见景帝，议论国家大事，景帝对他言听计从，宠信程度超过了九卿，许多法令是经他的手修改订立的。

丞相申屠嘉心怀忌恨，以晁错擅自凿开庙墙为由，报请景帝处死晁错，晁错提前得到消息，申屠嘉未能得逞，只得谢罪而退，不久患病而死。申屠嘉死后，景帝提升晁错为御史大夫，位列三公，地位愈加显贵。

后来，晁错进言削藩，剥夺诸侯王的政治特权以巩固中央集权，损害了诸侯利益，以吴王刘濞为首的七国诸侯以"请诛晁错，以清君侧"为名，举兵反叛。景帝听从袁盎之计，腰斩晁错于东市。晁错死后，校尉邓公从前线归来，汇报军情，景帝询问交涉进展。邓公认为诸侯叛乱，清君侧只是借口，诛杀晁错对内堵塞了忠臣之口，对外却为诸侯王报了仇，而叛乱并不会平息。景帝深以为然，拜为城阳中尉。其后景帝降诏讨伐，不到三个月就取得了胜利。

四、被困匈奴十九载，苏武牧羊北海边

公元前100年，匈奴且鞮侯单于派使者带着书信到长安来，向汉武帝表示两家世代友好，不再打仗。汉武帝对匈奴的示好表示非常赞赏，派苏武为大使，带着厚礼去匈奴答礼，同意两家和好。

苏武来到匈奴，见了单于且鞮侯，交上了汉武帝的书信和礼物，等候回信，好回长安交差，哪知道就在这时出了一件事情：

早在苏武出使匈奴之前，汉朝有一个叫卫律的人在匈奴出使，他听说自己的好朋友李延年在朝廷被杀，便留在匈奴，不回汉朝。匈奴人对卫律很信任，让他当了相国。卫律手下有一个从人叫虞常，他不愿跟卫律一道在匈奴生活，想杀死卫律后再回汉朝去。这时，正好苏武来匈奴出使，苏

武手下有一个副中郎将张胜和虞常是早年的朋友，虞常就和张胜商量杀卫律的事，张胜觉得如果杀了卫律，回到长安，肯定会立一大功，瞒着苏武，私下里和虞常做准备。

这一天，且鞮侯单于外出打猎。虞常和张胜组织了70多人，准备用箭射死卫律，抢走且鞮侯单于的母亲回长安去，不料走漏了风声，单于的子弟们立即发兵，将虞常逮捕起来，报告且鞮侯单于，单于让卫律亲自审问这件事。

虞常受不了卫律的严刑拷打，便将张胜参与同谋的事说了出来。张胜在虞常被捕时，便告诉了苏武，苏武急得拔剑自杀，幸亏张胜、常惠二人拉住，自杀才未得逞。

苏武牧羊

等卫律问清楚案件后，将苏武叫到庭中对质，要苏武投降匈奴。苏武对自己的从人常惠说："事情发展到这种局面，为了免得受污辱，还是死了的好！"又拔剑自杀，卫律冲上去拉住苏武的手，才没死成，可脖子上已经割了一道很深的口子，出血太多，当场昏死过去。

卫律找来医生，医生把苏武放在土坑里，保持温度，又给苏武上了药，终于救活了苏武。卫律让常惠好好照看苏武，又叫医生认真地为苏武治疗，自己赶快去向且鞮侯单于报告。

苏武病好以后，卫律又去逼苏武投降，苏武始终拒绝投降。苏武越不答应，且鞮侯单于越觉得苏武是个人才，便把苏武放在一个大地窖中，不给吃喝，想让苏武饿急了，就会投降。

这时正好天下大雪，苏武就吃融化的雨雪水，嚼吞睡觉用的毛皮毡子，四五天过后，仍然活得很好。单于认为苏武是神人，只好放他出来，送到北海上，让他放羊。单于给苏武一群公羊，对苏武说："什么时候这些羊生了小羊羔，你就可以回长安去了。"苏武在北海放羊，捕捉草地里的野鼠充饥，挖草根，喝凉水，就是不肯投降。

苏武出使以后，很长时间音信全无，汉武帝知道匈奴又翻了脸了，便派贰师将军李广利、假司马赵充国、李陵等人，几次出兵进攻匈奴。

李陵是飞将军李广的孙子，英勇善战，率领 5000 人直到东陵稽山，没遇到匈奴军队，准备回师时，突然与匈奴三万多骑兵相遇，李陵指挥 5000 人顽强抵抗，终因寡不敌众，受伤被俘，押在匈奴兵营中。消息传到长安，汉武帝听说李陵兵败投降，非常愤怒，立即杀了李陵的母亲和妻子。李陵悲痛万分，便真的投降了匈奴。匈奴单于欣赏李陵的勇敢，立为右校王。李陵便和卫律一同辅助匈奴单于。

李陵和苏武本来是好朋友，李陵投降匈奴后，便来劝苏武投降。

这时，苏武在北海放羊已经十几年了，李陵带着酒菜饮食来看苏武，两人一同饮酒谈天，李陵说："单于知道我和你交情不错，让我来劝劝你。你虽然对国家忠心耿耿，但你困在这里，哪个知道呢？你的家属已经死亡得差不多了，何必再受这份苦呢？"

苏武知道自己母亲病死，妻子改嫁，儿女们也不知道怎么样了，可他还是不肯投降。李陵劝了多少次，他就是不答应，李陵感到有点难为情，便不再坚持劝说，丢下许多吃喝的东西，自己去向单于报告。

不久，匈奴又请求和汉朝恢复和平，汉武帝派使者说，必须送还苏武、常惠等人，答应条件后，才可以和谈。当汉朝使者来到匈奴时，常惠偷偷地对汉使说，苏武还活着，在北海放羊。

第二天，汉使向匈奴请求放回苏武和常惠，匈奴单于说："苏武早就死了！"汉使说："苏武没死！他还在北海上放羊，前不久有一只大雁给我朝皇帝捎去一封信，说苏武还活着！"匈奴人更加认为苏武是神了，只得放了苏武。

西汉昭帝始元六年（公元前 81 年）春天，苏武在匈奴住了 19 年才回到长安，去的时候才 40 岁，回来已经快 60 岁了；当年 100 多人出城，回城时只剩下常惠等 9 人。苏武当年出使匈奴时拿的节杖，19 年了，还仍拿在手中，亲自交还汉武帝。汉武帝非常感动，拜任苏武为典属国，大加赏赐。

苏武保持汉节，不屈服于匈奴贵族的任何威胁与利诱，代表了汉族和匈奴族人民要求平等联合，反对民族压迫的共同愿望。因此，苏武牧羊北海（今俄罗斯的贝加尔湖）的事迹被人们编成歌、剧、故事，广为流传。

五、两赴西域开丝绸，西使皆称博望侯

西汉以来，玉门关和阳关以西即今新疆乃至更远的地方，被称作西域。今新疆境内的西域以天山为界，分为南北二部，南部为塔里木盆地，北部为准噶尔盆地。西汉初年，西域共有 36 国，绝大多数分布在天山以南塔里木盆地南北边缘的绿洲上。在塔里木盆地的南缘，有且末、扜弥、于阗、莎车等国（南道诸国）；在盆地的北缘，有尉犁、焉耆、龟兹、姑墨、疏勒等国（北道诸国）。盆地东端有楼兰国，其遗址已于今罗布泊西北发现。这些国家多以城郭为中心，兼营农牧，有的还能自铸兵器，只有少数国家逐水草而居，粮食仰赖邻国供给。西域诸国语言不一，互不统属，由于自然条件的限制和其他原因，每国的人口一般只有几千人到两三万人；人口最多的龟兹，才 8 万人，最少的仅有几百人。

在盆地西南，还有蒲犁、依耐等小国，有的城居，有的游牧，发展水平不一。

天山以北的准噶尔盆地，是一个游牧区域。盆地以南的天山缺口，由车师（姑师）控制着。西部的伊犁河流域，本是塞种人居住的地方。汉文帝时，原来游牧于敦煌、祁连一带的月氏人被匈奴人逼迫，向西迁徙到这里，赶走了塞种人。后来，乌孙人摆脱匈奴控制，又向西迁徙，把月氏人赶走，占领了这块土地。乌孙人有 12 万户，63 万口，不田作，随畜逐水草，与匈奴同俗。

西汉初年，匈奴的势力伸展到西域，征服了这些国家，置"僮仆都尉"于北道的焉耆、危须、尉犁之间，榨取西域的财富。匈奴在西域的统治非常暴虐，西域东北的蒲类，本来是一个大国，其王得罪匈奴单于，单于徙其民 6000 余口，置于匈奴右部阿恶地，因号曰"阿恶国"，贫羸的蒲类人逃亡山谷间，才保存了蒲类的国号。

张骞出塞图

自玉门关出西域，有两条主要的路径。一条经塔里木盆地东端的楼兰，折向西南，沿昆仑山北麓西行至莎车，称为南道。南道西出葱岭至中亚的大月氏、安息。另一条经车师前王庭，沿天山南麓西行至疏勒，称为北道。北道西出葱岭，至中亚的大宛、康居、奄蔡。

与今新疆相邻的中亚诸国，当时也被称为西域。其中大宛在葱岭西北，人口30万，产稻、麦、葡萄和良马。大宛西南，是大月氏。大月氏由敦煌、祁连迁于伊犁河流域，又由伊犁河流域迁于妫水（今阿姆河）北，营游牧生活。原住妫水以南的大夏人，被大月氏所臣服。大月氏以西的安息是一个强大的国家，商贾车船周行旁国。在安息的北面，大宛以西，今咸海以东的草原，则由游牧的康居人控制着。

汉武帝听说西迁的大月氏有报复匈奴之意，所以募使使大月氏，想联络他们夹攻匈奴。汉中人张骞以郎应募，建元二年（公元前139年）率众100余人，出陇西向西域进发。张骞在西行途中，被匈奴俘获，他保留汉节，居匈奴10年左右，终于率众逃脱，西行数十日到达大宛。那时大月氏已自伊犁河流域西迁到妫水流域，张骞乃经康居到达大月氏。大月氏自以为新居之处肥饶安全，又与汉距离遥远，所以不愿意再东还故地，张骞不得要领，居岁余而还。他在归途经过羌中，又被匈奴俘获，扣留了一年多。元朔三年（公元前126年），张骞回到长安，元朔六年受封为博望侯。张骞出使西域，前后达10余年，历尽各种艰险。他的西行，传播了汉朝的声威，获得了大量前所未闻的西域资料，所以司马迁把此行称为"凿空"。

张骞东归后，元狩元年（公元前122年），武帝遣使探求通过身毒国（今印度）开辟一条不经匈奴而到大夏的交通线，但是没有成功。第二年，汉军击破匈奴，取得了河西地带。从此，自盐泽以东，空无匈奴，汉与西域之间的道路终于打通了。

元狩四年，张骞再度出使西域，目的是招引乌孙回河西故地，并与西域各国联系。张骞此行率将士300人，每人备马两匹，并带牛羊以万数，金币丝帛巨万。张骞到乌孙，未达目的，于元鼎二年（公元前115年）偕同乌孙使者数十人返抵长安。随后，被张骞派到大宛、康居、大夏等国的副使，也同这些国家报聘汉朝的使者一起，陆续来到长安。从此以后，汉同西域的交通频繁起来，汉王朝派到西域去的使臣，每年多的十几批，少的五六批；每批大的几百人，小的百余人。使者中有许多人以所携官物为私产，到西域牟利，所以使者队伍实际上也就是商队。

张骞是汉武帝时期的杰出人物，是古代伟大的探险家、旅行家和外交家。他顺应历史潮流，在历史上做出了卓越的贡献。

从祖国的北部沙漠到西南山区，从大山南北到葱岭内外，到处留下了张骞的足迹。张骞以顽强的意志和坚忍不拔的精神，翻过了千年冰封的崇山峻岭，渡过了无数的激流和险滩，跨过了荒凉的溪谷和低洼的盆地，走遍了祖国的许多绿洲和草原。张骞游踪之广，见闻之富，在 2000 多年以前是举世罕见的。

张骞两次出使西域，不仅在汉族和西域各族之间加深了友谊，增进了相互了解，为进一步密切关系创造了条件；而且，考察和开辟了著名的"丝绸之路"，沟通了经过我国新疆地区，到达西亚的交通要道。张骞亲自到达现在的阿富汗等地，此后，他的副使和其他使节又陆续到达印度、伊朗以及阿拉伯半岛和里海之滨，使汉朝和西亚、南亚许多国家和地区正式建立了友好关系。到西汉末年，除了"南道"和"北道"之外，又开辟了一条新道。也就是从敦煌出发后，向北走，避开坎坷难行的白龙堆沙漠，取道伊吾（今新疆哈密），越过博格达山，经车师后国（今新疆吉木萨尔），然后沿天山北麓西行，到达乌孙，称为新北道。此后，各条路线也继续向西延伸。到东汉时，甘英已经到达了西海（今波斯湾）沿岸，并知道了通往罗马的路线。

张骞不仅以"凿空西域"的不朽功绩而享有盛名，而且还以刚毅坚强的性格和胸襟开阔、待人诚恳的宝贵品质，深受爱戴。张骞死后，汉朝派出的使者"皆称博望侯"；汉使所到之处，都因此受到信任和欢迎。张骞的封号，竟成了汉朝使者的美称。史称张骞"为人强力，宽大信人，蛮夷爱之"，这是很中肯的评价，绝不是过誉之词。

在张骞通西域，特别是在汉武帝收复河西，张骞出使乌孙之后，揭开了东西交通的序幕，东西人员的往来和经济文化的交流出现了新局面。在我国历史上，又翻开了新的有意义的一页。

当时，汉朝派出的使节，每批多者数百人，少者百余人；一年之中，多则 10 余起，少则五六起；路程远的往返要八九年，路程近的也要三五年。西域的使者和商人，也跋山涉水，披星戴月，云集汉朝边塞。所谓"驰命走驿，不绝于时月；商胡贩客，日款于塞下"，就是指这种情况而言。在使者相望于道，络绎不绝的频繁往来中，欧洲人也开始来到了中国。

这些客人，跟着汉武帝到处观光游览。汉武帝让西方的"眩人"当众表演杂技，吞刀吐火，自缚自解，以至于方圆300里的人都赶来围观，盛况空前。汉武帝还设盛宴招待四方宾客，并赏赐他们大量丝绸等物。汉宣帝亲自在平乐观接见、宴请匈奴贵族和使者，并把汉朝官属侍御上百人集中在上林苑，专门学习乌孙语言。汉朝派往中亚、西亚等地的使者也受到欢迎和款待。安息王曾派两万骑兵到远离京城的东部边界迎接汉朝客人。

在东西往来的人员中，除了负有各种使命但在客观上又起到了物质文化交流作用的正式使节之外，更多的是打着使者旗号的商人。此外还有为数众多的汉族士兵、田卒，以及西域各族派到汉朝学习参观的贵族子弟。至于不见史籍记载的民间往来，更是难以数计。随着人员往来的增加，经济文化交流也日趋频繁。

我国是发明丝绸和冶铁术最早的国家。早在公元前5世纪，丝绸就开始西传。西方曾把中国称为"丝国"，把中国古代的首都称为"丝城"。我国生产的铁器也素享盛名。据记载，大宛以西至安息国，"其地皆无丝、漆、不知铸铁器"，是汉朝的逃亡士卒教会了他们铸造兵器，并传去了"黄白金"（铜锡合金）。在张骞通西域之后，丝绸大量西传。波斯既是丝绸的消费地，

张骞

又是向罗马贩运的中转站。其他如养蚕术、漆器、铁器和冶铁术以及其他工艺品和桃、杏、梨等农产品，也相继传到波斯、印度等地。汉朝的先进生产技术，如井渠法，也传到大宛，并在西域地区被广为采用。

同时，汉朝的先进文化，也对西域各族发生了相当大的影响。据记载，汉宣帝时，乌孙解忧公主曾派她的长女弟史到长安学习鼓琴。在归途中，龟兹王绛宾把弟史留作夫人。以后他们夫妇俩又多次到汉朝朝聘，汉宣帝赏赐他们车骑旗鼓，歌吹数十人，以及各种丝织品、

珍宝等多至数千万。由于他们"乐汉家衣服制度",回到龟兹后,在宫室建造、警卫配置、出入传呼、鸣钟击鼓等许多方面,进行学习和模仿,一切"如汉家仪"。这个故事可以说明汉族文化在西域各族的传播情况。

另一方面,汉朝使节从大宛引进了葡萄和苜蓿,汉武帝不仅在离宫别观附近大量种植,而且大力推广。其他如胡桃(核桃)、石榴、胡麻(芝麻)、胡豆(蚕豆)、胡瓜(黄瓜)、胡蒜(大蒜)、胡萝卜等,也移到我国中原地区安家落户,成为我国人民的生活必需品。西方的毛皮、毛织品,也成为长安市场的名贵商品。至于名马、骆驼、狮子、安息雀(鸵鸟)等异兽珍禽,也陆续东来。西方的音乐、舞蹈、绘画、雕塑、杂技等,也对我国古代的文化艺术产生了积极的影响。

总之,这种"殊方异物,四面而至"的盛况,反映了东西交通开辟后,东西经济文化交流出现的新局面。

六、刚直敢言耿汲黯,不畏权贵社稷臣

汲黯(?—公元前 112 年),字长孺,濮阳(今河南濮阳)人。汉景帝时因为父亲的原因任太子洗马。汉武帝时期,初为谒者,后来出京做官为东海太守,有政绩。被召为主爵都尉,列于九卿。汲黯为人耿直,好直谏廷诤,汉武帝刘彻称其为"社稷之臣"。

和汲黯同时的一个大臣叫公孙弘,他最善于拍汉武帝的马屁,又会装腔作势,当了很大的官(御史大夫),却故意穿着粗布衣服,表示自己生活俭朴。汲黯在汉武帝面前批评他说:"公孙弘的官位已经达到一等了,享受朝廷丰富的俸禄,他却故意穿着粗布衣裳,装给别人看,这是一种伪君子行为!"

汉武帝对汲黯的话不敢不听,立即派人把公孙弘叫来,和汲黯当面对质,问公孙弘是不是真有这么回事。公孙弘说:"是有这么回事,我这种做法不对,古代最了不起的大臣像管仲就生活得很豪华,但他却把齐国的事情办得很好。我今天是御史大夫,却穿着和下层小官员一样的衣服,汲黯和我是好朋友,他批评得很对,很对!"

汉武帝见公孙弘这么谦虚,也不好怪罪他,反而认为他勇于承认错误,对他厚爱有加,后来不断提拔公孙弘,一直让他当了丞相。公孙弘当了丞相后,便暗暗排挤汲黯,给汲黯当了个右内史。右内史部中,全是贵族出

汲黯

身的人在里面任职，历来是最难管的地方。公孙弘让汲黯去当头，实际上是给汲黯小鞋穿，汲黯知道公孙弘是在为难自己，却也毫不畏惧。

公孙弘有一个好朋友叫张汤，两人在朝廷里互相吹捧，互相抬高，想方设法揣测汉武帝的心思，看准了汉武帝喜欢什么，他们就说什么，汉武帝想做什么，他们就做什么。张汤任用了一个当时很有名气的文人倪宽，让倪宽代替自己办理各种大小案件。倪宽主张法律要严，执行起来也死板得很，实际上这在当时是好事，可汲黯历来主张要宽松，不要对老百姓太苛刻了，为这个事常和倪宽争吵，倪宽知道汲黯很犟，没有过分地与他较真。

一次，汲黯对倪宽办案太严而不满，却拿张汤出气，说："人们都说小人不能当大官，说得很对，你们看张汤这种做法，一点不讲仁义，如果让张汤这样的人治理天下，那人们连路都不敢走了，只好把两只脚叠起来走路，一分开就要犯法！"

说完这些话，汲黯还觉得不够，又跑到汉武帝跟前去发牢骚，对汉武帝说："您使用大臣，就像堆柴草一样，越到后来的柴草却越堆得高！我实在弄不明白！"话中的意思是指公孙弘、张汤做官做得比自己还要大。汉武帝给汲黯问得脸上一阵红一阵白，答不出话来。等汲黯走了后，他只好苦笑着对旁边的人说："这个汲黯平时不学习，越来越粗鲁，讲话也没有分寸了！"

实际上，汉武帝最怕的大臣就是汲黯，因为汲黯经常当面指出汉武帝的过失，没有丝毫顾忌。汉武帝是个好大喜功、很要面子的人，最怕汲黯来这一套，所以看到汲黯就害怕。一听说汲黯来了，连忙把衣服帽子理整齐，才敢接待。有一次，汉武帝在帐子中闲坐，衣服敞着，帽子也未戴，老远听见汲黯的声音，赶快躲起来。汲黯对着汉武帝躲的地方奏事，还未禀告完毕，汉武帝连声说："可以可以，立即去办！"等汲黯退出大厅老远，才敢重新出来。而汉武帝对任何人都不尊重，像丞相公孙弘来谈事情，汉武帝经常不戴帽子；即使像卫青这样功劳又大，又是皇帝姐夫的人，汉武帝都不尊重，甚至一边解小便一边听卫青谈事情。

有一次汉武帝问严助说："依你看，汲黯是个什么样的人？"严助说："汲黯这个人正直得很，不怕权势，让他当一个大官，不一定比别的人强，但要把天下大事交给他办，委托他辅助小皇帝，他一定会忠于职守，坚定地办好每一件事情，即便万般险阻也改变不了他。"汉武帝也认为严助说得很对。

晚年时，汉武帝派汲黯任淮阳（今河南淮阳）太守，汲黯在赴任之前对李息说："我现在要离开京都，到淮阳去，不能经常向皇帝提建议了，你是当今一品官，要告诉皇帝，御史大夫张汤是个奸诈的小人，他专门迎合皇帝的意思，做了许多坏事，你要时刻提醒皇帝，要不然，等张汤被杀头的时候，你也会受牵连，在劫难逃。"李息害怕张汤的势力，不敢向汉武帝说。后来张汤果然被治罪。汉武帝听说汲黯曾告诉李息，让李息多提醒皇帝，而李息胆小不敢说，便连同李息也一道治了罪。

七、渤海太守年七十，龚遂治齐巧安民

龚遂，字少卿，山阳南平阳（今山东邹城）人。以明经为官，至昌邑王郎中令，事昌邑王刘贺。龚遂为人忠厚，刚毅有大节，内谏争于王，外责傅相，引经义，陈祸福，至于泣涕，蹇蹇不已。当面指责刘贺的过失，常说得刘贺掩耳而走，说："郎中令善丑人。"昌邑国中人尽皆畏惮之。汉昭帝死，刘贺立，动作多无法度，龚遂屡谏，刘贺不听。后刘贺被废，昌邑群臣坐陷刘贺于不道而被杀者200余人，只有中尉王阳和龚遂二人以多次谏争，得以减死，贬为城旦。

汉宣帝即位以后，渤海郡（治今河北沧州东南）和邻近的郡县屡次发生饥荒，盗贼蜂起，郡二千石不能擒制。宣帝想选择有治民之才的官吏前去任职，丞相御史推荐龚遂可以任用，宣帝便任龚遂为渤海太守。当时，龚遂已经70多岁了，人又长得形貌短小，没有气派。宣帝召见时，见龚遂是这个样子，和龚遂的盛名不相符合，心中微感失望，有点轻视，对龚遂说："渤海郡治废乱，朕甚忧之。你想采取什么办法止息盗贼，以称朕意呢？"龚遂回答说："渤海郡地处海滨，偏僻遐远，不沾圣化，其民困于饥寒，官吏却不体恤，故使陛下之赤子盗弄陛下之兵器玩于污池中耳。如今陛下

龚 遂

是想使龚遂压服他们呢？还是安定他们呢？"宣帝听了龚遂的回答，非常高兴，说："选用贤良，本就是为安定之。"龚遂说："臣听说治理乱民就像治理乱绳一样，不能着急。只有缓缓办事，然后可治。臣愿丞相御史暂且不要以文法拘绊臣的手脚，使臣得以一切便宜从事。"宣帝同意，并加赐黄金，赠给龚遂乘传之车。

龚遂上任至渤海郡界，郡中听说新太守到来，派出郡中的军队出来迎接，以壮声威。龚遂把他们都遣返回去，然后移书郡中各个属县，全部撤回那些逐捕盗贼的官吏，并下令说，那些手中持着锄头镰刀的人都是良民，那些手中持着刀枪剑戟等兵器的人才是盗贼，要依法惩治。之后，龚遂单车独行至郡府，郡中安然。那些为盗贼的人也都感到疲厌，不愿再为。郡中有许多劫掠别人、敲诈勒索的人，听到龚遂的号令之后，便都将劫来的人遣散，扔掉兵弩而拿起了锄钩等耕田之器。于是，盗贼很快便平息下来，百姓又可以安居乐业，不再提心吊胆。龚遂见盗贼已平，便下令打开郡府仓库，假贷钱粮给贫民，又选择良吏以治之。龚遂见渤海郡一带的风俗奢侈，不喜欢耕田种地而喜工商之业，为改变这个习惯，龚遂亲自带头，率以俭约，劝百姓务力于农桑，令郡中人每人种植1棵榆树、50棵葱、1畦韭菜；每家养2只母猪、5只鸡。百姓有带刀剑的，让他们把剑卖掉买牛，把刀卖掉买牛犊。使百姓们在春夏之间不得不到田亩上干活，秋冬天派人查收，令百姓再增加种植些其他的经济作物。经过一段时间后，郡中百姓皆有蓄积，吏民家里都富实起来，而狱讼之事则止息下来。

数年之后，宣帝派使者宣龚遂还京师，议曹王生愿跟随龚遂到京师去。王生平时喜欢喝酒，没有节度，不足以任事。但龚遂不忍心拒绝，便答应了。到了长安之后，王生天天饮酒，不管龚遂的事。一天，龚遂被召入宫，王生喝醉了酒，从后面叫住了龚遂，说："明府（汉代人对太守的习惯尊称）暂且等一下，请您听我说一句。"龚遂停下来，问王生想说什么，王生说："天子若问君何以治渤海，君不可有所陈对，应该回答：'此皆圣主之德，非小臣之力也。'"龚遂听从了王生之言。见了宣帝后，宣帝果然问起如何治渤海，龚遂以王生所教之言回答。宣帝为龚遂的谦让感到高兴，笑着说："你是从哪里学来的长者之言而称之？"龚遂说："臣本不知此，这是臣的议曹教戒臣所说。"宣帝因为龚遂年纪太大，不宜仕公卿，便拜龚遂为水衡都尉，而拜王生为水衡丞，以示褒显。几年以后，龚遂在任上去世。

八、石显专权逞机巧，宦官干政开先例

石显，字君房，济南（今山东章丘西北）人。和他同时的弘恭是沛（今江苏沛县）人。二人都是在少年的时候犯了法，被处以腐刑（割去生殖器），为中黄门（宦官），以选为中尚书。宣帝之时，为加强自己的权力，开始任用宫中的宦官，弘恭明习法令故事，善为请奏，能称其职。因而宣帝任弘恭为中书令，石显为中书仆射。这是汉代宦官干预朝政的开始。汉元帝即位几年后，弘恭死去，石显便代弘恭为中书令。

当时，汉元帝在位，身体虚弱多病，不亲自过问政事。元帝又特别喜欢音乐，每日沉醉在歌舞弦乐之中。因为石显长时间掌管政事，又是宦官，在外很少有亲党，汉元帝认为他精专可以信任，便将政事都交给石显处理。这样，朝中事无小大，都由石显决断，权势倾朝，百官臣僚见其如此，都拼命讨好巴结。石显为人巧慧机灵，精明能干，能先探得皇帝那些没有公开讲出来的意思，心肠十分狠毒，善于诡辩以中伤于人。得罪他的人，哪怕是极小的过错，他都要用重法加害。当初元年间（公元前48—公元前44年），前将军萧望之、光禄大夫周堪、宗正刘更生等皆给事中。萧望之领尚书事，知道石显专权邪辟，向汉元帝建议，认为："尚书为百官之本，国家枢机，应以通明公正处之。武帝游宴后庭，故任用宦官，但此非古制。应罢除中书宦官，以应古代不近刑余之人的训条。"汉元帝不听，萧望之却因此大受石显嫉恨。后来，这几个人都遭到石显的迫害，萧望之自杀，周堪和刘更生被废官禁锢，不得再进用。以后，太中大夫张猛、魏郡太守京房、御史中丞陈咸、待诏贾捐之等都曾上奏封事，有的被元帝召见，向元帝揭发石显的秽行。石显便派人寻找他们的罪过。京房、贾捐之被弃市，张猛自杀于公车之中，陈咸抵罪，罚为城旦。郑（今陕西华县）令苏建得到石显的私人书信，上告信中的罪恶之事，后来也被石显找其他借口加以

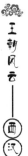

杀害。从此，朝中公卿以下都对石显十分畏惧。石显不仅自己作恶，还和中书仆射牢梁、少府五鹿充宗等人结为死党，那些阿附巴结他们的人都得到高官厚禄。民间流传一首民歌说："牢邪石邪，五鹿客邪？印何累累，绶若若邪！"形容他们兼官据势，无恶不作。

但石显毕竟知道自己是个宦官，虽可权倾一时，最终却成问题。他见左将军冯奉世父子俱为公卿，很有声望，冯奉世的女儿又在元帝宫内为昭仪（次于皇后），想依附冯家以为长久之计，便向元帝推荐说，冯昭仪的哥哥谒者冯逡德才兼备，可以倚重。汉元帝召见冯逡，想任冯逡为侍中。冯逡请元帝把旁边的人支开，然后向元帝进言，谈石显专权之罪。谁知元帝一听大怒，下令罢冯逡归郎官。其后，御史大夫的位子有缺，群臣都举荐冯逡的哥哥冯野王行能第一。汉元帝征求石显的意见，石显说："九卿之中没有人比得上冯野王。但他是冯昭仪的亲哥哥，臣恐后世人必定为陛下抛开众贤，而私后宫之亲以为三公。"元帝十分糊涂，认为石显言之有理，便下诏嘉美冯野王，却废而不用。

石显内心自知自己擅权非为的把柄抓在别人手中，只是汉元帝不悟而已。一旦汉元帝纳用左右别的宦官或近人，疏远自己，便会对自己不利，因此他想了一些诡计，来向汉元帝表示自己的绝对忠诚。石显曾经派官吏至宫外调发用品，他先向元帝讲明，说怕办事办到后半夜以后宫门关上进不来，请元帝届时下诏让把门人开门。然后，石显故意很晚才回宫，等元帝下诏开门之后才入宫。后来，果然有人上书告石显命矫诏开宫门，汉元帝听说后，笑着将奏折拿给石显看。石显乘机哭着说："陛下太信任小臣，属任以政事，群下无不嫉妒，都想陷害小臣。这类事情不止一次，唯明主知之。愚臣微贱，诚不能以一人而使万众快心，任天下之怨。臣愿归还枢机之职，受后宫扫除之役，死无所恨，唯陛下哀怜，以此全活小臣。"汉元帝认为石显所言有理，不但不怀疑，反而几次慰劳石显，加厚赏赐。前后所赏财物，其价值竟达一亿钱以上。

当初，石显听说天下人纷纷谈论，都说是自己杀了前将军萧望之。萧望之是当世名儒，威望极高。石显怕天下读书人到处诽谤自己，为此感到担忧。当时，著名经师学者琅邪郡人贡禹为谏大夫，石显为改变自己在众人心目中的形象，便派人向贡禹致意讨好，深自结纳，并向汉元帝推荐贡禹，使贡禹历任九卿，官至御史大夫，对贡禹奉承备至。谈论此事的人便认为石显不会妒嫉萧望之而称赞他。像这样的变诈机巧以自免的事，石显还做了不少。

汉元帝晚年病更多更重，定陶恭王刘康深受元帝爱幸，石显便拥拢刘康，颇为卖力。元帝死，刘骜即位，是为汉成帝。石显被迁为长信中太仆，秩中二千石，这一下，石显手中没有了实权。几个月后，丞相御史等便分条石显过去所犯的罪恶。石显被治罪，和妻子徙归老家，气得忧懑不食，在路上病死。石显的党羽牢梁、陈顺等人都被免职，五鹿充宗被降为玄菟太守，御史中丞伊嘉被降为雁门都尉。长安城中流传一首歌谣说："伊徙雁，鹿走菟，去牢与陈实无贾"，以示庆祝。

第四章　巾帼女英

一、昭君自有千秋在，胡汉和亲见识高

王昭君（约公元前 52—约公元 8 年），名嫱，字昭君，乳名皓月，西汉南郡秭归（今湖北省宜昌市兴山县）人，西汉元帝时和亲宫女。晋朝时为避司马昭讳，又称"明妃"、王明君。

王昭君出生在江南农村，从小就聪明伶俐，勤奋好学，善良勤勉，深得父母的宠爱。10 多岁的时候，父母专门在自己家门前为她修了一座望月楼，让她在楼上读书作画，弹琴歌舞，刺绣梳妆。

王昭君长得亭亭玉立，仪表艳丽，许多慕名登门求婚者都被她委婉地谢绝了。汉元帝继位以后，广泛搜罗天下美女，充实后宫。17 岁的王昭君以"良家女"被选入宫。元帝因妃嫔众多，不能逐一召见，于是命令著名的画家杜陵人毛延寿摹绘宫女肖像，然后进呈皇上御览。元帝按图索骥，择优召幸。

王昭君也被召去让毛延寿画像。昭君天生美貌，但她生性清高，断然拒绝行贿。毛延寿索贿不成，便恼羞成怒，借机宣泄私愤，画笔之下故意把昭君的花容月貌绘成泥塑木雕一般。昭君被易妍为丑的形貌自然无法取悦于元帝，一个才貌双全的女子就这样被冷落在后宫中。

入宫多年的王昭君因毛延寿的卑劣行径而未能见御，想起自己可能在汉宫中无聊地虚度一生，内心就感到战栗。她渴望能够脱离深宫，回到与世无争、充满欢愉与生机的生活。

匈奴是我国北方的一个强大的游牧民族。汉匈之间的关系一直时弛时张。武帝即位（公元前 140 年）以前，国力较弱，汉朝对匈奴的政策是和亲，

为的是换取北部边境的暂时安宁。王昭君虽然身处宫中，对于汉匈两族关系，也有所耳闻。元帝竟宁元年（公元前33年）正月，匈奴呼韩邪单于入朝，请求娶汉人为妻，元帝慨然允诺。元帝觉得前代已有取宫室子女充作公主嫁与单于的先例，不妨从后宫中随便选择一个未曾召幸的女子嫁与已投降的呼韩邪。于是，他诏令："谁愿意去匈奴，朕就把她当公主看待。"在汉代的女子看来，出塞是一件极不寻常的事，所以多数宫女犹豫不决。后宫那些美貌女子宁愿百无聊赖地度日，也不愿前往不为人知的匈奴，而王昭君却毫不犹豫地表示自愿前往匈奴。

此时满腹愁怨的王昭君主动请行，元帝闻讯后十分欣慰，当即允诺，并吩咐准备嫁妆，选择吉日，为呼韩邪单于和王昭君送行。

王昭君装束停当，向元帝辞行。元帝一见，惊呆了，没想到昭君竟是一个芳容绝代的女子！只见她云鬟低垂，容貌丰美，粉颊绯红，衣服靓丽，体态身材无不合度，那两道黛眉，浅颦微蹙，似乎含有嗔怨的模样，左右臣僚也为之倾倒。元帝后悔莫及，但事已无法挽回，只能在事后将毛延寿问斩泄愤。呼韩邪单于欢欢喜喜地谢过元帝厚恩，便携带昭君出塞。

王昭君随同呼韩邪一起，在汉朝和匈奴官员的护送下离开栖身数载的汉宫，前往漠北。王昭君出塞时，头戴红背兜，身穿红斗篷，骑着白马，

《绣刊昭君和番双凤奇缘全传》书影

怀抱琵琶，前往漠北。王昭君一行经过了汉朝的左冯翊（今陕西西安）、北地（今甘肃庆阳）、上郡（今陕西榆林）、西河（今内蒙古东胜）、朔方（今内蒙古杭锦旗）、五原（今内蒙古包头）等地。王昭君坐在毡车上，领略大自然的美景。望着愈来愈近的单于廷，一种难以说清的思绪涌上了她的心头。

传说，昭君告别了故土，登程北去。一路上，马嘶雁鸣，撕裂她的心肝；悲切之感，使她心绪难平。她在坐骑之上，拨动琴弦，奏起悲壮的离别之曲。南飞的大雁听到这悦耳的琴声，看到骑在马上的这个美丽女子，忘记扇动翅膀，跌落地上。从此，昭君就得来"落雁"的美称。

到达匈奴中部的单于廷后，呼韩邪单于加封王昭君为"宁胡阏氏"，即匈奴皇后。

王昭君过上了住穹庐、披毡裘、食畜肉、饮乳酪的游牧生活，慢慢适应了匈奴族的生活方式。善良勤勉的王昭君，把汉朝的文化介绍给他们，匈奴人民都很喜爱她，尊敬她。

呼韩邪单于开辟了北部少数民族地方政权接受汉朝中央领导的先例，促成了塞北与中原的统一，开创了汉匈两族的团结合作。汉匈关系和平友好，关市畅通，两族人民的互市和接触可以不受或少受限制，匈奴人可从汉人手中获得生产和生活用品，汉族文化可以传入匈奴，从而使匈奴人的社会生产力和日常生活都迅速地提高；同时匈奴文化也传播到中原，丰富了祖国的文化宝库。呼韩邪单于在汉朝支持下，结束了匈奴20余年来的分裂状态。统一安定了匈奴政治的混乱局面。

王昭君与呼韩邪单于成婚后一年多便生下了一个儿子，取名伊屠知牙师。婚后的第三年，即汉成帝建始二年（公元前31年），呼韩邪单于病死。呼韩邪单于死后，大阏氏所生的雕陶莫继位，号复株累单于。此时王昭君上书汉成帝要求归汉，汉成帝敕令王昭君"从胡俗"。因为匈奴有"父死妻其后母（不是生母）"的习俗。在匈奴人的观念中，嫁入本氏族的女子，属于夫家的氏族。夫死之后，必须约束在本氏族之中不得外嫁。因此，除生母外，都由儿子或兄弟继承她们的婚姻关系，使她们不能脱离夫家的氏族共同体。接到成帝的敕令后，王昭君体会到汉朝的用意，打消了归汉的念头，忍屈含辱，再嫁给了复株累单于雕陶莫。

王昭君又与复株累单于雕陶莫生了两个女儿，长女名云，后嫁给右骨都侯须卜当，称须卜居次（即须卜公主）；小女嫁给当于氏，故称当于居次。昭君的儿子伊屠知牙师做了匈奴的右日逐王。随着岁月的流逝，王昭君最终病死在匈奴。王昭君去世后，厚葬于今呼和浩特市南郊，墓依大青山，傍黄河水。后人称之为"青冢"。

王昭君以一个良家女被选入西汉后宫，她刚直的性格，致使冷落，开始了漫长而愁苦的后宫生活。为摆脱孤寂无聊的后宫生活，她决定充当"和亲使者"，远嫁匈奴，肩负起发展汉匈两族团结友好的关系的特殊使命，若似女中豪杰。

昭君出塞后，她劝呼韩邪单于不要去发动战争，把中原的文化传授给匈奴人。从此，使得汉匈两族团结和睦，国泰民安，"边城晏闭，牛马布野，三世无犬吠之警，黎庶忘干戈之役"，匈奴展现出欣欣向荣的和平景象。因为昭君不只是一个北上匈奴的人，她带着所有中原的文化，所到之处，无不春暖花开。她一个人影响着整个匈奴以及全中原人民的生活。王昭君为实现汉朝与匈奴的和睦相处而远嫁匈奴，开创汉匈间 60 年无战事的和平局面。王昭君的历史功绩，不仅仅是她主动出塞和亲，更主要的是她出塞之后，使汉朝与匈奴和好，边塞的烽烟熄灭了 60 年，加强了汉族与匈奴民族之间的民族团结，是符合汉族和匈奴族人民的利益的。她对胡汉两族人民和睦亲善与团结做出了巨大贡献，因此，她得到历史的好评。元代诗人赵介认为王昭君的功劳，不亚于汉朝名将霍去病。昭君的故事，成为中国历史上流传不衰的民族团结的佳话。

王昭君在汉匈两族关系史上写下了光辉一页，流传至今。历代文人墨客写下了多达 770 多首诗词之作，对其歌咏赞唱，称王昭君为"巾帼英雄"。

二、首创纺织提花机，巾帼医家第一人

1. 陈宝光妻

陈宝光妻（生卒年不详），具体姓名不详，传为西汉巨鹿（今河北平乡西南）人陈宝光之妻。西汉昭帝、宣帝时织绫艺人，工织绫，传授织法，为提花机织发明者。

丝织业是西汉的重要手工业之一，当时的山东临淄（今山东省淄博市临淄区）和襄邑（今河南睢县）已设有较大的官营作坊，所生产的产品供皇室使用。西汉元帝时期（公元前 48—公元前 33 年），汉皇室在山东临淄

设服官三所，称三服官，"作工各数千人，　岁费数巨万"。

陕西长安（今陕西省西安市）的东西织室规模也很大，每年花费在5000万钱以上。由于专织精细丝织物，襄邑、和齐（山东临淄）的丝织业特别发达。王充曾说："齐部世刺绣，恒女无不能。襄邑俗织锦，钝妇无不巧。"因此，西汉末期至东汉初期，丝织手工业已经很发达，能织成精美的织物。

当时山东临淄、河南襄邑两地的织工都在钻研技术，想要发明织花机，以代替手工刺绣。西汉成帝绥和二年（公元前7年）诏书说："齐三服官织绮绣难成。"这说明当时山东临淄织工在试制织花机，但没有成功。

因此，社会生产的需要，就成为科学技术发展的强大动力。社会一旦有变革技术的需求，则新的生产技术就应运而生。中国织花机的发明，就是生产发展的需要。

在陈宝光妻子以前，劳动人民已经发明了织机，用机械织绸，但比较简单。据《西京杂记》记载，汉宣帝（公元前73—公元前49年）时，陈宝光妻子曾在大司马霍光家传授蒲桃锦和散花绫的织造技术，她所用的绫锦机有120综120镊，60日成一匹，匹值万钱，反映了西汉时中原地区丝织技术的水平。

陈宝光妻子在纺织实践中对锦绫织机的构造和功能进行了改进和创新，制成了由120镊组成的复杂的锦绫织机。"镊"是锦绫织机上用来夹"提花线束"的附属部件，所以陈宝光妻子用的织机是一部提花机。后东汉王逸写有《机妇赋》一文，大致描述了陈妻所造织花机的外观。在明代宋应星所著《天工开物》中，这种提花机被记载到了《乃服篇》中。

提花技术的出现是纺织科学史上的重大进步，而这种先进的纺织技术在西汉末东汉初期，陈宝光妻子就已掌握，并在实践中熟练地使用和推广。她在纺织机上，把织物上的花纹、图案用不同颜色的线，直接编织成如"蒲桃锦""散花绫"那样高质量的"锦"和"绫"。这说明当时提花机的产量已经很高了，进一步印证了西汉时期中原地区丝织技术已达到很高的水平。

2. 义妁

义妁（生卒不详），西汉河东（今山西省运城市盐湖区王范乡姚张村）人。她是我国正史所载最早的女名医，被誉为"巾帼医家第一人"。义妁因医术高超被召入宫，专为皇太后治病。是中国古代四位女名医（西汉义妁、晋代鲍姑、宋代张小娘子、明代谈允贤）之首。

汉武帝时期，义妁父母遭到太医院最高长官太医令丞崔府志的陷害，双双身亡，刚刚出世不久的孤女义妁被父亲生前好友民间大夫许善友抱走领养。义妁天资聪敏，对医术情有独钟，立志成为一名大夫。无奈生为女子，又加之养父的坚决阻挠，只得偷学医术。养父在瘟疫中献身，临终前告诉了她的身世。悲痛中更加坚定了她做一名德行高尚的大夫的决心。此后拜长安第一名医郑无空为师，苦学医术，悬壶济世，深受群众的爱戴和欢迎。由于她医疗技术精湛，朝野共知。

义妁善于治疗各种疾病，尤擅长妇科。汉武帝的母亲王太后年老多病，汉武帝听人说起义妁医术高超，便派人专程暗访。结果证明义妁不但擅长内科疑难杂症，而且对外科、针灸也颇精通，所用药物只是些山间的草木藤叶，但疗效极好。于是，汉武帝便诏她入宫，封为王太后的特别侍医。

义妁到宫中以后，果然将王太后的病治好了。有一天，王太后问她，你有儿子、兄弟吗？义妁说，只有一个弟弟义纵，但行为不节，不可为官。但是，王太后因为十分喜爱她，仍奏请汉武帝，封义纵为中郎，补为上党郡令。而从《史记》所记来看，义纵其实很有能力，为官后依法办事，不避权贵，深受汉武帝赏识，但娴于杀戮，被认为是西汉中期以严厉手段打击豪强地主的著名"酷吏"。

义妁入宫后，先后做过乳医、女医、女侍医，最终被汉武帝册封为西汉历史上第一位女国医。

三、卓文君当垆卖酒，《白头吟》责夫忘义

卓文君（公元前175—公元前121年），原名文后，西汉时期蜀郡临邛（今四川省成都市邛崃市）人。汉代才女，中国古代四大才女之一、蜀中四大才女之一。

卓文君为蜀郡临邛的冶铁巨商卓王孙之女，姿色娇美，精通音律，善弹琴，有文名。卓文君与汉代著名文人司马相如的一段爱情佳话至今被人津津乐道。她也有不少佳作，如知名的《白头吟》，诗中"愿得一心人，白头不相离"堪称经典佳句。

卓文君16岁时嫁人，几年后，丈夫过世，便返回娘家住。

当时的大才子司马相如因梁孝王刘武去世，回成都吊唁，然而因家境贫寒，没有可以用来维持自己生活的职业。他同临邛县令王吉关系很好，

王吉就邀请他过来看看。于是，司马相如前往临邛,住在城内的一座亭子里。王吉天天都来拜访司马相如，对其谨慎恭敬，以此抬高司马相如的地位。

临邛县里的富人很多，如卓王孙家就有家奴800人，程郑家也有数百人。二人相互商量说：“县令有贵客，我也应该备办酒席，请一请他。”于是发出请帖，遍邀县内名流。当王吉到了卓家后，卓家的客人已经上百了。到了中午，派人去请司马相如，司马相如却推辞有病，不肯前来。王吉见司马相如没来，不肯进食，亲自前去迎接司马相如。司马相如不得已，只得勉强来到卓家，满座的客人无不惊羡他的风采。酒兴正浓时，王吉走上前去，把琴放到司马相如面前，说：“我听说长卿特别喜欢弹琴，希望聆听一曲，以助欢乐。”司马相如辞谢一番，便弹奏了一曲《凤求凰》。

卓文君从门缝里偷偷看着这一切，心中高兴，特别喜欢他，但又怕配不上他。宴会完毕，司马相如就派人以重金赏赐文君的侍者，以此向她转达倾慕之情。于是，卓文君乘夜逃出家门，私奔司马相如，司马相如便同文君急忙赶回成都。

卓王孙得知女儿私奔之事，大怒道：“女儿极不成材，我不忍心伤害她，但也不分给她一文钱。”有的人劝说卓王孙，但他始终不肯听。

过了好长一段时间。有一天，卓文君对司马相如说：“长卿，只要你同我一起去临邛，向兄弟们借贷也完全可以维持生活，何至于让自己困苦到这个样子！”司马相如就同卓文君来到临邛，把自己的车马全部卖掉，买下一家酒店。卓文君站在垆前卖酒，司马相如则与雇工们一起操作忙活，在闹市中洗涤酒器。

卓王孙听到女儿的事情之后，感到很耻辱，因此闭门不出。一些兄弟和长辈交相劝说卓王孙，说：“你有一个儿子两个女儿，家中所缺少的不是

文君井

钱财。如今，文君已经成了司马长卿的妻子，长卿本来也已厌倦了离家奔波的生涯，虽然贫穷，但他确实是个人才，完全可以依靠。况且他又是县令的贵客，为什么偏偏让他们受这样的委屈！”卓王孙不得已，只好分给卓文君家奴100人，钱100万，并补上

了丰厚的嫁妆。卓文君就同司马相如又回到成都，买了田地房屋，成为富有之家。

后来司马相如所写《子虚赋》得到汉武帝赏识，又以《上林赋》被封为郎（帝王的侍从官）。司马相如衣锦荣归，着实让岳父卓王孙风光了一把，卓王孙再次献金相认。

司马相如发达后，打算纳茂陵女子为妾，因此冷淡了卓文君。于是卓文君写下了一首诗《白头吟》寄给相如，诗中写道：

皑如山上雪，皎若云间月。
闻君有两意，故来相决绝。
今日斗酒会，明旦沟水头。
躞蹀御沟上，沟水东西流。
凄凄复凄凄，嫁娶不须啼。
愿得一心人，白头不相离。
竹竿何袅袅，鱼尾何簁簁！
男儿重意气，何用钱刀为！

诗中责备司马相如忘却了曾经患难与共、情深意笃的日子，哪里还记得千里之外还有一位日夜倍思丈夫的妻子！终于某日，司马相如给妻子送出了一封十三字的信："一二三四五六七八九十百千万"。聪明的卓文君读后，泪流满面。因为这一行数字中唯独少了一个"亿"字，无"忆"，岂不是夫君在暗示自己已没有以往过去的回忆了。她心凉如水，怀着十分悲痛的心情，回了一首《怨郎诗》，旁敲侧击诉衷肠。

一朝别后，二地相悬。
只说是三四月，又谁知五六年？
七弦琴无心弹，八行书无可传。
九连环从中折断，十里长亭望眼欲穿。
百思想，千系念，万般无奈把郎怨。
万语千言说不完，百无聊赖，十依栏杆。
重九登高看孤雁，八月仲秋月圆人不圆。

七月半，秉烛烧香问苍天，

六月三伏天，人人摇扇我心寒。

五月石榴红似火，偏遇阵阵冷雨浇花端。

四月枇杷未黄，我欲对镜心意乱。

忽匆匆，三月桃花随水转。

飘零零，二月风筝线儿断。

噫，郎呀郎，巴不得下一世，你为女来我做男。

司马相如看完妻子的信，不禁惊叹妻子之才华横溢。遥想昔日夫妻恩爱之情，羞愧万分，从此不再提遗妻纳妾之事，两人白首偕老，安居林泉。

卓文君是聪明的。她用自己的智慧挽回了丈夫的背弃。她用心经营着自己的爱情和婚姻。他们之间最终没有背弃最初的爱恋和最后的坚守。这也使得他们的故事成为世俗之上的爱情佳话。

四、不随黄叶舞秋风，班妃一曲《怨歌行》

班婕妤（公元前48—公元2年），名不详，汉成帝刘骜妃子。班固、班超和班昭的祖姑。西汉著名才女，是中国文学史上以辞赋见长的女作家

班婕妤

之一。善诗赋，有美德。她的作品很多，但大部分已佚失。现存作品仅三篇，即《自伤赋》《捣素赋》和一首五言诗《怨歌行》（亦称《团扇歌》）。

班婕妤是楚令尹子文的后人，左曹越骑校尉班况的女儿。班婕妤出身功勋之家，其父班况在汉武帝时抗击匈奴，驰骋疆场，立下汗马功劳。而她自幼聪明伶俐，秀色聪慧，工于诗赋，文才出众，读书甚多。

汉建始元年（公元前32年），汉成帝刘骜即位，班氏被选入皇宫，刚开始为少使（下等女官），不久得宠，赐封"婕妤"。成帝让班婕妤居于后宫第三区增成舍宫，婕妤也为皇帝生下一皇子，但是数月即夭

折，之后班婕妤再也没有生育。班婕妤经常诵读《诗经》《窈窕》《德象》《女师》等，而且每次觐见皇帝，都依照古代礼节。

汉成帝为班婕妤的美貌及文才所吸引，很喜爱班婕妤。为了能够时刻与班婕妤形影不离，他特别命人制作了一辆较大的辇车，以便同车出游，但却遭到班婕妤的拒绝。她说："我看古代留下的图画，圣贤之君，都有名臣在侧。夏、商、周三代的末主夏桀、商纣、周幽王，才有嬖幸的妃子在座，最后竟然落到国亡毁身的境地。我如果和你同车出进，那就跟他们很相似了，能不令人凛然而惊吗？"汉成帝认为她言之成理，遂作罢。

当时王太后听到班婕妤以理制情，不与皇帝同车出游，非常欣赏，对左右亲近的人说："古有樊姬，今有班婕妤。"在这里，王太后把班婕妤与春秋时代楚庄王的夫人樊姬相提并论，给了她很大的嘉勉与鼓励。樊姬很贤惠，曾辅佐楚庄王成为"春秋五霸"之一。王太后把班婕妤比作樊姬，使班婕妤的地位在后宫更加突出。班婕妤当时加强在妇德、妇容、妇才、妇工等各方面的修养，希望对汉成帝产生更大的影响，使他成为一个有道的明君。但是汉成帝不是楚庄王，自赵飞燕姐妹入宫后，声色犬马，班婕妤逐渐受到冷落。

赵氏姐妹入宫后，飞扬跋扈，许皇后十分痛恨，无可奈何之余，想出一条下策，在寝宫中设置神坛，晨昏诵经礼拜，祈求皇帝多福多寿，也诅咒赵氏姐妹灾祸临门。事情败露以后，赵氏姐妹认为许皇后不仅咒骂自己，也咒骂皇帝，汉成帝一怒之下，把许皇后废居昭台宫。赵氏姐妹还想利用这一机会对班婕妤加以打击，诬陷班婕妤参与"巫蛊"案，汉成帝听信谗言，然而班婕妤却从容不迫地对称："我知道人的寿命长短是命中注定的，人的贫富也是上天注定的，非人力所能改变。修正尚且未能得福，为邪还有什么希望？若是鬼神有知，岂肯听信没信念的祈祷？万一神明无知，诅咒有何益处！我非但不敢做，并且不屑做！"汉成帝觉得她说得有理，又念在不久之前的恩爱之情，特加怜惜，不予追究，并且厚加赏赐，以弥补心中的愧疚。

班婕妤是一个有德操的贤淑妇女，经不起互相谗构、嫉妒、排挤、陷害的折腾，为免今后的是是非非，她认为不如急流勇退，明哲保身，因而缮就一篇奏章，自请前往长信宫侍奉王太后，把自己置于王太后的羽翼之下，就也不怕赵飞燕姐妹的陷害了。汉成帝允其所请。

班婕妤前往长信宫侍奉王太后，自此待在深宫。班婕妤怜悯年华老去，借秋扇自伤，作《团扇诗》（又称《怨歌行》）。《团扇诗》中写道：

新裂齐纨素，鲜洁如霜雪。
裁为合欢扇，团团似明月。
出入君怀袖，动摇微风发。
长恐秋节至，凉飙夺炎热。
弃捐箧笥中，恩情中道绝。

班婕妤自知，自己如秋后的团扇，再也得不到汉成帝的怜爱了。而这个比喻，后世一直在沿用，团扇也成了弃妇的象征。

不久，赵飞燕被册封为皇后，赵合德也成了昭仪，然而这些都与班婕妤无关了。她除了陪侍王太后烧香礼拜之外，长昼无聊，弄筝调笔之余，间以涂涂写写，以抒发心中的感慨，从而为文坛留下了许多诗篇。

绥和二年（公元前 7 年）三月，汉成帝崩于未央宫。汉成帝崩逝后，班婕妤要求到成帝陵守墓以终其生。于是王太后让班婕妤担任守护陵园的职务，从此班婕妤每天陪着石人石马，冷冷清清地度过了她孤单落寞的晚年。大概一年后班婕妤就病逝了，时年 40 余岁。死后，葬于汉成帝陵中。

班婕妤相貌秀美，文才颇高，尤其熟悉史事，常常引经据典、出口成章，她经常开导汉成帝；班婕妤还擅长音律，既写词又谱曲，她的词曲有感而发，使汉成帝在丝竹声中受益匪浅。对汉成帝而言，班婕妤不只是他的侍妾，也是他的良师益友。班婕妤的贤德在后宫中也是有口皆碑。因她不干预朝政，谨守礼教，深受时人敬慕，有"古有樊姬，今有婕妤"之称。

班婕妤算得上一个出类拔萃的才女，但宫廷女子的作用本来就是讨皇帝的欢心，是否有才倒不重要。会作诗的班婕妤，终是敌不过会飞舞的赵飞燕。

班婕妤的一生可以看作是古代后宫嫔妃生命历程的一个标本。她的人生从繁华到萧瑟，是中国几

明人绘《千秋绝艳图》
中的班婕妤

千年封建社会历代帝王后宫嫔妃们的普遍人生境遇。她们或许凭借才华美貌，能赢得帝王的一时喜爱或宠信，但终会因人老色衰或其他种种原因而被无情地抛在一边，渐渐被忘却。换言之，班婕妤的生命历程，也是男权社会中女性悲剧命运的缩影。

五、淳于意无辜受刑，小缇萦舍身救父

在中国古代医学史上，出了很多著名的医生，被人们称为"神医"，西汉时期的仓公淳于意便是一个有名的"神医"。

淳于意复姓淳于，是山东临淄人，读书人出身，后来当了太仓令（官名），是个地方上的下级官员，但他不喜欢做官，喜爱医术，便辞了官，从事专职医生。

实际上，淳于意在年轻时就开始行医了，他结合自己所见到的病人的实际情况，发现很多前人传下来的处方都不正确，便不断总结经验教训，改正治病的处方。到他正式退职专门做医生的时候，淳于意又精心钻研，治病的技术远近闻名，远近的人都来求他治病。

淳于意治病，观察病情的最大特点是为病人把脉，通过病人脉搏跳动的不同情况，诊断不同病情，对症下药，每次都很灵验。

有一次，齐国有个侍御史得了病，病况是头痛难忍，许多医生都把他的病当头痛治，结果都治不好。仓公诊了他的脉搏以后，知道侍御史的病已经很重了，无法可救，便对病人的弟弟说："你哥哥的病是治不好的，他得的不是头痛病，头痛是表面现象，病根在肠胃中。他的肠胃上面长了一个疽，五天后肿胀，八天后化脓，病人一定会吐出许多脓水而死。导致发病的原因是喝酒太多（相当于今天说的酒精中毒），伤了肝脏，病情已经是晚期，无药可医了，快准备后事吧！"

后来，病人果然在第八天吐出许多脓血后死去，应了淳于意的话。

有一个郎中得了病，请了许多医生看，大家都说病因在内脏，治来治去总治不好。淳于意诊断病情后说："这个病是一种痫疝，表现是某一内脏表面肿起，多见于腹股沟，病人大小便困难。"病人说："一点不错，已三天解不出大小便了。"淳于意用药后，三天之内，病情好转，立即能起床了。

淳于意的名气越来越大，上门就医的人越来越多。淳于意长年在外行医，有时候为人治病也不及时，有的病人因此病重甚至病死，病人家属埋

怨淳于意，说他治病把人害死了，地方官立即派人将淳于意抓了起来，送到长安去，由司法部门判罪。按当时的法律，犯了这种罪要判肉刑（肉刑有三种：在脸上刺字、砍去脚趾、割掉鼻子），在临出门时，淳于意的妻子和五个女儿一起哭哭啼啼地来送行。淳于意看着自己的五个女儿，叹气说："没有儿子，在关键时刻，女儿一点用都没有！"

淳于意最小的女儿叫缇萦，当时才十四五岁，见父亲无辜受刑，一家人都没有主意，坚决要和父亲一道到长安去，救父亲免灾。

到了长安以后，缇萦给当时的皇帝（汉文帝）写了一封信，信里说："我是个小姑娘，我叫淳于缇萦，我父亲淳于意，是个医生，医术还不错。现在他犯了罪，要被判为肉刑，我想这种刑法太重了，人死不能复生，身体的任何部分被割掉了就不会再长出来，他想改正错误、重新做人的机会都没有。我情愿代父亲赎罪，到长安来做奴隶，请皇上给我父亲一个改正的机会。"

汉文帝看到了这封信，觉得小姑娘的话很有道理，肉刑的确非常残酷，便召见淳于意，让他自己说说，他是怎么行医的。淳于意将自己行医的情况写了一份长长的表章，献给汉文帝。汉文帝是个比较仁慈的皇帝，觉得淳于意确实有本事，便免除了淳于意的肉刑，让他回去继续行医。就在这一年，汉文帝又下一道命令，在全国废除肉刑，改为其他处分办法。这就是"缇萦救父"的故事。

缇萦以她的坚强、勇敢，不但救了自己的父亲，也救了那些犯了罪的人，是一个当之无愧的小英雄。

第四编

社会纵横

　　汉朝经济表现为人口的大量增长，城市化程度的提高，农业、手工业发展迅速，商业贸易和中央集权制都得到了前所未有的发展。在该时期，货币的铸造水平和流通速度都有了显著的提高，从而奠定了稳定的货币体系基础。丝绸之路也促进了汉朝和亚欧各国的贸易和贡品往来，许多商品是中国古人之前闻所未闻的。在逐渐强化的封建统治下，在西汉社会经济的发展中，各个阶级都在一定程度上起着变化。

　　汉风悄然止步，但凛冽的大漠狼烟似乎仍缥缈于时空中，不肯遁迹；那开疆拓土、东镇卫氏朝鲜、征伐西域、南安百越、北捣匈奴的情景犹然喧嚣。这就是不甘寂寞的西汉历史，在两千年之后，依然想要向世人展现自己的风姿。

第一章 政治军事

一、封建统治豪强占，农民阶层受剥削

在西汉封建社会中，基本的阶级是彼此对立的地主阶级和农民阶级。地主阶级包括皇帝、贵族、官僚以及一般的地主，是封建统治阶级。农民阶级包括自耕农、佃农和雇农。手工业者的经济地位相当于农民。农民和手工业者是主要的被统治阶级。商人的经济地位比较复杂，大商人一般都是大地主，是统治阶级的一部分；小商贩的经济地位类似手工业者和自耕农，是被统治阶级的一部分。除此以外，还有数量颇大的奴婢，他们的身份和经济地位最为低下。他们虽然不是汉代封建社会的基本阶级，但是在生产中还具有一定的地位。

在西汉社会经济的发展中，各个阶级都在一定程度上起着变化。地主阶级和大商人迅速扩充势力，强占民田，役使和盘剥农民，掠夺财货奴婢，其中一部分逐步发展成豪强大族。农民阶级中的自耕农，经过汉初一个较稳定的发展时期后，少数上升为地主，多数则逐步陷入困境，从中分离出大量的人，成为"游食"的小商贩，或者成为佃农、佣工和奴婢。

1. 地主阶级

地主阶级掌握着政权，拥有大量的土地。居于这个阶级最上层的，是以皇帝为首，包括诸侯王、列侯和大官僚（很多大官僚也有列侯或其他封号）的贵族地主。参加过反秦起义，在汉初获得官、爵的军功地主，是地主阶级中的一个重要阶层。皇帝在全国（主要是在直辖郡内），诸侯王在王国内，列侯和其他高爵的军功地主在封域或食邑内，凭借国家机器，强迫农民缴纳租赋，提供无偿劳役。中央政权的租赋所入，由大司农掌管，用来

养活官吏和军队。皇帝还以山川园池市肆租税之入作为"私奉养"，置少府官主领。最晚到汉武帝时，少府以及一些别的官府开始向贫民出假公田，榨取租税。武帝置水衡都尉，统一铸币是其职能之一，铸币赢利亦入少府。元帝时，百姓赋钱藏于都内（大司农属官）者40万万，同时，水衡藏钱25万万，少府藏钱18万万。少府、水衡钱供皇帝私奉养者数目十分巨大。

地主阶级掠夺土地日趋严重，官僚地主更为突出。萧何在关中贱价强买民田宅，田蚡窦婴强索长安城南田，霍去病为生父仲孺买民宅奴婢，淮南王安后荼、太子迁、女陵和衡山王赐，都侵夺民田宅。成帝丞相张禹买泾渭之间膏腴上田至400顷，又请成帝赐予平陵（昭帝陵）附近的肥牛亭部地，成帝诏徙亭他所，而以其地赐禹。甚至成帝自己也置私田于民间。西汉中期以后，拥有土地三四百顷的大地主为数不少，个别大地主的土地甚或至千顷以上。如武帝时酷吏宁成买陂田千余顷，哀帝宠臣董贤得哀帝所赐苑田竟至两千余顷。

2. 农民阶层

西汉政权继续用户籍制度控制人户。举凡姓名、年纪、籍贯（郡、县、里）、爵级、肤色、身长、家口、财产（田宅、奴婢、牛马、车辆等及其所值），都要在户籍上一一载明。汉代州郡，每年都要通过"上计"，向中央申报管内的户口数和垦田数。在列入户籍的编户齐民中，人数最多的是自耕农民。

西汉封建国家对自耕农的剥削，较之秦代有所减轻。但是就西汉生产力水平而言，农民租赋负担仍然沉重。据文帝时期晁错的估计，5口之家的农户，种地百亩，不计副业收入，每年约收粟百石。丁壮日食5升，通家合计，一年食用当占所收的大半。汉制，民年15岁至56岁，岁纳120钱，叫作算赋；7岁至14岁的儿童，岁纳20钱（武帝时增至23钱），叫作口赋。赋钱之重，大大超过三十税一的田租。汉代农民兵徭负担也很重。通常的农户，每户应服兵徭的男丁约为两口，为了不误耕作，就要以每人若干钱的代价雇人代役。农家卖粟纳口赋、算赋和雇人代役，所收之粟就所余无几甚至没有剩余。进行再生产所需的种子、耕畜、农具等项支出，以及农民衣着、杂用所费，还未计算在内，这些费用能否筹到，就要视副业（主要是纺织）收入的有无多寡而定了。

西汉时期，粮食和土地价格因时因地而有不同，但一般说来是偏贱

牛耕图

的。粮价如前所述，文景时每石高不足百钱，低则十余钱。田价则关中和洛阳上田，每亩千余、两千、三千钱不等；居延边地，每亩约值百钱。但是农民所需耕牛，一头值数千钱以至万余钱。西汉耕作，一般是二牛一耛，农户当备置二牛。马当时也是耕畜，由于战争的需要，更为昂贵，每匹低则四千，高则若千万。铁器、衣物和食盐，价格都不贱。物价的这种不平衡状态，对于地主、商人的剥削兼并有利，对于农民极为不利。农民贱价出卖谷物，甚至出卖土地，高价购买耕畜、农具和其他必需品，进出之间，损失很大。何况纳税季节，地主、商人乘农民之急，还要将粟价压而又压。这也是农民生活困苦的重要原因。

还在号称"无兼并之害"的文景时期，晁错就尖锐地指明这种危及统治秩序的现象。他说：农家终年辛苦，无日休息，除了纳税服役之外，还会碰上水旱之灾，或者是急政暴虐，赋敛不时，朝令暮改，纳税季节，有粮谷的人家被迫半价出卖，没有粮谷的人家只有倍息借钱。于是有的人就不得不卖田宅、鬻子孙以偿债了。这种情况，到武帝以后更为普遍。《盐铁论》中贤良、文学叙述农家入不敷出的情况说，田租虽是三十税一，但加上口赋更徭之役，大概一人之作，中分其功。有时农民尽其所得，不够应付租赋更徭，只好求之于高利贷。所以百姓虽勤力耕作，仍不能免于饥寒。

破产的农民，多数被迫依附于大地主作佃客。大地主大量招纳逃亡农民，官吏畏势，不敢督责，反而加重对穷苦百姓的压迫。百姓不堪其苦，转相仿效，纷纷流亡远去，他们的租赋徭役又被官吏转嫁给尚未流亡的中等农家。这样，就出现了未流亡者为已流亡者纳租服役的恶性循环。流亡问题越来越严重，而豪强地主所招纳的佃客和兼并的土地也越来越多。如豪强宁成役使贫民至数千家。佃客一般以对分的比率，向地主交纳地租。边地居延，有向屯田卒收取地租的记载，计田 65 亩，收租 26 石，每亩合租 4 斗。汉代不见佃客免徭赋的法令，佃客还要受徭赋之苦。

还有一些破产农民，迫于生计，为佣作糊口。秦末陈胜为人佣耕，起义以后，故人为佣耕者都来军中谒见。西汉佣工种类，见于文献的除佣耕、仆役以外，还有采黄金珠玉、治河、筑陵、为酒家佣保等等。武帝实行盐铁官营以前，豪强大家冶铁煮盐，一般都是招纳流亡农民为之，这些人有一部分是雇佣身份。盐铁官营后，盐铁生产除用官奴婢外，还用徭役劳动，由于道远作剧，农民无法自行服役，不得不出钱雇人代替。雇人所需，一说每人每月 2000 钱，一说每月 300 钱，后说似近史实。官僚地主甚至凭借权力，雇工而不给佣值。

在汉代社会里，雇佣劳动在社会生产中不占重要地位。佣工还要受种种封建束缚，庸和奴的称谓有时是混同的，表明庸工身份低下。汉昭帝始元四年（公元前 83 年）诏书里，有岁俭乏食，"流庸未尽还"之语，可见在剥削压迫稍见缓和，或年景稍佳之时，流亡为佣的人是可以返回乡里的。

二、军事力量益完备，律令之宗汉九章

1. 九章律

刘邦在入关之初的时候就约法三章，但只是临时措施。西汉建立后，刘邦令萧何根据《秦律》制定《汉律》。除去秦律夷三族及连坐法，在秦律的基础上，又增加三章，合为九章，故称《九章律》。除了法律之一，皇帝的命令也起法律的作用，必须无条件执行。

《九章律》共分为 9 篇，分别是《盗律》《贼律》《囚律》《捕律》《杂律》《具律》《户律》《兴律》《厩律》。前 6 篇大体与秦律相同，源于李悝的《法经》，后 3 篇新增关于户口、赋役、兴造、畜产、仓库等项的规定。原文已经失传。

《九章律》仍以约法省禁，蠲削烦苛为原则，对一些定罪、刑罚有所减缓，删除了秦律中某些不合时宜的条文，至于秦律的法律原则、指导思想及其科罪定刑的标准，萧何并未加以更改。被汉时视为秦之苛法的挟书、参夷、妖言诽谤、收孥相坐等律令，是在汉朝建立以后的高祖到文景时期逐渐废除或修改的。

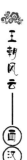

两汉以《九章律》为主要法律，此外还有一些辅助性法律，也以"律"命名。这类"律"包括叔孙通《傍章》18篇，张汤《越宫律》27篇，赵禹《朝律》6篇，共60篇。

《九章律》的颁布具有重要意义，汉以后的历代法律大多以《汉律》为蓝本，它被誉为律令之宗，"百代不易之道"。

2. 加强军事

为了巩固封建统治，西汉建立了比秦朝更为完备的武装力量。西汉前期是实行征兵制，以正卒两支来守卫京师。一支为南军，守卫宫城，归卫尉率领；另一支为北军，保卫京师，归中尉率领。两支各有两万人，武帝时，各减至一万人。正卒一年一轮换，不利于保卫京师。武帝着手组建职业兵为侍从军和禁卫军。

（1）期门军和羽林骑。

侍从军有三支，就是期门军、羽林骑和羽林孤儿。期门军是汉武帝于公元前138年建立的，由侍中、常侍、武骑及待诏陇西、北地等六郡良家子能骑射者组成，共约有1000人，归光禄勋掌管。因常为侍从汉武帝而期待于殿门，故有"期门"之名。羽林骑是于太初元年（公元前104年）选六郡良家子组成，约700人，亦属光禄勋。羽林骑原叫作建章营骑，因守卫建章宫而得名。后更名"羽林骑"，取"如羽之疾，如林之多"之意。羽林孤儿是由战死者的子弟组成的，因养在羽林官署，教习战射，而有此称号。

（2）八校尉。

禁卫军是于元鼎六年（公元前111年）建立的，共有8支，每支有士卒约700人，由8个校尉率领，因称"八校尉"。八校尉为中垒、屯骑、步兵、越骑、长水、胡骑、射声、虎贲。八校尉的士卒都由招募而来，是职业兵，这是中国古代有募兵制的开始。这支军队后来发展为西汉王朝的军事主力，经常用于镇压劳动人民或进行民族战争。

（3）地方军队。

在地方，有经过训练的预备军，根据地区的具体条件，分别设材官（步兵）和骑士（骑兵），这些预备队皆由郡守和郡尉掌管。常备军和预备军的兵员，都由郡国征调来的"正卒"充任。

汉武帝时期强化了军队，增设楼船（水军）等军种。军队的加强，使中央集权有了更坚强的支柱，同时也加强了对外和对内镇压的力量。

三、三越征伐设九郡，远驱匈奴通西域

西汉时期，中国各民族之间，出现了比以前更为密切的政治、经济、文化交往，也发生过一些战争。汉朝（主要是在汉武帝时期）对各族的战争，有的属于防御性质，起了维护安全、保障生产的作用；有的则是对少数民族的侵犯，造成了破坏。但是总的看来，汉武帝以后各民族之间的联系加强了，许多民族地区正式归入中国的版图，汉族的经济和文化也以各种不同的方式影响着周围各民族，有些民族还走上了封建化的道路。西汉经济的繁荣和国家的统一，正是各族人民共同进步的结果。

1. 三越

东瓯、闽越的君主，多次率部参加过中原的政治斗争。留居本地的东瓯、闽越人受中原文化影响不大，他们没有城郭邑里，居溪谷篁竹之间，与外界很少联系。汉初以来，他们的社会经济有了发展。武帝初年，淮南王刘安上书说，越人准备进攻郡县时，往往先离开深山，耕种于余干（今江西余干）界中以积军粮。刘安所说情况，正是东瓯、闽越人农业生产能力有所提高的表现。南越出产犀象玳瑁珠玑银铜果布，吸引了许多北方的商贾。除了吕后统治时期以外，中原和南越一直维持着正常的关市贸易，铁农具和耕畜通过关市，源源输入南越，促进了南越的农业生产。南越和西南地区也有政治、经济、文化联系。广西贵县出土的据认为是西汉初年西瓯高级武将的墓葬，随葬品颇丰富，但有人殉。

武帝建元三年（公元前 138 年），闽越发兵围东瓯，东瓯求援于汉。汉武帝派严助发会稽郡兵浮海救东瓯，援兵未达，闽越已退走。东瓯人为了避免闽越的威胁，请求内徙，汉朝把他们的一部分徙至江、淮之间，他们从此成为西汉的编户齐民。

建元六年，闽越又攻南越边地，南越向汉廷告急，武帝派兵分由会稽、豫章两路攻闽越。闽越王郢之弟余善杀郢，汉退兵。汉封原闽越王无诸之孙繇君丑为越繇王，以后又封余善为东越王，封越人贵族多人为侯。

元鼎六年（公元前 111 年），东越攻入豫章。元封元年（公元前 110 年）冬，汉军数路攻入东越。越繇王和东越贵族杀余善，汉封越繇王和其他贵族为列侯，把越人徙处江、淮之间。江、淮之间的东瓯人和闽越人此后逐

渐同汉人融合，留在原地的越人则分散在山岭中，与汉人来往较少，社会经济仍停留在比较落后的阶段。

汉朝和南越的关系，较为复杂。建元三年，严助率汉军解除了闽越对南越边邑的威胁；六年，严助又受命出使南越，南越王赵胡派太子赵婴齐一度宿卫长安。后来婴齐之子赵兴继婴齐为越王，按其生母太后邯郸人樛氏的意见，上书武帝，请求同内地诸侯王一样三年一朝，并请汉朝撤除边境关塞。南越丞相吕嘉代表越人贵族势力，反对赵兴和樛太后，并杀赵兴、樛太后以及汉朝使者，立婴齐长子（越妻所生子）建德为王。元鼎五年（公元前112年），路博德、杨仆等率汉军攻入南越，招纳越人，夺得番禺，俘吕嘉和赵建德，越人贵族很多人受汉封为列侯。南越的桂林监居翁，也谕告西瓯40余万口，一起归汉。汉以南越、西瓯及其相邻之地立为儋耳、珠崖、南海、苍梧、郁林、合浦、交趾、九真、日南等九郡。

广州象岗山发现南越王墓，墓主着玉衣，有"文帝行玺"金印、"赵眜"玉印等印章同出。由此可推断墓主当是史籍所见赵胡，赵胡可能就是赵眜。随出物有铜铁器、漆木器等，青铜器有中原汉式，南方楚式，亦有南越式，有的可断为本地所造。还出有药石、平板玻璃。他的官制基本上同于西汉诸侯王制度。从这些情况看来，南越在物质文明和精神文明方面都有相当的水平，与中原维持着频繁的经济往来和文化交流，很可能有海外贸易。但是墓内人殉多至10余，这又反映南越社会落后的一面。

2. 匈奴

汉初以来，匈奴族的领袖冒顿单于以其30余万精锐骑兵，东败东胡，北服丁零，西逐大月氏（即月氏）。匈奴的统治区域起自朝鲜边界，横跨蒙古高原，与氐、羌相接，向南则伸延到河套以至于今晋北、陕北一带。冒顿把这一广大地区分为中、左、右三部。中部由冒顿自辖，与汉的代郡（今河北蔚县境）、云中郡（今内蒙古托克托境）相对。左部居东方，与汉的上谷郡（今河北怀来境）相对；右部居西方，与汉的上郡（今陕西榆林境）相对，由左右屠耆王（左右贤王）分领。左右屠耆王之下有左右谷蠡王、左右大将、左右大都尉、左右大当户、左右骨都侯等，各领一定的战骑和分地。单于的氏族挛鞮氏，以及呼衍氏、兰氏、须卜氏、丘林氏，是匈奴中最显贵的几个氏族。

匈奴人以游牧为生，逐水草迁徙，但在某些地点也建有城堡，并有少量的农业生产。匈奴各部经济发展不平衡，有些部落已开始使用铁器，在一些西汉匈奴墓葬中，有铁马具、铁武器和铁工具出土。匈奴的法律规定，坐盗者没入其家。匈奴人作战时，得人以为奴婢。匈奴贵族死时，近幸臣妾从死者多至数十百人。这种种情况，说明匈奴社会已处于奴隶制阶段。

匈奴虎噬鹿铜饰

白登之围以后，西汉与匈奴结和亲，通关市，厚馈赠，但仍无法遏止匈奴铁骑的侵犯和掳掠。元光二年（公元前133年）汉武帝刘彻命马邑人聂翁壹出塞，引诱匈奴进占马邑，而以汉军30余万埋伏近旁，企图一举歼灭匈奴主力。单于引骑10万入塞，发觉汉的诱兵计划，中途退归。从此以后，匈奴屡次大规模进攻边郡，汉军也屡次发动反击和进攻。在这长期的战争中，影响较大的有汉攻匈奴的三次战役。

元朔二年（公元前127年），匈奴入侵，汉遣卫青领兵从云中出击，北抵高阙（阴山缺口，在今内蒙古杭锦后旗东北），迂回至于陇西，夺回河套一带，解除了匈奴对长安的直接威胁。汉在那里设置朔方郡（治今内蒙古杭锦旗北），并重新修缮秦时所筑边塞。同年夏，汉王朝募民10万口徙于朔方。

汉得朔方后，匈奴连年入侵上谷、代郡、雁门、定襄、云中、上郡，汉军在卫青指挥下数度出击。元狩二年（公元前121年），武帝命霍去病将兵远征。霍去病自陇西出兵，过焉支山（今甘肃山丹东南）千余里，缴获匈奴休屠王的祭天金人。同年夏，霍去病由北地出击，逾居延海，南下祁连山，围歼匈奴。这次战役，沉重地打击了匈奴右部，匈奴浑邪王杀休屠王，率部4万余人归汉。汉分徙其众于西北边塞之外，因其故俗为五属国。后又迁徙关东贫民72万余口，以其绝大部分充实陇西、北地、上郡、西河之地。西汉王朝又在浑邪王、休屠王故地陆续设立酒泉、武威、张掖、敦煌四郡。汉得河西四郡地，不但隔绝了匈奴与羌人的联系，而且沟通了内地与西域的直接交通，这对西汉和匈奴势力的消长，发生了显著作用。

匈奴失水草肥美的河西地，经济受到很大损失。所以匈奴人歌曰："失我祁连山，使我六畜不蕃息；失我焉支山，使我嫁妇无颜色。"

由于汉军的多次打击，匈奴单于王庭向北迁徙。元狩四年卫青、霍去病带领10万骑，"私负从"军者14万骑，步兵及转运者数十万人，两路穷追匈奴。西路卫青军从定襄郡出发，在漠北击败单于，单于率残部向西北溃走，汉兵北至寘颜山赵信城（约在今蒙古杭爱山以南）而还。东路霍去病军从代郡出发，出塞两千余里，与匈奴左部左屠耆王接战获胜，至狼居胥山，临瀚海而还。这次战役以后，匈奴主力向西北远徙，漠南不再有单于的王庭。汉军占领了朔方以西至张掖、居延间的大片土地，保障了河西走廊的安全。汉在上郡、朔方、西河以及河西诸地设立田官，用60万人屯田戍守，逐渐开发这一地域。

经过这几次重大战役以后，匈奴力量大为削弱，除了对西域诸国还有一定的控制作用以外，不能向东发展。百余年来，北方农业区域所受匈奴的威胁，到此基本解除。汉军在这几次战役中，损失也很大。元封、太初以后至武帝之末，汉同匈奴虽然还发生过不少战事，但是这些战事的规模和影响都不如过去了。

西汉王朝战胜匈奴以后，北方边地出现了新的局面。边郡和内地之间，邮亭驿置相望于道，联系大为增强。大量的移民和戍卒，在荒凉的原野上开辟耕地，种植谷、麦、穈、秫等作物。中原的生产工具、耕作技术、水利技术，通过屯田的兵民，在边郡传播开来。从令居（今甘肃永登境）西北至酒泉，再向西至于玉门关，修起了屏蔽河西走廊的长城，敦煌以西至盐泽（今新疆罗布泊。一作盐水，当今孔雀河），也修建了亭燧。北方旧有的长城进行了大规模的修缮，在今包头、呼和浩特附近的长城沿线，还设置了许多建有内城、外城的城堡。自敦煌至辽东，乘塞列燧，吏卒众多。边塞的烽燧系统逐步完善起来。屯田区、城堡和烽燧，是西汉在北方边境的政治、军事据点，也是先进经济、先进文化的传播站，它们对于匈奴以及其他相邻各游牧民族社会的发展，有很大的影响。

武帝太初三年（公元前102年），路博德为强弩都尉，出屯张掖居延，于其地修障塞，开屯田。居延屯兵戍守，持续至东汉时，烽燧遗址至今仍在。近数十年来，居延附近多次发现驻军遗存的简牍，累积达3万余枚，被称为居延汉简。今甘肃、新疆的许多地方都有汉简以及晋简出土。其他省区，

也发现大量汉简。这些都是汉代历史包括汉代边疆历史的珍贵资料

匈奴人向西远徙以后，部落贵族发生分裂，出现五单于争立的局面。宣帝甘露元年（公元前 53 年），呼韩邪单于归汉，引众南徙于阴山附近。竟宁元年（公元前 33 年），汉元帝以宫人王嫱（昭君）嫁给呼韩邪单于，恢复了和亲，结束了百余年来汉同匈奴之间的战争局面。今包头等地有"单于和亲"等文字的瓦当出土，正是这一时期汉、匈关系和洽的实证。

3. 西域

西汉时期，西域诸国仍未完全脱离匈奴的控制，西域东端的楼兰和车师，受匈奴控制严密。汉使往还时，沿途需索饮水食物，使楼兰、车师等国应接不暇。所以楼兰、车师人在匈奴的策动下，常常劫掠汉使，遮断道路。为了确保西域通道，元封三年（公元前 108 年），王恢率轻骑击破楼兰，赵破奴率军数万击破车师。元封六年，西汉以宗室女细君与乌孙王和亲，企图东西联合，迫胁匈奴。细君死，汉又以宗室女解忧和亲。和亲巩固了汉与乌孙的联系，使乌孙成为钳制匈奴的重要力量。

为了打破匈奴对大宛的控制并获得大宛的汗血马，武帝于太初元年（公元前 104 年）派贰师将军李广利领军数万击大宛，无功而还。太初三年（公元前 102 年），李广利第二次西征，攻破了大宛国都外城，迫使大宛与汉军言和，汉军获得良马几十匹，中马以下牝牡 3000 多匹，汉在西域声威大振。昭帝时汉政府在轮台、渠犁等地各驻兵数百，进行屯垦，置使者校尉领护，以保护往来的使臣和商旅。这是西汉王朝在西域设置军政机构的开始。

车师是匈奴进入天山南麓诸国的主要门户。汉在车师一带仍屡次与匈奴发生战争。宣帝时匈奴分裂，西部的日逐王于神爵二年（公元前 60 年）归汉，匈奴设在西域的僮仆都尉从此撤销，匈奴日益衰弱。汉乃在西域设立都护，首任都护为郑吉。都护治乌垒城（今新疆轮台以东），并护南道和北道各国，督察乌孙、康居诸国动静。西域诸国与汉朝的臣属关系，至此完全确定。元帝初元元年（公元前 48 年）汉在车师地区设立戊己校尉（今新疆吐鲁番东南），管理屯田和防务。

元帝建昭三年（公元前 36 年），西域都护甘延寿和副校尉陈汤发西域各国兵远征康居，击杀了挟持西域各国并与归汉的呼韩邪单于为敌的郅支单于，匈奴的势力在西域消失，汉和西域的通道大为安全了。

西域道畅通以后，天山南北地区第一次与内地联为一体，在中国历史

上具有非常深远的意义。除此以外，中原同西域乃至更远地区之间，经济、文化联系日益密切。西域的葡萄、石榴、苜蓿、胡豆、胡麻、胡瓜、胡蒜、胡桃等植物，陆续向东土移植；西域的良马、橐驼、各种奇禽异兽以及名贵的毛织品，也都源源东来。中原地区则向西域输送大量的丝织品和金属工具，并把铸铁技术，可能还有凿井技术传到西域。这种频繁的经济、文化交流，促进了西域社会的进步，也丰富了中原汉人的物质生活和精神生活。

四、汉征朝鲜设四郡，置官直管西南夷

1. 汉征朝鲜

战国时期，中原战乱，邻近朝鲜的燕、齐两国人，为了逃避战乱，曾成批迁到朝鲜。秦灭燕国以后，朝鲜属于辽东郡外侧的国家。汉朝建立后，由于距离朝鲜太远，难以防守，修筑了战国时辽东郡的原有要塞，一直到浿水（今鸭绿江）为界，将该地划归燕国。后来，燕王卢绾逃往匈奴，燕人卫满乘此机会，率领千余人，渡过浿水奔到朝鲜，立自己为朝鲜王，建都王险城（今朝鲜平壤市），统治朝鲜半岛西北部。

孝惠帝和吕后统治时期，天下刚刚安定。辽东郡太守就约卫满做汉朝的外臣，替汉朝防守塞外的蛮夷人，以防止他们滋扰汉边境。

汉武帝时，卫满的孙子右渠当政，招诱汉朝很多逃亡的人民，不去晋见汉武帝，而且，蛮夷族想晋见汉武帝的国王，也被右渠挡住。元封二年（公元前 109 年），汉武帝派遣使者涉何出使朝鲜，指责右渠这种不友好的举动，右渠不服。涉何离开朝鲜，到达汉边境时，命令士兵杀死前来送行的右渠手下的裨将长。回国后，向汉武帝报告了出使的情况。汉武帝命涉何任辽东郡东部都尉。右渠因涉何杀死手下将领，派兵攻击辽东郡，杀死涉何，汉武帝下诏令，招募天下罪人编入军队，派遣楼船将军杨仆率领 5 万余人，左将军荀彘从辽东郡出兵配合，征讨朝鲜。

右渠派兵凭借险要地势进行抵抗。荀彘率领的辽东郡士兵先被击败。杨仆率精兵 7000 余人攻到王险城，右渠指挥军队出城迎战，杨仆的军队也被击败。杨仆在山中躲避 10 多天，重新召集失散的部卒撤回。汉武帝见军队失败，派遣使者利用兵威去诏谕右渠，想令其不战而降。右渠见到汉使者后，就叩头谢罪说："我本来愿意投降，只因怕被杨仆和荀彘欺骗，

遭到杀害。现在，看到了你所持的信节，我请求投降。"派遣太子随汉使者到汉朝向武帝谢罪，并且献出 5000 匹马，并馈赠汉军军粮。右渠的太子随行的人有一万多，并且全副武装。在渡过浿水时，汉使者和荀彘怀疑其中有诈，就命令他们，既然是去谢罪的，不能携带兵器。太子怀疑汉使者此举是阴谋杀害他们，又率部众返回朝鲜。汉军又继续攻打朝鲜。荀彘率军攻破了右渠设在浿水的守军，继续向前推进，包围王险城。杨仆的军队也在王险城与荀彘军会师，两军合力攻打，但右渠率兵坚守不出，双方相持数月，汉军也无所建树。

被围困在王险城的右渠得知，荀彘在朝中任官，极受皇帝宠爱，军队作战力强。而杨仆的军队屡遭失败，心情沮丧，战斗力不强。右渠利用这种机会，假意派使者到杨仆军营中，声言向杨仆投降。杨仆很高兴，就和朝鲜使者多次商谈。荀彘几次和杨仆约定日期共同出兵攻击，杨仆的军队按兵不动，准备接受右渠的归降。荀彘派使者劝右渠投降，而右渠却扬言，要向杨朴投降。这样，造成杨仆和荀彘两将领之间的互相猜疑。荀彘怀疑杨仆按兵不动，阴谋联合朝鲜反叛。双方互相僵持。汉武帝见汉军久攻不下，派遣洛南太守公孙遂为使者，本着对国家有利的原则，前来督战。荀彘见到公孙遂后，就把杨仆军屡次不按约定的时间出兵，有阴谋联合朝鲜反叛的迹象告诉他，并劝他捕杀杨仆，免生后患。公孙遂用天子所颁的符节，以征召杨仆到荀彘军中议事为名，逮捕了杨仆，将杨仆的军队归荀彘指挥。

荀彘率领两军合力攻城，右渠指挥军队奋起抵抗。右渠手下的相路人、相韩阴、尼溪相参、将军王唊见汉军攻城猛烈，而右渠又不肯投降。恐汉军攻破城后被杀，韩阴、土唊、路人相继逃亡，投降汉军。汉元封三年（公元前 108 年）夏天，尼溪相参派人诛杀了右渠，逃出城去，投降了汉军。但是，汉军还是没有攻下城来。右渠的大臣成巳派人诛杀准备投降汉军的官吏，率兵继续抵抗。荀彘派遣右渠的儿子长降返回城中，诛杀了成巳，汉军终于攻占了王险城，平定了朝鲜。

汉武帝在朝鲜设置了真番、临屯、乐浪、玄菟四郡，并封尼溪相参为濊清侯，相韩阴为荻苴侯，王唊为平州侯，卫长降为几侯。杨朴和荀彘因在作战中争夺功劳，互不配合，荀彘被杀，杨仆被削为平民。

2. 设官管理西南夷

西汉时期，在云南、贵州和四川西南部一带，居住着许多语言、风俗不同的少数民族，当时统称之为"西南夷"。在贵州境内以夜郎为最大。在云南东部也有几十个部落，以滇为最大。自滇以北，到四川凉山一带，以邛都为最大。他们过着以农业为主的定居生活。再往西去，有嶲、昆明等部落，他们以游牧为主。

汉武帝时，西南各族人民与内地的联系与日俱增。汉武帝曾派唐蒙为中郎将，进入夜郎，此后夜郎及其附近的许多城邑相约归附汉朝。汉朝在那里设置犍为郡。不久，汉武帝又派司马相如出使西南，在那里设官管理。张骞从西域归来后，汉武帝想打开由西南通往身毒（印度）的道路，前后多次派使者向昆明以西探索，终因无法前进而停止。公元前 111 年，西汉破南越之后，在西南设越嶲郡、沈黎郡、汶山郡和武都郡。公元前 109 年，汉武帝发兵至滇，降滇王，以其地为益州郡，并赐"滇王之印"。这颗"滇王之印"，已在晋宁滇族贵族墓中发现。此后，西南大部分地区都归入西汉的直接管辖之下。

第二章 / 经济发展

汉初至文、景的 60 多年内，社会经济逐渐由凋敝状态中恢复过来并且走向发展，到武帝时，便出现了一种繁荣富庶、国库充足的景象。据司马迁说，当时太仓和城乡仓库粮食丰积，陈陈相因，以至腐败不可食；府库货财充斥，钱串都朽断了。

一、铁制农具牛耕田，水利发达技领先

西汉初年，铁制农具已推广到中原以外的很多地区。武帝时冶铁制器归国家垄断，铁农具的传播更为迅速。不但在中原地区，而且在今辽宁、甘肃、湖南、四川等省以及更远的一些地方，都有西汉的铲、镢、锄、镰、铧等铁制农具出土。出土铁制铧数量很多，宽窄大小不一。这是各地区因地制宜地发展犁耕技术的结果。最大的铧宽达 42 厘米，这也许是为开沟作渠等农事需要而铸造的农具。

汉代兼用马耕和牛耕，但主要靠用牛。从考古所获西汉牛犁模型、牛耕壁画和犁铧实物等看来，西汉普遍使用所谓二牛抬杠的犁耕法。《汉书·食货志》中所说的二牛三人的耦犁，也是二牛抬杠。由于扶犁人使用牛箸穿牛鼻导引耕牛，省去了牵牛的人力，出现了二牛一人的犁耕法，这是犁耕法的重大进步。西汉末年，又出现了一牛一人的犁耕法，可能是用于熟地的耕作。武帝以后，随着大规模徙民边陲，进行屯田，牛耕技术传到西北。为了保护耕畜，秦汉法律都规定，偷盗马和牛，要加重惩罚。与犁耕技术传播的同时，播种用的耧犁也开始使用，西汉晚期，耧犁已传到辽阳一带，辽阳的汉末村落遗址和北京清河汉代遗址中，都发现铁制耧足。

武帝时由于大规模战争的消耗，耕马、耕牛严重不足，价格昂贵，北

方一度出现以人挽犁的现象。经济落后的淮南地区，还是耜末而耕。江南大部分地区仍处于伐木燔莱，火耕水耨的阶段，同北方的农业生产水平相差很远。

西汉初期，农民已有"深耕概种，立苗欲疏"的经验。武帝末年，赵过推行代田法。代田法是先把土地开成深广各一尺的沟，叫作圳，圳旁堆成高广各一尺的垄。下种时把种子播在圳中，可以防风保墒。苗长出后进行耨草，用垄上的土和耨除的草培植苗根。盛夏垄土用尽，圳垄培平，作物的根既深且固，不畏风旱。圳垄的位置每年互相调换，轮流种植，以恢复土壤肥力。代田法在长安附近试验的结果，每亩产量比缦田（不作圳的田）超过一斛甚至二斛以上，所以很快就被推广。边远各郡也使用了代田法，居延汉简上有代田记载。赵过除了推行代田法以外，还改进了农具，颇为便巧。

西汉时期，水利事业很发达。武帝时，关中开凿了许多渠道，形成一个水利网。漕渠自长安引渭水东通黄河，便利了漕运，还能溉地万余顷。泾水与渭水之间，修建了白渠，与原有的位于泾洛之间的郑国渠平行，溉田4500顷。当时有歌谣赞美这一渠道说："田于何所？池阳谷口。郑国在前，白渠起后。举锸为云，决渠为雨。水流灶下，鱼跳入釜。泾水一石，其泥数斗，且溉且粪，长我禾黍，衣食京师，亿万之口。"其他如龙首渠、六辅渠、灵轵渠、成国渠等溉田都很多。龙首渠在洛水旁，由于渠岸易崩，它的某些段凿成若干深井，井与井间有水流通，叫作井渠。这种修渠方法，在沙土地带特别有用。京畿以外，关东地区也兴修了一些水利。如汉初羹颉侯刘信在舒（今安徽庐江西南）修造七门三堰，灌溉田亩。文帝时文翁在蜀郡穿湔江以灌溉繁县土地。武帝时，朔方、西河、河西、酒泉等郡引黄河及川谷之水，汝南、九江等郡引淮水，东海郡引钜定泽，泰山郡引汶水，都穿渠溉田各万余顷。其他各

汉砖拓片——农耕图

种小的水利工程，更是举不胜举。南阳太守召信臣调查郡中水泉，开沟渎，起堤闸，溉田至 3 万顷。西汉时中原种植水稻，主要就是依靠这种水利灌溉。至于凿井灌溉，北方到处都有，甚至居延边地，也凿井开渠，进行屯垦。西汉时期最重要的水利工程，是治理黄河。文帝十二年（公元前 168 年），黄河在酸枣（今河南延津西南）决口；武帝元光三年（公元前 132 年），黄河又自瓠子（今河南濮阳附近）经巨野泽南流，灌入淮泗，泛滥达 16 郡。丞相田蚡封地在鄃（今山东平原西南），地在黄河以北，他为了使自己的封地不受水灾，力阻修夏故道，所以黄河泛滥越来越严重。元封二年（公元前 109 年），武帝发卒数万人堵塞决口。武帝曾巡视工地，并命随从官员自将军以下，都负薪填决河。经过这次修治，黄河才流归故道，80 年中未成大灾。

铁农具、牛耕的普遍使用，水利的发达，农业技术的进步，使西汉时的农业生产提高到一个新的水平。昭帝、宣帝以后，没有大规模的战争，全国经济发展更为显著。据西汉末年的统计，当时全国有户 1220 多万，口 5950 多万（据郡国人口数核算，实得口 5740 余万）；全国垦田数达到 827 万多顷。这就是西汉农业发展规模的一个约略的说明。

二、冶铁炼铜搞纺织，手工行业大发展

在西汉的手工业中，冶铁业占有重要地位。西汉冶铁技术比战国时有了重大的发展。西汉后期，吏卒徒开山采铜铁，每年用人 10 万以上，规模是很大的。汉代东至东海，西至陇西，北至辽东，南至犍为，包括某些诸侯王国在内，都有铁官，这些大体上就是汉武帝以后冶铁制器的基地。山东、河南等省都发现冶铁遗址，其中河南巩县、郑州的冶铁遗址规模最大。包括矿坑、工场以及从开采矿石到制出成品的全部生产设备。巩县铁生沟遗址发现了矿石加工场所，发现

汉代彩绘雁鱼灯

炼炉、熔炉、煅炉共 20 座。郑州古荥遗址的炼铁炉，是现知汉代炼铁炉中最大的，其中一座，估计日产生铁可达一吨。古荥遗址资料表明，当时生铁冶炼和加工工艺有较大的进步。遗址中炼铁的燃料，除木材外，还有原煤和煤饼，这是现在所知的中国历史上最早用煤的遗存。淬火法已开始应用，这大大提高了铁器的坚韧和锋利程度。出土铁器，有农具，也有工具，出土的地点非常多。汉初的铁兵器，各地常有发现；武帝以后，铁兵器更多，替代了铜兵器所居的主要地位。西汉中期以后，铁制的日用器皿也逐渐增多。

西汉的采铜和铜器手工业也很发达。铜主要产在江南的丹阳郡和西南的蜀、越巂、益州等郡。汉初准许私人仿铸货币，所以铸钱场所分布在一些郡国中。武帝时铸币权集中到中央，在上林苑三官铸钱。西汉货币发现极多，铸币用的铜料、铸范以及铸所遗址也有发现。铜器制造主要属少府和蜀、广汉等郡工官，也有很多出于私人作坊。由于铁器漆器的兴起，铜器在汉代已失去了昔日的独特地位，但皇室、诸王和大官僚仍然喜爱精美的铜制器皿。铜制器皿的生产规模颇大。铜镜、铜灯、铜熏炉等物，近年常有出土，最多的是铜镜，是日用必需品。

丝织业是西汉的重要手工业之一，是北方居民的家庭副业。临淄（今山东临淄）和襄邑（今河南睢县）设有规模庞大的官营丝织作坊，产品供皇室使用。元帝时，临淄三服官作工各数千人，"一岁费数巨万"。长安的东西织室规模也很大，每年花费各在 5000 万钱以上。织缣帛一般用比较简单的所谓腰机。高级丝织品已采用提花织造，但工艺复杂，产量有限。巨鹿陈宝光妻的绫机用 120 镊，能织成各式各样花纹的绫锦，60 日始能织成 1 匹，匹值万钱。长沙马王堆西汉轪侯夫人墓中，出土大量丝织物，包括完整的服装和其他杂品。丝织物有绢、缣、绮、锦、纱、罗等种类，花纹色泽丰富多彩。对这些丝织物的科学研究，证明西汉人民在植桑育蚕、缫丝纺纱、织造印染方面，都取得了重大的成就。西汉的丝织物通过馈赠、互市或贩卖，大批输往边陲各地，远至中亚各国和大秦，从而促进了商品经济的发展，扩大了中外文化交流。

西汉漆器出自蜀、广汉以及其他各处工官，漆器加鎏金扣或银扣，称为扣器。漆器和扣器都是名贵的手工业品，《盐铁论》所举当时富人使用的银口黄耳，金错蜀杯，就是这类器物。在国内许多地方的汉墓中，出土漆器、扣器很多。马王堆汉墓，出土漆器达180多件，多数是木胎，少数是夹纻胎、竹胎，色泽光亮，造型精美。朝鲜平壤的乐浪王盱墓及其他墓葬中，蒙古诺颜乌拉匈奴贵族墓中，也发现了大量的汉代漆器和扣器。漆器制作复杂，分工精细。见于漆器铭文的工名有素工、髹工、上工、铜耳黄涂工、画工、清工、造工等多种，这说明《盐铁论》中"一杯棬用百人之力，一屏风就万人之功"的说法，是有根据的。此外，煮盐（包括海盐、池盐、井盐）、酿造等业，在西汉时都是重要的手工业行业，生产规模和技术都超过前代。

汉代人民衣着所需的织物，就全国总产量而言，大部分出自男耕女织的家庭手工业，其中，北方农村以丝为主，南方农村以麻为主。家庭手工业品主要供农户自用，多余的在市场出卖。至于官府手工业品，除盐、铁等在武帝以后由官府垄断者外，一般说来质量虽精，数量并不多，在全国总产品中不占很大的比重。

在上述各种手工业中，官营作坊的劳动者主要是吏、卒、刑徒、官奴婢和少数佣工；私营作坊主要是僮仆、佣工，其中很多来自逃亡农民。

三、商业发展都市兴，繁华富庶数长安

1. 富商大贾

汉初，虽然曾禁止商人衣丝乘车、作官为吏，但国家的统一，经济的恢复和发展，山泽禁令的放弛，给商业的繁荣创造了条件。当时的富商大贾"周流天下"，非常活跃，甚至富比天子，"交通王侯"，形成有影响的势力。

西汉时商业经营的范围很广，据《史记》所载，当时市场中陈列着粮食、盐、油、酱、果类、菜类、牛、马、羊、布、帛、皮革、水产等几十种商品。

2. 收回铸币权

汉初，听任郡国自由铸钱。这造成币制混乱，阻碍了商品的正常交换，另一方面，一些贵族官僚、富商大贾操纵造币之权，富比天子，威胁中央。吴楚七国之乱时，铸币便为其提供了重要财力支持。公元前113年，汉武帝下令宣布禁止郡国铸钱，把全国各地私铸的钱币运到京师销毁，把钱币大权收归中央。成立了专门的铸币机构，即由水衡都尉的属官钟官、辨铜、技巧三官负责铸造五铢钱。这次新铸的五铢钱（也称上林钱或三官钱），重如其文，钱的质量很高，便于流通，成为当时唯一合法的货币。

3. 盐铁官营和均输平准

汉初，盐铁为私人经营，对盐铁经营采取放任政策，国家仅设官收税。汉武帝采纳大商人孔仅和东郭咸阳建议，把私人垄断的冶铁、煮盐、酿酒等重要工商部门收归国家垄断经营，在全国产盐铁的地方设立盐铁专卖署，并任命当地的大盐铁商为盐、铁官，管理煮盐、制造铁器和买卖盐铁等事务。不产铁的地方设小铁官，以熔化废铁作农具或用具。盐铁官营后，严禁私人铸铁和煮盐。自从盐铁官营后，汉政府大大增加了收入。但是管理盐铁的官吏多为盐铁商人，经营不善，往往产品质量低，价格昂贵，贫民购买不起。

汉武帝在实行盐铁官营的同时，推行了均输平准政策。公元前110年，汉武帝采纳桑弘羊的建议，在全国实行均输平准政策。原先汉政府各部门常常抢购物资，引起物价上涨，地方上交中央的贡赋，往来烦难，"或不偿其费"。而且富商大贾囤积居奇，操纵物价。于是由大农令统一在郡国设均输官，负责管理、调度、征发从郡国征收来的租赋财物，并负责向京师各地输送。又由大农令置平准官于京师，总管全国均输官运到京师的物资财货，除去皇帝贵戚所用外，作为官家资本经营官营商业。"贵则卖之，贱则买之"，调剂物价，并获取收益。实行盐铁官营、均输平准政策后，"民不益赋，而天下用饶"。

4. 算缗和告缗

为了打击富商大贾、高利贷者的经济力量，增加政府的财政收入，汉武帝于公元前119年，颁布了算缗和告缗的命令。

算缗就是向大商人、高利贷者征收财产税。规定商人财产每2000钱，抽税一算（一算为120钱），经营手工业者的财产，凡4000钱，抽一算；不是三老和北边骑士而有轺车者，每辆抽税一算，商人的车，则征收二算；船五丈以上者，每只船抽税一算。隐瞒不报或自报不实者，鼓励知情者揭发，叫作"告缗"。凡揭发属实，即没收被告者全部财产，并罚戍边一年，告发者奖给被没收财产的一半。此令一行，各地争相告缗。在杨可主管告缗事务时，告缗之风，遍及全国。

上述各项措施的实行，限制和打击了富商大贾、豪强、贵族的经济势力，增加了西汉政府的财政收入，暂时解决了由于战争和奢侈浪费所造成的困难，加强了中央集权的经济力量。但却对商品经济产生了相当大的消极影响。

5. 商业大都市

随着农业、手工业的发展，商业也繁荣起来了。据《史记》记载，西汉时期全国已形成了若干经济区域，每个区域都有大的都会。关中区域膏壤千里，最为富饶。

首都长安户8万余，口24.6万，是全国最繁华最富庶的城市。长安城周围65里（据实测，周长2.57万米，合当时62里多），有12门、8街、9陌、9市、160闾里，它的布局，基本上已为考古发掘所证实。长安城的每个城门都有3个宽达6米的门道，以3条并列

青铜透雕熏炉

的道路通向城中，城市街陌也是3道并列。长安城的中部和南部是宫殿和官署。西北隅的东西九市，是长安城内的商业和手工业区，与居民闾里邻近。考古发掘所显示的长安城内这种政治区和经济区的布局，与《周礼·考工记》所说"面朝背市"的都市建筑制度符合。长安市上除有本地和附近的各种物产包括官府手工业的产品出售以外，还有从全国各地运来的货物出售。

洛阳、邯郸、临淄、宛、成都（当时合称五都）、番禺等城市，是全国主要的都会。蓟、阳翟、寿春、江陵、吴等，也都是一方的都会。全国各地区、各都会之间，有大道相联。在这些大道上，驿传罗布，车马杂沓，货物转输，络绎相属。江南多水，船是比车更重要的交通工具。吴王濞所造航行于长江的船只，一船所载相当于北方数十辆车。今广州、长沙等地的汉墓中，发现有木车、木船和陶船的模型，从模型看来，当时的船有锚、舵，结构坚固，可载重致远。广州曾发现汉代造船遗址。

出现在通都大邑里的商品，有牲畜、毛皮、谷物、果菜、酱醋、水产、帛絮、染料、木材、木器、铜铁器等类。奴隶被当作一种商品，在市场上出卖。高利贷也成为一种重要行业，它的盛行，是促使农民破产的原因之一。大高利贷者被称为子钱家，列侯封君都向他们告贷。

6. 对外贸易

西汉中期以后，对外贸易发达起来。自河西走廊经塔里木盆地南北

边缘通向中亚、西亚以及更远地区的道路，已经畅通。沿着这条道路，运入各种毛织物和其他奢侈品，运出大宗丝织品。西方人称这条道路为"丝绸之路"。海上贸易的重要港口是番禺（今广东广州）。近年来广州、贵县、长沙等地，经常发现玻璃、琥珀、玛瑙等物，其中一部分是从海外运进来的。

第三章 / 科技文化

一、《周髀算经》论勾股，《九章算术》体系成

从西汉时期开始，中国已有非常详细的天文记录，包括公认的人类第一次对太阳黑子的记录。此外，针灸和造纸术也可能是在西汉时期被发明的。

西汉时期，最著名的科学成就当推《周髀算经》与《九章算术》这两部中国最古老的数学著作。

1.《周髀算经》

《周髀算经》原名《周髀》，是中国最古老的天文学和数学著作，约成书于公元前1世纪，主要阐明当时的盖天说和四分历法。唐初规定它为国子监明算科的教材之一，故改名《周髀算经》。

《周髀算经》在数学上的主要成就是介绍了勾股定理。《周髀算经》中明确记载了勾股定理的公式："若求邪至日者，以日下为勾，日高为股，勾股各自乘，并而开方除之，得邪至日。"（《周髀算经》上卷二）

而勾股定理的证明呢，就在《周髀算经》上卷一：

昔者周公问于商高曰："窃闻乎大夫善数也，请问昔者包牺立周天历度——夫天可不阶而升，地不可得尺寸而度，请问数安从出？"

商高曰："数之法出于圆方，圆出于方，方出于矩，矩出于九九八十一。故折矩，以为勾广三，股修四，径隅五。既方之，外半其一矩，环而共盘，得成三四五。两矩共长二十有五，是谓积矩。故禹之所以治天下者，此数之所生也。"

《周髀算经》采用最简便可行的方法确定天文历法，揭示日月星辰的

运行规律，囊括四季更替，气候变化，包含南北有极，昼夜相推的道理。给后来者生活作息提供有力的保障，自此以后历代数学家无不以《周髀算经》为参考，在此基础上不断创新和发展。

《九章算术》书影

2.《九章算术》

《九章算术》是中国古代张苍、耿寿昌所撰写的一部数学专著，成于公元 1 世纪左右。其作者已不可考，一般认为它是经历代各家的增补修订，而逐渐成为现今定本的，西汉的张苍、耿寿昌曾经做过增补和整理，其时大体已成定本。最后成书最迟在东汉前期，现今流传的大多是在三国时期魏元帝景元四年（263 年），刘徽为《九章》所作的注本。

《九章算术》的内容十分丰富，全书采用问题集的形式，共 9 章，收有 246 个与生产、生活实践有联系的应用问题，其中每道题有问（题目）、答（答案）、术（解题的步骤，但没有证明），有的是一题一术，有的是多题一术或一题多术。这些问题依照性质和解法分别隶属于方田、粟米、衰分、少广、商功、均输、盈不足、方程及勾股。原作有插图，今传本已只剩下正文了。

《九章算术》在数学上有其独到的成就，不仅最早提到分数问题，也首先记录了盈不足等问题，《方程》章还在世界数学史上首次阐述了负数及其加减运算法则。它是一本综合性的历史著作，是当时世界上最简练有效的应用数学，它的出现标志中国古代数学形成了完整的体系。

二、善辩陆贾安政局，复兴儒学汇黄老

陆贾（约公元前 240—公元前 170 年），汉初楚国人，西汉思想家、政治家、外交家。

陆贾是楚人，刘邦经营天下时，以客卿身份跟随左右，并以能言善辩著称。曾多次出使诸侯，为汉高祖收服南越王立下汗马功劳，对安定汉初局势做出极大的贡献。

1. 陆贾生平

楚汉相争时，陆贾以幕僚的身份追随高祖刘邦，因能言善辩常出使游

说各路诸侯，深得刘邦赏识，被誉为"有口辩士"。

秦二世三年（公元前207年），赵高杀害秦二世，派人来见刘邦，想签订盟约以瓜分关中，刘邦认为是诈计，就派郦生、陆贾前去游说，用私利诱惑秦军将领，趁机攻破了武关。汉王四年（公元前203年），刘邦派陆贾游说项羽，让项羽释放被俘的父亲、吕后等人，未能成功。

刘邦平定中原后，赵佗（也称尉他、尉佗）已在南越称王，因国家初定，刘邦便派陆贾出使南越，游说赵佗归附汉朝。陆贾到后，赵佗接见非常不礼貌。陆贾便细数赵佗的中原出身，斥责他忘本而不讲礼仪，随后结合楚汉之争的历史，指出南越和汉朝实力上的强弱悬殊，晓以情理，迫使赵佗改颜谢罪。

赵佗问及他与萧何、曹参、韩信谁更高明，陆贾回答赵佗似乎更高明。赵佗很高兴，又拿自己和刘邦进行比较，陆贾明确答复汉王远胜赵佗。赵佗对陆贾的说辞非常满意，愿意遵从汉朝约束，接受南越王封号，对汉称臣，并留陆贾宴饮数月。陆贾回朝汇报，刘邦非常满意，任为太中大夫。

汉得天下后，陆贾经常在刘邦面前称引《诗经》《尚书》等儒家典籍，刘邦讨厌儒生，因而骂道："我马上打得天下，要诗书何用！"陆贾反驳说："马上得到天下，岂能在马上治理！"随后陆贾援引历史，以商周和秦朝的兴亡为例，向刘邦说明行仁义的重要性。

刘邦听后面有惭色，便命陆贾著书论述秦亡汉兴、天下得失的道理，以资借鉴。陆贾遂著文12篇，每奏一篇，刘邦都极力称赞，称其书为"新语"。

刘邦死后，惠帝懦弱，吕后掌权，想封吕姓诸人为王，又担心大臣不服，据理力争。在这样的险恶环境下，陆贾知道事不可为，便称病辞官，在好畤安家落户。

陆贾变卖了出使南越时所得的财物，共计千金，便均分给自己的5个儿子每人200金，让他们各治生产。陆贾自己则坐着华贵的车辆，带着10个舞乐侍从和一口价值百金的宝剑，轮流到五个儿子家里居住，每家住10天，将来死在哪个儿子家里，就得到他的这些随身之物。由于陆贾常到其他地方作客，每人一年也不过轮流两三次，很好地避免了老来色难的困境。

吕后掌权时，外戚的许多吕姓都被封了王，总揽朝政大权，打算劫持少帝，篡夺刘氏天下。陈平很担忧，但力所不及，又怕祸及自身，于是常静居深思，考虑对策。陆贾前去问候，没有通报就直接走进房中，当时陈

陆 贾

平正在思索问题，没有看见。陆贾指出陈平担心诸吕篡权，少主危殆的事实，进言说："国定安定时，要留意丞相；国家危险，要留意将军；将相和睦，人民就会归顺朝廷。"因而建议陈平结交周勃，以保护社稷。

陈平采用陆贾之计，献500金为周勃祝寿，周勃亦投桃报李，从此将相深交，吕氏的阴谋因此一再受挫。

为了感谢陆贾，陈平以"饮食费"为名，送了他100名奴婢，50辆马车，500万钱。陆贾用这些财物在公卿中游说，名声大震。在诛灭吕氏，拥立文帝的过程中，出力颇多。

诛灭吕氏后，文帝即位，通告诸侯和四方边境之国，广施盛德。当时赵佗已趁机自封为"南越武帝"。于是文帝派人修复赵佗先人在真定的坟墓，增设守墓之人，按时祭祀，并厚待赵佗尚在中原的兄弟，同时寻觅可以出使南越的人。陈平等人举荐陆贾，文帝同意。

陆贾第二次出使南越，见赵佗后，宣示文帝诏书，赵佗表示愿意放弃帝号，去除僭越的各项礼仪，永为藩臣，地位如同诸侯。陆贾不辱使命，回朝禀报，文帝非常高兴。

汉文帝十年（公元前170年），陆贾寿终正寝。

2. 力倡儒学

陆贾是汉代第一位力倡儒学的思想家，他针对汉初特定的时代和政治需要，以儒家为本、融汇黄老道家及法家思想，提出"行仁义、法先圣，礼法结合、无为而治"，为西汉前期的统治思想奠定了一个基本模式。刘邦统一天下当上皇帝，很讨厌读书人，不爱听文绉绉的话。但经常陪伴他的陆贾却不顾这些，时不时地就在刘邦面前谈论《诗》《书》。因为经常陪伴在刘邦的身边，而且为其办成许多大事，因此陆贾在感情上与刘邦比较亲密，所以才不怕其斥骂。他用历史事实说明在马上可以得到天下，却不能在马上治理天下，第一个提出"逆取而顺守"的策略，并为刘邦建立新王朝提出总的纲领，这就是以仁义道德治理国家。

从《新语》的全部内容来看，陆贾基本上属于儒家学派，因其书虽然是综合儒、道两家学说的精华，但相对来看，儒家思想更突出一些。综观全书，是以儒家思想为主，而以道家为辅的思想体系，较早地体现了儒道互补的精神。

如果我们仔细思考西汉初年的政治情况，以及汉武帝"罢黜百家，独尊儒术"这一国策的制定，就会发现陆贾的活动及《新语》的历史作用。

孝惠帝时，吕后专权，想要封诸吕为王，猜忌善辩大臣，陆贾估量自己无能扭转这种局面，便装病回家隐居，静观时局变化。

惠帝年少，性格软弱，吕后专横，诸吕紧锣密鼓地准备抢班夺权，要谋取天下。宰相陈平非常忧虑，但计无所出，急得如热锅上的蚂蚁，极其烦恼。在这关键时刻，陆贾前去求见，并为其划策说："天下安，注意相，天下危，注意将。"请陈平和当时在世的老一辈大将绛侯周勃搞好关系，如果二人团结一致，便可以应付各种复杂局面。

陆贾又亲自出面在暗中去联络其他公卿大臣，为陈平和周勃后来一举粉碎诸吕的阴谋，安定刘氏天下起了重要作用。文帝得立，陆贾也有大功。后来再度出使南越，使南越主动去掉皇帝之号，听命于汉朝。陆贾最后寿终正寝，结局很完美，真是个智者。

"逆取顺守"是非常深刻的思想，即夺取政权可以不择手段，可以用暴力，但要保守政权则必须实行仁政，必须顺应民心，顺应历史潮流，这对于中国后来历史的发展产生了重要影响。贾谊在《过秦论》中著名的结论"仁义不施，而攻守之势异也"，便与陆贾提出的靠马上可以得天下，而靠马上不可以治理天下的思想如出一辙。

儒家力倡"人主天下之仪表也，主倡而臣和，主先而臣随"，强调君主在国家政治、道德生活中必须起到表率作用，认为国家的命运与君主的道德修养水平密切相关。陆贾继承了先秦儒家的这套德化理论，认为秦亡就是因为不施仁义、专任刑罚，骄奢靡丽以及重用赵高等奸佞之臣所致，因此他认为汉家王朝要想不重蹈秦亡之覆辙，就必须反秦道而行之："行仁义而轻刑罚；闭利门而尚德义；锄佞臣而求贤圣"，定下了带有强烈儒学色彩的三大为政原则。

同时，为了使儒家学说更加适应汉初政治统治的需要，他在坚持儒家基本思想倾向的同时，已经公开地从道家、阴阳家、法家等诸子各家中吸取合理的思想资料以充实儒家的思想体系，开启了汉代儒学重构的先河。

陆贾的"夫道莫大于无为"的思想来源于道家黄老之学。陆贾的无为并不是由作为宇宙本根的道的无为推演出来的，而是从秦王朝骤亡教训中总结出来的，是与秦始皇的滥用刑罚的有为相对立的。他用道家的思想原则把法家和儒家思想进行了改造和糅合，使得道家的"无为而治"思想更加贴近实际，更能解决问题。

陆贾并不排斥有为，他认为如果没有人为的努力，社会就不能进步；既然圣人都有为，那么君子当然也要有为；有为不是妄为，而必须以道为准。主张对一切凡人力所能为、又必须为的事，均应该尽力而为之。

在陆贾的思想中，无为和有为是有机的统一，是治道的一体两面，以有为求无为，在有为的基础上，达到无为的最高境界，即要求君王积极有为，依仗自身修养制定出一套社会秩序，然后将这套政治社会秩序落实在实际生活中，制礼定乐，教化天下。

陆贾同时也改进了法学，他批评秦"法治"太过，主张"文武并用，德刑相济"，减废秦法，但仍然坚持治国必须依靠"法治"，只不过"法治"不再是治国之本，而是治国之末。陆贾还进一步提出减免赋税徭役，让利于民。要与民休息，不干民，不扰民，不加赋，做到"国不兴无事之功，家不藏无用之器，稀力役而省贡献"。

在历史观方面，陆贾继承了法家韩非的观点，把人类社会的发展分为先圣、中圣、后圣三个不同的历史时期。陆贾不仅意识到了人类物质文明的进步，而且还接触到了国家和法律的起源。陆贾在继承与发挥法家理论基础上形成的这种权变学说，表达了汉初地主阶级在夺取政权后积极巩固和发展封建统治的新制度的愿望，具有积极的意义。

总之，陆贾不仅为儒学在汉初的复兴立下了汗马功劳，并且为儒学在汉代的发展指出了方向，因此他是上承孟子、荀子，下启贾谊、董仲舒的汉代重要儒家人物，他的思想是由先秦儒学发展到董仲舒的今文经学的一个中间环节。这种天人感应说，在汉代肇端于陆贾。陆贾和贾谊的这些天人感应的思想，后来被董仲舒发展成天人合一的神学目的论。

三、汉武帝罢黜百家，董仲舒独尊儒术

春秋战国时代有所谓"儒墨道法"，即儒家、墨家、道家和法家。但自行法家之法的秦朝亡国后，汉朝有鉴秦亡经验，乃先用道家之法治国，是为黄老之术。直到汉武帝时，思想上已有大改变，那就是"罢黜百家，独尊儒术"，是为儒学深深影响中国文化之始。

罢黜百家，独尊儒术，是董仲舒建议汉武帝实行的统治政策。所谓的"罢黜百家，表章六经""推明孔氏，抑黜百家"指的就是"罢黜百家，独尊儒术"，前者是后者的别名。

汉初，在政治上主张无为而治，经济上实行轻徭薄赋。在思想上，主张清静无为和刑名之学的黄老学说受到重视。

武帝即位时，从政治上和经济上进一步强化专制主义中央集权制度已成为封建统治者的迫切需要。

主张清静无为的黄老思想已不能满足上述政治需要，更与汉武帝的好大喜功相抵触；而儒家的春秋大一统思想、仁义思想和君臣伦理观念显然与武帝时所面临的形势和任务相适应。于是，在思想领域，儒家终于取代了道家的统治地位。

建元元年（公元前140年）武帝继位后，丞相卫绾奏言："所举贤良，或治申、商、韩非、苏秦、张仪之言，乱国政，请皆罢。"得到武帝的同意。

太尉窦婴、丞相田蚡还荐举儒生王臧为郎中令，赵绾为御史大夫，褒扬儒术，贬斥道家，鼓动武帝实行政治改革，甚至建议不向窦太后奏事。窦太后对此不满，于建元二年罢逐王臧、赵绾，太尉窦婴、丞相田蚡也因此被免职。

建元六年，窦太后死，儒家势力再度崛起。

元光元年（公元前134年）武帝召集各地贤良方正文学之士到长安，亲自策问。

董仲舒在对策中指出，春秋大一统是"天地之常经，古今之通谊"，现在师异道，人异论，百家之言宗旨各不相同，使统治思想不一致，法制数变，百家无所适从。他建议："诸不在六艺之科孔子之术者，皆绝其道，勿使并进。"

董仲舒指出的适应政治上大一统的思想统治政策，很受武帝赏识。武

帝又采纳丞相卫绾之议,罢黜治申不害、商鞅、韩非、苏秦、张仪之言的贤良。汉武帝此举受到好黄老的祖母窦太后的强烈反对,她于次年借故把鼓吹儒学的御史大夫赵绾和郎中令王臧系狱。儒家势力受到打击,但武帝在建元五年(公元前136年)又置《五经》博士,使儒家经学在官府中更加完备了。建元六年(公元前135年),窦太后死,儒家势力再度崛起。元光元年(公元前134年),他将不治儒家《五经》的太常博士一律罢黜,排斥黄老别名百家之言于官学之外,提拔布衣出身的儒生公孙弘为丞相,优礼延揽儒生数百人,还批准为博士官置弟子50人,根据成绩高下补郎中文学掌故,吏有通一艺者选拔担任重要职务。这就是历史上有名的"罢黜百家,独尊儒术"。独尊儒术以后,官吏主要出自儒生,儒家逐步发展,成为此后2000年间统治人民的正统思想。虽然这样做不利于学术文化的发展,但在当时却有益于专制制度的加强和国家的统一。

儒术完全成为封建王朝的统治思想,而道家等诸子学说则在政治上遭到贬黜。

不过,汉武帝"独尊儒术",更多是象征意义。真正尊儒的,是汉元帝、汉成帝。

武帝时,诏书频频征引儒家有关经典文句,以加强皇帝诏令的权威性,蔚成风尚。儒学对西汉一代政治、经济、法律、礼仪制度、民族关系、教育、文化、社会生活等领域,施加强有力的影响。

需要注意的是,汉武帝虽尊儒,但他并不欣赏那些拘守儒家学说,不知时宜变通的"腐儒",他更欣赏能将儒家学说与治世妥善结合者。据对汉武帝一朝官僚出身阶层的统计,也可看出,在三公九卿、王国相、郡太守帝国中、高级官僚队伍中,与其他阶层相比,儒吏甚至不占任何优势。

这也充分说明,汉武帝尽管"罢黜百家、独尊儒术",但其为政实质,依然如其曾孙,即汉宣帝所说"汉家自有制度,本以霸王道杂之"中的"霸王道",后世一般将其解释为"霸道"(法家)加"王道"(儒家)混用,另一常见的术语,则是"儒表法里"。

汉武帝虽实行"罢黜百家、独尊儒术"政策,但他并非真心尊崇儒家学说,而仅仅将儒家学说作为雕饰、粉饰统治的工具。汉武帝施政的本质,依然是杂霸、王之道,唯利是图,无常式可循。真正信仰、尊崇儒学的,反而是饱受后世诟病的汉元帝、汉成帝。他们在位时,分别推行的皇家宗庙、郊祀、职官诸制度的礼制化、儒家化改制，恰恰是其尊崇儒学的真实体现。清代皮锡瑞《经学历史》曰："元、成以后，刑名渐废。上无异教，下无异学。皇帝诏书，群臣奏议，莫不援引经义，以为据依。国有大疑，辄引《春秋》为断。"

但不管怎么说，"罢黜百家，独尊儒术"仍是西汉武帝实行的封建思想统治政策，也是儒学在中国文化中居于统治地位的标志。不过这时的儒家思想，已非春秋战国时期的儒家思想原貌。而是掺杂道家、法家、阴阳五行家的一些思想，体现了儒家思想的"兼容"与"发展"特性，是一种与时俱进的新思想。它维护了封建统治秩序，神化了专制王权，因而受到中国古代封建统治者推崇，成为两千多年来中国传统文化的正统和主流思想。

四、董仲舒天人三策，大一统以德治国

董仲舒（公元前179—公元前104年），广川（河北省景县西南部，景县、故城、枣强三县交界处）人，西汉哲学家、教育家、政治家。

董仲舒出身一个大地主家庭。他在青少年时代，是在西汉文帝、景帝时期度过的。据说他自幼养成两耳不闻窗外事、一心只读孔孟书的习惯。特别对儒家经典《春秋》，更细心钻研。在他家房后有个小花园，他三年没进去一次。号称"三年不窥园"。到汉景帝时期，董仲舒得到了"专精于述古"的声誉，当上了"博士"。汉武帝元光元年（公元前134年），董仲舒任江都易王刘非国相10年，元朔四年（公元前125年），任胶西王刘端国相，四年后辞职回家。

此后，居家著书，朝廷每有大议，令使者及廷尉就其家而问之，仍受汉武帝尊重。董仲舒以《公羊春秋》为依据，将周代以来的宗教天道观和阴阳、五行学说结合起来，吸收法家、道家、阴阳家思想，建立了一个新的思想体系，成为汉代的官方统治哲学，对当时社会所提出的一系列哲学、政治、社会、历史问题，给予了较为系统的回答。

公元前134年，汉武帝下诏征求治国方略，让各地推荐贤良文学之士，董仲舒被推举参加策问。汉武帝连续对董仲舒进行了三次策问，基本内容是天人关系问题，所以称为"天人三策"。第一次策问，汉武帝问的主要是巩固统治的根本道理，第二次策问，武帝主要是问治理国家的政术，第

三次策问主要是天人感应的问题。

董仲舒在著名的《举贤良对策》中，详细阐述了天人感应，论述了神权与君权的关系，并提出了"罢黜百家，独尊儒术"的建议。

1. 大一统

汉初实行黄老之学，无为而治。经济发展很快，出现了文景盛世。但在景帝时代出现了吴楚七国之乱。统一的国家将面临分裂的危险。景帝时任博士的董仲舒认为，重要的问题是要巩固集中统一的政权，防止分裂割据的局面出现。董仲舒从儒学经传中寻找统一的理由，他从《公羊春秋》中找到了"大一统"。董仲舒就根据《公羊春秋》的记载，提出了"大一统"论。他在《天人三策》中说："《春秋》所主张的大一统，是天地的常理，适合古今任何时代的道理。"

"大一统"既然是宇宙间最一般的法则，那么封建王朝当然要遵循。这就是董仲舒所要设立的政治哲学的核心。他根据"大一统"的普遍法则，提出了思想也要"大一统"的论点。董仲舒在《天人三策》中说："只要不是在六艺之列的，和孔子那一套儒家思想的人。都不许其发展下去，不允许和儒家思想一起存在。那些乱七八糟的教派和学说就不会再来迷惑百姓，国家的法律和制度才能显示出地位。老百姓也才知道用什么样的方式去教育子孙后代。"只有思想统一才能有统一的法度，百姓才有行为的准则，这样才能维护与巩固政治的统一。用思想统一来巩固政治统一，思想应该统一于以孔子为代表的儒家上，百姓也知道该遵循什么，怎么做了。只有政治统一才能长治久安，当时汉代的政治是统一了，但不稳固。统一思想成了大一统的关键。于是，董仲舒多次强调要用孔子儒学统一天下的思想。

在汉武帝采纳了董仲舒思想要大一统的建议之后，施行了"罢黜百家，独尊儒术"政策，将儒学作为正统思想，从此汉代思想界树起了儒学的权威，产生了中国特有的经学以及经学传统。汉代立五经博士，明经取士，形成经学思潮，董仲舒被视为"儒者宗"。

2. 天人感应

董仲舒"天人感应"论，是以社会、政治来说的。他把《春秋》中所记载的自然现象，都用来解释社会政治衰败的症结。他认为，人君为政应"法天"行"德政"，"为政而宜于民"；否则，"天"就会降下种种"灾异"以"谴告"人君。如果这时人君仍不知悔改，"天"就会使人君失去天下。

通过秦末农民大起义，董仲舒认识到农民阶级的政治力量可决定一个封建王朝的兴亡。董仲舒在这里所说的"天"，是指秦末农民起义的武装力量。他要借用这一象征农民阶级政治力量的"天"，来戒惧皇帝，使之自敛，用"天"来限制他。

当时董仲舒为什么要采用"天人感应"的形式来戒惧皇帝呢？原因是：西汉时期社会科学水平低，天命论在人们思想中的影响极深。董仲舒就采用了"天"来限制皇帝个人的私欲，制约他至高无上的权力。并把秦始皇权力不受制约，引发农民起义，速亡国的惨痛教训，变成皇帝的精神枷锁，来限制皇帝的权力。从这方面看，董仲舒"天人感应"的思想限制了皇帝的私欲和权力，为整个封建社会的长治久安作出了重要的贡献，其意义是深远的。

董仲舒还编造出一条"天道不变"的理论。他认为，帝王统治的秩序和伦理道德是从"天"那里来的。天是不变的。所以，帝王统治的秩序和伦理道德也是不变的。他说，古代的天下，就是今天的天下；今天的天下，也是古代的天下。古今没有区别。朝代的更替只是循环反复。这种"天不变，道亦不变"的理论，是以宣扬封建统治永恒不变为目的的。

有一年，汉朝长陵高园殿发生火灾，接着辽东高庙又发生火灾。正在家中养病的董仲舒，听到这两件事，觉得是个好机会。他连忙给汉武帝写了一道奏章，说汉高祖庙园起火，是"天"对当代政治不满，降祸人间，警告"天子"。中大夫主父偃发现这份刚刚写好的奏折草稿，就向汉武帝汇报，说董仲舒利用灾异之变攻击朝政。汉武帝勃然大怒，立即下令逮捕董仲舒，准备判处死刑。由于他的弟子吕步舒百般营救，才保住了命。

董仲舒

3. 以德治国

西汉王朝统治人民虽然奉行黄老的"无为而治"的思想，实质上仍因袭秦制，以严刑峻法统治人民。武帝好法术、刑名，重用酷吏，以严刑峻法来加强统治，给人民带来了极大的灾难和痛苦。为了社会秩序的稳定，为了封建统治的长治久安，董仲舒认为要缩小贫富差别，协调各种社会矛盾，提出"调均"的主张。上疏汉武帝"限制私人占有土地的数额的主张，限制豪强兼并土地，不允许官吏与百姓争抢利益，盐业、金属业都由百姓自己掌控，除去奴婢制度、擅自斩杀的威严，降低赋税，减少徭役，让人民休养生息，减少民力消耗"。

这些主张，首先，打击豪强势力，加强中央政权的力量；其次，暂时缓和地主阶级和农民之间的阶级矛盾，加强了封建统治阶级专政，防止社会进一步动乱，防止农民起义。董仲舒吸取秦灭亡教训，为了缓和地主阶级和农民的矛盾，提倡德治，革除秦时的弊政，进行"更化"。他的"更化"思想，就是以儒家的礼义仁德来限制对人民剥削，维持和巩固汉王朝统治阶级专政。他认为，严刑峻法，给统治阶级带不来稳定的统治秩序，不能维持和巩固封建地主阶级的政权。他提出：实行礼义，布施仁德的政策，以德治理为主，重视"教化"，主张用仁德代替严刑。他视"德治"主张为巩固封建统治的基本治国原则。并上疏汉武帝：作为帝王应该秉承上天的意思办事，因此，应该用仁德的教化而不是用刑法治理，以"德治"为主，"法治"为辅。

4.三纲五常

董仲舒又编造了一套封建的道德观，叫作"三纲五常"。他认为"天"有阴阳，人也有阴阳。"君为阳，臣为阴"；"父为阳，子为阴"；"夫为阳，妻为阴"。阳是尊贵的为主，阴是卑贱的为次。所以，他把君臣、父子、夫妻的关系叫作"君为臣纲"，"父为子纲"，"夫为妻纲"。他把这所谓"三纲"，说成是符合天意，不可改变的东西。所谓"五常"，就是"仁、义、礼、智、信"也就是孔子说的"孝悌""忠恕"之道，是所谓"仁"的思想的发展。"三纲五常"代表了全部封建宗法的思想，是束缚劳动人民精神的绳索。

董仲舒还宣扬"性三品"，来欺骗人民。他说"天"把人性分成三等，即所谓"圣人之性""中民之性"与"斗筲之性"。"圣人之性"是指皇帝、大官僚、大地主。他们生来是性"善"，绝对聪明，是天生的高贵者，统治者。"斗筲之性"，是指劳动人民。他们生来性"恶"，绝对"愚笨"，是天生的卑贱者，只能给"圣人"当牛做马。"中民之性"，是指中小官僚、中小地主。他们介于两者之间，则可善可恶，只要接受"圣人"的教化，去恶从善，就可以向"圣人之性"转化。董仲舒这种上智下愚的理论，用来证明封建地主阶级统治人民的合理性。

董仲舒的儒家思想大大维护了汉武帝的集权统治，为当时社会政治和经济的稳定做出了一时的贡献。

董仲舒的著作很多，有100多篇文章、词赋传世，尚存的有《大人三策》《士不遇赋》《春秋繁露》及严可均《全汉文》辑录的文章两卷。

五、忍辱励志著《史记》，千秋铭记太史公

1. 司马迁其人

司马迁（公元前145年或公元前135年—？），字子长，夏阳（今陕西韩城南）人。西汉史学家、散文家。后世尊称为史迁、太史公、历史之父。

司马迁是我国古代最伟大的历史学家，他出生在汉景帝刘启的年代里，死在汉武帝刘彻的后期，和汉武帝的活动时间基本同步。

司马迁的父亲叫司马谈，是汉武帝的太史令，专门掌管天文星历、历史典籍和文书记录工作。司马谈具有很高的文化修养，对中国古代诸子百家的学术思想有深入的研究，我们现在说的儒家、墨家、法家、道家等学术流派最早就是司马谈提出划分主张的。司马谈在担任史官的时间里，认真搜集资料，积累了大量的史料，想写一本真实记载中国历史的著作。司马迁在这样的家庭环境中成长，从小就受到良好的文化教育，加上家里保存的许多图书，都为他后来写《史记》打下了很好的基础。

为了进一步丰富自己的知识，司马迁在20岁左右时，游览了祖国南北的名山大川，访问了一些历史事件发生的地点和当事人，接触到基层劳动人民，对当时的国家情况有了比较深入的了解，这些知识，也使他后来的《史记》的内容更加丰富，语言更加生动。

公元前110年，司马迁的父亲去世。两年后，汉武帝任命司马迁为太史令，继续从事他父亲生前的工作。司马迁在跟着汉武帝到处出巡的日子里，不断扩充自己的资料，又利用职务的方便，把国家图书馆里珍藏的图书资料认真地进行了整理，准备工作一切就绪，司马迁在40岁左右时，开始了编写《史记》的工作。

就在司马迁全力以赴地编写《史记》的时候，发生了一件事情，给司马迁一个沉重的打击，差点丢掉了生命。

公元前99年，汉武帝派骑都尉李陵和贰师将军李广利出兵打击匈奴，李陵是飞将军李广的孙子，像李广一样英勇善战。他率5000步兵深入匈奴境内，一直打到东陵稽山（在今蒙古人民共和国境内），准备回兵时被匈奴3万多兵马围困住，李陵率领部下苦战了许多天，最后被匈奴活捉。消息传到长安，说李陵投降了匈奴，汉武帝非常痛苦，下令杀死李陵的老母亲和妻子。朝廷中的大臣没一个敢劝阻，司马迁却挺身而出，要为李陵讨个公道，他说李陵英勇战斗，杀了许多匈奴兵，最后不得已而暂时投降，将来肯定会找机会回来的。汉武帝认为司马迁在为叛徒说话，下令将司马迁抓起来，也判成死罪。

当时，按法律规定，像司马迁这种情况，有两种办法可以不杀头，一是向朝廷交50万钱，二是接受腐刑（即割去男性生殖器）。司马迁想到自己的史书才开了个头，自己如果死了，这部著作就将遭到搁浅，可是又没有那么多钱来买命，痛苦万分之后，接受了腐刑。

受刑以后，司马迁被放了出来，继续写他的《史记》。汉武帝见司马迁有学问，又让他当了中书令，这是一种由宦官担任的职务，位置比太史令高得多。当了中书令以后，成天和皇帝在一起，虽然职务升高了，司马迁内心的痛苦却更加沉重了。这时，他一个好朋友叫任安，写信给司马迁，要他利用自己现在职务的方便，多向皇帝推荐人才。司马迁更加难受，给任安写了一封回信，把自己受刑以后的痛苦心情详细地向朋友倾诉，说自己要不是为这一部史书没写成，早就不想苟活于世了。在信里，他告诉任安，这部书已经完成了，他要把它藏起来，留给后人，还叙述了自己对编写史书的理论看法，这封信就是一直流传到今天的著名的书信体散文《报任安书》（又叫《报任少卿书》，任安的官名是少卿）。

司马迁

司马迁给自己花了许多年心血写成的这部史书取了个名字，叫《太史公书》。到东汉以后，人们逐渐把这本书称为《史记》。

2.《史记》其书

《史记》是中国历史上第一部纪传体通史，记载了上至上古传说中的黄帝时代，下至汉武帝太初四年间共 3000 多年的历史。太初元年（公元前 104 年），司马迁开始了《太史公书》即后来被称为《史记》的史书创作。该著作前后经历了 14 年，才得以完成。

《史记》全书包括 12 本纪（记历代帝王政绩）、30 世家（记诸侯国和汉代诸侯、勋贵兴亡）、70 列传（记重要人物的言行事迹，主要叙人臣，其中最后一篇为自序）、10 表（大事年表）、8 书（记各种典章制度，记礼、乐、音律、历法、天文、封禅、水利、财用），共 130 篇，52.65 万余字。《史记》规模巨大，体系完备，而且对此后的纪传体史书影响很深，历朝正史皆采用这种体裁撰写。《史记》记载的历史从上古传说中的黄帝起直到司马迁当时的年代，对历史上的政治、经济、文化、军事、民族风情等都有详细的记载，被后人称为百科全书式的通史。

《史记》还被认为是一部优秀的文学著作，在中国文学史上有重要地位，被鲁迅誉为"史家之绝唱，无韵之《离骚》"，有很高的文学价值。刘向等人认为此书"善序事理，辩而不华，质而不俚"。

《史记》又是对到当时以前的历史和历史学的一次总结，司马迁在《史记》中开创的纪传体，被后代的历史学家一直继承沿用下来。《史记》开创了历史的先河，在中国古代文学史上具有独一无二的地位。

《史记》对后世的影响极为巨大，被称为"实录、信史"，被列为前"四史"之首，与《资治通鉴》并称为史学"双璧"。因此司马迁被后世尊称为史迁、史圣。与司马光并称"史界两司马"，与司马相如合称"文章西汉两司马"。

司马迁的人生遭遇是不幸的，他的命运是悲剧性的，他为众多悲剧人物立传，寄寓自己深切的同情。他赞扬弃小义、雪大耻，名垂后世的伍子胥，塑造出一位烈丈夫形象。他笔下的虞卿、范雎、蔡泽、魏豹、彭越等人，或在穷愁中著书立说，或历经磨难而愈加坚强，或身被刑戮而自负其材，欲有所用。所述这些苦难的经历都带有悲剧性，其中暗含了自己的人生感慨。

六、宣室求贤访逐臣，贾生才调更绝伦

贾谊是中国古代文人中怀才不遇的典型人物，后代很多文人墨客经常

吟咏到他。王勃的《滕王阁序》中写道："屈贾谊于长沙，非无圣主；窜梁鸿于海曲，岂乏明时。"中唐诗人刘长卿《长沙过贾谊宅》便是专咏贾谊的。苏轼还专门写了一篇《贾谊论》。那么，贾谊的命运到底如何？

其实，贾谊在古代知识分子中算是幸运的。贾谊是洛阳人，18岁时便能够吟诵《诗经》和《尚书》。在当时战乱刚刚结束，文化教育还相当落后的时代，这是非常了不起的。因为《诗经》《尚书》等已经近半个世纪没有专门学校教授，只有像伏生、辕固生那样老一代的学者才会。像贾谊这样的年轻人能掌握这种知识的可谓是凤毛麟角。因此，贾谊在洛阳非常出名，太守吴公很赏识他，将他提拔到自己门下，当了一名幕僚。

这位太守是李斯同乡，从李斯那里学到很多经验，颇有才干。由于治理洛阳政绩突出而被提拔到京师任廷尉之职。水涨船高，贾谊也跟着借光。吴太守将他推荐给汉文帝，贾谊被提拔到朝廷当上博士。当年贾谊仅仅20岁，便来到权力中心，来到皇帝身边，成为可以参与国家最高领导层事务的人，可以直接和皇帝对话。

汉代的博士官员不是学术职称，而是带有顾问性质的官署设施，与后来的翰林院类似，是皇帝制定政策和决策的参谋部。其中大部分成员是熟谙世故的老儒，贾谊是其中最年轻的人。

置身于这样一个国家顶级知识群体当中，贾谊的学问和见识增长迅速。而且，他有年龄优势，思维敏捷，在回答一些有关国计民生或政治外交及典章制度问题时，往往引经据典，回答准确，令许多老儒生刮目相看。不久，贾谊便被破格提拔为太中大夫，成为近侍，可以随时见到皇帝，官秩比千石，春风得意。

因为受到皇帝的信任和重用，贾谊更竭尽心智，为国家尽忠。他有敏锐的才思、杰出的文学才华、超前的政治感觉，再加上处在统治阶级最高层的圈子里，可以高屋建瓴地观察到社会出现的各种问题，预见到社会发展的趋势，因此他成为汉初最重要的政论家。

贾谊的《过秦论》气势磅礴，在当时产生巨大影响，"仁义不施，而攻守之势异也"的结论具有震撼人心的力量，成为警醒古今统治者的洪钟巨响。《陈政事疏》中贾谊痛心疾首地说道："臣窃为事势，可为痛哭者一，可为流涕者二，可为长叹息者六。"他在汉初表面繁荣平静的社会现象的背后，看出了潜伏的社会危机。出于对皇帝对国家的负责，他呼吁皇帝和大臣早做准备，将这些危机消灭在萌芽状态，可以减少一些震荡。如削减藩镇势力，加强军事力量，抵制或解决外来民族的入侵特别是匈奴的骚扰问题，都成为后来的社会问题。

贾谊的这些话，使许多朝廷老臣不舒服，但还没有太强烈的反应。当贾谊提出改制时，矛盾便一下子白热化了。

所谓的改制，是每一个封建政权建立后都要进行的。秦始皇统一全国后，按照阴阳五行家提出的五德终始说，认为秦是水德，服色尚黑。

五行观念对中国文化影响甚大。"五行"便是水、木、金、火、土五种物质。这五种物质相生相克，没有一个绝对的主宰。其相生的顺序是土生金、金生水、水生木、木生火、火生土。其相克的顺序正好与此相反，即土克水、水克火、火克金、金克木、木克土。而与金、木、水、火、土相对应的还有许多东西。如"五色""五音""四季""四方"等等。与之相对应的五色是：土为黄色，木为青色，火为赤色，金为白色，水为黑色。每个朝代都因为自己本朝"德"的属性来确定崇尚的颜色。秦朝为水德，自然崇尚黑色。又根据五行相克的原理，土能克水，汉朝取代秦朝，当然应该是土德，这样，崇尚的颜色就应当是黄色。

到文帝时，汉朝建国已经20多年，因为政权不稳，故还没有实行改制。贾谊提出改制的建议，是很正常的。汉文帝马上同意，并拟定提拔贾谊为公卿，具体负责这项工作。汉文帝的态度也是正常的，但这些正常都无法阻止不正常的情况发生。

以绛侯周勃、灌婴、东阳侯张相如、御史大夫冯敬为主要代表的一批老臣对改制反应强烈，态度极其坚决。他们攻击贾谊说："洛阳贾谊这小子，年轻初学，刚刚读了几本书，就要擅自掌握大权，把朝廷都搞乱了。"与汉文帝产生尖锐的对立。

形势一下子紧张起来。周勃、灌婴等老臣与贾谊已处在尖锐对立的位置上，水火不相容。汉文帝经过一番痛苦的思索和选择后，为了缓和矛盾，便把贾谊贬谪到长沙，当长沙王太傅。

在赴长沙途中，贾谊在湘江边上缅怀100年前投江的屈原，想到自己政治上的失败，百感交集，写下《吊屈原赋》。到长沙三年，秋天的某一天，一只猫头鹰飞到他的院子里，他觉得这是不祥之兆，便写了一篇《鵩鸟赋》，抒发人生无常的感慨。这两篇赋都带兮字调，是楚辞向汉赋转变的产物，

后世称之为"骚体赋",是赋发展史上很重要的一个阶段。

汉文帝本来就是在无奈的情况下才把贾谊贬出京师的。后汉文帝将贾谊召回长安,在宣室中接见他,并虚心向他请教一些问题,但所问都是神仙之事。贾谊一一作答,内心很痛苦。李商隐《贾生》一诗便是针对此事而发。诗曰:"宣室求贤访逐臣,贾生才调更绝伦。可怜夜半虚前席,不问苍生问鬼神。"

其后,任命贾谊为梁怀王太傅。梁怀王是文帝最小的儿子,爱好读书,颇受宠爱,因此让贾谊来教导他。

不久,文帝又封其他儿子为王,贾谊认为这样做容易引起内部争夺,屡次劝谏,文帝不听,贾谊闷闷不乐。后来,梁怀王骑马摔下而死,贾谊认为是自己失职,郁闷而终,年仅33岁。

贾谊现象很有意义,如前文所示,他成为后世文人经常思考的一个问题。"贾谊""贾生""洛阳才子"在后世的诗文中经常可以看到。那么,我们到底应当如何来看待这件事呢?

宋代文豪苏轼曾写一篇《贾谊论》,认为贾谊被贬是因为志大才大而量小,见识短,文帝贬谪他是为了缓解矛盾,不使之白热化。贾谊应当与那些老臣搞好关系,忍耐一些年,情况就会有变化。此说确实有一些道理,但未说到关键处,即封建专制制度本身是扼杀人才的关键。在这种制度下,知识阶层的怀才不遇就是绝对的,怀才能遇则是相对的、有条件的、很少的。西汉初年,儒生陆贾与叔孙通等人便在总结秦亡教训的基础上,提出了用儒家治国的设想,但因当时尚有干戈、四海未平,高祖刘邦并未来得及把他们的设想付诸政治实践便去世了。实际上,在西汉初期真正将儒家学说推到政治前台的正是汉文帝时的著名儒者——贾谊。他以清醒的历史意识和敏锐的现实眼光,冲破文帝时甚嚣尘上的道家、黄老之学的束缚,不顾当朝元老旧臣的诽谤与排挤,接过陆贾与叔孙通等人的行仁义、法先圣、制礼仪、别尊卑的儒家主张,为汉家王朝制定了仁与礼相结合的政治蓝图,引起了当时的最高统治者——汉文帝的重视,在历史上留下了深刻的影响。

七、司马相如善词赋,呕心沥血《封禅书》

司马相如(约公元前179—公元前118年),字长卿。蜀郡成都人,祖籍左冯翊夏阳(今陕西韩城南),侨居蓬州(今四川蓬安)。西汉辞赋家,中国文学史上杰出的代表。

司马相如幼年时，父母怕他有灾，所以给他取了小名"犬子"。长卿读书时，知道了蔺相如的故事，为了表示对蔺相如的仰慕之意，便更名为相如。

赋，最初是我国古典文学中的一种表现手法，含有铺叙的意义，古人解释《诗经》说，诗有六种表现手法，即风、赋、比、兴、雅、诵。直到西汉武帝刘彻的时候，赋才发展成为既像诗歌又像散文一种独立的文体。

创作汉赋最有成就的人是司马相如。司马相如原名长卿，出生在蜀郡成都（今四川成都），从小就很认真刻苦地读书，尤其对史书更加钟爱，他对赵国的蔺相如特别佩服，便把自己的名字改成了相如。

司马相如年轻时候便在景帝的宫中当了个武骑常侍，但景帝对文学创作毫无兴趣，也没发现司马相如这个人才。一次，梁孝王带着邹阳、枚乘等人来朝见景帝，枚乘早就以辞赋创作而出了名，司马相如和他们很合得来，便辞去了景帝宫中的位置，到梁孝王府中去供职。梁孝王收留了司马相如，让司马相如和他的其他文士们住在一起，在这期间，司马相如创作了不少作品，流传到今天的有一篇代表作叫《子虚赋》。

不久，梁孝王生病去世，依附在梁孝王府中的文士纷纷走散，司马相如也回到了老家，因家里很穷，便来到临邛（地名，在今四川邛崃），生活非常清苦。临邛的县令王吉对司马相如非常尊敬，听说司马相如来了，便每天去看望他。开始，司马相如还接见他，到后来，司马相如不耐烦了，便经常不见王吉，而王吉反而更加恭敬。王吉对司马相如的这种态度立刻惊动了地方上的一些有钱有势的人，大家见地方长官都这么尊重司马相如，还有谁敢对他不敬重！

公元前138年的一天夜里，雅好辞赋的汉武帝偶然读到《子虚赋》，击节叫好，大为欣赏，却不知是谁写的，不禁暗自叹息："可惜寡人没有和此人生在同一个时代！"这

琴台故里

时，替武帝管理猎狗的太监杨得意恰好在旁伺候，他告诉武帝，这篇《子虚赋》是他的同乡司马相如所写，且此人尚在人世。武帝一听，又惊又喜，立即传旨，召司马相如入宫。这个对文人来说渴求已久的机会，终于降临到了司马相如头上。

公元前 137 年，汉武帝读到了司马相如新写的《上林赋》，大喜，然后拜司马相如为郎官。

除了写得一手好文章之外，司马相如为官期间最大的贡献其实是开发西南。他为官第三年，正赶上中郎将唐蒙在修治西南蜀道，由于工程艰巨，征集民工过多，又杀了西南夷首领，巴蜀人民惊恐不安，引发骚乱。汉武帝闻听奏报，决定派司马相如去责备唐蒙，并让他写一篇文告，向巴蜀人民做一番解释。

于是，司马相如写下了一篇温情脉脉的文章，号召巴蜀百姓要"急国家之难"，晓之以理，动之以情，又代表皇帝给了地方很多恩惠，招抚工作进行得十分顺利。

回到长安，司马相如向武帝提出意见：应该在邛（今西昌）、筰（今雅安）一带恢复设置郡县，这对西南蜀道的开通更有效果。武帝采纳了他的建议，并亲派司马相如负责这件事。再次到蜀后，司马相如雷厉风行地拆除旧关，架设桥梁，开辟道路，造福了西南一方。

司马相如虽然写了不少歌颂帝王的辞赋，但实际上，他为官不善逢迎。一方面是因为他结婚后很有钱，不需要追慕官爵。另一方面是因为他口吃，不善言辞，又有糖尿病。他不愿意同公卿们一起商讨国家大事，总是借病在家闲待着。

公元前 118 年的冬天，奇冷无比。司马相如有一种不祥的预感，觉得自己似乎再难走出这奇寒的冬天。于是，他抱病撰写了《封禅书》，希望武帝体会到他的一片忠心。

写完《封禅书》的最后一个字，司马相如彻底垮了下来，他真的精疲力尽、心力交瘁了。此时，皇宫之中，武帝好像想起什么似的，问："很久未见司马先生了，不知他近况如何？是否又有新作？"老乡杨得意答："听说司马先生病体沉重，恐怕已难以再写什么东西了。""快！快去把他的文章全部取回来，如果不这样做，以后就散失了。"皇帝派出的大臣回来时，带来了司马相如的死讯，还有那篇耗掉他最后心血的《封禅书》。

对司马相如的人品和文品，后世一直毁誉参半，他和卓文君的浪漫爱情，也曾遭到质疑。有传说称，司马相如显达之后，想要纳妾，据史书记载，"卓文君作《白头吟》以自绝，相如乃止"。《白头吟》中写道："皑如山上雪，皎若云间月。闻君有两意，故来相决绝。"后人考证认为，此诗为民间作品。多年之后，人们发现了一篇传为卓文君所作的《司马相如诔》，以朴实无华而又情真意切的文字，概括了司马相如的一生。可见二人爱情之坚贞。

还有人说，司马相如文品不高，铺写洋洋洒洒、歌功颂德的《子虚赋》《上林赋》，靠吹捧成了御用文人；遗作《封禅书》，也使得汉武帝耗费大量人力、物力去进行封禅活动。不过，客观地讲，司马相如谏说论事，虽铺张扬厉，但无一不宗旨严正，有所讽喻，司马迁认为："此与《诗》之风谏何异？"这是很高的评价了。

司马相如是中国文化史文学史上杰出的代表，是西汉盛世汉武帝时期伟大的文学家、杰出的政治家。他被班固、刘勰称为"辞宗"，被林文轩、王应麟、王世贞等学者称为"赋圣"。同时，司马相如出使西南夷，将西南夷民族团结统一于大汉疆域，被称为"安边功臣"，名垂青史。司马相如与卓文君不拘封建礼教的束缚，追求自由、幸福的爱情婚姻的果敢行为，远在公元前就演绎了自由恋爱的爱情经典，被誉为"世界十大经典爱情之首"，闻名中外。后人则根据他二人的爱情故事，谱得琴曲《凤求凰》流传至今。唐代人张祜则有《司马相如琴歌》一首，曰："凤兮凤兮非无凰，山重水阔不可量。梧桐结阴在朝阳，濯羽弱水鸣高翔。"

鲁迅的《汉文学史纲要》中把司马相如和司马迁二人放在一个专节里加以评述，指出："武帝时文人，赋莫若司马相如，文莫若司马迁。"

八、歇马独来寻故事，文章两汉愧扬雄

扬雄（公元前 53—公元 18 年），一作"杨雄"，字子云。西汉蜀郡成都（今四川成都）人。西汉官吏、学者。

扬雄，本姓杨，因其特自标新，易姓为扬。扬雄家族世代以耕种养蚕为职业。从扬季到扬雄，五代只有一子单传，所以扬雄在蜀地没有别的亲族。

扬雄小时候好学，不研究章句，通晓字词解释而已，博览群书无所不读。为人平易宽和，口吃不能快速讲话，静默爱沉思，清静无为，没有什么嗜好欲望，不追逐富贵，不担忧贫贱，不故意修炼品性来在世上求取声名。

扬 雄

家产不超过十金，穷得没有一石余粮，却很安然。自身胸怀博大，不是圣哲的书不喜欢；不合己意，即使能富贵也不干，却很喜欢辞赋。

汉武帝时，蜀地有才子司马相如，作赋很壮丽典雅，扬雄心中佩服他，每次作赋，常把他作为榜样模仿。又惊讶屈原文才超过相如，却至于不被容纳，作《离骚》，自己投江而死，为他的文章感到悲伤，读时没有不流泪的。认为君子时势顺利就大有作为，时势不顺就像龙蛇蛰伏，机遇好不好是命，何必自己投水呢！便写了一篇文章，常常摘取《离骚》中的句子而反驳它，从竖山投到江水中来哀悼屈原，名为《反离骚》；又依《离骚》重作一篇，名叫《广骚》；又依《惜诵》以下到《怀沙》作一卷，名叫《畔牢愁》。

后来，大司马车骑将军王音召扬雄为门下史。后经蜀人杨庄推荐，汉成帝命他随侍左右。

元延二年（公元前11年）正月，扬雄与成帝前往甘泉宫，作《甘泉赋》讽刺成帝铺张。十二月又作《羽猎赋》仍然以劝谏为主题，被封黄门郎，与王莽、刘歆等为同僚。公元前10年扬雄作《长杨赋》，继续对成帝铺张奢侈提出批评。

扬雄后来认为辞赋为"雕虫篆刻"，"壮夫不为"，转而研究哲学。仿《论语》作《法言》，模仿《易经》作《太玄》。提出以"玄"作为宇宙万物根源之学说。有人笑他，于是他写了一篇《解嘲》。为了宽慰自己，又写了一篇《逐贫赋》。在所著的《太玄》中，扬雄提出以"玄"作为宇宙根源的学说，强调如实地认识自然现象的必要，并认为"有生者必有死，有死者必有终"，驳斥了神仙方术的迷信。在社会伦理方面，批判老庄"绝仁弃义"的观点，重视儒家学说，认为"人之性也善恶混，修其善则为善人，修其恶则为恶人"（《法言·修事》）。

王莽当政时，刘歆、甄丰都做了上公，王莽既是假借符命自立，即位之后想禁绝这种做法来使前事得到神化，而甄丰的儿子甄寻、刘歆的儿子刘棻又奏献符瑞之事。王莽杀了甄丰父子，流放刘棻到四裔，供辞所牵连到的，立即收系不必奏请。当时扬雄在天禄阁上校书，办案的使者来了，要抓扬雄，扬雄怕不能逃脱，便从阁上跳下，差点死了。王莽听到后说："扬雄一向不参与其事，为什么在此案中？"暗中查问其原因，原来刘棻曾跟扬雄学写过奇字，扬雄不知情。下诏不追究他。然而京师为此评道："因寂寞，自投合；因清静，作符命。"

扬雄因病免职，又召为大夫。家境一向贫寒，爱喝酒，人很少到其家。当时有多事的人带着酒菜跟他学习，巨鹿侯芭常跟扬雄一起居住，学了《太玄》《法言》。刘歆也曾看到，对扬雄说："白白使自己受苦！现在学者有利禄，还不能通晓《易》，何况《玄》？我怕后人用它来盖酱瓶了。"扬雄笑而不答。在天凤五年（公元18年）去世，侯芭为他建坟，守丧三年。

当时大司空王邑、纳言严尤听说扬雄死了，对桓谭说："您曾称赞扬雄的书，难道能流传后世吗？"桓谭说："一定能够流传。但您和桓谭看不到。凡人轻视近的重视远的，亲眼见扬子云地位容貌不能动人，便轻视其书。从前老聃作虚无之论两篇，轻仁义，驳礼学，但后世喜欢它的还认为超过《五经》，从汉文帝、景帝及司马迁都有这话。现在扬子的书文义最深，论述不违背圣人，如果遇到当时君主，再经贤知阅读，被他们称道，便必定超过诸子了。"诸儒有的嘲笑扬雄不是圣人却作经，好比春秋吴楚君主僭越称王，应该是灭族绝后之罪。从扬雄死后到现在40多年，他的《法言》大行于世，但《太玄》到底未得彰显。

扬雄在散文方面也有一定的成就。如《谏不受单于朝书》便是一篇优秀的政论文，笔力劲练，语言朴实，气势流畅，说理透辟。他的《法言》刻意模仿《论语》，在文学技巧上继承了先秦诸子的一些优点，语约义丰，对唐代古文家发生过积极影响，如韩愈"所敬者，司马迁、扬雄"（柳宗元《答韦珩示韩愈相推以文墨事书》）。此外，他是"连珠体"的创立人，自他之后，继作者甚多。

在散文方面，扬雄称得上是位模仿大师。如他模拟《易经》作《太玄》，模拟《论语》作《法言》等。后来扬雄主张一切言论应以"五经"为准，以为"辞赋非贤人君子诗赋之正"，鄙薄辞赋，谓为"雕虫篆刻，壮夫不为"，转而研究玄学。如在《法言》中，他主张文学应当宗经、征圣，以儒家著作为典范，这对刘勰的《文心雕龙》颇有影响。扬雄还著有语言学著作《方言》，是研究西汉语言的重要资料。

九、倾城倾国《佳人曲》，宫廷乐舞《郊祀歌》

李延年（？—约公元前 104 年），中山（今河北省定州市）人，音乐家。汉武帝宠妃李夫人的哥哥。代表作《佳人曲》。

李家世代为倡，李延年与其妹李夫人是以乐舞为职业的艺人，能歌善舞，容貌喜人。

李延年年轻时因犯法而被处腐刑，在宫里主管皇帝的猎犬的地方做事。其"性知音，善歌舞"，按《汉书》说法，在李夫人得宠前，他的歌声便颇受武帝喜爱；而按《史记》的说法，李延年是李夫人得宠后才引起汉武帝的注意。但可以明确的是，李延年的妹妹受封为夫人后，李延年荣宠一时，被封为乐府协律都尉，负责乐府的管理工作，"佩两千石印授，而与上卧起"，荣宠一时。

李夫人是由平阳公主引荐给武帝的。李延年的歌唱得很好，"每为新声变曲，围者莫不感动"。《汉书》记载，元封年间（公元前 110—公元前 105 年），李延年在武帝前演唱《佳人曲》："北方有佳人，绝世而独立，一顾倾人城，再顾倾人国，宁不知倾城与倾国，佳人难再得。"汉武帝听完后叹息曰："善！世岂有此人乎？"平阳公主说："延年有个妹妹就是这样的人。"于是武帝便召见延年的妹妹，果真"妙丽善舞"，其妹因此歌得幸，后来被武帝立为夫人，李夫人所生之子便是昌邑哀王（刘髆）。

太初年间，李夫人早卒，李家渐渐失宠。李延年的弟弟李季奸乱后宫，汉武帝下诏族李延年和李季兄弟宗族。

当时其兄李广利正在攻打大宛未归，未受李季牵连。但李广利第一次出征没有粮草无功而返，汉武帝令其不得入玉门关，第二年重整装备攻下大宛，太初四年归来后被武帝封为海西侯。征和三年（公元前 90 年），李广利出征匈奴前与丞相刘屈氂密谋推立刘

李夫人

髆为太子被人告发，汉武帝勃然大怒，腰斩刘屈氂，刘妻枭首于市，族尽李广利家族。李广利投降匈奴，后被杀。

就这样，李家被族两次，尽灭。

李延年不但善歌，且长于音乐创作，他的作曲水平很高，技法新颖高超，且思维活跃，他曾为司马相如等文人所写的词配曲，又善于将旧曲翻新，他利用张骞从西域带回《摩诃兜勒》编为 28 首"鼓吹新声"，用来作为乐府仪仗之乐，是我国历史文献上最早明确标有作者姓名及乐曲曲名，用外来音乐进行加工创作的音乐家。他为汉武帝作《郊祀歌》19 首，用于皇家祭祀乐舞。

李延年把乐府所搜集的大量民间乐歌进行加工整理，并编配新曲，广为流传，对当时民间乐舞的发展起了很大的推动作用。可以说，李延年对汉代音乐风格的形成及我国后来音乐的发展，作出了卓越的贡献。

十、儒学宗师两父子，古籍挖掘开先河

刘向、刘歆父子是在儒学作为经学而一统天下之后，又重新研究和整理诸子百家的著作与学说并强调从中吸取思想营养以改善儒学的重要人物。

1. 刘向

刘向（公元前 77—公元前 6 年），字子政，原名更生，世称刘中垒。祖籍沛郡丰邑（今属江苏徐州），仕于京师长安。刘邦异母弟刘交的后代，刘歆之父。西汉著名的经学家、目录学家、文学家。

刘向初以父荫任辇郎，后擢仕谏大夫。时选为儒俊材，曾应诏献赋颂数十篇，官至散骑谏大夫给事中。元帝时，擢任散骑宗正给事中，因屡次上书言事，弹劾宦官弘恭、石显及外戚许、史，曾两度下狱，被免为庶人，闲居 10 余年。成帝即位后被起用，拜中郎，使领三辅都水，迁光禄大夫，官至中垒校尉。刘向多次上书，建议削弱外戚权力，甚为成帝嘉许，但终不能用。其为人平易朴实，不重威仪，廉洁乐道，潜心学术，昼诵《书》《传》，夜观

刘 向

星象，常常通宵达旦。刘向喜言五行灾异之说，并据以论证现实政治。

刘向学问渊博，曾奉诏整理五经秘书、诸子诗赋近20年，对古籍的整理保存作出了巨大贡献。

撰成《别录》，为中国最早的目录学著作。又集合上古以至秦汉符瑞灾异之记，推衍行事，以类相从，撰成《洪范五行传》11篇，为中国最早的灾异史。文学上以辞赋和散文见长，《汉书·艺文志》载有其赋33篇，今多散佚，唯存《九叹》系拟屈原《九章》之作，在追念屈原之辞中寄托身世之感。其散文今存部分奏疏和点校古籍的叙录，著名的有《谏营昌陵疏》和《战国策叙录》，其文叙事简约，论理畅达，从容不迫，对唐宋古文家有一定影响。又采集前代史料轶事，撰成《说苑》《新序》《列女传》，其中有一些很有意义和文学特点的故事，是魏晋小说的先声。

（1）《新序》。

《新序》是一部以讽谏为政治目的的历史故事类编，采集舜、禹以至汉代史实，分类编撰而成的一部书。原书30卷，今存10卷，曾由北宋曾巩校订。书中记载了相传是宋玉对楚王问的话，列举了楚国流行歌曲《下里巴人》《阳阿》《薤露》等，说是"国中属而和者数千人"。

（2）《说苑》。

《说苑》，又名《新苑》，共20卷，按各类记述春秋战国至汉代的遗闻轶事，每类之前列总说，事后加按语。其中以记述诸子言行为主，不少篇章中有关于治国安民、家国兴亡的哲理格言。主要体现了儒家的哲学思想、政治理想以及伦理观念。按类编辑了先秦至西汉的一些历史故事和传说，并夹有作者的议论，借题发挥儒家的政治思想和道德观念，带有一定的哲理性。

（3）《列女传》。

《列女传》是一部介绍中国古代妇女行为的书，从所编100余个历史故事来看，多数还是表彰美善，歌颂古代妇女高尚品德、聪明才智以及反抗精神的内容，而且有些情节生动感人，颇具女性文学的特征。

（4）《别录》。

《别录》是中国第一部有书名、有解题的综合性的分类目录书，凡20卷。汉成帝时，刘向受命参与校理宫廷藏书，校完书后写一篇简明的内容提要，后汇编成《别录》。著录图书603家，计1.3219万卷，分为6大部类、38种，每类之前有类序，每部之后有部序，叙录内容包括：书目篇名，校勘经过，著者生平思想，书名含义，著书原委，书的性质，评论思想，史实，是非，剖析学术源流和书的价值。部序之前、类目之后皆有统计，全书最后还有总计。其子刘歆据此序录删繁就简，编成《七略》。

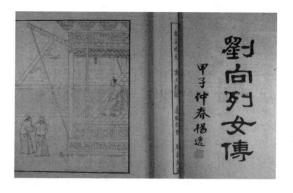

刘向《列女传》书影

（5）《战国策》

《战国策》是我国古代记载战国时期政治斗争的一部最完整的著作。原有《国策》《事语》《长书》《国事》《短长》等不同史料，经刘向考证整理后，定名为《战国策》。

《战国策》的记事时间上起战国初，下至秦并六国后(约公元前460—公元前220年)，共约240年。全书共33篇，记载了西周、东周、秦、齐、楚、赵、魏、韩、燕、宋、卫、中山诸国军政大事，是一部上接《春秋左氏传》、下接陆贾《楚汉春秋》的战国杂史。

该书既是一部史学著作，又是一部优秀散文集。它文笔恣肆，语言流畅，论事透辟，写人传神，还善于运用寓言故事和新奇的比喻来说明抽象的道理，具有浓厚的艺术魅力和文学趣味。《战国策》对我国两汉以来史传文、政论文的发展都产生过积极影响，在我国文学史上占有非常重要的地位。

2. 刘歆

刘歆（公元前50—公元23年），字子骏，后改名秀，字颖叔，出居长安。汉高祖刘邦四弟楚王刘交的后裔，刘向之子。建平元年（公元前6年）改名刘秀。

刘歆少年时通习今文《诗》《书》，后又治今文《易》和《穀梁春秋》等。以能通经学、善属文为汉成帝召见，待诏宦者署，为黄门郎。汉成帝河平三年（公元前26年），受诏与其父刘向领校"中秘书"（内秘府藏书），协助校理图书。刘向死后，继承父业。哀帝时，刘歆负责总校群书，在刘向撰的《别录》基础上，修订成为中国历史上第一部图书分类目录《七略》。

刘歆是西汉今文学之异军，是东汉古文经学之宗师。

刘歆在经学史上的第一个贡献是发现了一批晚出先秦经书，使之免于

佚失，由于刘歆的倡导宣扬，使这批古文经书为社会和士人广泛得知，遂转相传习不辍。

刘歆在经学史上的第二个贡献是开辟了以文字和历史解经的新方法，为了发扬古文经，刘歆等人重视训诂，不仅凭此以读经，且据古文的字体笔意以解经。

刘歆在经学史上的第三个贡献是打破了今文经学对儒学的垄断，开启了古文经学的发展道路。如果说是董仲舒开创了以微言大义说经的今文经学的话，那么重视名物制度的古文经学就是刘歆开其山门了。

刘歆对"五经"古文经典的整理作出了很大的贡献，他所特别爱好且最有研究的是《左传》。汉哀帝即位时，刘歆建议将《左氏春秋》及《毛诗》《仪礼》《古文尚书》皆列于学官。哀帝下诏征询臣下对立《左传》博士的意见，同时让刘歆去跟今文经博士们讨论经义。

羲和，西汉时称太史令，王莽夺权后，把许多官名都改为上古时的官名。羲和是帝尧（约公元前21世纪）时的天文官，王莽就把太史令之称改为羲和。刘歆任天文官时，做了一项很重要的天文工作，这就是编制了三统历，他对天文学的贡献都记载在三统历之中。

三统历是根据太初历改编的，其中加入了许多新的内容。太初历是汉初天文学家邓平、落下闳等人编制的，从太初元年（公元前104年）一直使用到西汉末。刘歆系统地叙述了太初历的内容，又补充了很多原来简略的天文学知识，并仔细分析考证了上古以来的天文文献和天文记录，写成了《三统历谱》。

它的内容有编制历法的理论，有节气、朔望、月食以及五星等的常数和位置的推算方法，还有基本的恒星位置数据。可以说，它包含了现代天文年历的基本内容，因而《三统历谱》被认为是世界上最早的天文年历的雏形。

中国在春秋时代已经发现了岁星超辰问题，但是没有提出超辰计算法。刘歆分析了《左传》等史书中关于岁星位置的记载，提出了岁星每144年超辰一次，数值虽然并不准确，但这是历史上第一个用科学的态度探索岁星超辰规律的十分宝贵的尝试，为在思想上实现天文学从神学向科学的伟大转变奠定了坚实的基础。